W0207230

LE CINQUIÈME
SOLEIL

Camilla Townsend

LE CINQUIÈME SOLEIL

Une autre histoire des Aztèques

Traduit de l'anglais par
Sylvie Taussig

Albin Michel

Ce livre est publié sous la direction de Francis Geffard.

© Éditions Albin Michel, 2023
pour la traduction française

Édition originale parue sous le titre :
FIFTH SUN : A NEW HISTORY OF THE AZTECS
Publiée aux États-Unis par Oxford University Press,
New York, 2019
© Oxford University Press, 2019

Fifth Sun. A New History of the Aztecs was originally published in English in 2019.
This translation is published by arrangement with Oxford University Press.
Les Éditions Albin Michel is solely responsible for this translation from the original work and Oxford University Press shall have no liability for any errors, omissions or inaccuracies or ambiguities in such translation or for any losses caused by reliance thereon.
Le Cinquième Soleil. Une autre histoire des Aztèques a été publié initialement en anglais en 2019.
La présente traduction est publiée avec l'accord d'Oxford University Press.
Les Éditions Albin Michel sont seules responsables de cette traduction de l'œuvre originale et Oxford University Press ne peut être mis en cause pour toute éventuelle erreur, omission, imprécision ou ambiguïté contenue dans cette traduction, ni pour les pertes consécutives à cela.

Note sur la terminologie, la traduction et la prononciation

Un certain nombre de défis se posent à qui se donne la tâche de faire connaître l'histoire d'un peuple à des étrangers dans des termes que celui-ci pourrait comprendre et approuver. Dans le cas présent, même le mot « Aztèque » pose problème, car, techniquement parlant, il n'y en a jamais eu. Aucun peuple ne s'est jamais appelé ainsi. C'est un terme que les chercheurs ont commencé à utiliser au XVIIIe siècle pour décrire le peuple qui dominait le Mexique central au moment de l'arrivée des Espagnols. Son acception est souvent confuse, car certains l'emploient au sens des intellectuels des XVIIIe et XIXe siècles ; d'autres y ont recours pour décrire non seulement le groupe dominant mais aussi tous ceux qui étaient sous sa férule, soit des villages dispersés sur la majeure partie du Mexique central et même au-delà, jusqu'au Salvador au sud. Dans ce livre, le terme « aztèque » est utilisé pour désigner les personnes qui contrôlaient la région depuis leur cité-État de ***Tenochtitlan****, ainsi que toutes celles qui vivaient dans le bassin central[1] et qui leur étaient étroitement liées. Bien que le mot « aztèque » apparaisse dans le titre et dans l'introduction – il est difficile de s'en passer –, je l'utilise avec parcimonie dans le reste du livre. Quand je parle du groupe ethnique qui a accédé au pouvoir, je recours au terme qu'ils employaient, Mexica (prononcer mé-chi-ca), et quand je parle de leurs proches alliés, je les appelle aussi par leurs noms respectifs. Pour faire référence aux populations réparties dans le centre du Mexique qui partageaient la même langue et la même culture, et dont beaucoup, mais pas toutes, avaient été conquises par les Mexicas, je les appelle comme elles se désignaient

* Les mots présents dans le glossaire (p. 379-383) sont signalés à la première occurrence en gras et italique.

elles-mêmes, les Nahuas (na-ouasse). Après l'introduction, je n'utilise le terme « aztèque » que pour discuter de la manière dont est perçu, à l'avenir, le passé ; les lecteurs découvriront alors ce que l'on disait des « Aztèques ».

Ce problème concerne tous les peuples qui ont vécu en Amérique du Nord et du Sud bien avant l'arrivée des Occidentaux. Au fil du temps, différents mots ont été utilisés pour les évoquer, certains péjoratifs, d'autres non. Aujourd'hui, les descendants des communautés, d'une région à l'autre, divergent quant au nom par lequel ils souhaitent être désignés. Au Canada, ils optent volontiers pour « membre des Premières Nations », et au Mexique pour « indigène ». Aux États-Unis, certains privilégient le terme « Amérindien », et d'autres, « Indien d'Amérique » ou simplement « Indien ». Chaque groupe a des raisons historiques valables pour justifier sa préférence. Je ne choisis pas entre eux, j'utilise plutôt tous ces termes de manière interchangeable.

Il y a aussi d'innombrables décisions à prendre concernant la traduction des mots. Lorsque, par exemple, les Mexicas souhaitaient faire comprendre à leurs interlocuteurs qu'une femme d'une famille noble était censée venir de la lignée qui porterait les héritiers, ils l'appelaient *inhueltiuh*, ou « sœur aînée ». Cette expression est lourde en anglais, je l'ai donc remplacée par le mot « princesse » même si – et ceux qui connaissent bien les Mexicas le savent – il n'y a dans leur langue aucun mot portant ce sens précis. Autre exemple : lors de rassemblements festifs, certains contaient l'histoire de leur peuple et chantaient tout un éventail de chansons. Lorsque je mentionne ces historiens qui étaient aussi des artistes, je les appelle « conteurs », à défaut de pouvoir trouver une traduction parfaite. Les notes de fin d'ouvrage aideront les lecteurs soucieux d'une plus grande précision.

De même, les noms de personnes ne vont pas sans poser problème. Le mot « Chimalxochitl » ne nous vient pas naturellement, à nous occidentaux, et peut décourager certains lecteurs. Mais, si l'on traduit et que l'on nomme la jeune fille « Fleur de Bouclier », ne risque-t-on pas de l'enfermer dans un monde enchanté, faussement poétique ? N'y a-t-il pas là une forme de condescendance ? Ce livre tente de résoudre le problème en faisant des allers-retours entre le nom original et la traduction, mais en n'utilisant celle-ci que lorsque c'est nécessaire.

La première fois que j'utilise un nouveau mot de la langue aztèque ou du nahuatl (na-ouate), je donne entre parenthèses sa prononciation approximative. Trois règles aideront les lecteurs à prononcer avec une relative facilité la plupart des mots nahuatl. Premièrement, concernant la double consonne – *tl*, l'équivalent le plus proche en français est un simple *t*. Deuxièmement, un *h* suivi de la lettre *u* produit le son « ou ». (Ces deux règles sont illustrées dans le mot « nahuatl ».) Et pour finir, notre son « ch » est représenté par la lettre *x*, ce qu'il est d'autant plus nécessaire de rappeler que le son « ch » est courant en nahuatl. Ceux que nous appelons souvent les « Aztèques », par exemple, s'appelaient eux-mêmes « Mexicas », que l'on prononce mé-chi-ca, et le mot *xochitl*, qui signifie « fleur », est donc CHO-tchite. Pour ceux qui souhaitent s'initier plus en profondeur à cette belle langue, plusieurs excellents livres sont disponibles[2].

ARBRE GÉNÉALOGIQUE DE LA FAMILLE ROYALE TENOCHCA

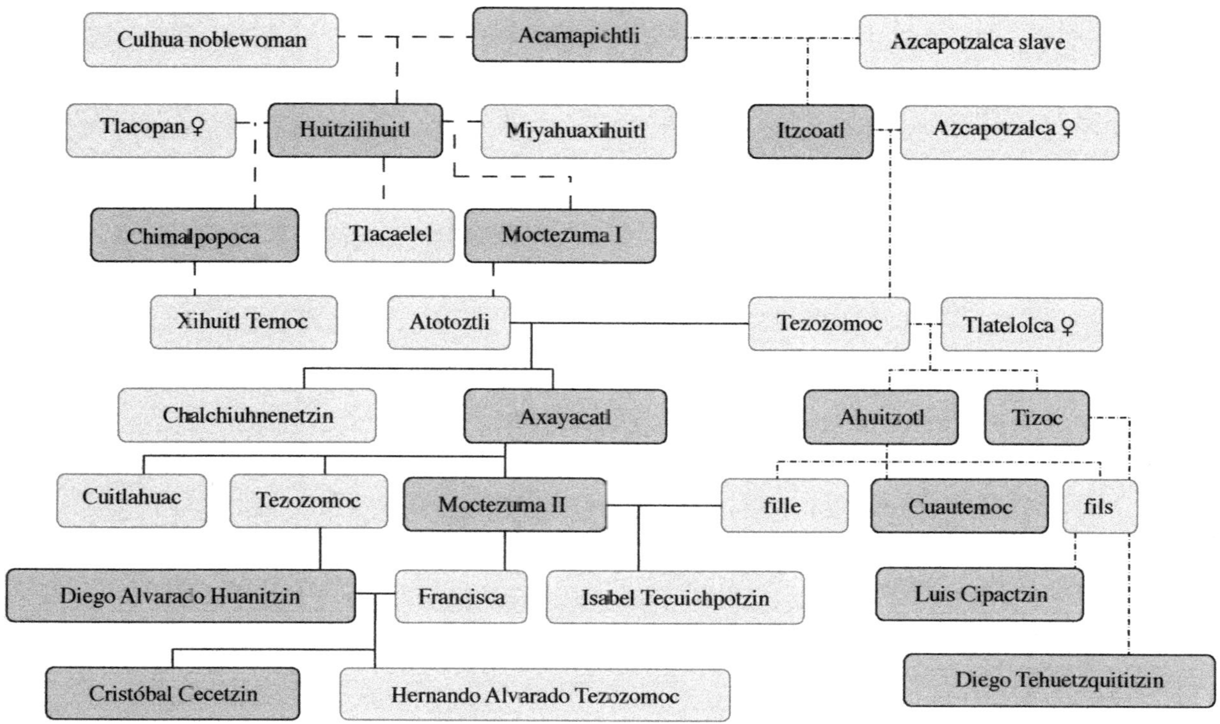

VALLÉE DU MEXIQUE, 1519

Introduction

Les officiels du gouvernement mexica en panoplie de combat. Bibliothèque bodléienne, université d'Oxford, Codex Mendoza, MS. Arch. Selden. A. 1, folio 67r.

La plume qui jusque-là glissait sur le papier fit entendre un faible grincement quand, braquée en un angle bizarre, elle fut brusquement ramenée en arrière pour rayer un mot. L'encre éclaboussa le papier. L'écrivain fit une pause ; il avait besoin de réfléchir. Ce n'était pas ce qu'il avait voulu dire. Il regarda fixement le folio pâle posé sur la table en bois. L'auteur était un Amérindien, descendant d'émigrants arrivés là autrefois en provenance des terres désertiques du Nord, mais sa vie à lui était très différente de celle de ses ancêtres. La scène se passe en 1612, et, à l'extérieur de la fenêtre grillagée, les rues de Mexico baignaient dans la lumière du soleil, qui scintillait sur les tuiles colorées, les heurtoirs de porte en métal, les murs lisses en pisé. Les gens se hâtaient ; ils riaient et parlaient, vendaient leurs marchandises, pressaient leurs enfants de se dépêcher, certains en espagnol, d'autres en « mexicain », comme les Espagnols appelaient la langue des Aztèques. Dans sa chambre sombre, don Domingo – ou Chimalpahin, comme il aimait parfois à se désigner lui-même, d'après le nom d'un de ses arrière-grands-pères – se sentait en paix. Il était très occupé. Près de cent ans s'étaient écoulés depuis l'arrivée des Espagnols, mais les personnages qui défilaient dans sa tête avaient vécu trois cents ans plus tôt. Il les entendait dans son imagination. « Je vous en prie », un chef vaincu implorait l'homme qui l'avait mis à genoux, « ayez pitié de ma fille » (*Xicmotlaocollili yn nochpochtzin*). Le chef parlait la langue aztèque, et c'est dans cette langue que don Domingo écrivait. Il croyait en l'existence de ce chef défait, il savait qu'il avait vécu et respiré, tout comme lui, Chimalpahin. Sa grand-mère bien-aimée, morte quelques années plus tôt, était une petite fille dans les années qui avaient immédiatement suivi la conquête espagnole ; son enfance avait été peuplée d'anciens qui avaient existé en d'autres temps, de sorte que don Domingo savait de tout son être que ces temps n'avaient pas été mythiques. Il se tourna vers sa source, une liasse de vieux papiers en lambeaux sur lesquels quelqu'un avait décrit les événements qui s'étaient déroulés de nombreuses années auparavant. Il essaya de retrouver le bon endroit au milieu de cette écriture dense. Il était fatigué et envisageait de s'arrêter pour la journée, mais il poursuivit. Il n'avait d'autre dessein que de préserver l'histoire de son peuple comme élément du patrimoine mondial, et il lui restait des centaines de pages à écrire.

*

En descendant des hauteurs vertigineuses de l'une des pyramides du Mexique, le visiteur s'attend presque à sentir la présence de l'esprit d'une princesse aztèque. Lorsqu'on est moins porté sur le voyage, il n'y a que dans un musée que l'on peut espérer une révélation sur la vie des anciens Amérindiens, alors que l'on scrute à travers la vitrine un curieux couteau en silex, serti de deux yeux turquoise qui semblent lui donner vie ; ou bien que l'on admire une minuscule grenouille dorée, saisie par l'artiste à l'instant où elle se prépare à sauter. Mais personne ne s'attendrait à entendre une princesse aztèque narguer ses ennemis depuis les rayons d'une bibliothèque. Pourtant, c'est exactement ce qui m'arriva, il y a environ une quinzaine d'années.

Les bibliothèques ont la réputation d'être des endroits très calmes, qu'elles abritent des rayonnages de livres rares reliés en cuir ou des rangées d'ordinateurs. Or on peut aussi se les représenter comme un monde de voix figées, capturées et rendues accessibles à jamais par l'une des plus puissantes inventions humaines de tous les temps – l'écriture. Vue ainsi, une bibliothèque devient soudain un lieu très bruyant, où résonnent des milliers et des milliers de fragments de conversations. En réalité, certaines d'entre elles sont presque inaudibles. On aura beau essayer désespérément de distinguer ce que crie une princesse aztèque, par exemple, ce sera peine perdue. Elle apparaît au sommet de la pyramide, sur le point d'être brutalement sacrifiée, mais elle garde le silence. La voix qui recouvre la scène est celle d'un Espagnol, qui nous dit (mais ce n'est que ce qu'il imagine) ce que la jeune fille a dû penser et croire. Au lieu de ses paroles à elle, nous entendons celles des missionnaires et des conquistadors dont les écrits tapissent les rayons de la bibliothèque.

Depuis des générations, ceux qui ont voulu se renseigner sur la vie des anciens Amérindiens ont étudié les objets découverts lors de fouilles archéologiques et ont lu les commentaires des Européens, qui se sont mis à décrire ce qu'ils voyaient des autochtones aussitôt qu'ils les ont côtoyés. C'est d'abord et avant tout à partir de ces sources que les chercheurs ont tiré leurs conclusions et ont estimé qu'elles étaient correctes et justifiées. Mais cette entreprise, risquée, a inévitablement conduit à des distorsions. À titre de comparaison, on balayerait comme irrecevable toute prétention à comprendre la France médiévale sur la seule base de quelques dizaines de fouilles archéologiques et d'une centaine de textes en anglais – sans aucun écrit en français ou en latin. Pourtant, des normes différentes ont été appliquées pour ce qui est des Indiens.

L'image des Aztèques qui s'en est dégagée est à glacer le sang. Les couteaux de silex avec leurs yeux incrustés, les pierres sacrificielles, les porte-crânes, impriment dans l'imagination des images indélébiles. Nous, les modernes, les regardons et inventons ensuite la scène qui les accompagne – les mots prononcés, la musique et le contexte. Nous imaginons des orgies de violence, comme celle représentée dans le film *Apocalypto*[1]. Les manuels scolaires présentent ces mêmes images et enseignent aux jeunes que les peuples autochtones les plus nobles n'attendaient que d'être libérés d'un si cruel régime. Les livres écrits par les Espagnols du XVIe siècle encouragent également les lecteurs à croire que les peuples vaincus par les conquistadors étaient extrêmement barbares, que Dieu a voulu la fin de leur civilisation parce qu'elle incarnait tout ce qu'il y a de mauvais dans la nature humaine. Même les témoignages laissés par des observateurs plus bienveillants – ces Espagnols qui ont vécu dans une communauté indigène et en ont appris la langue – sont empreints de condescendance envers ces peuples qu'ils n'ont jamais vraiment réussi à comprendre ; ils interprètent les événements à travers un prisme européen, et les choix faits par les Indiens leur paraissent au mieux bizarres.

Les Aztèques ne se reconnaîtraient jamais dans l'image de leur monde telle qu'elle ressort des livres et des films que nous avons produits. Ils se considéraient comme des gens humbles qui avaient su tirer le meilleur parti d'une situation peu favorable, qui avaient fait preuve de courage et en avaient ainsi récolté les fruits. Ils croyaient que l'univers avait déjà implosé quatre fois et qu'ils vivaient sous le cinquième soleil, grâce au courage extraordinaire d'un homme ordinaire. Les anciens racontaient cette histoire à leurs petits-enfants : « Quand tout était dans l'obscurité, quand le soleil n'avait pas encore brillé et que l'aube ne s'était pas encore levée, les dieux se sont réunis pour converser. » S'adressant aux quelques humains et animaux qui rampaient dans l'obscurité, ils demandèrent à l'un d'entre eux de se dévouer. Ils avaient besoin que quelqu'un accepte de s'immoler et fasse ainsi naître une nouvelle aube. Un homme très imbu de lui-même s'avança et dit qu'il le ferait. « Qui d'autre ? » demandèrent les dieux, mais ils eurent pour seule réponse le silence. « Personne n'osait, personne d'autre ne s'avançait. » Les dieux firent appel à un homme taciturne qui, assis, écoutait. Il s'appelait Nanahuatzin (na-na-oua-tsine). Il ne se considérait pas comme un héros, mais il accepta volontiers ce devoir, car les dieux s'étaient montrés bons envers lui par le passé. On prépara les deux hommes pour le sacrifice ; le fier héros fut paré de beaux et précieux accessoires, mais Nanahuatzin n'eut droit qu'à des babioles de papier, des roseaux et des aiguilles de pin. Enfin, le moment fatidique arriva. Le héros s'approcha. « Les flammes s'élevaient en crépitant, et la terreur le saisit. Il s'arrêta, envahi par la peur, se retourna, revint sur ses pas… il essaya de nouveau… mais rien n'y fit, il ne pouvait pas. » Les dieux se tournèrent vers Nanahuatzin et le fixèrent des yeux. « Il endurcit son cœur, maintint ses yeux fermement clos et marcha sans s'arrêter. » Il sauta. « Sa chair se craquelait et grésillait. » Les dieux étaient assis et attendaient. « Alors le ciel commença à rougir tout autour. » Et le soleil se leva à l'Est, tandis que ses rayons vivifiants pénétraient de toutes parts. Sans tambour ni trompette, Nanahuatzin avait fait ce qu'il fallait pour sauver la vie sur terre[2].

Les Aztèques étaient des maîtres conteurs, et ils couchèrent par écrit un grand nombre de leurs histoires dans les décennies qui suivirent la conquête, au XVIe siècle. Les frères espagnols avaient appris aux jeunes gens à transcrire les sons au moyen de l'alphabet romain, et ces derniers utilisèrent ce nouvel outil pour donner une forme écrite à une quantité d'anciennes productions orales. Ce n'était pas l'intention première des Espagnols. Si les missionnaires zélés avaient enseigné l'alphabet aux garçons, c'était pour qu'ils puissent étudier la Bible et contribuer à la diffusion des rudiments de la doctrine chrétienne. Mais les étudiants aztèques ne se limitèrent pas à cette seule application. Le principe de l'écriture n'était pas pour les déconcerter, car leur peuple avait déjà une tradition de symboles pictographiques standardisés, qu'ils utilisaient depuis longtemps pour créer de beaux livres pliés en accordéon ; certains d'entre eux à l'usage des prêtres pour leurs divinations, d'autres à l'usage des agents officiels, qui tenaient les registres des paiements de tribut et des limites des propriétés. Aucun de ces objets n'a survécu au grand feu de la conquête, mais ils constituent un précédent qui fut à lui seul d'une grande importance : les Aztèques ont tout de suite vu l'intérêt d'adopter ce système phonétique, nouveau pour eux. Ils pouvaient l'utiliser à leur guise, non seulement pour écrire en espagnol mais aussi pour exprimer des mots et phrases issus de leur propre langue, le nahuatl (na-ouate).

Dans l'intimité de leurs maisons, loin des yeux des Espagnols, c'étaient des récits historiques que les locuteurs du nahuatl rédigeaient le plus souvent. Avant la conquête, ils avaient une tradition appelée ***xiuhpohualli*** (chiou-po-houa-li), qui signifiait « compte de l'année » ou « compte annuel » ; mais les historiens occidentaux ont donné à ces sources le nom d'« annales ». Autrefois, lors des rassemblements publics qui se tenaient dans les cours situées entre les palais et les temples, des historiens qualifiés se levaient et relataient l'histoire du peuple. Ils procédaient avec soin d'année en année ; dans les moments particulièrement dramatiques, plusieurs intervenants s'avançaient pour couvrir à nouveau la même période, de façon que les différentes perspectives, une fois réunies, donnent accès à une pleine compréhension des événements. La gestion de la parole imitait la forme rotationnelle, réciproque, à laquelle obéissait chacun des aspects de leur vie : dans leur monde, les tâches étaient partagées ou effectuées à tour de rôle, de sorte que nul ne se voyait accorder de manière permanente une charge désagréable ou un pouvoir illimité. Ces performances racontaient généralement des histoires susceptibles d'intéresser l'ensemble de la population : l'ascension de chefs puis leur mort (tombée ou non à point nommé), les guerres qu'ils avaient menées et les raisons pour lesquelles elles avaient été déclenchées, des phénomènes naturels remarquables, des célébrations majeures ou des exécutions horribles. Bien que certains sujets aient été privilégiés, les textes ne manquaient pas de personnalité : les détails qui y étaient inclus variaient d'une communauté et d'un individu à l'autre. Les schismes politiques étaient illustrés par des dialogues hauts en couleur entre les dirigeants de différentes écoles de pensée. Les orateurs faisaient même parfois glisser leur discours au présent quand ils prononçaient les répliques de ces chefs, comme s'ils étaient en train de jouer une pièce de théâtre. Parfois, ils se mettaient à crier, posant des questions auxquelles les membres du public étaient censés répondre avec empressement[3].

Après la conquête, les jeunes gens formés à l'alphabet romain commencèrent à consigner par écrit ce que disaient les anciens ; ils prenaient le plus grand soin à transcrire leurs mots sur le papier, puis rangeaient les feuillets sur une étagère spéciale ou dans une boîte fermée à clé – une autre innovation venue dans les bagages des Espagnols et très appréciée. À mesure que le temps passait et que le nombre de personnes se souvenant du passé diminuait, le genre devint plus concis et se réduisit à un simple registre annuel des événements majeurs. Les auteurs s'accrochaient néanmoins avec ténacité au format traditionnel du récit année par année, où ils incluaient généralement le calendrier de l'ancienne société ; ils écrivaient du haut de la page vers le bas, ou parfois de gauche à droite le long d'une longue bande. Ce style allait à l'encontre du stéréotype selon lequel les Amérindiens pensaient systématiquement de manière cyclique, car il s'agissait toujours de récits linéaires qui, présentant des théories de cause à effet, visaient à aider les lecteurs ou les auditeurs à comprendre comment ils étaient arrivés au moment présent, et leur apprenaient ce qu'ils devaient savoir du passé pour se projeter vers l'avenir. Certains écrivains descendaient directement de conquérants aztèques, d'autres de leurs amis et alliés, d'autres encore de leurs ennemis. ***Don*** Domingo Chimalpahin, de la ville conquise de Chalco, était le plus prolifique de ces historiens indigènes : il remplit des centaines de pages de son écriture claire, s'appuyant sur des écrits d'autres personnes datant de peu avant l'époque de la conquête et sur des productions orales qu'on lui donnait à transcrire. Le jour, il travaillait pour les Espagnols dans une de leurs églises, mais le soir, son temps n'appartenait qu'à lui.

Pendant trop longtemps, on a insuffisamment exploité les xiuhpohualli, écrites dans une langue qu'assez peu de gens sont capables de lire, et dont l'approche de l'histoire est différente de celle des Occidentaux, ce qui les rend difficiles à comprendre. On leur a donc préféré d'autres sources, à partir desquelles de très bons livres ont été écrits[4]. Néanmoins, ces histoires méritent d'être examinées avec soin. Elles récompensent la patience, comme les Aztèques avaient coutume de le faire.

Dans ces annales, nous avons l'impression de les entendre parler. Ils chantent, rient et crient. Contrairement à ce qu'on pourrait penser, le monde dans lequel ils vivaient était loin d'être morbide ou vicieux, même si certains moments pouvaient l'être. Ils avaient mis en place des systèmes complexes très efficaces, tant sur le plan politique que commercial, mais ils étaient conscients d'avoir commis des erreurs. S'ils étaient reconnaissants envers leurs dieux, les Aztèques se lamentaient parfois de leur cruauté. Ils élevaient leurs enfants pour qu'ils se comportent correctement vis-à-vis des leurs et qu'ils aient honte de leur égoïsme, trait de caractère qui n'épargnait pas, toutefois, certains individus. Ils croyaient profondément à la nécessité d'apprécier la vie : ils dansaient avec joie, déclamaient leurs poèmes, aimaient les bonnes blagues. Pourtant, ils alternaient les moments de légèreté, d'humour et d'ironie, et d'autres chargés de pathos ou de gravité. Par ailleurs, ils ne pouvaient supporter un sol sale, ce qui leur semblait être le signe d'un désordre plus profond. Surtout, ils savaient composer. Face aux changements, ils se montrèrent à maintes reprises capables de s'adapter. Ils étaient très doués pour la survie.

*

Un jour, dans une bibliothèque, des mots nahuatl d'un des textes de Chimalpahin se sont soudainement mis en place, et j'ai entendu une princesse aztèque invectiver ses ennemis. Ils l'avaient capturée, et elle exigeait d'être sacrifiée. Elle faisait un écart surprenant par rapport au scénario auquel on m'avait habituée. Elle ne menaçait pas ses ennemis, elle ne succombait pas entre leurs mains comme une victime brutalisée ni ne s'engageait à mourir pour apaiser les dieux et garder l'univers intact en une promesse édifiante ou fataliste. Elle s'emportait contre tel événement d'ordre politique, que je parvenais enfin à comprendre après force lectures. Dans sa colère, elle faisait preuve de courage. À ce moment-là, je me suis rendu compte, en me familiarisant avec les écrits des Aztèques, qu'ils étaient bien trop complexes pour être réduits aux cadres qui leur avaient été longtemps imposés sur la base de sources anciennes – les vestiges archéologiques silencieux et les témoignages espagnols. Leurs croyances et leurs pratiques changeaient en fonction des circonstances. Ce n'est qu'en les écoutant parler des événements qu'ils vivaient que j'ai vraiment pu les comprendre. Il m'était impossible d'aborder leur monde avec une connaissance préconçue de qui ils étaient et de ce qu'ils croyaient, et de faire de cette vision une clé pour interpréter tout ce qu'ils disaient et faisaient. Ce n'est qu'en parcourant les récits qu'ils avaient eux-mêmes laissés de leur histoire et en prêtant une attention particulière à tout ce qu'ils avaient eux-mêmes exprimé que j'ai pu apprécier l'évolution de leurs croyances et la transformation de leur autoperception.

Le présent livre, enraciné dans les annales de la langue nahuatl, contient cinq révélations sur les Aztèques. Tout d'abord, bien qu'on ait émis l'hypothèse que leur vie politique tournait autour de leur croyance, d'ordre religieux, en la nécessité des sacrifices humains pour assurer le bonheur des dieux, les annales indiquent que cela n'était pas au cœur de leurs préoccupations. On dit traditionnellement que les Aztèques croyaient devoir conquérir d'autres peuples pour obtenir le nombre de victimes requis. Ou bien, selon une interprétation cynique des faits, ils avançaient cette raison uniquement pour justifier leur désir inhérent de contrôle. Cependant, selon les histoires aztèques, ils avaient bien compris que la vie politique ne tournait pas autour des dieux ou de quelque allégation à leur sujet, mais autour de cette réalité instable et changeante qu'est le pouvoir. Dans un monde où les dirigeants avaient de nombreuses épouses, un chef pouvait engendrer littéralement des dizaines de fils, et des factions se développaient parmi eux en fonction de l'identité de leur mère. Une faction en mauvaise posture dans une cité-État pouvait s'allier avec les frères écartés du trône d'une autre cité-État, et ensemble, ils avaient les moyens de renverser les lignées familiales dominantes et de changer d'un coup l'échiquier politique de la région. Les auteurs des annales expliquent presque toutes les guerres par cette realpolitik du sexe. Les prisonniers de guerre destinés à être sacrifiés étaient généralement les dommages collatéraux de ces véritables luttes de pouvoir. Ce n'est que vers la fin, lorsque le pouvoir des Aztèques connut une croissance exponentielle, que s'imposa cette situation jusque-là inédite : le pouvoir faisait assassiner des dizaines de personnes de façon régulière et brutale, démonstration de terreur dont il se servait comme d'un communiqué officiel.

Deuxièmement, on a pu analyser le monde des Aztèques en faisant une distinction pour le moins problématique entre les bons et les méchants. Comment expliquer autrement que des guerriers brutaux aient pu vivre côte à côte avec de gentils cultivateurs de maïs mexicains, ou qu'il y ait eu des esclavagistes dans un pays plein de poésie ? Mais les mêmes individus pouvaient être, selon la saison, tantôt fermiers tantôt guerriers ; rien n'empêchait l'homme qui, au crépuscule, soufflait dans une conque et déclamait des poèmes profonds de faire venir plus tard dans la soirée une esclave terrifiée. Comme d'autres cultures dominantes, ils exerçaient l'essentiel de leur violence en marge de la sphère politique, et c'est ainsi qu'ils ont pu accumuler tant de richesses, sans lesquelles ils n'auraient pu développer et faire prospérer une capitale aussi magnifique – peuplée de citoyens qui avaient le temps et l'énergie pour écrire de la poésie, créer des boissons chocolatées à l'arôme délicieux et parfois débattre de thèmes moraux.

Troisièmement, la question de savoir comment les Européens ont réussi à provoquer la chute d'un tel royaume a fait couler beaucoup d'encre parmi les différentes générations de chercheurs, mais ceux-ci n'ont pas prêté attention à l'interprétation qu'en donnent explicitement les Aztèques dans leurs propres écrits. Jusqu'à la fin du XXe siècle, les historiens les ont voués au fatalisme et à l'irrationalité, n'hésitant pas à supprimer les nombreuses preuves de leur habileté stratégique. Plus récemment, on a supposé que, poussés par leur haine atavique des

Aztèques, d'autres peuples se sont alliés aux Espagnols afin de vaincre leurs ennemis de toujours. Mais la famille royale aztèque avait des liens de parenté avec presque toutes les familles dirigeantes du pays. Certains la haïssaient, mais d'autres aspiraient à en faire partie. Ce que mettent en évidence les annales historiques, c'est un grand déséquilibre technologique en faveur des Espagnols nouvellement arrivés, que les Aztèques durent prendre rapidement au sérieux. Il était possible, pensaient certains, que cette crise fût la guerre qui mettrait fin à toutes les guerres, et beaucoup voulaient être du côté des vainqueurs au moment d'entrer dans cette nouvelle ère politique.

Quatrièmement, ceux qui ont survécu à la guerre contre les Espagnols puis à la première grande épidémie de maladies européennes ont été surpris de constater que le soleil continuait à se lever et à se coucher, et qu'ils devaient encore affronter le reste de leur existence. Il n'était plus temps de s'apitoyer sur son sort. Les enfants survivants devenaient des adultes avec leurs propres attentes, et les enfants nés depuis le cataclysme de la conquête n'avaient aucun souvenir des événements qui avaient marqué leurs aînés. Étonnamment, d'après les annales, ceux qui se montraient disposés à expérimenter les aliments, les techniques, les animaux et les dieux apportés par les étrangers venus d'outre-Atlantique n'étaient pas seulement de jeunes gens. Certains qui étaient déjà adultes à l'arrivée des Européens avaient ouvert la voie en promouvant l'importance de l'alphabet phonétique, par exemple, ou en apprenant à construire des bateaux plus grands que n'importe quelle pirogue, ou encore en bâtissant des tours rectangulaires plutôt que pyramidales. Si tous ne firent pas preuve de cette curiosité et de ce pragmatisme remarquables, ce fut le cas de beaucoup d'entre eux. De plus, les locaux se montrèrent capables de préserver leur propre vision du monde tout en adoptant les éléments les plus utiles de la vie espagnole.

Enfin, au cours des deux générations suivantes, ils furent de plus en plus nombreux à être confrontés, contre leur gré, à la monstruosité des politiques économiques extractives mises en place par les Espagnols, et plus nombreux encore à vivre l'injustice racialisée. Pourtant, loin de se laisser détruire, ils parvinrent à conserver leur équilibre. Comme tant de populations subjuguées en d'autres temps et en d'autres lieux, ils durent apprendre à accepter leur nouvelle réalité pour ne pas devenir fous. Des individus de la génération des petits-enfants, comme l'historien Chimalpahin, entreprirent d'écrire tout ce dont ils pouvaient se souvenir de l'histoire de leur peuple afin qu'elle ne soit pas perdue à jamais. Ils devinrent de véritables érudits, même si les Espagnols ne les reconnaissaient pas comme tels. Ce sont leurs efforts qui permettent aujourd'hui de reconstituer la pensée de leurs ancêtres. En bref, les Aztèques ont été conquis, mais ils se sont aussi sauvés.

*

Les conteurs aztèques qui se produisaient autrefois, le soir, à la lueur des étoiles, seraient les premiers à nous rappeler qu'au-delà des leçons que l'on peut en tirer, l'Histoire est passionnante. Le drame de l'humanité constitue en soi un récit attachant, et le passé aztèque ne fait pas exception. Pour en écrire le cours, il faut sonder l'expérience d'un peuple autrefois puissant et qui, confronté à une catastrophe indicible, survécut du mieux qu'il le put. La conquête espagnole, tout importante qu'elle fut, n'a été ni un récit d'origine ni une fin absolue. Les Aztèques existaient depuis des siècles quand elle se produisit, et ils n'ont toujours pas disparu. Aujourd'hui, environ un million et demi de personnes parlent leur langue ; beaucoup d'autres se considèrent comme leurs héritiers.

Malheureusement, les ouvrages qui leur furent consacrés soit traitaient uniquement de la période précédant l'arrivée des conquistadors et aboutissaient, dans le dernier chapitre, au crescendo de la conquête ; soit commençaient par un chapitre introductif sur l'époque précolombienne et l'arrivée des Européens, avant de présenter une étude sur le Mexique d'après la conquête. Mon livre parle du traumatisme de cette dernière, mais aussi de survie et de continuité – un paradoxe qui reflète la nature de l'expérience vécue de toute guerre dévastatrice. Ici, la conquête espagnole n'est ni une introduction ni un apogée. Elle joue plutôt un rôle charnière.

Le début de l'histoire remonte à un passé très reculé. Dans les temps anciens, le grand système commercial méso-américain s'étendait jusqu'à l'actuel État de l'Utah. Par exemple, le minéral ornemental – que nous appelons souvent le jade – empruntait des routes commerciales qui allaient du bassin central du Mexique jusqu'au sanctuaire intérieur du

Chaco Canyon dans l'actuel Nouveau-Mexique ; la turquoise, exploitée au nord, était exportée vers le sud. Lorsque les grands États producteurs de maïs du centre du Mexique sont tombés, la nouvelle fut transmise par le bouche-à-oreille aux peuples nomades de l'actuel sud-ouest des États-Unis. En période de sécheresse ou de difficultés intenses, ils étaient nombreux à migrer, sur la foi des rumeurs qu'ils avaient entendues, vers le sud pour conquérir des terres fertiles et se construire une vie nouvelle. Ils n'avaient pas de chevaux : ils avaient appris à voyager léger, se déplaçaient avec une vitesse stupéfiante et recouraient à des tactiques meurtrières. Vague après vague, ils prirent possession du bassin central du Mexique, et les noms des chefs et des dieux qui les avaient conseillés entrèrent dans la légende. Une série de grandes civilisations virent le jour, qui mêlaient les pratiques des anciens cultivateurs de maïs aux idées des nouveaux venus, innovants et audacieux. Les derniers migrants du Nord sont désignés sous le nom de Mexica. Leur arrivée tardive a peut-être fait d'eux l'un des peuples les plus belliqueux du bassin central ; car, comme en témoignent leurs histoires, ils s'enorgueillissaient d'avoir été autrefois donnés pour perdants, et s'étaient juré de se relever.

Alors que les peuples du bassin central se disputaient le pouvoir et l'accès aux ressources, des alliances politiques se faisaient et se défaisaient. Une femme qui se mariait dans le camp ennemi pour protéger une alliance pouvait soudain découvrir que celle-ci n'était plus d'actualité et se retrouver ainsi rétrogradée au rang de simple concubine. Mais il arrivait que ses fils n'acceptent pas ce changement et choisissent de se battre pour le pouvoir. Itzcoatl (its-co-ouate), fils d'un chef mexica et d'une esclave, profita avec brio des différends et des fissures qui se multipliaient dans la région et permit ainsi à sa lignée familiale de s'élever à une position de premier plan. Ce n'était pas un monde stable aux croyances immuables, mais plutôt changeant et en perpétuelle évolution, un peu comme celui de l'Europe primitive. La religion officielle était tout à la fois violente et magnifique. Pour remercier les dieux de ce qu'on avait, on procédait parfois à l'ultime sacrifice : celui de la vie humaine. Pourtant, la plupart du temps, loin d'être des séides de la mort, les Mexicas veillaient à la protection et à l'avenir des leurs.

À la fin des années 1400, leur village, situé sur une île au milieu d'un lac, s'était transformé en une métropole d'envergure mondiale, reliée à la terre par trois chaussées. De grandes pyramides peintes s'élevaient de toutes parts, entourées de jardins d'une beauté époustouflante. La bibliothèque du souverain contenait des centaines de livres, et la ville tirait un grand renom de la musique et des danses qui étaient données au palais. Pourtant, si cette magnificence et cette haute culture avaient pu se déployer, c'était grâce aux mesures de plus en plus draconiennes imposées par les dirigeants mexicas, à leur organisation et contrôle bureaucratiques toujours plus stricts dans les différents domaines de la vie, à la violence ritualisée qu'ils pratiquaient régulièrement en public et aux guerres qu'ils ne craignaient pas de mener aux confins de leur royaume. La vie dans la vallée était stable, et certains de ses habitants étaient de grands artistes. Mais les Mexicas, comme beaucoup d'autres peuples parvenus à une position de pouvoir comparable dans l'histoire du monde, choisirent de ne pas se préoccuper outre mesure du sort de ceux qui habitaient dans les zones dévastées par la guerre, en marge du monde qu'ils avaient construit.

C'est dans cette arène que les Espagnols débarquèrent, la première fois en 1518 et avec des intentions plus affirmées en 1519. À ce stade, la chronologie du livre se resserre : les chapitres un à trois couvrent plusieurs décennies, de même que les chapitres six à huit ; quant aux deux chapitres centraux, soit le quatre et le cinq, consacrés à l'arrivée des Espagnols, ils étudient les années 1518 à 1522 de manière très détaillée. Peut-être une telle construction donne-t-elle trop de pouvoir à ces fanfarons de conquistadors, mais ceux-ci ont eu une influence critique sur les Mexicas et méritent donc une réflexion approfondie. Bien que l'arrivée d'Hernán Cortés ait été racontée à de nombreuses reprises, elle est présentée ici sous un jour différent, à savoir comme une défaite militaire, et non spirituelle, des autochtones. Contrairement à ce que l'on a pu dire, les Mexicas ne croyaient pas que le dieu Quetzalcoatl marchait aux côtés des conquistadors, et jamais ils ne furent frappés par une vision de la Vierge Marie ou d'un saint quelconque. Moctezuma, le souverain, s'est simplement retrouvé à la tête d'un pouvoir militaire inférieur à celui des nouveaux venus, fait qu'il prit en considération. La suite de l'histoire repose pour partie entre les mains de personnes dont les Mexicas avaient fait leurs ennemis – parmi eux une jeune fille que les Espagnols appelaient Malinche ; en effet, elle qui avait vu son peuple subir une pression violente de la part de Moctezuma avant l'arrivée des Espagnols devint leur interprète.

Au cours de cette période horrible que fut la guerre contre les Espagnols, toutes sortes de gens – Malinche, par exemple, ainsi que la fille de Moctezuma, réduite en captivité – ont simplement fait leur possible pour rester en vie. Outre les dégâts causés par les combats, l'épidémie de variole introduite par les Espagnols fit croire à certains autochtones qu'ils allaient tous mourir… mais ce ne fut pas le cas. Ceux qui avaient appris, individuellement, à mieux connaître les nouveaux venus conseillèrent alors aux habitants du bassin central – les Mexicas et les segments de la population qui leur étaient restés fidèles jusqu'alors – d'opter pour la paix et de sauver leur vie. En tant que dirigeants suprêmes, les Espagnols auraient un avantage : ils étaient encore plus puissants que les Aztèques, ce qui signifiait non seulement qu'ils pouvaient les vaincre mais aussi qu'ils pourraient peser de tout leur poids pour que cessent, dans les régions qu'ils contrôlaient, toutes les guerres entre villages. Ils furent nombreux à privilégier cette option. Ainsi donnèrent-ils la victoire aux conquérants.

Dans les premières décennies qui suivirent le triomphe des Espagnols, les gens constatèrent qu'au-delà des extraordinaires changements auxquels ils étaient confrontés dans bien des domaines, la vie suivait son cours. Il y avait cependant des variations considérables d'un endroit à l'autre. Dans la capitale des Mexicas, Malinche et la fille de Moctezuma, par exemple, s'efforcèrent de conjurer leur désespoir, contournant les pièges tendus par les nouveaux venus, aussi arrogants que puissants. Pourtant, dans une petite ville à l'est, qui était restée largement intacte, un jeune homme qui avait appris l'alphabet romain auprès des missionnaires enseigna paisiblement à son père tout ce qu'il pouvait en tirer. Ensemble, ils écrivirent ce qui fut en fait le premier livre de nahuatl inaltérable. Ces temps troubles regorgeaient de contradictions.

Dans les Amériques, partout où la première génération d'Européens s'était établie, les indigènes opposèrent presque toujours une intense résistance. C'est aussi vrai pour les Aztèques qu'ailleurs. Dans le cas du Mexique, les années 1560 furent marquées par des crises récurrentes. Dans le bassin central, on signifia aux Mexicas que, pour la première fois, ils devraient payer un impôt ou un tribut aussi important que tout autre peuple conquis. Celles et ceux qui protestèrent furent massivement incarcérés, puis vendus et réduits en servitude. Les archives gardant trace des échanges houleux qu'ils ont pu avoir avec les Espagnols témoignent explicitement de leur amertume. Leur sort les rapprocha de ceux qui, parmi les Espagnols, étaient si insatisfaits de leur condition qu'ils envisagèrent également la rébellion. Le fils que Malinche avait eu avec Hernán Cortés fut finalement soumis à une torture brutale dans le cadre d'une procédure qui était, pour les tribunaux médiévaux, parfaitement légale : la simulation de noyade, proche de l'actuel *waterboarding* (« torture par l'eau »). À la fin de la décennie, les Indiens avaient bien fait comprendre aux Espagnols les limites de leur souffrance – mais ces derniers leur avaient tout aussi bien fait comprendre les limites de leur liberté.

Vers 1600, les dernières personnes ayant en mémoire les jours d'avant la conquête étaient mortes ou en passe de disparaître. C'est à partir de cette date que leurs petits-enfants montrèrent un formidable empressement pour consigner ce qu'ils savaient de ce monde passé. Il faut nommer, parmi ces historiens, don Domingo Chimalpahin, l'Indien du Chalco qui travaillait pour l'église de San Antón à la porte sud de la ville ; ou encore don Hernando de Alvarado Tezozomoc, un petit-fils de Moctezuma. Certains de leurs écrits constituent un témoignage aussi terrible que fascinant sur l'époque coloniale qu'ils ont vécue. Cependant, ils ne se cantonnent pas à relater leur époque tumultueuse, mais nous donnent une idée de ce que certains autochtones pensaient des événements qui les avaient frappés, et de la façon dont ils envisageaient leur avenir. Il faudra attendre plusieurs siècles avant que des intellectuels indigènes prennent à nouveau la plume pour écrire de manière analytique. En effet, la pauvreté et l'oppression ont largement prévalu dans leurs communautés jusqu'au XXe siècle, où le ressentiment enfoui dans les mémoires refit surface et initia un mouvement de révolution, ce qui a contribué à renouveler le regard porté sur leurs anciennes traditions.

Si l'histoire des Aztèques offre un panorama vaste et grandiose, elle est aussi peuplée de personnes ordinaires, fortes de leur expérience individuelle de ces événements. Les comprendre, il faut le reconnaître, n'est pas une chose aisée. Pour permettre au lecteur de se plonger plus facilement dans leur monde, qui nous est désormais si étranger, chaque chapitre s'ouvre par l'évocation d'une même figure, qui a existé jadis, et que j'ai reconstituée en croisant diverses sources. Faire appel à l'imagination peut être un pari risqué dans un ouvrage d'histoire. Pourtant, dès lors qu'on fait revivre une personne disparue depuis longtemps, fût-ce des rois et des présidents que nous prétendons bien connaître, on fait appel à l'imagination, et on n'y voit rien que de normal. Je crois que c'est la bonne chose à faire à condition d'avoir pris soin, avant de faire le grand saut dans l'inconnu, d'accumuler autant de connaissances que possible. En recréant soigneusement le monde de Chimalpahin et celui de la génération de sa grand-mère, peut-être pourrons-nous entendre plus clairement ce qu'ils ont à dire, non seulement leur pensée mais aussi leur voix. Chimalpahin et ses pairs voulaient que la postérité les entende – ils l'ont clairement dit dans leurs écrits – et nous devons donc les écouter, dans leur propre intérêt. Mais c'est aussi notre intérêt que nous poursuivons. En effet, qui peut dire lesquels, entre eux et nous, en bénéficient le plus, si tant est qu'on réussisse à converser ensemble par-delà le gouffre du temps et de la différence ? Ne devenons-nous pas alors à la fois plus sages et plus forts chaque fois que nous parvenons à saisir le point de vue de gens que nous avons autrefois nié ?

Chapitre 1

Le sentier des Sept Cavernes
Avant 1299

Deux chefs nahuas conversant l'un avec l'autre.
Bibliothèque bodléienne, université d'Oxford,
Codex Mendoza, MS. Arch. Selden, A. I, folio 60r.

La petite fille avait entendu les voix de ceux qui l'avaient choyée et lui avaient dit qu'elle était leur joyau le plus précieux et étincelant, leur plume légère et soyeuse. Elle savait maintenant qu'elle ne les entendrait plus jamais. Ils l'avaient avertie qu'on en arriverait peut-être là, qu'elle pourrait un jour être prise à la guerre et tout perdre, que chaque fleur était fragile. Et le pire était en effet advenu. Un temps, la terreur lui avait vidé l'esprit. Mais, après un sommeil de quelques heures, elle put se rappeler qu'elle devait faire ce que sa mère et sa grand-mère lui avaient appris.

*

C'est ainsi qu'en 1299 Fleur de Bouclier contempla sa propre mort et trouva le courage de quitter cette vie terrestre avec la dignité et le style qui siéent à une femme royale. C'est du moins ce qu'exprima son peuple dans les histoires que l'on se transmit à son sujet pendant de nombreuses générations[1]. Il arrivait qu'on l'appelle non pas Chimalxochitl (tchi-mal-cho-tchite, « Fleur de Bouclier »), mais Chimalexochitl (tchi-mal-é-cho-tchite), ce qui signifie « Fleur de Porteur de Bouclier ». Ses ancêtres, qui remontaient à six générations ou plus, furent parmi les dernières populations à quitter les terres du Sud-Ouest américain, mordues par la sécheresse et déchirées par la guerre, et à entreprendre un voyage à travers les vastes étendues du désert à la recherche des terres australes dont la rumeur était arrivée à leurs oreilles. Quelque deux cents ans s'écouleraient avant que leurs descendants n'atteignent le bassin central du Mexique. Les légendes sur la fertilité de la terre s'étaient toutes vérifiées : ici, la précieuse récolte de maïs poussait facilement. Ils découvrirent cependant que les meilleures terres avaient déjà été conquises par d'autres bandes de guerriers du Nord, tout aussi habiles à manier l'arc et les flèches que le grand-père de Fleur de Bouclier et ses guerriers. Faute de mieux, les parents de celle-ci se vendirent comme mercenaires et acquirent, en s'engageant dans les batailles des autres, le droit de rendre leur campement inviolable, de chasser quelques cerfs et de planter un peu de maïs.

Mais l'année 1299 avait apporté le malheur au peuple de Fleur de Bouclier. La bonne fortune les abandonna au point que, dans le récit qu'il construisit par la suite, un conteur assigna tous les événements à une année 1-Lapin, et non pas à une année 2-Roseau, comme le voulait la version commune. L'année 1-Lapin avait toujours été associée au désastre. Il y avait même un vieux dicton qui disait : « Nous étions vraiment enlapinés », ce qui signifiait : « Nous étions vraiment dans la mouise[2]. » En tout cas, le père de Fleur de Bouclier jugea que les siens étaient devenus assez forts pour cesser de vivre dans la peur. Il se déclara roi ou chef indépendant, un ***tlatoani*** (tla-to-ouan-i), c'est-à-dire « orateur », implicitement le porte-parole du groupe. Avec cette déclaration, il signifiait qu'il ne rendrait plus hommage à d'autres ni ne travaillerait comme mercenaire pour eux. Il ajouta même une moquerie en direction du chef le plus puissant de la région, pour s'assurer de bien faire comprendre son point de vue. Certains disent qu'il alla jusqu'à demander à épouser la fille du chef, mais qu'il la sacrifia dès qu'elle franchit son seuil[3]. Comme il n'était pas fou, il est plus probable que ses railleries aient pris la forme d'une attaque contre l'un des alliés de l'homme fort ou d'un refus d'obéir à l'un de ses ordres directs. Quel qu'ait été son geste de défi, l'avenir devait prouver qu'il résultait d'une grosse erreur de jugement.

Le roi Coxcox (coch-coche) du peuple ***culhua*** (coul-oua) prit lui-même le commandement des opérations de guerre pour détruire les impudents. L'armée était composée de guerriers issus de six communautés alliées pour l'occasion. Ils tuèrent sans pitié et ne préservèrent la vie de quelques guerriers que pour les emmener comme prisonniers dans les villes qui les avaient vaincus. Les jeunes femmes furent mises à part et conduites, loin de là, à leur nouvelle vie de concubines. Fleur de Bouclier et son père, Huitzilihuitl (oui-tsil-i-ouite, « Plume de Colibri »), furent emmenés à Culhuacan, la plus importante ville culhua. Huitzilihuitl avait le cœur empli de chagrin en voyant sa fille, dont on avait arraché les vêtements, exposée au regard de tous, et à la honte. Il supplia Coxcox d'avoir pitié d'elle et de lui donner quelque chose à se mettre sur le dos. Coxcox se retourna, la regarda, puis se mit à rire. « Non », voilà le mot qu'il prononça et qui devait rester gravé dans la mémoire des gens. « Elle restera comme elle est. »

C'est ainsi que Fleur de Bouclier se retrouva pieds et poings liés, sous bonne garde, attendant qu'on l'informe de ce que serait son sort. Les jours qui passaient faisaient durer le supplice. Les Culhuas recherchaient dans les marais environnants des survivants qui avaient échappé à la bataille. Ils comptaient sur la faim pour les faire sortir en nombre, et c'est ce qui se produisit. Lorsqu'ils commencèrent à pénétrer, au compte-gouttes, dans Culhuacan – certains traînés par des Culhuas qui s'en étaient emparés, d'autres se rendant de leur propre gré pour servir comme esclaves en échange de leur vie –, Fleur de Bouclier était toujours une prisonnière humiliée. Elle avait pu l'accepter tant qu'aucun des siens n'était là pour le voir, mais la honte était maintenant trop forte pour être supportable. Elle demanda à l'un des siens de lui procurer de la craie et du charbon de bois. Ses geôliers le lui accordèrent. Cela les amusait peut-être. La jeune fille ligotée réussit à grand-peine à marquer son corps, à l'ancienne, de traits noirs et blancs. Puis elle se redressa et s'écria : « Pourquoi ne me sacrifiez-vous pas ?! » Elle était prête, les dieux étaient prêts ; les Culhuas, qui différaient le moment de frapper, ne faisaient que se couvrir de déshonneur : n'avaient-ils pas le courage de passer à l'acte ? Plus tard, certains conteurs diraient que les Culhuas, entendant les cris de Fleur de Bouclier, ressentirent de la honte et allumèrent le bûcher pour la faire taire. D'autres affirmèrent que certains de ses propres compatriotes attachaient plus d'importance à son honneur qu'à leur vie, si bien qu'ils commirent eux-mêmes l'acte, sur ses ordres. Quand les flammes s'élevèrent, Fleur de Bouclier se tenait debout : elle n'avait plus rien à perdre. Des larmes coulaient sur son visage, et elle cria en direction de ses ennemis : « Peuple de Culhuacan, je vais là où vit mon dieu. Les descendants de mon peuple deviendront tous de grands guerriers, vous verrez ! » Après sa mort, les Culhuas nettoyèrent son sang et ses cendres, mais ils ne purent effacer la terreur que ses paroles avaient éveillée en eux.

De nombreuses années plus tard, lorsque son peuple accéda à ce haut degré de pouvoir qu'il devait perdre à nouveau avec l'arrivée des chrétiens, certains dirent que Fleur de Bouclier n'avait peut-être jamais vraiment vécu. Après tout, dans certains contes, elle s'appelait Azcalxochitl (une espèce de fleur ; disons le « Lys »). Et, dans d'autres, elle n'était pas la fille du chef mais sa sœur aînée, celle qui était destinée à être la mère du prochain chef, selon la coutume de certaines communautés. Si les conteurs divergeaient sur des éléments aussi fondamentaux de l'intrigue, pourquoi croire un traître mot de leurs histoires ?

Inutile d'avoir été là en 1299 pour savoir que l'essentiel est vrai. Les preuves archéologiques et linguistiques, ainsi que les annales historiques, consignées par écrit, de plusieurs villes mexicaines, indiquent toutes que les ancêtres du peuple aujourd'hui connu sous le nom d'Aztèques sont venus du nord en une migration qui s'est prolongée sur plusieurs siècles, que les derniers arrivés se sont retrouvés sans terre et qu'ils ont dû se battre pour le pouvoir dans la fertile vallée centrale[4]. Nous savons comment ils ont fait la guerre et nous connaissons la signification symbolique des filles et des sœurs des chefs, qui étaient élevées pour donner le jour aux dirigeants de la génération suivante. Nous savons même que les gens de la vallée éduquèrent leurs filles nobles dans l'idée qu'elles se montrent presque aussi stoïques que leurs frères dans les moments difficiles, et que Fleur de Bouclier et Lys étaient deux noms indigènes courants parmi les filles nobles. En bref, l'histoire de Fleur de Bouclier aurait été celle de plus d'une jeune femme.

Toutes, ainsi que leurs frères guerriers, ont entendu l'histoire de leur peuple en écoutant les conteurs, assises le soir autour du feu. Elles ont toutes appris qu'il était venu du Grand Nord et avait traversé montagnes et désert pour se construire une nouvelle vie, sous le commandement des premiers d'entre eux qui portèrent les faisceaux sacrés de leurs dieux jusqu'à leur nouvelle demeure. Il y avait, d'une histoire à l'autre, de légères divergences, mais aussi des points communs, et nous pouvons ajouter les preuves de l'archéologie et des cartes linguistiques pour constituer une vision cohérente de ce qui s'est passé. Le récit a tout d'un drame épique.

Il remonte à une époque inconnue de Fleur de Bouclier, hors le pouvoir du mythe et du rêve, et nous emmène en Asie du Nord-Est au temps de la dernière période glaciaire – à l'époque du peuplement des Amériques. L'humanité, apparue en Afrique, s'était alors disséminée bien au-delà de cette région du globe et se retrouvait presque partout dans l'Ancien Monde. Plus tard, chaque groupe apprit à aimer la terre qu'il appellera son chez-lui, des fjords glaciaux de Scandinavie aux promontoires arides du plateau du Deccan en Inde. Mais il y a 20 000 ans ou plus, la terre n'était pas aussi variée qu'elle l'est aujourd'hui ; il y avait encore en de nombreux endroits des glaciers, qui reculaient progressivement, et les limites du « chez-soi » n'étaient pas aussi clairement marquées. De petits groupes de personnes suivaient le gros gibier d'un endroit à l'autre, et de vaillants chasseurs l'abattaient avec leurs lances relativement fragiles. La plupart des chercheurs pensent qu'il y a environ 13 000 ans, des habitants d'Asie du Nord-Est ont traversé le détroit de Béring et ont gagné l'Alaska. À l'époque, le détroit était couvert de glace ; le pont terrestre était large de plusieurs kilomètres. Les frictions guerrières ou le manque de ressources ont poussé des hommes à l'emprunter lors d'au moins trois vagues migratoires. Que ce soient eux ou leurs enfants et petits-enfants, ils ont continué à poursuivre les mastodontes, les caribous et tout autre animal susceptible d'être mangé, et ils ont peu à peu peuplé les deux morceaux du continent américain. Ils trouvèrent ici et là quelques groupes qui les avaient précédés dans le nouvel hémisphère et qui, selon toute vraisemblance, avaient suivi la côte en pirogue. En effet, il y a environ 14 000 ans, avant que le pont terrestre ne rende possibles des migrations plus importantes, quelques personnes étaient arrivées jusqu'au sud du Chili. En un lieu appelé aujourd'hui Monte Verde, un enfant qui a marché dans la boue à côté d'un feu utilisé pour cuire des aliments a très distinctement laissé une empreinte de pas que les archéologues retrouveront bien des générations plus tard[5].

Puis, il y a environ 11 000 ans, l'ère glaciaire a pris fin. La glace a fondu, le niveau de la mer s'est élevé et a recouvert le pont terrestre, séparant l'Ancien Monde du Nouveau. Certaines des espèces de gibier les plus grandes s'éteignirent. Le climat se réchauffa, davantage de plantes se mirent à pousser. Partout dans le monde, des populations curieuses et affamées se mirent à manger plus de fleurs, de fruits, de racines, de graines et de tiges de plantes. Que le climat fût aride ou frais, que la terre fût chaude et sèche ou boisée et ombragée, ils firent tous cette même expérience. Pourtant, au-delà de ces pratiques et gestes communs, se firent jour à cette époque certaines différences qui devaient se révéler cruciales pour l'histoire de l'humanité dans les millénaires à venir. Lorsque plus tard les peuples d'Eurasie rencontrèrent ceux des Amériques, les décisions que leurs ancêtres avaient prises en matière agricole déterminèrent leur destin, en ce sens que le passé déterminait pour chacun son degré relatif de force. C'est une histoire qu'il faut connaître pour comprendre l'essor et la chute des Aztèques.

Dans la majorité des cas, ce sont les hommes qui chassaient et les femmes qui assuraient la cueillette. Dans leur vie toujours à la limite de la survie, cette division des tâches obligeait les femmes à prêter attention à tout ce qui les entourait dans la nature : elles voyaient que les plantes poussaient à partir des graines ; elles semaient celles de leurs plantes préférées dans la terre humide et revenaient cueillir les fruits de leur travail l'année suivante lorsque la chasse les ramenait dans la même région. Elles apprirent par exemple que, si elles semaient les graines des buissons qui produisaient le plus de baies, les plantes issues de ces graines produiraient davantage. Les femmes informaient les hommes de leurs déductions, et les hommes qui tenaient à la survie les écoutaient. Presque partout, les humains sont devenus des agriculteurs à mi-temps. Cependant, la chasse et la pêche demeuraient leurs activités principales : c'est ainsi qu'ils pouvaient obtenir les protéines dont ils avaient besoin pour vivre[6].

Ils sont progressivement devenus des agriculteurs à plein temps où et quand cela avait du sens. En d'autres termes, c'est uniquement lorsque le gibier se raréfiait et qu'ils avaient dans leur environnement une constellation de plantes riches en protéines susceptibles de soutenir la vie humaine qu'ils se sont consacrés à cultiver la flore locale au lieu de chasser[7]. Cela se produisit pour la première fois – il y a environ 10000 ans – dans le Croissant fertile, sur une bande de terre située entre le Tigre et l'Euphrate (dans l'Irak actuel). Là, le blé et les pois disponibles firent de l'agriculture une alternative évidente lorsque le cerf, trop souvent chassé, commença à disparaître. Dans d'autres endroits, comme la Nouvelle-Guinée où les bananes et la canne à sucre étaient les plantes les plus savoureuses, les gens ont goûté avec enthousiasme ces nourritures sucrées, mais les sangliers et autres animaux sauvages ont continué à assurer leur subsistance. Ils n'ont pas été stupides au point de consacrer leur vie à produire des desserts ; et il faut savoir par ailleurs qu'ils ne connaissaient pas le blé et les pois, originaires du Proche-Orient. Tout cela n'aurait peut-être pas eu d'importance à long terme, si ce n'est que l'agriculture à plein temps eut des effets considérables. Ceux qui s'y consacrèrent durent abandonner le mode de vie nomade. Ils purent alors construire de grands bâtiments et fabriquer des objets lourds ; ils expérimentèrent la forge à métaux, le tour de potier et le métier à tisser. Ils apprirent à stocker les excédents de nourriture, et leur population augmenta. La mise au point de l'irrigation et le développement de nouveaux types d'outils les obligèrent à concevoir des moyens de partager l'eau. Et, logiquement, on se mit à répartir les tâches de façon à permettre aux individus de se spécialiser dans un domaine ou un autre. Les inventions se multiplièrent. En bref, le mode de vie sédentaire des agriculteurs à plein temps finit par donner naissance à des civilisations plus puissantes.

Non pas que ces derniers soient nécessairement plus heureux que les chasseurs-cueilleurs, ni plus intelligents ou plus moraux ; les inventions ne se suivent pas non plus toujours dans le même ordre et déjouent parfois nos attentes. Les anciens agriculteurs andins, par exemple, n'ont jamais pensé à verser de la pâte constituée de fibres végétales dans des tamis pour créer du papier, comme le firent ceux de l'Ancien Monde. Au lieu de cela, ils « écrivaient » avec des nœuds et des tresses le long de cordes colorées qu'ils attachaient ensemble pour garder mémoire de leurs prières et des impôts qu'ils avaient payés. Et ce ne sont pas les Européens, plus tard célèbres pour leurs combats, qui ont créé les premiers explosifs, mais les Chinois, prétendument pacifiques et repliés sur eux-mêmes, qui l'ont fait. L'important ici est que les peuples agricoles ont toujours développé des civilisations plus puissantes, dans le sens où elles triomphaient systématiquement des peuples qui n'avaient pas connu une croissance équivalente ni développé d'armes (et de produits) comparables.

Les habitants du Croissant fertile ont été les premiers à faire le saut, mais ils ont bientôt fait école. Le blé et les pois qui assuraient ce nouveau mode de vie se sont rapidement répandus en Égypte, en Europe du Sud et en Asie, où la part de l'agriculture augmenta fortement. En Égypte, les paysans cultivaient des plantes locales telles que les figuiers. En Europe, ils ajoutèrent au mélange blé-pois de l'avoine et d'autres variétés. Et, en Chine, on expérimenta la culture du riz et du millet. Des populations importantes pouvaient désormais vivre dans des villes pérennes – ce qui était impensable pour une population de chasseurs-cueilleurs –, et les routes commerciales entre les villes stimulèrent bientôt les échanges, grâce auxquels les populations du continent eurasien avaient accès aux cultures agraires des uns et des autres, ainsi qu'à leurs dernières inventions.

Par la suite, la pratique ou non de l'agriculture a cessé d'être un facteur pertinent pour expliquer les disparités de pouvoir entre les peuples eurasiens ou leur capacité à gagner une guerre dans cet espace géographique. Avec seulement quelques siècles de différence entre eux et leurs voisins, les agriculteurs ont rapidement découvert que les peuples plus nomades qui les entouraient pouvaient acheter, emprunter ou voler leurs inventions les plus ingénieuses et leurs meilleures armes. Et, une fois que les nomades avaient ces biens entre les mains, ils étaient tout aussi puissants – voire plus puissants – que les agriculteurs. Ainsi les tribus germaniques retournèrent-elles les méthodes romaines contre leurs anciens conquérants. De la même façon, les Mongols des plaines du nord de l'Asie prirent aux Chinois chevaux et armes en métal. Puis, lorsque Gengis Khan et ses hommes déferlèrent depuis le nord, les paysans tremblèrent – et pour cause.

Pendant ce temps, de l'autre côté de l'océan, en Amérique, les ancêtres de Fleur de Bouclier continuaient leur existence de chasseurs-cueilleurs ; l'agriculture, qui a fait une apparition tonitruante dans l'Ancien Monde, ne représentait encore qu'une petite part de leurs activités cinq millénaires plus tard. Sur les territoires où ils vivaient, il n'y avait pas de plantes comparables au blé et aux pois. Plus tard, les Amérindiens seront connus pour leur culture du maïs, des haricots et des courges. Mais le maïs ancien, la plante appelée téosinte, n'était qu'une herbe sauvage avec un toupet de minuscules grains, plus petit que les jeunes pousses de maïs actuelles. Alors que le blé ancien correspond presque totalement au blé d'aujourd'hui, la téosinte n'avait pas la même valeur nutritive. Il fallut des milliers d'années d'efforts aux femmes mexicaines pour transformer ces petites touffes en ce que nous pourrions reconnaître comme des épis de maïs ; elles plantaient parfois les plus gros grains des plus grosses touffes comme elles le faisaient avec d'autres plantes et, en attendant la récolte, continuaient avec les hommes à poursuivre les cerfs et autres gibiers. Même lorsque les épis commencèrent à atteindre une taille substantielle, les grains que l'on avait raclés ne suffisaient pas à calmer la faim. Enfin, les femmes prirent conscience qu'elles étaient mieux nourries lorsqu'elles associaient maïs et haricots[8]. Bien plus qu'en Europe, l'essor de l'agriculture a été un processus à très long terme, par à-coups. Le changement s'est finalement produit : en 3500 avant J.-C., quelques groupes vivant au Mexique se mirent à cultiver effectivement le maïs ; en 1800 avant J.-C., de nombreux autres en faisaient autant[9]. Mais il y avait eu plusieurs millénaires de retard par rapport à l'Ancien Monde, et ce décalage aurait une grande importance dans l'avenir, comme les descendants de Fleur de Bouclier allaient le découvrir.

Dans les régions côtières et fluviales de Méso-Amérique, certains groupes, sans même jouir d'une abondance de plantes riches en protéines, avaient établi des villages permanents, car ils pouvaient se consacrer au fil des saisons au ramassage de différentes sortes de fruits de mer. Ces populations, qui avaient déjà une tradition de vie sédentaire, ont peut-être été plus intéressées que d'autres par les avantages de l'agriculture. Dès 1500 avant J.-C., près de la côte sud du golfe du Mexique, sur ce qu'on appelle l'isthme du Mexique, les Olmèques, qui commencèrent à se regrouper dans des villes aux dimensions impressionnantes, vivaient principalement du maïs et des haricots qu'ils plantaient[10]. Ils construisirent de grands bâtiments pour stocker les surplus de nourriture, et leur population augmenta rapidement par rapport aux autres groupes. Ils avaient mis en place une division des activités nécessaires, ce qui permit à certains segments de la population de devenir plus puissants que d'autres. Ils élaborèrent un calendrier, et des artistes talentueux devinrent experts en sculpture. Ils rendaient hommage à des dieux, des chefs ou des chefs pieux – impossible de savoir – en taillant de colossales statues à leur effigie. Plus tard, certains de leurs descendants, tout aussi talentueux, créèrent une forme d'écriture en gravant des symboles sur des tablettes pour représenter des mots, comme le nom de la déesse Dix Cieux, la planète Vénus. Il est clair qu'ils étaient fiers de tout ce qu'ils avaient accompli et qu'ils éprouvaient de la gratitude envers leurs dieux ; leurs sculptures et leurs inscriptions le soulignent.

Il n'est peut-être pas surprenant que la culture associée du maïs et des haricots se soit étendue à l'est et à l'ouest de l'isthme, et que l'influence olmèque se soit accrue, d'autant que ses formidables édifices frappaient les imaginaires[11]. À l'est, de grandes pyramides de pierre s'élevèrent rapidement au-dessus de la canopée de la jungle. Les artisans mayas qui les construisaient les ornèrent avec de la peinture à base de chaux ou de pigments végétaux ; d'autres avaient appris à tisser des brins de coton sauvage pour en faire de belles étoffes, et bientôt des fanions colorés flottaient dans la brise. Ils gravaient leurs écrits sur de grandes dalles de pierre, qu'ils plaçaient devant les pyramides pour que le monde entier puisse les voir. Ainsi commémoraient-ils les triomphes de leurs souverains et affirmaient leur grandeur. Dans un tout autre registre, ils peignaient parfois de petits personnages sur des récipients et des assiettes de cérémonie, qui devenaient de véritables poèmes. Un jour de l'an 800, par exemple, un artisan habile offrit à un jeune prince une tasse pour boire du chocolat chaud, qu'il avait lui-même conçue. Il relia le monde terrestre au monde divin en un motif qui honorait en même temps un prince puissant et un dieu créateur : « Celui qui a donné sa place à l'espace ouvert, qui a donné sa place à la nuit du jaguar, était le Seigneur à face noire, le Seigneur à face étoilée[12]. »

De telles envolées philosophiques ne faisaient cependant pas que des enthousiastes. Lorsque la population maya dépassait le nombre de bouches que ses terres pouvaient nourrir, ou qu'elle avait besoin d'une ressource particulière, on partait en guerre contre ses voisins plus faibles. C'est ainsi que plusieurs royaumes accédèrent à une certaine puissance, mais ils s'élevaient et chutaient tour à tour. Pas un seul État maya n'aura dominé les autres de façon permanente. Durant ce que les érudits appellent la période « classique », qui s'étend de 800 à 900 après J.-C., les rois faisaient construire, après une victoire décisive, un édifice monumental, capable de résister à l'épreuve du temps ; dans la période « postclassique », la plupart des royaumes mayas restèrent relativement petits. Pourtant, certains d'entre eux étaient réellement impressionnants, comme Chichén Itzá au milieu de la péninsule du Yucatán.

Pendant ce temps, à l'ouest, d'autres cultures influencées par les Olmèques prenaient racine et s'épanouissaient. La civilisation de Monte Albán, par exemple, près de l'actuel Oaxaca, régnait sur une grande vallée ; le gouvernement central réunissait des représentants de nombreux conseils de village différents. Et, dans le bassin central, au cœur du Mexique, une cité-État appelée Cuicuilco fut florissante à partir de 200 ans environ avant l'ère commune. Sa puissance dépassait de loin celle de ses voisines jusqu'au jour du premier siècle de l'ère chrétienne où le mont Xitle, tout proche, entra en éruption ; la lave recouvrit complètement la ville (le volcan œuvra si consciencieusement que les archéologues mexicains furent obligés d'utiliser de la dynamite pour dégager partiellement la cité). La disparition de Cuicuilco créa un véritable vide politique ; néanmoins, cette situation ne devait pas durer. Presque tous les peuples du centre du Mexique étaient devenus à cette époque des planteurs de maïs, et un certain nombre d'entre eux pouvaient donc se targuer d'une grande maîtrise des arts et techniques, ainsi que d'une population importante. L'un ou l'autre allait sûrement constituer un grand État et prendre la place de Cuicuilco[13].

*

Et ce fut le destin d'une localité qui s'appelle maintenant Teotihuacan (té-oh-ti-oua-cane). La ville, surgie du néant, atteignit un tel niveau de puissance que, même plusieurs siècles après sa chute, ses ruines étaient connues de Fleur de Bouclier et des siens. Lorsque ses ancêtres descendirent du nord, ils s'arrêtèrent en haut du cirque montagneux qui encerclait la vallée centrale au cœur de la région et regardèrent le panorama qui s'offrait à leurs yeux. Tous ceux qui étaient arrivés par ce chemin avaient fait de même, et pour une personne du commun des mortels, c'était un spectacle vraiment impressionnant.

La vallée était en fait un bassin sans drainage. La terre humide de ses plaines souvent détrempées était parfaite pour l'agriculture, et les montagnes qui l'entouraient formaient une véritable barricade contre le monde extérieur. On aurait dit le centre de la Terre, une sorte d'endroit enchanté. Dans le clair-obscur de l'aube, les villages déjà s'animaient alors que les femmes s'occupaient d'allumer des feux de bois ; les points de lumière brillaient dans le crépuscule comme des amas d'étoiles au milieu des ténèbres.

Ce fut peut-être le même mois, ou un peu plus tard, que les émigrants visitèrent les grandes ruines qui se trouvaient dans la moitié nord de la vallée ; leur renommée était connue de tous, et on les voyait à des kilomètres. Fleur de Bouclier ne les a probablement jamais vues en personne, car les filles ne sortaient pas beaucoup en temps de guerre, mais son père ou son grand-père, eux, certainement, ; comme les autres hommes, ils sillonnaient le pays en tant que mercenaires. Ces ruines étaient un lieu sacré. Les premiers arrivants du nord leur avaient donné un nom dans leur propre langue, Teotihuacan, et ce nom leur resta. Il liait le lieu au divin, car il signifiait soit « le lieu des gens qui deviennent des dieux », soit « le lieu de ceux qui ont de grands dieux », selon ce que l'on entendait[14].

Les descendants des nouveaux venus devaient faire par la suite de Teotihuacan le lieu de naissance de leur monde. C'était, direntils, là où leur héros légendaire Nanahuatzin s'était immolé avec courage. Parfois, ils racontaient l'histoire avec force détails et précisaient que, lorsque les quatre premiers mondes imparfaits, chacun avec son propre soleil et ses propres créatures vivantes, avaient tous été détruits et que la terre avait été laissée dans l'obscurité, les dieux s'étaient réunis à Teotihuacan. « Les dieux se sont réunis et ont pris conseil à Teotihuacan. Ils se sont dit : "Qui portera le fardeau ? Qui prendra sur lui de voir qu'il y aura un soleil, qu'il y aura une aube ?"[15] » Ils avaient une grande foi en un dénommé Tecuciztecatl (técou-cis-técate) qui s'était porté volontaire, et ils lui offrirent, pour son sacrifice, une couronne de plumes de héron et d'autres cadeaux encore ; quant à Nanahuatzin, ils le choisirent parce qu'il était un homme tout à fait ordinaire. Lorsque minuit arriva et que le moment fut venu, Tecuciztecatl se rendit compte qu'il n'y arriverait pas. C'est Nanahuatzin, cet homme ordinaire, qui ferma les yeux et se jeta dans les flammes « pour que l'aube se lève ». Il souffrit et, dans sa bravoure, devint le soleil. Tous les dieux lui rendirent hommage ; son visage brillait maintenant de tant de feux que personne ne pouvait le regarder. Soudain, Tecuciztecatl, inspiré par ce spectacle, trouva le courage dont il avait besoin et se jeta à son tour dans le bûcher. Et il devint la lune. Puis il fut suivi par deux animaux ordinaires, le jaguar et l'aigle, modestes mais courageux, qui démontrèrent ainsi leur qualité de grands guerriers. Teotihuacan, pensait-on, était là où tout avait commencé.

On imagine la stupéfaction des premiers arrivants du nord qui tombèrent sur les ruines ! La vieille ville se trouvait entre deux grandes pyramides, dont chacune était alignée sur une montagne imposante qui se profilait derrière elle ; et chacune rendait hommage à la puissance, à la divinité de la terre. Entre elles s'étendait une grande avenue, et de chaque côté se trouvaient les maisons, écoles et temples d'un peuple disparu depuis longtemps. En descendant les rues latérales, disposées en quadrillage, et en se promenant parmi les vestiges d'un monde antérieur, les Nahuas découvrirent des centaines d'appartements donnant sur de petites cours. Il y avait des murs peints, des aqueducs et des trous servant de latrines. Dans l'enceinte du temple, des serpents sculptés semblaient glisser le long des grands escaliers, et des têtes de gigantesques serpents à plumes faisaient saillie dans le mur à hauteur des yeux. Ces créatures avaient la couleur pâle de la roche, mais des taches çà et là montraient qu'elles avaient été un jour peintes avec éclat.

Autrefois, le bourdonnement de la vie urbaine s'entendait à bonne distance, ce dont semblaient encore témoigner les ruines à l'époque de Fleur de Bouclier. Entre les années 200 et 600, à la suite de la destruction de Cuicuilco par l'éruption volcanique, la population de la ville de Teotihuacan, qui s'étendait sur trente kilomètres carrés, augmenta jusqu'à atteindre 50 000 habitants. Les demeures les plus somptueuses étaient destinées à la noblesse, mais chaque quartier était impressionnant en soi, doté de son propre caractère et de son propre système marchand. Le plus grand quartier était celui des artisans qui travaillaient l'obsidienne, une matière volcanique semblable à du verre noir : ils fabriquaient ainsi des fers de lance, des couteaux, des statues, des bijoux et des miroirs. La ville avait été fondée à côté d'une importante mine d'obsidienne, et, lorsque celle-ci fut épuisée, les habitants en trouvèrent une autre à soixante-dix kilomètres de là ; dès lors, pour acheminer le minerai, ils employèrent les esclaves qu'ils capturaient dans les États conquis. Les potiers étaient également connus pour leur savoir-faire. Comme les produits en obsidienne, leur production était expédiée à des centaines de kilomètres de là, où elle était échangée contre d'autres marchandises. Dans de petites enclaves de la ville vivaient des marchands venus de diverses régions et dont la présence garantissait la continuité du commerce à longue distance. Les restes de leur cuisine et leurs fosses à ordures attestent leurs manières de faire différentes. Tout autour de la ville, dans un large cercle, se trouvaient les cabanes des agriculteurs et leurs fossés d'irrigation. Mais ces paysans ne suffisaient pas à nourrir la ville ; d'autres denrées alimentaires lui arrivaient de peuples moins puissants, en paiement du tribut. Apparemment, la ville avait des rapports – de guerre ou de commerce – avec certains des royaumes mayas, loin à l'est, car l'influence de Teotihuacan s'y révèle[16].

Vers l'an 500, les élites de la ville organisèrent la fondation d'une autre ville, que le peuple de Fleur de Bouclier appela plus tard ***Chalchihuitl*** (tchal-tchi-ouite), mot qui désigne, dans leur langue, la pierre verte à laquelle nous donnons le nom de jade ; en effet, Chalchihuitl se trouve, loin au nord, sur le site d'une grande mine de cette pierre précieuse (dans l'actuel État de Zacatecas au nord du Mexique). Une colonie y était implantée depuis plusieurs centaines d'années, mais l'endroit allait se transformer en un lieu majestueux. Le centre cérémoniel fut conçu comme une copie de celui de Teotihuacan. La nouvelle ville eut pour mission non seulement de poursuivre l'exploitation du précieux jade, mais aussi de surveiller la route vers l'Arizona et le Nouveau-Mexique actuels, dont provenaient les turquoises et autres marchandises. Et les habitants de Chalchihuitl firent mieux encore. Ils avaient apporté leur connaissance du calendrier en usage à Teotihuacan, et là, dans le désert, ils devinrent des experts en observation astronomique. Ils alignèrent leur monde construit de mains d'hommes sur le monde céleste, et des gens vinrent de kilomètres à la ronde pour prier, tout comme ils le faisaient à Teotihuacan[17].

Vers 650, une grande crise ébranla le monde de tous ceux qui vivaient sous la domination de Teotihuacan. Les travailleurs – c'est-à-dire les paysans, voire peut-être aussi les captifs de guerre utilisés comme esclaves – se révoltèrent. Ils incendièrent palais et lieux de cérémonies, mais laissèrent intacts les logements des gens ordinaires. Les archéologues savent qu'il ne s'agissait pas d'une invasion étrangère : des ennemis extérieurs essaient toujours de détruire les maisons et les moyens de subsistance des gens du commun, mais épargnent la grande architecture monumentale dont ils espèrent bien profiter eux-mêmes. Il n'est pas besoin de déployer des trésors d'imagination pour se représenter le genre de coercition qu'il avait fallu employer à Teotihuacan pour contrôler une telle métropole, dans un monde sans lignes d'approvisionnement ferroviaires ou autoroutières et sans machines pour réaliser les projets de construction. Ajoutez à cela la grande sécheresse qui semble avoir frappé la région à cette époque, et la rébellion n'apparaît soudain plus comme un mystère inexplicable, mais bien comme un événement fortement prévisible[18].

Avec la chute de Teotihuacan s'installa de nouveau un vide politique. Il y avait au nord une réserve presque inépuisable de peuples nomades, qui connaissaient la vallée centrale grâce aux réseaux marchands à longue distance autrefois florissants. Ils étaient armés et dangereux. Pendant des millénaires, les peuples du continent avaient chassé leur gibier à la lance – et s'étaient entretués avec cette même arme. Ils étaient devenus experts dans la conception et la production de ce que Fleur de Bouclier aurait appelé l'*atlatl*, ou « propulseur de lances », un engin qui permettait d'allonger considérablement la trajectoire qu'un homme aurait pu atteindre par sa seule force. En outre, peu de temps avant la chute de Teotihuacan, une nouvelle invention avait fait son chemin depuis l'Arctique : l'arc. Cette arme n'existait pas lorsque les premiers migrants avaient traversé le détroit de Béring, et, si elle était devenue depuis omniprésente dans l'Ancien Monde, il n'en était pas de même dans le Nouveau. Ce n'est pas à la chasse que l'arc donnait un avantage décisif sur l'atlatl, mais à la guerre, car il permettait de tuer à une plus grande distance et en toute discrétion. C'est sans doute la raison pour laquelle ce type de technologie n'avait pas été promu davantage dans le Nouveau Monde où, vu la faible densité démographique, il était beaucoup plus facile de partir s'installer dans un territoire en déshérence que d'attaquer ses voisins. Cependant, aux alentours de l'an 500 de l'ère chrétienne, l'arc avait atteint le Sud-Ouest américain et le nord du Mexique, et était dorénavant un élément indispensable de la panoplie de tout guerrier[19].

Des vagues de nomades conquérants, poussés par la sécheresse ou les luttes de pouvoir – ou les deux –, déferlèrent sur le centre du Mexique. Les migrants étaient pour la plupart des hommes jeunes, qui se lançaient dans cette migration sans femmes ni enfants afin de pouvoir se déplacer plus rapidement. Ils allaient d'un lieu à un autre sans se plaindre, fût-ce sous une chaleur torride. Comme rien ne les attachait à un endroit particulier, ils pouvaient frapper à la vitesse de l'éclair les habitants sédentaires de villages agricoles, puis disparaître à nouveau dans le désert, où il était impossible de les retrouver. Ils avaient les moyens de s'emparer de la nourriture stockée par les fermiers, de leurs armes, de leurs pierres précieuses, de leurs femmes. S'ils restaient dans une zone suffisamment longtemps pour engager le combat, ils gagnaient presque à chaque fois, grâce à leurs arcs, dont leurs adversaires ne disposaient pas, au moins au début. Ensuite, s'ils le souhaitaient, ces nouveaux arrivants pouvaient fixer les conditions de leur future résidence dans la région.

Les émigrants dotaient de magie leurs arcs et flèches, et multipliaient les histoires sur leur compte. Celles-ci furent transmises de génération en génération jusqu'à Fleur de Bouclier, qui se prenait de passion pour ces contes divertissants ayant pour personnages principaux ses ancêtres : « Ils étaient armés d'arcs. On dit qu'ils avaient des flèches à piqûre d'abeille, des flèches de feu, des flèches qui poursuivaient leurs cibles. On dit même que leurs flèches pouvaient décider de leurs proies. Quand ils allaient à la chasse, chacune pouvait se planter où elle voulait. Si elle filait au-dessus de leurs têtes, ils la voyaient revenir avec un aigle. Si elle ne trouvait rien en haut, elle descendait et visait une autre proie : un puma, un jaguar, un serpent, un cerf, une caille ou un lapin. Les gens suivaient pour voir ce que leur flèche leur aurait rapporté[20] ! »

À l'époque, il n'y avait pas de chevaux en Amérique. Les anciennes espèces équines avaient disparu beaucoup plus tôt, et les chevaux qui peupleraient à nouveau ce continent n'arriveraient qu'avec les Espagnols. Il ne faut donc pas imaginer les Apaches des siècles ultérieurs déboulant au grand galop dans les villages agricoles sur leurs montures peintes. Parmi les chefs de guerre les plus célèbres des émigrants, il y avait un homme qui, selon les légendes, s'appelait Xolotl (sho-lote). Il n'aurait jamais pu apparaître à cheval sur le front d'une colline comme Gengis Khan, le célèbre Mongol. Et pourtant, Xolotl était, en substance, une sorte de Gengis Khan à pied. Où qu'il aille, il avait la même bravade et la même aura de victoire, même sans l'aide d'un fidèle destrier. Son surnom signifiait « Petit Serviteur », un sobriquet ironique destiné à souligner sa puissance féroce[21].

En fait, l'analogie avec Genghis Khan ne s'arrête pas là. Sans doute les Mongols ont-ils gagné leurs batailles, mais c'est la haute culture chinoise qui à la fin absorba ces nomades, et non l'inverse. Ce sont les Mongols qui renoncèrent à leur mode de vie, pour devenir agriculteurs et commerçants ; certains de leurs fils apprirent à écrire. De même, c'est l'ancienne culture du Mexique central qui absorba les nouveaux barbares, comme on les appelait (et comme ces derniers s'appelaient fièrement). Les descendants des nouveaux arrivants se sont finalement sédentarisés et sont devenus des planteurs de maïs ; leurs enfants acquirent la maîtrise de l'ancien calendrier complexe du Mexique central.

Au cours de ces mêmes années, loin au nord, dans l'actuel Nouveau-Mexique, les Anasazis construisaient des temples et des édifices extraordinaires le long des quinze kilomètres du Chaco Canyon de la rivière San Juan[22]. Les bâtiments complexes de trois et quatre étages en briques éblouissent encore aujourd'hui les visiteurs ; à leur apogée exubérant de couleurs, lorsque des milliers de personnes venaient assister aux cérémonies religieuses annuelles, ils devaient être vraiment époustouflants. Dans la partie la plus ancienne du plus grand aménagement urbain (aujourd'hui appelé « Pueblo Bonito »), les Anasazis conservaient leurs plus précieux jades et les plumes de quetzal venus du lointain Mexique. Ils alignèrent leurs bâtiments sur les cycles du soleil et de la lune, tout comme les habitants de Chalchihuitl, qui servaient d'intermédiaires commerciaux entre les Chacoans et les Mexicas. Après l'effondrement de la culture du Chaco, de plus en plus d'émigrants se déplacèrent vers le sud, car, dans les histoires racontées autour du feu, c'est le Sud qui inspirait leurs légendes.

C'est peut-être le calendrier de cette région qui véhiculait le plus grand mystère. Si l'écriture phonétique s'était déplacée de l'isthme central vers l'est, en direction du pays maya, et avait influencé celui-ci, elle ne voyagea guère vers l'ouest. L'écriture était, dans la région, en grande partie logographique, c'est-à-dire constituée d'images symboliques, sans représentation phonétique de la parole, à la différence de celle des Mayas. Le système complexe du calendrier, en revanche, avait fait son chemin dans presque tous les villages du Mexique central, dont chacun avait développé sa version particulière. Si chaque enfant avait une notion des éléments de base du système, seuls les prêtres érudits s'aventuraient dans les branches les plus ésotériques de la science. Deux cycles de temps avaient cours. L'un était un calendrier solaire, qui se composait de dix-huit mois de vingt jours chacun, plus, à la fin, cinq jours vides aussi effrayants que funestes, pour un total de 365 jours. L'autre était un calendrier purement cérémoniel contenant treize mois de vingt jours chacun, pour un total de 260 jours. Les deux flux de temps s'écoulaient en parallèle, de sorte que, quel que fût le jour, on savait où l'on se trouvait à la fois par rapport au soleil et sur le plan cérémoniel. À un niveau beaucoup plus simple, nous faisons aujourd'hui un peu la même chose. On détermine le jour de l'année en fonction de notre position par rapport au soleil et le jour de la semaine en suivant une série continue, totalement arbitraire, de sept unités qui portent chacune le nom d'un dieu romain. Les deux cycles de temps revenaient à leur point de départ au bout de cinquante-deux années solaires. Ainsi, un « faisceau » de cinquante-deux ans, comme ils l'appelaient, avait pour eux l'importance que revêt pour nous un siècle. Pour nommer chaque année, ils la liaient au chiffre le plus important du calendrier cérémoniel : treize. Les cinquante-deux années étaient divisées en quatre groupes de treize, de la façon suivante : 1-roseau, 2-silex, 3-maison, 4-lapin, 5-roseau, 6-silex, 7-maison, 8-lapin, 9-roseau, 10-silex, 11-maison, 12-lapin, 13-roseau, et l'on recommençait à 1-silex. Les prêtres et leur peuple étaient fiers de leur connaissance du calendrier, qui leur avait été révélé par les dieux et dont la maîtrise était assurée par des mesures et des enregistrements minutieux[23].

Ou peut-être est-ce le plaisir, et non pas l'art du calcul, qui assurait le prestige culturel du royaume du Sud. Parmi les différents aspects du mode de vie du Mexique central, l'élément qui semble s'être répandu le plus facilement était la place centrale entourée de structures pyramidales, où les gens se réunissaient et partageaient des événements culturels, et qui présentait en outre presque toujours un terrain pour jouer à la balle, avec des murs inclinés sur deux côtés. Des athlètes y jouaient devant un public ; il s'agissait de maintenir en l'air, par le seul impact des hanches, une balle en caoutchouc et de l'envoyer au sol du côté de l'équipe adverse pour marquer un point. Souvent il y avait, de chaque côté du terrain, un anneau de pierre sculpté ; seuls les plus habiles étaient capables de lancer la balle à travers ce cerceau. La foule criait de ferveur et de frustration en regardant ces jeux spectaculaires. Plus tard, après l'avènement des empires, on organisa de temps en temps des matchs joués à mort, qui s'achevaient par le sacrifice de l'équipe perdante. Mais ce n'est pas cette pratique, rare, qui permit la perpétuation des terrains pour jeux de balle pendant des dizaines de générations ; c'est plutôt l'excitation et la joie que procurait le jeu. Le modèle architectural tel que défini par la place centrale de la ville, avec ses temples pyramidaux et son terrain de balle, gagna l'ensemble du Mexique et s'exporta finalement aussi vers le nord[24].

*

Malgré la gloire des royaumes du Sud, Fleur de Bouclier s'enorgueillissait de descendre des ***Chichimèques***, ces barbares venant du nord, plus que d'être l'héritière de la culture des planteurs de maïs et des gardiens du calendrier qu'ils avaient épousés. À sa mort, elle s'écria qu'elle était une jeune guerrière. L'histoire qu'on lui avait enseignée – et dont, à ses yeux, elle faisait partie intégrante – était centrée sur les émigrants, et non sur ceux qui avaient occupé la vallée avant leur arrivée. Des dizaines de ces histoires ont survécu, couchées par écrit dans sa langue par les premières générations de son peuple soucieuses d'apprendre un système de transcription phonétique. Chaque histoire propose une version un peu différente des autres, selon qu'elle vient de son peuple ou d'un autre, qu'elle a été écrite par la première ou la troisième génération après l'arrivée des Européens, qu'elle émane d'un conteur porté sur l'humour ou sur le tragique. Prises dans leur ensemble, bien qu'elles puissent se contredire dans certains détails, ces histoires apportent un grand nombre d'informations[25].

Presque tous les émigrants croyaient venir du nord-ouest, de Chicomoztoc, « le lieu des Sept Cavernes ». Certains groupes ont déclaré que leur lieu d'origine s'appelait, en l'espèce, « Aztlan », un mot au sens incertain, mais qui voulait probablement dire « le lieu du héron blanc ». Où se trouvait Aztlan ? Nous ne le savons pas, et nous ne le saurons jamais. C'était probablement un nom mythique, utilisé pour masquer la réalité des nombreuses migrations des ancêtres. Les nouveaux arrivants parlaient le nahuatl, qui appartient à la famille des langues uto-aztèques. Ces langues s'étendent depuis celle des Indiens Utes (dans l'Utah actuel) jusqu'au nahuatl. Entre ces deux zones, d'autres peuples, comme les Hopis, parlent également une langue uto-aztèque. Il y a des milliers d'années, le long de cette route linguistique, les habitants des villages voisins auraient pu se comprendre, mais un Ute n'aurait pas pu comprendre un Nahua. Il est très possible, voire probable, que certaines des populations migrantes soient originaires de régions éloignées comme l'Utah et que d'autres soient originaires du nord du Mexique. Aucun individu n'a jamais parcouru l'ensemble du trajet. Personne, à l'époque de Fleur de Bouclier, n'aurait pu transmettre ses éventuels souvenirs d'enfance à Aztlan ; tout ce qu'il leur restait en mémoire, c'était un foyer abandonné depuis longtemps[26].

Comme tous les humains, les barbares chichimèques semblent avoir passé le plus clair de leur temps à forger des alliances avec d'autres peuples et à décider où et quand les rompre. Tel fut le cœur de leur stratégie politique lorsqu'ils accédèrent au pouvoir. Ils étaient fiers de leurs alliances et, tout en sachant que c'est le cours normal des choses, ils étaient rongés par la culpabilité dès qu'ils les brisaient sous l'effet de la colère. Leurs récits font presque toujours de ***Tula***, endroit auparavant utopique, le théâtre de la pire de ces crises. Il existait bien une ville nommée Tula, qui monta en puissance environ trois siècles après la chute de Teotihuacan et se situait non loin au nord de la grande cité ; mais elle n'a jamais été aussi importante que Teotihuacan, et sa domination fut relativement brève. Seuls quelques groupes de Nahuas s'y sont posés un temps sur le chemin de la migration ; et pourtant presque toutes les histoires anciennes nahuatl mentionnent le glorieux peuple toltèque, ses arts et son artisanat époustouflants, ainsi qu'une crise politique à Tula, érigée en moment fondateur. Cela s'explique par le fait que le mot « toltèque » était utilisé pour décrire l'ensemble des peuples du centre du Mexique pratiquant l'artisanat, et le lieu « Tula » (autrement dit « lieu de roseaux » ou « morceau de terre marécageux », ce qui correspondait à la plus grande partie de la vallée centrale) renvoyait symboliquement à la première étape dans le processus d'installation d'un groupe nomade parmi les locaux. Les tensions, semble-t-il, furent toujours épouvantables[27].

L'une des premières – peut-être même la toute première – histoires nahuas consignées avec l'alphabet romain commence à « Tula ». C'est là que les barbares, qui avaient déjà des liens avec des gens civilisés (et sont donc appelés les « Tolteca Chichimeca », les Chichimèques toltèques), élirent domicile avec les dignes Nonohualca, qui avaient des liens très étroits avec les peuples plus anciens du Mexique central. Les barbares chichimèques menaient les autres à la baguette, mais ce n'était pas exactement la faute des Chichimèques s'ils avaient un comportement aussi rude et grossier. Un dieu des plus perfides les avait trompés : il leur a laissé un enfant trouvé, qu'ils ont pris en pitié et ont élevé comme un des leurs. Ils l'adoptèrent donc, sans savoir que le seul but de la créature était de leur causer des ennuis. Dans un conte paillard conçu pour tenir le public en éveil, le conteur des années 1540 décrit la crise qui s'ensuivit :

> Quand Huemac devint un jeune homme, il chargea les Nonohualcas de l'entretien de sa maison. Alors ils lui dirent : « Ainsi soit-il, mon seigneur. Puissions-nous faire ce que vous désirez. » Les Nonohualcas vinrent nettoyer sa maison. Puis il leur demanda des femmes. Il leur dit : « Vous devez me donner des femmes. J'ordonne qu'elles aient des fesses larges de quatre empans. » Les Nonohualcas lui répondirent : « Ainsi soit-il. Cherchons d'abord où nous pouvons en trouver une dont les fesses feraient quatre empans. » Puis ils amenèrent quatre femmes qui n'avaient pas encore connu le plaisir sexuel. Mais pour ce qui est de la taille des fesses, ce n'était pas suffisant. Il leur dit : « Ce n'est pas ce que je veux. Leurs fesses n'ont pas quatre empans de large. Je les veux vraiment grosses. » Les Nonohualcas s'en allèrent en proie à une grande colère[28].

Le public devait éclater de rire, mais, à mesure que l'histoire se poursuivait, la situation ne faisait qu'empirer. Ce Huemac fit la chose la plus terrible qu'on puisse infliger aux femmes d'un peuple conquis : au lieu de les garder comme concubines, il les sacrifia. Il les attacha toutes les quatre à une table d'obsidienne et les laissa attendre leur sort.

À ce moment-là, les Nonohualcas en eurent assez. Naturellement, ils en imputèrent la responsabilité aux Chichimèques, qui avaient recueilli Huemac, et ils les attaquèrent. Dans leur rage, ils étaient sur le point de remporter la victoire, lorsque les Chichimèques les supplièrent soudainement de renoncer. Leur chef s'écria : « Est-ce moi qui ai fait venir les femmes pour lesquelles nous sommes en train de nous battre et de faire la guerre ? Faites mourir Huemac ! C'est lui qui nous a forcés à nous battre ! » Grâce à la somme de leurs efforts, les deux groupes réussirent à vaincre leur ennemi démoniaque. Mais cela arrivait bien tard : trop d'hommes avaient déjà succombé. « Les Nonohualcas se réunirent et parlèrent. Ils dirent : "Allons, quel genre de personnes sommes-nous ? Il semble que nous ayons fait quelque chose de mal. Peut-être est-ce à cause de cela qu'il pourrait arriver malheur à nos enfants et petits-enfants. Partons. Quittons nos terres… Éloignons-nous d'ici." » Les Nonohualcas s'en furent donc cette nuit-là. Le reste de l'histoire rend compte de leurs efforts, ainsi que de ceux des Chichimèques abandonnés pour trouver la paix et la stabilité sans l'aide de leurs alliés perdus.

Seuls et vulnérables, les Chichimèques reprirent leur errance. On comprend à présent très clairement le message ultime des récits nahuas : il ne s'agissait pas simplement de raconter des histoires palpitantes sur la conclusion d'alliances et les crises dramatiques qui les briseraient. Ce que Fleur de Bouclier apprit en écoutant les anciens conter autour du feu, c'est que son peuple était destiné à survivre. Leur créateur y veillerait. « Ici, il nous a placés, notre inventeur, notre créateur », dit l'un des historiens. « Devrons-nous cacher nos visages, nos bouches [c'est-à-dire : devrons-nous mourir] ? Que dit-il, comment nous met-il à l'épreuve, nous, notre inventeur, notre créateur, celui qui est partout ? Il sait si nous serons vaincus ici. Quelle disposition prendra-t-il ? Ô Toltèques, puissiez-vous avoir confiance ! Préparez-vous à l'action, soyez courageux ! » Fleur de Bouclier apprit que son peuple méritait de survivre parce qu'il aimait la vie et se battait pour elle en utilisant son intelligence, son amour et sa férocité, chaque chose à son tour, selon les besoins. Et on attendait des jeunes gens qu'ils perpétuent la tradition.

Dans la suite de l'histoire, les Chichimèques toltèques se retrouvèrent réduits à la condition de serviteurs d'une autre tribu ancienne, plus puissante. Ils étaient avilis ; ils souffraient de la faim ; ils ne pouvaient pas adorer convenablement leurs propres dieux. Ils n'avaient aucune arme, aucun moyen de se défendre. Mais ils conçurent un plan astucieux. Ils proposèrent de prendre en charge les réjouissances d'une prochaine fête religieuse. Il était question de danser, mais d'une danse avec des armes. Leur meneur alla parler aux chefs suprêmes, demandant la permission pour les siens de collecter des armes hors d'usage et jetées au rebut pour les utiliser lors de la cérémonie. Il revint avec la permission requise et s'adressa aux jeunes de sa communauté les larmes aux yeux. Le destin de leur peuple était maintenant entre leurs mains. « Ô mes enfants, ô Toltèques, allez-y avec détermination ! » s'écria-t-il. L'histoire continuait :

> Puis ils se dispersèrent et partirent en collecte, disant aux habitants de la [puissante] ville : « Veuillez nous prêter vos vieilles armes, quelques-uns de vos vieux boucliers et massues de guerre – pas vos équipements en bon état, si vous nous les donniez, nous risquerions de les casser.
> – Qu'en ferez-vous ? Pourquoi les voulez-vous ?
> – Écoutez, nous allons nous produire devant les souverains. Nous voulons ces armes pour le moment où nous danserons dans les maisons, les foyers de votre ville.
> – Peut-être voulez-vous nos bonnes armes ?
> – Non, mon seigneur, seulement vos vieilles armes qui gisent à terre là où vous jetez l'eau cendreuse. Nous les réparerons, et avec elles nous divertirons les souverains et les seigneurs. »
> Alors les habitants de la ville dirent : « Très bien. Ici et là traînent nos vieilles armes, nos vieux boucliers, nos vieilles massues. Rassemblez-les. Ah, nous n'avons même pas besoin de nos nouvelles armes. » Alors les gens allèrent de tous côtés, regardant dans les différentes maisons et patios. Partout où ils allaient, il y avait de quoi manger et boire. Les habitants leur parlaient. Ils ne faisaient que les rabaisser et les moquer. Mais les Chichimèques, eux, se préparaient.

Ils travaillèrent nuit après nuit, patiemment, minutieusement, collant, cousant et réparant, et peu à peu les boucliers et les lances, peints et emplumés, devinrent magnifiques. Enfin, ils étaient prêts à se battre pour la liberté de leur peuple – qu'ils ont bien sûr gagnée.

Chaque groupe de Nahuas avait ses propres traditions et histoires, autant de variations sur le thème du courage et de la survie. Le peuple de Fleur de Bouclier s'appelait les Mexicas. Ils se transmettaient des versions des contes communs à presque tous les Nahuas, mais ils avaient aussi des histoires propres à leur groupe. Ils racontaient, par exemple, qu'après la mort de Fleur de Bouclier, les survivants de son peuple reçurent du roi de Culhuacan des terres en échange desquelles ils durent se constituer comme ses serviteurs. Son grand divertissement consistait à leur donner des tâches impossibles à effectuer et à les menacer de punitions terribles s'ils ne les menaient pas à bien. Ils devaient déplacer un ***chinampa*** (un terrain cultivable ménagé dans un terrain marécageux grâce à une clôture en vannerie remplie de terre – rien ne pouvait être moins mobile) ; ils devaient capturer un cerf sans lui percer la peau ou lui briser les os ; ils devaient vaincre un ennemi sans utiliser d'arme. Dans chaque cas, ils réussirent à s'acquitter de leur tâche, soit par la ruse, soit, dans ce dernier cas, par l'emploi d'une violence extraordinaire. (Après avoir tendu une embuscade aux ennemis qui leur avaient été désignés, ils tranchèrent l'oreille gauche de chacun d'entre eux, qu'ils placèrent dans un panier pour prouver qu'ils les avaient tués.) Chaque fois que, mission accomplie, ils retournaient voir le roi de Culhuacan, lui et ses gens se demandaient, émerveillés : « Qui sont ces Mexicas[29] ?! »

Enfin, Coxcox, le roi des Culhuas, résolut d'en finir avec ses hôtes indésirables. Il leur dit qu'ils pourraient construire un temple en l'honneur de leur dieu, mais avec l'intention de leur retirer sa permission et de demander aux siens de les anéantir pour leur impudence. Caché dans les buissons, il les regarda préparer la dédicace de leur temple. Soudain, le dieu du peuple choisit d'intervenir. « Pendant la réalisation du sacrifice, les Mexicas et Coxcox entendirent le ciel hurler. Un aigle descendit alors et se posa sur le sommet du toit de chaume du temple, comme s'il y avait son nid. » Coxcox sut alors qu'il ne pourrait pas les anéantir, eux qui avaient la bénédiction d'une puissante divinité. Aussi les bannit-il. Et ils survécurent à d'autres errances.

Au milieu des années 1300, un aigle descendit en piqué devant les Mexicas, à l'endroit où ils avaient installé leur camp ; ils en déduisirent qu'il leur fallait construire, ici même, une ville permanente. Ce n'était plus le monde de la légende. Le campement était bien réel, et il n'est pas impossible qu'un aigle – un oiseau qu'ils vénéraient – s'y soit effectivement posé. Ils estimèrent que c'était une bonne raison pour rester là. Ils se trouvaient sur une île entourée d'un grand lac, un endroit que personne d'autre n'avait revendiqué, probablement parce que la terre était extrêmement marécageuse. Les figuiers de Barbarie y poussaient en abondance, et son fruit comestible, le ***nochtli***, était particulièrement nutritif. Et il y avait des poissons à pêcher, des oiseaux aquatiques à abattre et des algues à récolter. C'était un monde vivant et coloré. Les Mexicas regardèrent autour d'eux et en conclurent que le site était habitable. La ville qu'ils y construisirent s'appellerait Tenochtitlan[30] ; elle aurait bientôt un tlatoani, ou roi, et ne serait redevable à personne d'autre que lui. C'est ce que le père de Fleur de Bouclier avait tenté de mettre en place des années auparavant, mais de manière prématurée. Une génération ou deux plus tard, au milieu du XIVe siècle, les Mexicas étaient mieux préparés pour se défendre, et cette fois, ils s'y employèrent sans commettre l'imprudence de livrer des guerres larvées à leurs voisins.

Si seulement Fleur de Bouclier avait pu le savoir ! Son peuple assiégé, errant et épuisé aurait trouvé un peu de paix avant qu'elle eût atteint un âge avancé. Sur l'île où ils avaient élu domicile, les siens entamèrent cette révolution qui ferait d'eux les grandes figures qu'elle avait rêvé qu'ils soient. Mais peut-être valait-il mieux que Fleur du Bouclier ne sache pas les grandes choses qu'ils accompliraient. Si elle avait pu anticiper leur prospérité à venir, elle aurait également anticipé leur future agonie. Elle devait mourir, comme tout un chacun, avec à l'esprit la conscience que le destin réservait à la postérité bénédictions et traumatismes ; elle devait mourir, comme tout un chacun, avec en son cœur l'espoir que ceux qui lui succéderaient feraient preuve de la détermination, de la force qu'elle avait elle-même démontrées.

Chapitre 2

Le peuple de la vallée
Années 1350 – années 1450

Un jeune homme va à la guerre. Bibliothèque bodléienne, université d'Oxford, Codex Mendoza, MS. Arch. Selden, A., folio 63r.

En 1430[1], Itzcoatl, ou « Serpent d'Obsidienne », estimait qu'il avait gagné le pari de sa vie. Il ne se sentait guère en danger dans sa position de tlatoani du Mexique – et même de haut roi de toute la vallée centrale –, au point de quitter le champ de bataille et d'ordonner que l'on brûle un livre de cérémonie. Toutes les anciennes histoires peintes lui prédisant un avenir différent de celui qu'il avait en tête – et affirmant qu'il avait usurpé le pouvoir aux fils de son demi-frère, ou que Tenochtitlan ne devait rester qu'une cité-État mineure – devaient être jetées au bûcher lors d'un grand sacrifice aux dieux[2]. Les rouleaux de peau de cerf où se déployaient les peintures et les livres en accordéon faits d'un parchemin épais, tiré des fibres de l'agave – et toutes les histoires qu'ils contenaient –, crépitèrent et éclatèrent dans la chaleur rouge avant d'être réduits en cendres[3]. « Qu'est-ce que l'ara écarlate mène, et le corbeau suit ? » dit une vieille devinette en nahuatl. Et la réponse était *tlachinolli*, une conflagration[4]. Itzcoatl dut éprouver une grande satisfaction à observer les tourbillons noirs de la fumée monter vers le ciel. Sans doute avait-il eu vent des nombreuses rumeurs selon lesquelles il ne devait son pouvoir qu'à la brillante performance militaire du fils de son demi-frère, plus noble[5]. Mais, à long terme, tout cela n'avait pas d'importance. C'est lui qui était devenu le grand roi. Ses actes seraient gravés dans la pierre, littéralement, et il veillerait à ce que ses descendants gouvernent. Il était connu pour avoir amené son peuple à ce tournant décisif ; après l'avoir tiré de l'obscurité et de la faiblesse, il allait le faire accéder à une position de force extraordinaire.

*

Jamais n'avait-on envisagé qu'Itzcoatl gouvernât. Bien que son père ait été le chef des Mexicas pendant des décennies, il n'était que le fils d'une des femmes du ***tecpan*** (palais royal), qui était loin d'être de sang royal. Ses demi-frères, dont les mères étaient plus importantes, portaient des noms qui remontaient au XIIIe siècle, tel son frère Huitzilihuitl, « Plume de Colibri », du nom de l'ancêtre-roi qui avait été le père de la fougueuse Fleur de Bouclier. Le nom d'Itzcoatl lui appartenait en propre – personne avant lui ne l'avait jamais porté, et il ne serait pas transmis à ses descendants. L'histoire de sa vie était éclairante comme aucune autre.

Le père d'Itzcoatl s'appelait Acamapichtli (a-cam-a-pitch-tli). Ce nom signifiait « Poignée de Roseaux », car c'est lui qui avait été désigné comme le premier tlatoani des Mexicas après la construction de leur ville sur l'île, dans le marais de roseaux. Les Mexicas avaient réussi à se transformer en une entité indépendante en se liant d'amitié avec leurs ennemis épisodiques, les habitants de Culhuacan. Le père d'Acamapichtli était un Mexica qui avait épousé une femme culhua d'un certain rang, mais il avait été tué dans une des périodes de discorde. Le fils avait survécu à la violence. Au milieu des années 1300, les Mexicas avaient demandé qu'il soit autorisé à devenir leur roi ; évidemment, en tant que fils d'une femme culhua, il ferait en sorte que son peuple conserve sa loyauté à Culhuacan. Et c'est ainsi qu'il fut établi. Les Mexicas avaient enfin un tlatoani reconnu, doté de sa propre natte de roseaux symbolique, ou trône. En termes nahuatl, ils étaient enfin arrivés[6].

Certes, leur île n'était disponible que parce que personne d'autre n'en voulait. Les habitants du bassin central avaient longtemps vécu de la seule culture du maïs et des haricots, mais les conditions marécageuses de la région du lac central les empêchaient de vivre uniquement de l'agriculture. Toutefois, loin d'avoir abandonné l'idée de développer celle-ci, ils avaient observé que, sur la rive sud du lac, leurs rivaux, les Xochimilcas (dont les Mexicas avaient, dans un passé lointain, coupé les oreilles des guerriers), faisaient des merveilles grâce à leurs chinampas. Pour aménager ces jardins aquatiques – ce qui n'est pas chose aisée –, il fallait empiler de la boue et du limon jusqu'au-dessus du niveau de l'eau, puis contenir le tout par le moyen d'un mur d'enceinte en bois ou en vannerie. Les chinampas, bien que difficiles à construire, étaient immensément fertiles, et les Mexicas s'empressèrent donc de suivre l'exemple de leurs voisins. Ils développèrent également leurs compétences en matière de pêche, devinrent experts dans la collecte des œufs d'oiseaux et apprirent à récolter certaines sortes d'insectes, ainsi que des algues bleues très nutritives. Enfant, Itzcoatl passait ses journées à se promener en pirogue (il l'appelait petit *acalli*, ce qui signifie littéralement « maison sur l'eau »), puis à mettre dans le pot familial tout ce qu'il trouvait à manger. Il en était venu à aimer le monde aquatique et ses reflets chatoyants, qu'il connaissait si bien. Ce sentiment était partagé par tous. Les artistes, qui maîtrisaient la technique de peinture sur murs et peaux de cerf, représentaient souvent les minuscules écrevisses et les coquillages en spirale qu'ils trouvaient dans les eaux bleu-vert.

Parfois, les eaux vibrantes du lac inspiraient également des musiques et chansons. Un homme soufflait dans une conque ; un autre jouait d'un tambour décoré de pierres précieuses bleu-vert ; un autre encore dansait, les jambes couvertes de bandes de bruyants grelots. L'ambiance était parfois profondément tragique : le royaume de Tlaloc, le dieu de la pluie, et de Chalchiuhtlicue (tchal-tchi-u-tli-koué) ou « Jupe de Jade », sa femme, qui figurait non seulement la vie mais aussi la mort, avait une part funèbre. « Je pleure. Qu'avons-nous fait pour mériter cela ?! » Le chanteur prenait le rôle d'un poisson, peut-être un petit et faible qui se cache dans les roseaux et qui s'adresse à un plus fort : « Je suis un sandre, tu es une truite. » En des temps plus heureux, le peuple d'Itzcoatl chantait souvent non pas le sombre monde aquatique, mais les oiseaux qui gazouillaient dans la lumière. Parfois, dans des moments particulièrement envoûtants, ils réunissaient les deux traditions, aquatique et aérienne, et chantaient à haute voix un poème évoquant leurs racines historiques et leur fière tradition guerrière, qui s'incarnaient dans les figures de l'aigle et du jaguar : « Votre maison regorge de tourbillons d'eau de jade… Tu t'es caché [c'est-à-dire : tu es mort] au milieu des mesquites des Sept Cavernes. L'aigle appelait, le jaguar pleurait. Et toi, flamant rouge, tu t'envolais, depuis la brume d'un champ vers un lieu inconnu[7]. » Le « lieu inconnu » renvoyait communément au pays des morts, un lieu spécial qui accueillait les esprits des plus courageux, morts à la guerre ou par sacrifice. Chantant ainsi à la lueur du feu, les Mexicas se sentaient reconnaissants envers les dieux qui les avaient conduits jusque-là. Il n'y a pas si longtemps, ils menaient encore une vie d'errance et dépendaient des Culhuas ou de quiconque les prenait temporairement comme mercenaires. Aujourd'hui, ils ne faisaient la guerre que lorsqu'ils le voulaient. Ils avaient maintenant leur propre ville. Il est vrai que l'eau menaçait encore de la leur reprendre. Des roseaux poussaient de tous côtés, et leurs maisons carrées en pisé, construites sur des marécages, ne duraient pas longtemps et devaient être constamment remises en état. Les gens, cependant, avaient pris l'habitude de construire des digues, des chaussées et des canaux, ce qui leur permit bientôt d'aménager des rues, comme celles des autres villes. Les quartiers abritaient un groupe familial élargi ou ***calpolli*** (littéralement, « grande maison »), dont les personnes dirigeantes s'occupaient d'organiser la répartition du travail et la sélection des guerriers sous la responsabilité du chef, Acamapichtli, et qui, en retour, jouissaient d'une plus grande considération. Une telle famille était qualifiée de ***pilli***, *pipilitin* au pluriel ; nous les appellerions les nobles. D'autres étaient nommés ***macehualtin***, ***macehualli*** au singulier. La signification du mot allait au-delà du terme « roturier » ou « individu du commun » ; étymologiquement, il désignait ceux qui méritaient la terre, et par extension la place qu'ils occupaient dans l'organisation politique de la société.

C'est à peu près à cette époque que le peuple prit la décision collective d'ajouter une couche de gravier à son sanctuaire d'adobe d'origine – où l'aigle était censé s'être posé – afin de disposer d'une plate-forme de base suffisamment solide pour entamer la construction d'une grande pyramide[8]. Certains prêtres, consacrés à l'entretien du temple, commencèrent à écrire des livres pour la postérité. Sur la base de leur histoire consignée sur des peaux de bête, ces prêtres durent annoncer que le peuple avait atteint la fin d'un cycle de cinquante-deux ans, qu'il était temps de « mettre en faisceau » les années, et cela en grande cérémonie. Ils organisèrent une grande fête qu'ils marquèrent comme un moment important de leur histoire.

Prendre leur passé au sérieux, c'était aussi, implicitement, en faire autant avec leur avenir. Le chef Acamapichtli, le noble à moitié culhua qui tenait son autorité de ses liens étroits avec le puissant État de Culhuacan, se choisit également une fiancée culhua, issue de la noblesse. Certains ont dit qu'elle s'appelait Ilancueitl (i-lane-coué-ite, « Jupe de Femme âgée »), mais d'autres avancèrent que ce devait être le nom de sa mère. Comme il s'agissait d'un nom choisi, symbolique, les deux femmes auraient pu le porter. Certes, la femme culhua, quel que soit son nom, ne s'attendait pas à rester la seule épouse d'Acamapichtli, mais il était entendu qu'elle serait l'épouse principale, ou « première épouse », non pas nécessairement en termes chronologiques mais dans le sens où ses fils régneraient à la génération suivante. Plus tard, les conteurs d'autres communautés affirmèrent qu'elle était stérile et que les héritiers d'Acamapichtli étaient nés d'une femme de leur ville natale (le nom de la ville variait, selon la personne qui racontait l'histoire), avant d'être remis à Ilancueitl. Quoi qu'il en soit, le concept de primogéniture n'existait pas. D'un point de vue pratique, il n'avait aucun sens dans un monde aussi fluide, où les populations avaient d'abord besoin d'un dirigeant hautement compétent, et non pas simplement du premier-né.

Les garçons plus âgés, cependant, avaient certainement un avantage sur les plus jeunes. Une fois que les fils de la femme la plus puissante d'un chef atteignaient l'âge adulte, celui qui avait la plus forte personnalité et le plus de capacités athlétiques était désigné comme le potentiel héritier, et ses frères acceptaient peu à peu l'idée qu'ils se rangeraient à ses côtés en tant que grands prêtres ou puissants chefs de guerre. Tous verraient également leurs efforts récompensés par des dons de terres et d'autres richesses, et il était donc dans l'intérêt de tous les frères de soutenir celui qui leur paraissait faire un dirigeant adéquat[9]. Dans le cas qui nous intéresse, l'enfant qui était destiné à devenir l'héritier se nommait Huitzilihuitl, Plume de Colibri, en l'honneur du chef du XIIIe siècle qui avait porté ce nom.

Outre ses frères et sœurs de sang, les autres enfants de la noble épouse culhua d'Acamapichtli, Huitzilihuitl avait de nombreux demi-frères, dont Itzcoatl. La mère de Serpent d'Obsidienne n'avait rien d'une personne d'importance. Elle avait été, en fait, une esclave – une belle esclave de la ville voisine d'Azcapotzalco (az-ca-po-tsal-co). Les gens disaient qu'avant d'être livrée au roi, elle consacrait ses journées à vendre des légumes dans la rue. Les nobles aimaient jouer et pariaient souvent leurs esclaves ; ou bien peut-être avait-elle été utilisée pour régler un autre type de dette ou présentée au grand chef comme un cadeau pour gagner sa faveur[10].

Il peut sembler peu probable qu'un futur roi mexica ait été le fils d'une esclave. Traditionnellement, la pratique de l'esclavage dans le monde aztèque a toujours été un sujet délicat à aborder. Les Aztèques ayant été longtemps traités de sauvages cannibales, les chercheurs sérieux répugnaient à écrire quoi que ce soit qui aurait pu être perçu comme portant atteinte à leur valeur morale ; ce n'eût guère été une bonne chose que de les associer à telle ou telle société esclavagiste de triste renom. Ainsi, l'idée qui a souvent prévalu est que les esclaves aztèques étaient par définition des prisonniers de guerre destinés au sacrifice, répondant à une exigence religieuse, et que les domestiques constituaient une catégorie tout à fait différente, à savoir un ensemble de personnes qui s'étaient vendues en esclavage de leur propre gré pour payer des dettes ou qui avaient été condamnées à la servitude en châtiment d'un crime. Cependant, les spécialistes modernes reconnaissent aujourd'hui que la réalité était tout autre. Certes certains prisonniers de guerre (généralement des hommes) étaient sacrifiés, et certains domestiques se donnaient en gage ou étaient vendus par leur chef en manière de punition. Mais bien d'autres personnes furent concernées. Comme dans l'ancien monde méditerranéen, les foyers des hommes riches et puissants regorgeaient de femmes esclaves prises à la guerre. Certaines étaient des princesses et pouvaient être traitées presque comme des épouses, selon les circonstances. D'autres étaient de plus basse extraction, telle la mère d'Itzcoatl[11].

Pourtant, ce serait une erreur de supposer que celle-ci a été violentée. Elle l'a peut-être été, mais, vu ce qu'Itzcoatl a réussi à accomplir par la suite, c'est peu probable. Dans toute la Méso-Amérique, il était entendu que les enfants de femmes esclaves n'étaient jamais eux-mêmes esclaves, que cette condition ne pouvait être héritée. Sinon, de nombreuses villes auraient bientôt eu plus d'esclaves que de personnes libres, ce qui aurait causé leur perte. Ainsi même dans ses pires moments, la mère d'Itzcoatl aura su que ses enfants nés du roi jouiraient de privilèges. Elle aura peut-être été fière et pleine d'espoir pour l'avenir de son jeune fils. Mais, même si elle nourrissait des ambitions pour celui-ci, elle n'aura jamais pensé qu'il pourrait régner un jour. Ce privilège était réservé aux fils de femmes nobles de la plus puissante des villes[12]. Les temps de crise, cependant, produisent souvent des effets inattendus, et c'est ce qui allait se passer.

Entre-temps, le garçon appelé Itzcoatl grandissait dans la perspective de servir son demi-frère royal à la guerre, ce qu'il fit. Huitzilihuitl, l'héritier, devint roi et gouverna avec succès pendant vingt-quatre ans ; il conquit de nombreuses cités-États plus petites et vulnérables, et exigea d'elles qu'elles paient toutes un tribut. Les hommes de ***Tenochtitlan***, qui s'aventuraient de plus en plus souvent hors de leur île, formaient un groupe uni, armé et dangereux. Ils dansaient avant de partir et à leur retour, vêtus de magnifiques coiffes qui les transformaient en bêtes effrayantes – aigles, jaguars, serpents et coyotes. Leurs boucliers, décorés de plumes irisées, portaient également ces créatures en effigie, mais les hommes pouvaient aussi introduire un élément de distance ironique par rapport à leurs alter ego non humains ; dans ce cas, ils n'exhibaient pas un coyote mais plutôt un homme dansant comme un coyote dressé sur ses pattes, par exemple[13]. Ces guerriers enthousiastes s'alliaient volontiers avec d'autres pour terrasser ceux qui avaient l'intention de les dominer ou disposaient de ressources dont ils avaient désespérément besoin. Xochimilco et même Culhuacan, l'ancienne puissance dominante, furent réduits à un statut subsidiaire. En bref, Huitzilihuitl entreprit de faire rayonner la nouvelle ville de Tenochtitlan, qui, dès lors, se développa en une petite cité. Nombreuses étaient ses conquêtes dans les récits que l'on racontait le soir autour du feu.

La guerre la plus importante que Huitzilihuitl ait menée est sans doute celle qui l'opposa à Cuernavaca, cité-État située plus au sud, où le coton sauvage poussait si bien que les locaux se mirent à le cultiver et à l'utiliser pour fabriquer des tissus. C'était une activité rentable, d'autant que le coton ne poussait pas dans les régions montagneuses. Cuernavaca était donc une ville prospère, et son chef un homme puissant. Il avait également une fille « très admirable », la charmante Miyahuaxihuitl (mi-ya-oua-chi-ouite, « Perle de Fleur de Maïs »), vers laquelle de nombreux chefs louchaient avec intérêt, espérant en faire leur épouse. Partout, les chefs la « requirent », selon le terme le plus respectueux pour désigner une relation matrimoniale. Lorsque les émissaires de Huitzilihuitl vinrent auprès du chef de Cuernavaca, celui-ci se moqua d'eux. La ville de Tenochtitlan, bien qu'en plein essor, n'était en aucun cas l'alliance qu'il imaginait pour son enfant. « Que dit Huitzilihuitl ? Quels avantages pourra-t-il apporter à ma fille, là-bas, au milieu des eaux ? » Le roi ne put s'empêcher de lancer quelques sarcasmes. « Peut-être l'habillera-t-il avec les fibres des plantes des marais, puisque telle est la matière de ses propres pagnes ? » Il décida alors de passer du discours habituel, tout en circonlocutions, à un style plus direct. « Va, dit-il. Dis à ton chef Huitzilihuitl que tu n'es plus le bienvenu ici[14]. »

Pour la suite du récit, les conteurs préféraient s'écarter d'une restitution réaliste des événements. Ils choisirent de ne pas s'attarder sur le carnage de la guerre qui s'ensuivit ni sur les nombreuses années qu'elle dura : puisque les deux peuples devinrent plus tard des alliés[15], mieux vaut oublier ces choses. Ils utilisèrent plutôt un vieux mythe nahua pour interpréter ce qui s'était passé. Huitzilihuitl, fort déçu, partit de lui-même et s'en fut prier le dieu de son peuple, Huitzilopochtli (oui-tsil-o-potch-tli), ce qui signifie « Gaucher comme un Colibri ». Celui-ci détenait donc les pouvoirs spéciaux associés à la fois au gaucher et au colibri magique, stationnaire dans l'air (et redoutable) ; il était par ailleurs la figure tutélaire du roi, Huitzilihuitl, dont le nom signifiait « Plume de Colibri ». Comme toujours, le dieu dit au suppliant ce qu'il devait faire, et naturellement, Huitzilihuitl fit ce que le dieu lui avait ordonné. « Il pénétra à l'intérieur du territoire du seigneur de Cuernavaca. Puis il tira une flèche, un roseau joliment peint et merveilleusement ouvragé, au centre duquel était inséré un jade précieux – très précieux et chatoyant. Et la flèche tomba au milieu de la cour où la jeune Perle de Fleur de Maïs était confinée. » La jeune fille s'en émerveilla et la ramassa. Sensible au pouvoir de la pierre et mue d'un étrange désir pour elle, elle la porta soudainement à sa bouche. La jeune femme, comme envoûtée, avala accidentellement la précieuse gemme et – à l'instar de tant de filles dans maintes histoires anciennes amérindiennes – conçut un enfant[16].

Les conteurs et leur public se seront sans doute exclamés à ce moment-là que le roi on ne peut plus orgueilleux de Cuernavaca était le dindon de la farce ; sa fille bien-aimée avait été abusée et allait maintenant porter l'enfant d'un père qu'elle n'avait nullement choisi. Mais ils auront perçu que la situation était empreinte d'ironie. La ravissante Perle de Fleur de Maïs versa peut-être des larmes cette nuit-là, mais la jeune fille, faible en apparence, devait finalement s'affirmer : après tout, elle appela son enfant Moctezuma[17] (qui sera plus tard connu sous le nom de Huey Moctezuma, ou Moctezuma l'Ancien), qui était destiné à régner sur les Mexicas et sur des dizaines de milliers d'autres[18].

Selon toute probabilité, dans l'enceinte du palais de Tenochtitlan, le grand chef mexicain Huitzilihuitl n'avait alors cure de cet enfant qu'il aurait eu avec une femme cuernavaca enlevée à la guerre. Il mettait tous ses soins à mener ses campagnes militaires et à agrandir le territoire sur lequel il régnait. S'il put connaître de tels succès, c'est en grande partie parce que, sous sa direction, Tenochtitlan était devenue pour ainsi dire dépendante d'Azcapotzalco, la cité-État la plus puissante de la région. Cet État dominant (ou « patron ») était la capitale du peuple tépanèque – un groupe de Nahuas qui, arrivé sur les lieux bien plus tôt que les Mexicas, dominait les rives occidentales du grand lac au centre de la vallée[19]. Après chaque victoire, les Tépanèques, bien sûr, s'arrogeaient les meilleures terres, mais ils en réservaient aussi une bonne part à leur État-lieutenant, Tenochtitlan. Ou bien, si les vainqueurs décidaient que les perdants, plutôt que de céder leurs terres, devaient payer un tribut, certains villages recevaient l'ordre de livrer la marchandise aux ***Tépanèques***, et d'autres aux Mexicas. On ne sait pas exactement pourquoi Azcapotzalco tenait Tenochtitlan comme État-lieutenant favori. Il est probable que la nature marécageuse du territoire insulaire des Mexicas les rendait plus mobiles que d'autres peuples ; vu qu'ils avaient peu de terres cultivables, ils n'étaient pas aussi étroitement liés aux cycles de plantation et de récolte. Aucune ville du centre du Mexique ne disposait d'une armée permanente ; tous les hommes étaient des guerriers en puissance et devaient concilier leurs engagements militaires avec les rythmes de l'agriculture. Les Mexicas, quant à eux, vivaient autant de poisson, d'œufs d'oiseaux et d'algues que de maïs. Cela signifie qu'ils étaient au départ relativement pauvres et affamés ; dans leur association étroite avec les Tépanèques, qui avait une forte tradition agricole, leur mobilité en toute saison leur donnait néanmoins une sorte de pouvoir.

Étant donné la relation politique patron-client, il n'est guère surprenant que Huitzilihuitl ait pris pour épouse principale une femme tépanèque : il léguerait ainsi le pouvoir à un membre de leur peuple[20]. (La ville qui s'appelait Tlacopan deviendrait plus tard un lieu important ; les Espagnols, qui ne savaient pas prononcer ce mot, le transformèrent en ***Tacuba***.) À la mort de Huitzilihuitl, Chimalpopoca (tchimal-po-po-ca, « Bouclier fumant »), le fils qu'il avait eu avec son épouse, hérita du trône, exactement comme prévu.

Le souverain de Tenochtitlan était désormais pleinement reconnu par tous comme tlatoani, ou « orateur », d'une communauté indépendante et autonome. Dans le monde nahua, chaque communauté dirigée par un tlatoani était appelée un ***altepetl***. Le mot signifiait littéralement « montagne d'eau », car, autrefois, les Nahuas s'installaient presque toujours là où ils trouvaient, en plus d'une colline pour se défendre, une source d'eau. Lors de l'accession au pouvoir de Chimalpopoca furent institués des jours de prière, suivis d'une grande fête et d'une cérémonie au cours de laquelle il s'assit sur la symbolique natte de roseaux et promit de protéger son peuple en sa qualité de tlatoani. À ce moment-là, les Mexicas étaient si puissants qu'ils ne prirent pas les choses à la légère : les discours publics et les solennités d'engagement entre Chimalpopoca et son peuple durèrent des heures. Pour finir, un prêtre assaillit le jeune dirigeant de questions rhétoriques, auxquelles le nouveau monarque et le peuple devaient répondre « Non » de toute leur énergie :

> Allez-vous connaître une période de peur ? Vous reviendra-t-il de déclarer la guerre ? L'altepetl sombrera-t-il dans la guerre ? Est-ce que ce sera votre responsabilité ? L'altepetl sera-t-il détruit dans la

guerre ? Sera-t-il entouré d'ennemis ? Y aura-t-il de l'agitation, des secousses ? La ville se retrouvera-t-elle abandonnée ? dans l'obscurité ? Deviendra-t-elle un lieu de désolation ? Notre peuple sera-t-il réduit en esclavage[21] ?

« Non ! » répondaient-ils, encore et encore. Ils gagneraient les guerres, ils ne les perdraient pas, ils ne seraient pas réduits en esclavage. Alors, pour prouver sa vaillance, Chimalpopoca lança la campagne militaire que requiert chaque début de règne. Il revint victorieux, son peuple était optimiste. Chimalpopoca régna pendant une dizaine d'années et fit passer de nombreuses villes sous contrôle mexica.

*

Puis, au milieu du règne de Chimalpopoca, une grande crise politique secoua le monde politique des Mexicas. En 1426, le roi de la puissante Azcapotzalco, Tezozomoc (te-zo-zo-moc), qui régnait depuis 1370, mourut dans son lit. Cela faisait tant d'années que le dirigeant tépanèque incarnait le pouvoir dans la vallée que sa mort en déconcerta plus d'un. Soudain, les fils du vieux souverain passèrent à l'action. Mais leur objectif n'était pas de défendre le territoire familial, comme on aurait pu s'y attendre. Tout au contraire, ils se retournèrent les uns contre les autres pour s'entretuer.

Cela semble déroutant au premier abord – moins quand on pense que la polygynie démultipliait les prétendants potentiels au trône. Les Nahuas étaient tellement habitués à cette coutume qu'elle ne les dérangeait pas outre mesure. Ils la voyaient même d'un bon œil et, objectivement, ils n'avaient pas tout à fait tort. N'en déplaise à notre sensibilité moderne, la polygynie présente de nombreux avantages. Outre les plaisirs évidents qu'elle procure à l'homme âgé pourvu de plusieurs épouses, elle bénéficie aussi aux femmes qui avancent en âge : celles-ci disent souvent que l'introduction dans leur foyer de femmes plus jeunes leur est d'un grand soutien, car plus il y a de bras moins il y a de peine. Les épouses nahuas n'ont certainement jamais cherché ni attendu de leur mari l'amour romantique ; son inconstance ne les étonnait pas, et personne dans leur monde n'en faisait porter la responsabilité aux femmes. De plus, la polygynie exclut généralement toute éventualité de voir un roi mourir sans héritier, tout en créant un clan de jeunes princes, fiers de leurs relations les uns avec les autres et qui se serreront les coudes en cas de crise.

Telle est, du moins, la théorie. Dans la réalité, même une femme qui n'a jamais espéré de compagnon permanent peut se formaliser d'être supplantée par une autre. Alors elle se retrouve en proie à une profonde affliction, de même que ses enfants. « Hé, mère, dit une chanson nahuatl, la vie de couple ne me procure que de la tristesse. Je ne peux pas faire danser le fuseau. Je ne peux pas lancer mon bâton de tisserand[22]. » La chanteuse qui interprétait le rôle d'une épouse captive suggérait qu'en tant que femme étrangère elle ne pouvait pas espérer vivre une vieillesse décente, alors que ses enfants prenaient peu à peu en charge la richesse et les obligations de la famille. Il n'est cependant question ici que d'une douleur personnelle, sans aucune pertinence sur le plan politique. Dans cette perspective, le plus important est que le système ne fonctionne correctement que lorsque la première épouse fait l'unanimité, c'est-à-dire lorsque tous sont d'accord sur la mère du futur hériter. Dans le cas contraire, la guerre civile est imminente. Car les demi-frères royaux, qui se vouent les uns et les autres une haine viscérale depuis l'enfance, n'ont qu'une envie : c'est de prendre la tête de leur clan pour défendre leur vision de l'avenir.

Les annales nous disent qu'à maintes reprises c'est à la faveur de telles situations que la guerre a explosé dans les villes aux quatre coins du Mexique[23]. La multiplication des combats peut paraître déroutante de prime abord, mais, quand on y regarde de plus près, elle obéit à des schémas bien définis. Dans le monde nahua, comme les épouses d'un chef étaient généralement originaires de différentes cités-États, ces conflits fratricides avaient souvent aussi une dimension ethnique. Lorsque Maxtla (mash-tla), le fils de Tezozomoc d'Azcapotzalco, s'opposa à son demi-frère, l'héritier présumé, et le tua[24], il supposait sans doute qu'il recevrait de l'aide de la part du village natal de sa mère, et ce fut le cas. Dans le même temps, il se retourna contre les anciens alliés d'Azcapotzalco, dont les maisons royales étaient toutes mariées à la famille maternelle de son demi-frère qu'il avait tué, plus précisément la maison royale de la ville de Tlacopan. Maxtla s'en prit donc également au chef de Tenochtitlan, Chimalpopoca, dont la mère était une Tlacopan. Les historiens nahuas ont donné différentes versions de cette terrible histoire de trahison et de mort. Dans l'une d'elles, Maxtla invite Chimalpopoca chez lui, apparemment pour l'accueillir à l'occasion de la célébration de son nouveau règne, mais le fait ensuite étrangler jusqu'à ce que mort s'ensuive[25].

Quoi qu'il en soit, sa mort provoqua le chaos à Tenochtitlan. Les frontières avec Azcapotzalco furent fermées (on utilisait alors une formule signifiant « cloisonnées »), et toute personne qui pénétrerait dans le territoire voisin était susceptible d'être attaquée. Pendant des années, les choix politiques des Tenochcas (les habitants de Tenochtitlan) avaient dépendu de la volonté d'Azcapotzalco, leur État-patron. Que feraient-ils maintenant ? Pendant une brève période de soixante jours, le jeune fils de Chimalpopoca occupa le trône, avant de le perdre soudainement. Il s'appelait Xihuitl Temoc, ou « Comète déchue[26] ». L'épithète semble trop parfaite pour avoir été son vrai nom ; sans doute le garçon avait-il des ancêtres ainsi nommés, mais on peut se demander si les conteurs ne le lui ont pas appliqué *a posteriori*, comme souvent. On ne connaît pas exactement les circonstances de sa mort, mais ce fut vraisemblablement à l'occasion d'une bataille ou escarmouche. Il ne semble guère probable qu'il ait été lui aussi assassiné par Maxtla, en sachant qu'il avait sans doute eu connaissance de ce qui était arrivé à son père, Chimalpopoca – il devait se tenir sur ses gardes. Peut-être Itzcoatl l'avait-il trahi d'une manière ou d'une autre. C'est lui d'ailleurs qui accéda ensuite au pouvoir. Il avait alors au moins quarante ans. Personne ne nous dit rien de sa date de naissance, mais il avait traversé les vingt-quatre années du règne de son demi-frère Huitzilihuitl, plus les dix autres années de celui de son neveu, Chimalpopoca, et il aurait été conçu plusieurs années avant la mort de son père. Il est fort probable qu'il ait dépassé les quarante ans en 1426, car on sait qu'il mourra quatorze ans plus tard de vieillesse. En tout cas, il était à n'en point douter un chef de guerre chevronné, contrairement aux enfants de Chimalpopoca, encore jeunes – raison pour laquelle, peut-être, le peuple s'était rangé derrière lui. Il avait pour rival le fils que Huitzilihuitl avait eu avec la princesse de Cuernavaca, ainsi que d'autres fils, parmi lesquels un certain Tlacaelel, qui était né dans les années 1390 et occupait déjà une position élevée[27]. Rien n'obligeait la famille royale à se tourner vers Itzcoatl, le fils que l'aïeul Acamapichtli avait eu avec la jeune esclave. Sans doute le « Serpent d'Obsidienne» disposait-il d'autres points forts que sa maturité ou sa carrière respectable, dont bien d'autres pouvaient se targuer. Il devait avoir du charisme, de l'ambition et un esprit subtil.

Le plan d'Itzcoatl était de profiter des failles à l'origine de la crise : il avait compris que la polygynie était au cœur de la politique. Itzcoatl avait prévu de s'allier avec la famille noble de Tlacopan, qui avait été évincée, tout en sachant qu'il en faudrait bien davantage pour gagner la guerre qu'il projetait. Maxtla n'aurait pas tué son demi-frère et pris le pouvoir s'il ne disposait pas de suffisamment d'alliés pour le soutenir. Itzcoatl aurait besoin d'alliés supplémentaires – des gens qui avaient beaucoup plus à gagner qu'à perdre en remettant en question le statu quo du système polygyne dans lequel ils étaient tous empêtrés. Il se tourna vers une autre cité-État en proie à une guerre civile comparable, provoquée elle aussi par la polygynie, et il se rangea du côté de ceux qui étaient en train de perdre et qui, pleins de rage, désespéraient de trouver des alliés. Il prenait un grand risque, au point que, comme le rapportèrent certains historiens plus tard, bon nombre des siens lui firent part de leur réticence et le supplièrent d'implorer la pitié de Maxtla. Que Maxtla nomme un roi fantoche et qu'on en reste là. (Tel avait peut-être été le sort du malheureux Comète déchue.) Ils le sommèrent de payer le tribut que Maxtla fixerait plutôt que d'envoyer son armée au massacre. Mais Itzcoatl n'écouta pas ces conseils. À la place, il dépêcha des émissaires à Texcoco (tesh-co-co).

Sur la rive est du lac, soit la rive opposée à celle des Tépanèques, le groupe ethnique dominant depuis de nombreuses années était le peuple ***acolhua*** (a-col-wa), de langue nahuatl. Leur ville principale était Texcoco, parfois appelée le Paris de l'ancien Mexique, tant ses bâtiments étaient beaux et délicates ses œuvres d'art. Tout comme Tenochtitlan, Texcoco avait pendant des années dépendu de Tezozomoc, le roi d'Azcapotzalco qui avait tous les traits d'un parrain. Naturellement, dans ces circonstances, le roi de Texcoco avait pour principale épouse une des filles de Tezozomoc, dont les fils étaient sur le point d'hériter du pouvoir[28].

Parmi ses femmes, le roi de Texcoco en avait cependant une qu'il préférait de loin. Il s'agissait de Matlalcihuatl (ma-tlal-ci-ouate, «Femme bleu-vert»), issue de la noblesse tenochca, probablement une fille de Huitzilihuitl, et donc une sœur de Chimalpopoca, mort assassiné[29]. Texcoco, une vieille cité-État bien établie, tolérait mal d'être placée sous la direction oppressive d'Azcapotzalco et donnait plus de marques d'impatience que Tenochtitlan. (Il est, en outre, plus facile pour un petit nouveau dans le quartier de se soumettre à un garçon charismatique qui lui offre son amitié, qu'il ne l'est pour un résident de longue date qui fut jadis le chef du gang local.) Peut-être était-ce à des fins politiques que le roi de Texcoco préférait plus que de raison les enfants de Femme bleu-vert à ceux de sa première femme azcapotzalcane.

Entre-temps, en raison du grand pouvoir d'Azcapotzalco, une princesse de Texcoco avait été donnée en seconde épouse au fils du grand chef Tezozomoc[30]. Il était entendu que ce n'était pas ses enfants qui allaient hériter mais ceux nés de mère tépanèque. En effet, son statut au sein de la maison royale reflétait celui de sa ville natale par rapport à Azcapotzalco. Texcoco étant en position d'infériorité, ses enfants l'étaient également. Tezozomoc utilisa même peut-être sa belle-fille pour réaffirmer son autorité sur Texcoco, en lui attribuant un rôle moins important dans les cérémonies ou les événements publics. Quoi qu'il en soit, la jeune princesse trouvait son statut humiliant et sa vie misérable. Mais comme elle n'était pas tenue en captivité, elle prit la fuite pour rentrer dans sa ville natale, où elle se mit à fréquenter un autre homme. Elle se comporta ainsi comme une femme libre de se marier. Les conteurs adoraient cette partie de l'histoire, qu'il racontait le soir, à la lueur des étoiles ; car elle leur permettait de mettre en scène des dialogues particulièrement savoureux : « Alors, quand Tezozomoc apprit que sa belle-fille s'était mariée, qu'elle avait pris époux à Texcoco, la nouvelle le mit hors de lui. Il fit venir son capitaine et quelques autres personnes avec lui, et leur dit : "J'ai entendu dire que Flèche guerrière de Huexotla [Houé-CHO-tla] a partagé le lit de l'ancienne femme de [mon fils], votre camarade. Il a couché avec elle. Mes seigneurs, écoutez-moi ! Je suis en colère, je me sens insulté"[31]. » Une fois la guerre déclenchée, les Tépanèques découvrirent que le fils que la femme avait eu avec leur chef avait également rejoint les terres de ses grands-parents maternels et qu'il combattait du côté de Texcoco, et non du leur ; ils en furent ulcérés. « Quel scélérat ! Qui voudrait faire la guerre à son propre père[32] ?! »

Selon les récits traditionnels, ce sont des femmes qui étaient à l'origine de ces guerres : « On a dit qu'il y avait eu une guerre à cause d'une concubine », écrivit un historien à propos d'un autre événement[33]. Pourtant, si la guerre s'était abattue en Méso-Amérique dans les années 1420, ce n'était franchement pas à cause d'une femme en fuite – elle ne faisait que symboliser la fronde des hommes de Texcoco – mais de la situation politique globale. Le roi de Texcoco, qui désirait plus que tout arriver à ses fins, se pensait suffisamment puissant pour prendre un risque. Tout d'abord, il décréta que les fils qu'il avait eus avec son épouse mexica hériteraient ; autrement dit, il ne reconnaissait plus le statut d'État-client qui inféodait Texcoco à Azcapotzalco. Changer la hiérarchie de ses femmes, c'était comme faire une déclaration publique. Il n'en fallait pas plus pour que Tezozomoc lance l'assaut. À l'aube, des centaines de guerriers d'Azcapotzalco traversèrent le lac en pirogue, protégés par le cercle de leurs boucliers aux couleurs vives. Les bateaux glissèrent silencieusement sur les eaux calmes. Puis les guerriers se précipitèrent sur le rivage et firent un massacre[34].

Les gens de Texcoco envoyèrent bientôt un jeune noble de père tépanèque qui vivait parmi eux pour demander la paix – en vain, car les hommes de Tezozomoc le tuèrent. Finalement, le vieux roi de Texcoco périt lui aussi dans une escarmouche ; il avait payé cher ses velléités d'indépendance. Certains disent que le fils qu'il avait eu avec Femme bleu-vert, son épouse mexica, vit son père du haut d'un arbre, où il se cachait. C'est possible. D'autres dirent qu'il trouva refuge au fond d'une grotte. Cette version semble plus probable, mais peut-être s'agit-il d'une simple invention poétique : dans la tradition des contes méso-américains, les moments cruciaux de transition ont souvent lieu dans des cavernes, d'où une nouvelle forme ou force émergeait de l'obscurité. Le garçon s'appelait Nezahualcoyotl (nez-ah-oual-co-yote), ou « Coyote affamé », et, qu'il en ait ou non été témoin, le meurtre de son père resta très certainement imprimé dans sa conscience. Il s'enfuit et se cacha à ***Tlaxcala*** (tlach-ca-la), une ville située à l'est, et qui n'était pas sous l'emprise d'Azcapotzalco. C'est là, sans doute, que les émissaires d'Itzcoatl vinrent le chercher des années plus tard, pendant la grande crise politique. Les deux seigneurs – Nezahualcoyotl et Itzcoatl – étaient apparentés, par le biais de Femme bleu-vert, la mère mexica de Nezahualcoyotl ; Itzcoatl avait une offre à faire à son jeune fils[35].

Il lui expliqua la Triple Alliance qu'il avait en tête. Si les familles de Texcoco encore loyales à Nezahualcoyotl se battaient contre Maxtla d'Azcapotzalco, aux côtés des Mexicas et des personnes récemment évincées de Tlacopan, alors elles pourraient l'emporter. Une victoire sur Azcapotzalco, la plus puissante cité-État de la vallée, aurait des retombées extraordinaires. « Nezahualcoyotl l'usurpateur » ne serait plus : il deviendrait le tlatoani reconnu de Texcoco, et non plus le demi-frère bafoué du roi régnant.

Nezahualcoyotl répondit qu'il ne serait pas facile de ranger derrière lui des familles de Texcoco et d'obtenir leur soutien militaire, car Tezozomoc, après avoir conquis le pouvoir, avait mis ses petits-fils (les enfants que sa fille avait eus avec le vieux roi) à la tête de la plupart des villages de la région. On raconte même qu'il fit demander aux enfants de moins de neuf ans si à leurs yeux leur dirigeant actuel était légitime : ces derniers, n'ayant pas la circonspection nécessaire pour travestir leurs réponses, révélèrent la position politique de leur famille telle qu'elle avait été discutée dans l'intimité de leur foyer. Certaines des familles des enfants trop bavards furent brutalement punies[36]. Ces exactions suscitèrent autant de peur que de colère. Nezahualcoyotl déclara alors qu'il était prêt à rejoindre l'alliance et même désireux de le faire ; il rassemblerait tous les partisans qu'il pourrait.

D'âpres combats s'ensuivirent, mais, village après village, les partisans de Maxtla furent terrassés. En l'espace d'un an environ – les sources varient quant à la date –, Itzcoatl devint tlatoani des Mexicas. Il était implicitement *huey tlatoani*, ou « grand chef », de toute la vallée. Il fit bientôt proclamer cérémonieusement Nezahualcoyotl tlatoani de Texcoco, et un an plus tard, ils avaient tué tous les demi-frères azcapotzalcans restants de Nezahualcoyotl, ainsi que les maris de ses demi-sœurs. Ils consignèrent dans leurs histoires : « Nezahualcoyotl alla chercher les descendants de Tezozomoc partout où ils régnaient ; et partout il s'empara du pouvoir. » Maxtla, quant à lui, prit la fuite et disparut en 1431[37].

Les rois de Tenochtitlan (du peuple mexica), de Texcoco (du peuple acolhua) et de Tlacopan (du peuple tépanèque) dirigeaient désormais la vallée en un triumvirat officieux. Il n'y eut pas de déclaration formelle à ce sujet. Les générations suivantes parleront d'une ***Triple Alliance***, même si, au sens littéral, une telle institution n'existait pas. Nul ne se déplaçait dans la vallée centrale sans qu'au moins un de ces trois rois en soit informé ; et il en fut bientôt de même au-delà des montagnes alentour, dans les terres qu'ils conquirent progressivement. Ils joignirent leurs efforts pour faire tomber leurs ennemis ; ils se répartirent judicieusement les tributs qui résultaient de leurs victoires. Les Mexicas, qui représentaient la population la plus nombreuse et avaient joué le rôle le plus important dans la guerre, eurent naturellement la part la plus grande, mais ils veillèrent à ne pas susciter le ressentiment de leurs plus proches alliés[38].

Ce fut une toile complexe qu'ils tissèrent entre eux. Dans un certain sens, la configuration politique du pays demeura presque inchangée. En général, chaque altepetl conserva son autonomie politique : au peuple revenait la charge de choisir pour le mieux son tlatoani et d'organiser la rotation des tâches et des responsabilités entre les différents segments qui le composaient, avec la même équité dont ils avaient toujours fait preuve. Dans le cas où plusieurs altepetls avaient l'habitude de se rassembler en une forme de gouvernement unifié – le « grand altepetl » –, au moins pour ce qui était des affaires étrangères, les choses suivirent également leur cours[39]. Une sorte de démocratie se perpétuait à petite échelle, en ce sens que le peuple discutait des questions locales et cherchait des solutions qui satisfassent la majorité. Même les non-Nahuas qui avaient été conquis y avaient droit. Cet arrangement agréait au triumvirat de la vallée centrale, aussi longtemps que ces autres communautés se battaient à leurs côtés lorsqu'elles étaient appelées à le faire, participaient aux travaux publics – comme la construction de routes ou de grandes pyramides – et payaient en temps et en heure le tribut qui leur était assigné. « Ce n'était pas Rome », commenta succinctement un historien, ce qui signifie que les Mexicas n'avaient aucun intérêt à acculturer ceux qu'ils avaient conquis, aucun désir de leur apprendre leur langue ni de les attirer dans leur capitale ou leur hiérarchie militaire[40].

Pourtant, malgré le maintien des traditions locales, la région changea profondément sur le plan économique. Chaque altepetl qui tombait sous l'emprise du triumvirat devait payer tribut à celui des trois auquel il était affecté. Souvent, les exigences financières étaient d'une complexité ahurissante. Par ailleurs, une subdivision d'un altepetl pouvait payer tribut à Texcoco, la ville qui avait la région sous sa coupe, quand une autre dépendait de Tenochtitlan, selon les termes de l'accord de paix. Il leur incombait de payer une partie du tribut (par exemple un certain nombre de balles de coton) une fois par an et une autre partie (par exemple quelques sacs de maïs ou de haricots) trois fois par an. À mesure que le territoire s'agrandissait, le calendrier gagna nécessairement en cohérence; car les collecteurs d'Itzcoatl étaient ponctuels et attendaient leur dû. Tous les villages n'avaient pas adopté le calendrier à la même date, de sorte que l'année 1-roseau d'un altepetl pouvait être l'année de 2-lapin d'un autre. Ils devaient maintenant, sous la contrainte, essayer de synchroniser leurs temporalités. Les calendriers n'ont jamais été parfaitement alignés, mais ils commencèrent à se rapprocher[41].

Itzcoatl appliquait, semble-t-il, le même type de système de collecte de tribut que celui en vigueur sous Tezozomoc d'Azcapotzalco – et probablement d'autres avant lui, à une époque plus reculée. Mais entre-temps, le pouvoir de la vallée centrale s'était accru. La Triple Alliance pouvait envoyer des armées plus importantes et construire des routes plus longues. Les altepetls naguère hors d'atteinte du vieux Tezozomoc ne l'étaient plus. Beaucoup résistèrent contre ces nouvelles dispositions mais, pour la plupart, n'eurent pas gain de cause. Ils furent alors mis devant l'obligation de payer des tributs à perpétuité, ce qui fit frémir l'échine de tous les chefs sages : ils étaient sommés non seulement d'envoyer du maïs et des haricots, ou du chocolat et du coton, mais aussi des personnes qui seraient sacrifiées à l'occasion des cérémonies religieuses de la vallée centrale. Cet impôt obligeait tout chef à faire constamment la guerre à ses voisins s'il voulait éviter d'envoyer les enfants des siens sur la pierre du sacrifice. Cette considération suffisait à elle seule à faire réfléchir à deux fois avant de résister. Et les membres de l'élite s'étaient vu inculquer dès leur plus jeune âge qu'ils devaient avant tout être responsables, autrement dit éviter les batailles qu'il risquait de perdre et préserver la vie des leurs afin de protéger l'avenir de l'altepetl. Un chef impétueux pouvait être qualifié de façon péjorative d'« enfant[42] ».

Si une ville avait d'abord emporté, dans sa lutte acharnée contre les Mexicas, un succès significatif, mais qu'elle perdait la guerre, elle était vouée à un sort pire encore. Les Huaxtèques (ouach-tèques) du Nord-Est, par exemple, se défendirent comme des bêtes sauvages; la tradition locale perpétua cette réputation, en même temps que la mémoire de leur triste destin. « Les soldats de toutes les provinces alliées prirent de nombreux prisonniers, hommes et femmes, car eux et les Mexicas entrèrent dans la ville, brûlèrent le temple, saccagèrent et pillèrent. Ils massacrèrent jeunes et vieux, garçons et filles, et anéantirent sans pitié tous ceux qu'ils pouvaient, avec une grande cruauté et la détermination de faire disparaître de la surface de la terre toute trace du peuple huaxtèque[43]. » Leur histoire devait servir de leçon à d'autres altepetls potentiellement récalcitrants. Et ce fut le cas.

Après une telle bataille, de longues files de captifs furent attachées les unes aux autres et emmenées à Tenochtitlan (ou peut-être dans le territoire acolhua ou tépanèque). Les prisonniers, en proie à la terreur, traversèrent d'abord des villages semblables au leur et longèrent des maisons en pisé au toit plat, groupées en carrés ouverts sur des cours, où les femmes moulaient du maïs et préparaient des tortillas tout en bavardant, tandis que les hommes travaillaient dans les champs voisins[44]. Au fur et à mesure qu'ils approchaient de la capitale, et donc du centre du pouvoir, les villes étaient visiblement plus riches, leurs bâtiments et pyramides religieuses plus grandioses, certains même construits en pierre ou en bois[45].

Une grande chaussée était alors en construction, grâce au travail forcé des populations vaincues de Xochimilco. Elle s'étendait depuis l'île jusqu'à la rive sud du lac, et c'est elle que les prisonniers empruntèrent. Après une bataille, la noblesse se répartissait l'essentiel des prisonniers ; mais ceux qui avaient été capturés par tel illustre guerrier étaient envoyés au temple du quartier de celui-ci pour être sacrifiés lors de fêtes religieuses locales, ou, s'il y avait des jeunes femmes qu'il voulait pour son usage personnel, chez lui. Certains captifs étaient destinés aux sacrifices des deux temples pyramidaux du centre-ville, dont l'un était dédié à Huitzilopochtli (le dieu protecteur de Mexica) et l'autre à Tlaloc (le dieu de la pluie). Les autres étaient vendus dans un marché aux esclaves – il y en avait un énorme à Azcapotzalco – et étaient achetés par des quartiers de la ville pour leurs sacrifices cérémoniels, ou occasionnellement par des hommes en quête de concubines. Il arrivait que des femmes esclaves achetées pour être sacrifiées persuadent leurs nouveaux maîtres de les garder en vie comme domestiques[46].

D'épouvantables idées, parfaitement fausses, se sont répandues autour du sacrifice humain dans la culture aztèque. D'après les romans, les films et même dans certains anciens livres d'histoire, des centaines de personnes à la fois gravissaient les marches étroites des pyramides jusqu'au sommet, où leur cœur était arraché et leur corps projeté vers le bas, sous les hurlements quasi extatiques de la population. En réalité, ce spectacle fascinant qu'était le sacrifice humain se déroulait, semble-t-il, dans un calme grave, comme ce fut sans doute le cas dans d'autres mondes anciens, chez les Celtes par exemple[47]. L'assistance, qui avait jeûné, se tenait debout, des fleurs sacrées dans les mains. Dans les premières décennies après la fondation de Tenochtitlan, alors à l'aube de ses grandes heures, seules quelques personnes avaient été sacrifiées lors de la fête religieuse mensuelle, et elles étaient toujours traitées comme des êtres sacrés avant de mourir. Après un sacrifice, le guerrier qui avait capturé la victime en conservait les restes (les cheveux et les insignes cérémoniels) dans un coffre en roseau spécial, qu'il gardait chez lui à une place d'honneur ; et ce, aussi longtemps qu'il vivait.

La plupart des victimes étaient des hommes, en général des prisonniers de guerre. Cependant il y avait aussi des femmes. Lors d'un festival annuel, par exemple, une jeune fille prise à la guerre fut conduite du temple local où on la gardait à la maison de son ravisseur. Elle trempa sa main dans de la peinture bleue et laissa son empreinte sur le linteau de la porte ; cette marque sacrée devait rester en place pendant des années, rappelant aux gens le don qu'elle avait fait de sa vie. Puis, ramenée au temple, elle fut livrée à la pierre des sacrifices. C'était une tradition ancienne chez les peuples autochtones que de ne pas céder devant ses ennemis : un tel stoïcisme conférait un grand honneur. Parfois, ceux qui étaient voués à la mort réussissaient à traverser cette épreuve sans lâcher la moindre larme ; parfois, ils n'y parvenaient pas. « Certains, en vérité, pleuraient », se souvint plus tard un témoin[48].

Les Mexicas, comme tous leurs voisins nahuas, croyaient tout devoir aux dieux. « Ce sont eux qui nous ont tout appris », expliqueront plus tard leurs prêtres aux Espagnols. « Devant eux, nous embrassons le sol, notre sang coule. Nous payons nos dettes aux dieux, nous leur offrons de l'encens, nous leur faisons des sacrifices… Nous vivons par la grâce des dieux[49]. » Chaque groupe nahua avait apporté d'Aztlan, dans sa longue marche, les trésors dus à leur divinité ; dans le cas des Mexicas, c'étaient les reliques de Huitzilopochtli, qu'ils avaient protégées année après année jusqu'au moment où ils purent les enterrer sous un temple permanent. D'autres altepetls avaient transporté avec eux des reliques du dieu de la pluie Tlaloc ou de sa compagne du monde de l'eau, Femme aux Jupes de Jade. D'autres encore honoraient Quetzalcoatl, le Serpent à Plumes, le dieu du vent, qui était chez lui sur terre comme dans le ciel ; il traversait les frontières et protégeait les prêtres. Certains préféraient Tezcatlipoca, Miroir fumant, un dieu malicieux qui perturbe le cours des choses en poussant les chefs et guerriers à prendre les armes. ***Cihuacoatl***, Femme-Serpent – et connue sous bien d'autres noms encore –, était sacrée pour les sages-femmes ; elle portait souvent un bouclier et une lance, car elle aidait les mères en couches à capturer un nouvel esprit venu du cosmos. Il y avait beaucoup de dieux et de déesses, et chacun d'entre eux apparaissait avec tout un éventail de traits possibles ; aujourd'hui nous ne comprenons pas toujours leurs caractéristiques aussi bien que nous le voudrions, car à l'époque coloniale les Nahuas n'avaient pas toute liberté pour les évoquer. S'ils pouvaient consigner ouvertement des récits historiques, il était dangereux d'écrire sur les dieux. Nous savons cependant que, comme dans la Grèce antique, tous les altepetls honoraient une série panthéiste de dieux auxquels ils croyaient, et non pas seulement la divinité qui les avait particulièrement protégés[50].

Les dieux demandaient aux êtres humains d'apprécier ce qui leur avait été donné et de leur offrir des sacrifices ; il s'agissait le plus souvent de faire couler le sang, mais aussi parfois de consentir au don ultime, celui de la vie humaine. Si les êtres humains refusaient, le monde, déjà fragile, risquait de s'éteindre, ce qui était arrivé par le passé, avec des conséquences désastreuses. Les Nahuas n'ont jamais oublié qu'ils vivaient sous le Cinquième Soleil de Nanahuatzin. Dans des temps plus anciens, ils offraient probablement un des leurs. Ce type de sacrifice semble avoir eu cours partout dans le monde aux âges les plus reculés, mais, comme l'écriture n'existait pas, la pratique n'en est attestée par aucun document. Dans la Bible hébraïque, par exemple, c'est en enterrant son fils aîné sous les portes de la ville que Hiel le Béthelite commence à reconstruire Jéricho. De même, dans la tradition anglaise, Geofrey de Monmouth dit en parlant de Merlin qu'il dut trouver un expédient pour se soustraire au sacrifice auquel on l'avait forcé de se livrer à l'occasion de la fondation de la tour d'un roi[51]. L'idée d'un jeune mourant pour son peuple n'était pas l'apanage des seuls Nahuas.

Cependant, après leur essor, les Mexicas renoncèrent à immoler leurs propres enfants, jetant leur dévolu sur un nombre croissant de prisonniers de guerre. Comme tous les autres Nahuas, il leur arrivait de se sacrifier pour leurs ennemis : la mise au bûcher de Fleur de Bouclier en 1299 en est la preuve. Mais maintenant, les Mexicas étaient presque toujours victorieux ; ils ne faisaient plus partie de ceux qui risquaient d'être mis à mort, et le nombre de leurs victimes augmenta progressivement. Celui-ci dépendait, chaque année, de leur politique et variait selon l'issue des guerres qu'ils menaient. De tels actes de cruauté ne les empêchaient pas, néanmoins, de prier avec dévotion, d'écrire des poèmes d'une beauté déchirante et de décorer leurs murs de peintures de pigment de coquillages qui semblaient si réelles qu'elles transportaient, en imagination, dans une mer éternelle, transcendant les luttes de cette vie terrestre[52]. Savaient-ils que le monde ne se briserait pas comme du jade s'ils s'arrêtaient de sacrifier des êtres humains vivants ? Riaient-ils cyniquement de la terreur qu'ils inspiraient et du pouvoir politique qu'ils exerçaient en conséquence ? De brillants stratèges et des esprits avisés et clairvoyants en avaient probablement conscience – peut-être Itzocatl. Or bien d'autres dirigeants ont agi de la sorte, notamment durant l'antiquité gréco-romaine ; certains mettaient en doute l'existence même des dieux sans pour autant laisser cette question ébranler leur vision du monde[53]. Pouvons-nous les en blâmer ? Devrions-nous les en blâmer ?

Ou peut-être ont-ils mûrement réfléchi à la question, comme Itzcoatl lui-même a dû le faire, et ont décidé que, quelles que soient leurs opinions philosophiques, ils n'avaient pas le choix. Après tout, ils ne vivaient pas dans un État moderne et libéral, où la population bénéficie de nombreuses protections. Ils ne pouvaient se permettre autant de générosité, car le monde qu'ils habitaient était tout aussi dangereux que leur représentation du cosmos. Les Mexicas s'étaient trouvés du mauvais côté pendant plus d'années qu'ils ne voulaient s'en souvenir. Pendant des générations, c'est leur jeunesse qui avait été livrée au bûcher et à la pierre des sacrifices. Et ce temps pouvait revenir. Ils en avaient bien conscience quand ils envoyaient leurs fils pratiquer les arts de la guerre et apprenaient à fabriquer des massues criblées d'éclats d'obsidienne. Parmi les mots d'amour adressés à leurs « petites colombes », les mères enseignaient à leurs enfants que le monde était un endroit dangereux. « Sur terre, nous vivons, nous voyageons le long d'un sommet de montagne. Ici, c'est un abîme ; là-bas, c'est un abîme. Que vous alliez par ici ou par là, vous y tomberez. C'est seulement au milieu que nous marchons, que nous vivons[54]. »

Tout ce que nous savons sur les Mexicas indique que les mères tenaient plus que tout à leurs enfants : elles disaient qu'ils étaient précieux, comme des gemmes polies ou des plumes irisées – des trésors dignes des rois. Elles les mettaient en garde contre les éventuels dangers et les suppliaient d'être responsables, de prendre soin d'eux-mêmes et de leur communauté afin que l'altepetl perdure[55]. Et les enfants les écoutaient. La société mexica ne dénigrait pas du tout la figure maternelle. En premier lieu, seuls les hommes des familles nobles – ceux de la classe *pilli*, les *pipiltin* – avaient le droit de prendre plusieurs épouses et de ramener des captives du champ de bataille : il fallait être riche pour cela. Et même dans cette situation, la mère avait une grande importance ; et ce malgré le fait que, parmi l'élite, les femmes pouvaient être parfois traitées comme des objets interchangeables. Pour autant ce n'était pas la norme. La majorité des gens appartenaient à la classe *macehualli*, au sein de laquelle chaque homme vivait avec une seule épouse ; son manteau avait été lié au sien lors d'une cérémonie officielle. Parfois, une maisonnée était multigénérationnelle ou abritait les ménages de plusieurs frères et sœurs ; or, même dans ce cas, chaque femme avait son propre foyer. L'épouse élevait ses enfants et leur apprenait à l'aider dans les activités considérées comme essentielles. Dans un monde sans crèches, restaurants, aspirateurs ou magasins, qui aurait osé penser que la garde des enfants, la cuisine, le balayage et la confection de vêtements étaient des activités non essentielles ? Personne, semble-t-il, car les sources indigènes ne laissent aucune trace d'irrespect, ni même de misogynie voilée. Les rôles des femmes étaient complémentaires de ceux des hommes, et tout le monde l'avait compris ; car la maison, le ***calli*** à quatre murs, symbolisait l'univers[56].

Nous devrions donc prendre au sérieux tout ce que disaient les femmes, ainsi que le faisait leur peuple. Elles consolaient leurs enfants tout en leur enjoignant d'un même souffle à maintenir l'ordre établi, à accomplir leur devoir, à prendre des vies ou donner la leur si leurs sempiternelles guerres en imposaient la nécessité. Ils devaient être prêts à se conformer au modèle de Nanahuatzin qui, à la fois brave et modeste, avait sauté dans le feu pour faire advenir le Cinquième Soleil. Ces mères auraient probablement été déconcertées si on leur avait parlé de la distinction entre le « bien » et le « mal ». Elles auraient rétorqué que toute personne possédant les deux, celle-ci est inopérante. Pour faire le bien, une personne devait faire taire son égoïsme et agir de la meilleure façon qui soit pour aider son peuple à se maintenir en vie et à réussir à long terme. On attendait de chacun qu'il pensât à l'avenir. Cela n'était pas toujours facile. Souvent, le destin contraignait une personne à faire exactement le contraire de ce qu'elle souhaitait. De ce fait même, il était moins gratifiant qu'épuisant.

Pour que le système puisse fonctionner sur le long terme, il fallait qu'Itzcoatl et, plus tard, ses héritiers choisissent avec soin leurs cibles militaires. Ils devaient s'assurer de la victoire, en s'appuyant sur des calculs rationnels et non des promesses divines. Heureusement, les prêtres au plus haut niveau de la hiérarchie religieuse, qui étaient membres des grandes familles nobles, en étaient conscients. Du moins, les dieux qu'ils vénéraient n'exigèrent jamais d'eux qu'ils mènent des guerres impossibles à gagner. Les Mexicas faisaient face à des poches de résistance, dont certaines étaient plus redoutables que d'autres. La plus connue était le grand altepetl de Tlaxcala, une cité-État de vastes dimensions, située juste à l'est du bassin central et composée de quatre subdivisions indépendantes : chacune d'entre elles était dirigée par un roi, mais le tout formait un même ensemble. Tlaxcala était relativement riche – son nom signifiait « lieu des tortillas », ou « ville du pain » si l'on préfère. Nichée au cœur d'une vallée, au milieu de bois de pins (qui servaient de refuge aux cerfs, aux oiseaux des bois et à d'autres gibiers), elle était à l'abri et aisément défendable. Ses habitants étaient aussi des Nahuas, arrivés à peu près en même temps que les Mexicas – ils partageaient d'ailleurs des mythes –, et ils n'allaient pas se laisser faire. Les Mexicas ne tardèrent pas à s'en rendre compte après quelques assauts infructueux. C'est probablement pour cette raison que les Mexicas instaurèrent les ***guerres fleuries***, sortes de Jeux olympiques qui avaient lieu tous les deux ou trois ans, à ceci près que la récompense qui revenait aux vainqueurs n'était pas une couronne de lauriers mais la vie sauve. On ne sait pas si elles se déroulaient sur un terrain pour jeux de balle ou sur un champ de bataille, mais la seconde hypothèse semble la plus probable. Elles visaient en effet à maintenir les jeunes guerriers sur le qui-vive, même en l'absence de guerre ouverte, tout en signifiant aux yeux de tous pourquoi Tlaxcala pouvait se permettre de ne pas payer de tribut. Nul n'avait besoin de discuter ce qui était une évidence, à savoir que les Mexicas n'auraient pu mettre à bas cette grande puissance politique sans se ruiner, si tant est qu'ils aient les moyens de le faire. Ne pas attaquer Tlaxcala et ne la tenir pour ennemie que dans le cadre des « guerres fleuries » était une bien meilleure stratégie. Les dirigeants ne pouvaient deviner qu'un jour cette prudence leur coûterait cher, lorsqu'un nouvel ennemi, plus fort qu'eux, débarquerait sur leurs côtes et trouverait en Tlaxcala un parfait allié[57].

Même couronnée d'indéniables succès, une politique belliqueuse n'échappe pas à certains problèmes. Ainsi les Mexicas, bien qu'en position de force, risquaient de compromettre leurs relations avec les peuples éloignés. Tant que planait la menace toujours imminente d'une attaque, nul ne souhaitait approcher les Mexicas ou leurs alliés, fût-ce pour discuter d'accords commerciaux mutuellement bénéfiques. C'est peut-être pour cette raison que non seulement les Mexicas mais tous les Nahuas acceptèrent d'un commun accord le développement de villes commerçantes neutres le long des côtes et sur les rives des fleuves qui mènent de la mer vers l'intérieur des terres. Près de l'endroit où les Olmèques avaient vécu, par exemple, il y avait une ville côtière appelée Xicallanco (chi-ca-lane-co), où vivaient de nombreux marchands nahuas, même si elle se trouvait en territoire maya. Ils faisaient la promotion du commerce avec les royaumes de l'est en achetant des textiles, du cacao, de beaux coquillages, des plumages d'oiseaux rares – puis les oiseaux –, ainsi que d'autres produits de luxe. Ils les vendaient en échange de marchandises élaborées par les artisans de Tenochtitlan, ou encore d'esclaves capturés par les Mexicas et leurs alliés à la guerre, soit des femmes et des enfants qui, au lieu d'être livrés au sacrifice, avaient été remis à des marchands de longue distance. Plus loin sur la côte, l'île de Cozumel était une zone neutre du même type ; et il y en avait bien d'autres[58].

Le monde méso-américain, pour l'essentiel, ne connaissait cependant pas la paix. Il était en proie à une guerre perpétuelle, car l'État mexica devait s'enrichir à mesure que ses familles nobles polygynes s'agrandissaient. En outre, il fallait maintenir les peuples dans l'incertitude et l'appréhension, afin de perpétuer les anciennes alliances. Néanmoins, pour assurer la paix à l'intérieur de la vallée, les zones de combat devaient être repoussées vers l'extérieur. Rien que de très banal pour tout grand monarque. L'époque était révolue où le père de Fleur de Bouclier, la jeune fille guerrière, pouvait déclarer la guerre ou prendre toute autre décision importante en écoutant ses seuls désirs, ou ceux de ses quelques compagnons. Itzcoatl avait gagné son pari : le pouvoir, la richesse et la gloire auxquels il était parvenu dépassaient de loin tout ce qu'il avait pu imaginer. Mais de ce fait, il avait construit une organisation politique complexe, qu'il ne pouvait contrôler seul, malgré ce qu'il disait.

L'une des plus grandes menaces qui pesaient sur son hégémonie se trouvait tout près de chez lui. Soit parce qu'il les aimait vraiment, soit parce que leur meurtre aurait déclenché une guerre civile, soit les deux à la fois, toujours est-il qu'Itzcoatl n'avait pas tué les fils survivants de son demi-frère, le regretté tlatoani Huitzilihuitl, aussi nommé Plume de Colibri. Quant à eux, sans doute pour les mêmes raisons, ils ne lui avaient jamais refusé leur soutien. Selon la loi de la coutume, ils auraient dû gouverner, et non Itzcoatl. Mais c'est lui qui avait uni les Mexicas dans une période de crise terrible, qui leur avait trouvé des alliés utiles et les avait tous conduits à la victoire. Ils collaborèrent donc pendant les quatorze années du règne d'Itzcoatl. Un des deux neveux, Tlacaelel, était un vaillant guerrier qui, fort de ses nombreux succès, s'était donné le surnom glorieux de Cihuacoatl en hommage à une déesse du même nom ; celui-ci devint alors le titre réservé au commandant en second du tlatoani, qui gérait les affaires domestiques. Les partisans de l'ancienne lignée royale de Huitzilihuitl – parmi lesquels figuraient de nombreux enfants et petits-enfants de Tlacaelel – aimaient à dire qu'Itzcoatl devait tout à Tlacaelel, que c'était lui qui avait vaincu le méchant Tépanèque Maxtla et que c'était sa stratégie avisée qui aidait Itzcoatl à gouverner dans les moments les plus difficiles. Si l'on considère toutes les annales, et non pas seulement celles qui furent rédigées ou conçues par des descendants de Tlacaelel, cette version des événements paraît peu crédible. Si l'homme avait été vraiment exceptionnel, il serait lui-même devenu tlatoani. Il n'en demeure pas moins qu'il était une force majeure avec laquelle il fallait compter. Sans doute fut-il comblé par le pouvoir et les revenus que lui octroyait Itzcoatl, car il resta en place et fut le conseiller de quatre rois au cours des décennies suivantes. En effet, un conseil de quatre hommes issus de la famille royale élargie travaillait toujours en étroite collaboration avec le tlatoani, et Tlacaelel, le Cihuacoatl, en était le chef[59].

Afin de garantir la pérennité du compromis, il était essentiel de régler à l'amiable la question de la succession. Des années auparavant, Itzcoatl avait épousé une femme originaire de la cité-État d'Azcapotzalco, alors puissante et hégémonique ; ils eurent un fils nommé Tezozomoc, d'après le vieux roi « parrain », dont la mort avait déclenché un chaos sans nom. Itzcoatl ne pouvait pas léguer le pouvoir à un fils à demi tépanèque ; c'eût été impensable après la récente guerre à mort contre Atzcapotzalco. Par ailleurs, les fils nobles de Huitzilihuitl auraient renié leur loyauté s'ils avaient été définitivement exclus de la succession. Ainsi, probablement avant la mort d'Itzcoatl, il fut entendu que Tlacaelel conserverait sans limite ses terres et ses titres, et que Moctezuma, le fils que Huitzilihuitl avait eu avec la princesse de Cuernavaca, serait le prochain souverain. (C'est l'ancêtre d'un autre Moctezuma, devenu célèbre après sa rencontre avec Hernán Cortés.) C'était un puissant guerrier – son nom signifiait « Celui qui fronce les sourcils comme un seigneur ». Mieux encore, il était raisonnable. Il accepta de mettre en place le système qui régissait souvent les altepetls nahuas bien moins importants, c'est-à-dire d'alterner le pouvoir entre différentes lignées en s'adaptant au mieux à la situation. Il accepta de régner lui-même sans que ses fils lui succèdent. En revanche, il fit en sorte qu'une de ses filles ou nièces bien-aimées épouse l'un des petits-fils d'Itzcoatl (un fils de Tezozomoc, le fils défunt), qui serait à son tour porté au pouvoir. Tout comme Itzcoatl, Moctezuma renoncerait à la possibilité de voir l'un de ses propres fils gouverner après lui, étant entendu qu'un de ses petits-enfants prendrait finalement la relève. Manière de faire osciller le pendule du pouvoir entre les deux lignées familiales, voire de les réunir en une seule grâce à la naissance d'un enfant ; alors le cœur du royaume resterait en paix[60].

*

Itzcoatl avait tout à fait raison de dire que son successeur aurait besoin de paix et de stabilité dans son cercle intime. Sans prévoir exactement d'où surgiraient les problèmes les plus graves, il savait que, dans cette vie, rien n'est immuable, et donc qu'aucun monarque n'est jamais vraiment en sécurité. Ses proches et lui eurent la chance d'avoir pu régler efficacement leurs différends ; car leur gestion stratégique du factionnalisme induit par la polygynie leur permit de cimenter leur emprise sur le pouvoir. Ce fut peut-être, d'un point de vue politique, leur plus grand coup de génie.

Le jeune Moctezuma devait régner pendant vingt-neuf ans. Il les mettrait à profit pour étendre considérablement le territoire aztèque et consolider sa domination sur les cités-États rebelles qu'il avait conquises juste après son accession au pouvoir – mais non sans peine. Relativement tôt dans son règne, une grande sécheresse frappa son peuple. Des nuées de sauterelles s'abattirent sur les terres dans les années 1450 ; et, en 1454, la récolte de maïs ne donna rien, tout comme les quatre années suivantes. Les prêtres supplièrent les dieux d'avoir pitié du peuple impuissant, des petites gens et des enfants qui souffraient de la faim. Ils chantaient à haute voix leurs prières à Tlaloc :

> Voici les gens du peuple, les macehualtin, ceux qui sont la queue et les ailes [de la société]. Ils sont en train de périr. Leurs paupières gonflent, leurs bouches se dessèchent. Ils deviennent osseux, courbés, émaciés. Fines sont leurs lèvres et blanches sont leurs gorges. Avec des yeux pâles vivent les nourrissons, les enfants [de tous âges] – ceux qui chancellent, ceux qui rampent, ceux qui passent leur temps à remuer la terre et les tessons, ceux qui vivent assis sur le sol, ceux qui sont couchés sur les planches, qui remplissent les berceaux. Tous sont livrés au tourment, à l'affliction. Ils sont en proie à ce qui fait souffrir les humains. Déjà, il n'y en a aucun qui en réchappe[61].

À la campagne, les adolescents partaient de chez eux pour chercher de la nourriture, dans l'espoir d'épargner à leurs parents le besoin de les nourrir. Souvent ils n'en revenaient pas indemnes et mouraient sur une colline ou dans un bois ; les gens retrouvaient plus tard leur cadavre, à moitié dévoré par les coyotes ou les vautours[62]. En ville, les paiements de tribut n'arrivaient plus de manière aussi régulière, si bien que les citadins ne pouvaient plus s'alimenter. Les temps étaient si durs que certaines familles étaient obligées de vendre un de leurs enfants aux marchands qui se rendaient à l'est, chez les ***Totonaques*** ou au pays maya. Là-bas, la sécheresse était moindre, et des enfants à bas prix trouveraient preneurs. Les parents se disaient qu'au moins ils ne mourraient pas de faim. Mais les Mexicas se jurèrent de ne plus jamais se mettre dans une telle situation de vulnérabilité.

Dès qu'il le put, Moctezuma se lança dans une nouvelle campagne militaire, cette fois contre un ex-allié autrefois soumis mais qui avait profité de la sécheresse pour regimber. Il s'agissait de Chalco, une puissante cité-État nahua située dans la vallée centrale, juste au sud-est du lac. Son nom signifie en fait « au bord des eaux de jade[63] ». Après quelques escarmouches, la guerre commença véritablement en 1455. Elle devait durer dix ans ; quand elle s'acheva, Chalco n'était plus. Si les habitants avaient pour la plupart survécu, les lignées royales furent bannies. Désormais, annonça Moctezuma, le peuple chalca ne serait plus gouverné par les siens : c'est lui, le grand tlatoani qui les gouvernait par décrets. Le pouvoir lui avait été donné par les dieux. Son frère Tlacaelel, le Cihuacoatl, prit pour épouse principale une fille de la lignée royale de Chalco, puis s'empara des rênes du pouvoir et mit à la tête des chefferies des hommes de confiance. « Et pendant les vingt et une années [suivantes], selon un auteur d'annales, il y eut une domination étrangère[64]. »

Dans les cours de Tenochtitlan, poètes et conteurs chantaient de nouveau la grandeur de leur altepetl. Sous des cieux étoilés, ils exhibaient les livres, qu'ils avaient écrits récemment (après qu'Itzcoatl eut livré aux flammes les précédents) : selon ces histoires révisées, l'arrivée au pouvoir d'Itzcoatl à la place des fils de Huitzilihuitl était un événement éminemment attendu, et c'est Tenochtitlan – et non Azcapotzalco – qui était destiné à diriger le monde connu. Les conteurs montraient les images symboliques de temples en feu représentant les conquêtes faites par les Mexicas. Puis ils prenaient la parole, et, tout en évoquant les différentes composantes de l'altepetl, ils les rassemblaient en un même ensemble pour raconter une unique histoire et tordaient les brins en un seul fil, pour utiliser leur métaphore du filage. Leurs voix animées portaient dans la nuit.

C'était un long chemin que les Mexicas avaient parcouru, rappelaient les orateurs à leurs auditeurs, depuis les derniers jours tragiques de Fleur de Bouclier. Ils avaient été chassés de toutes parts – presque au sens propre –, après la guerre contre Culhuacan ; mais sous Huitzilihuitl, Chimalpopoca, Itzcoatl et Moctezuma, ils avaient élaboré des stratégies, s'étaient battus et étaient parvenus à se hisser à de telles hauteurs que les peuples environnants qui les maltraitaient naguère les craignaient à présent, et que la faim ne les taraudait plus que par intermittence. Parfois, ils avaient, il est vrai, l'impression de se maintenir à grand-peine, comme si une menace pouvait surgir à chaque tournant.

Parfois, mais pas toujours. La plupart du temps, ils étaient fiers de leur sort, comme en témoignent leurs histoires. Ils n'avaient reçu l'aide de personne. Ils ne devaient leur réussite qu'à leur pragmatisme et leur esprit stratège, dont ils ne comptaient pas se départir. De nouveaux périples les attendaient, et autant de nouveaux éléments à ajouter à leur récit collectif. Tous les peuples nahuas étaient fiers de leur altepetl, de la montagne d'eau, de leur communauté, qui survit à chacun de ses individus. Comme Fleur de Bouclier, cependant, les Mexicas ornaient leur fierté d'un surcroît de panache. S'ils perpétuaient la mémoire du passé, c'est vers l'avenir qu'ils étaient tournés.

Chapitre 3

La ville sur le lac
1470-1518

Un musicien joue de son tambour. Bibliothèque bodléienne, université d'Oxford, Codex Mendoza, MS. Arch. Selden, A., folio 70r.

À l'extérieur, le soleil éclatant brûlait les pierres du patio ; à l'intérieur des épais murs de pisé, ce n'était qu'ombre et fraîcheur. Un après-midi de 1479, Quecholcohuatl (ke-tchol-co-ouate), un jeune noble de Chalco, s'arrêta sur le seuil du palais du tlatoani mexica et y resta le temps que ses yeux s'adaptent. « Il réfléchissait au jugement qui sortirait de la bouche du roi », expliqua des années plus tard un homme de son altepetl[1]. Jamais Quecholcohuatl n'avait ressenti une telle peur au plus profond de ses entrailles, car il se doutait bien, d'après les regards que s'échangeaient ses compatriotes, qu'il avait été convoqué au palais pour être livré à un châtiment funeste. Ils pensaient qu'il serait escorté jusqu'à l'une des redoutables cages de bois qui faisaient la renommée de la capitale ; de là, il serait emmené pour être brûlé jusqu'à ce que mort s'ensuive. « Serons-nous tous livrés aux flammes et à la mort ? » se demandaient ses amis. Quecholcohuatl, tétanisé, demeurait immobile, malgré les injonctions des serviteurs à les suivre. Et pourtant accomplit son destin. Son nom, qui signifiait « Serpent rutilant », s'accordait aux vêtements magnifiquement colorés et brodés qu'il portait lorsqu'il donnait une représentation musicale devant le roi, comme il venait d'oser le faire[2]. Les pampilles se balançaient lorsqu'il marchait. Ici, à Tenochtitlan, il représentait le grand altepetl de Chalco. Il voulait que ces Mexicas voient non pas sa peur, mais seulement sa fierté. Il domina ses nerfs et posa un pied devant l'autre.

*

À plus de cinq cents ans de distance, il est impossible de savoir exactement ce qui se passa ce jour-là au palais d'Axayacatl (ah-cha-yahk-ate). Le récit qui nous est parvenu fut rédigé plus de cent ans après les faits, par quelqu'un qui ne put certainement pas y assister. Néanmoins, il y a beaucoup à en tirer. L'auteur était Chimalpahin, l'historien nahua qui vivait à Mexico au début des années 1600. Il était de Chalco, et sa grand-mère bien-aimée avait connu Quecholcohuatl dans son enfance – il était alors un vieil homme qui avait pris le nom chrétien de don Jerónimo[3]. L'historien chalcan tenait donc ses informations de parents âgés qui avaient connu des personnes d'avant la conquête. L'histoire qu'il a consignée coïncide parfaitement avec de nombreuses autres sources, notamment concernant la question des relations politiques entre Tenochtitlan et Chalco, des modèles architecturaux de Tenochtitlan et même des pratiques culturelles de la ville. Par exemple, à peu près au moment où Chimalpahin discutait de cette histoire avec sa grand-mère, des hommes mexicas expliquaient au frère espagnol Bernardino de Sahagún la terreur qui emplissait tout un chacun à l'idée de présenter des pièces musicales devant le souverain, car un interprète incompétent risquait d'être châtié[4]. Il n'y a donc aucune raison de douter du récit que fait Chimalpahin, du moins dans ses grandes lignes ; il se révèle même très instructif à condition de l'analyser à l'aune d'autres sources existantes, car l'auteur décrit de façon vivante la vie à la cour impériale de Tenochtitlan.

En 1479, près de cinq ans s'étaient écoulés depuis que Chalco avait été détruit par les Mexicas, et ses maisons royales démantelées. Si entretemps une nouvelle génération apparut, qui n'avait pas souvenir des horreurs de la guerre, le peuple chalcan n'avait pas pour autant oublié ses anciennes lignées royales et l'autonomie dont il jouissait auparavant, tant s'en faut. La génération de Quecholcohuatl se rebiffa : ils s'organisèrent pour réclamer à Tenochtitlan une place à la table du conseil et un traitement d'égal à égal, comme pour les autres grandes puissances de la vallée centrale[5].

« Serpent rutilant », ainsi que ses collègues chanteurs et joueurs de tambour, étaient venus se produire devant le grand roi Axayacatl dans son palais. Ils n'étaient là que pour le divertir, du moins est-ce ce qu'ils disaient. En réalité, ils avaient soigneusement choisi leur chanson, qui n'était pas sans lien avec l'actualité politique. Celle-ci s'appelait « La chanson de la femme de Chalco », et ses paroles recelaient une forme de protestation[6]. Il y avait, entre une femme captive et un altepetl conquis, un parallèle évident. En temps ordinaire, les femmes étaient considérées comme complémentaires de leurs maris et en aucun cas inférieures. Mais en temps de guerre, le sexe féminin souffrait beaucoup. Une femme captive se lamentait sur son sort, non pas nécessairement parce qu'elle était soumise à des violences quotidiennes, mais parce qu'en perdant son honneur elle avait aussi perdu son estime d'elle-même ; elle devait se résigner à l'idée qu'elle ne léguerait pas son statut à ses enfants. Elle était devenue une non-entité au sens social du terme, un objet sexuel impuissant, porteur d'enfants relativement peu importants ; elle avait perdu, en somme, son avenir. Le chanteur exprimait, d'une strophe à l'autre, les différentes réactions de la captive. Parfois, comme le ferait toute jeune fille dans une telle situation, elle usait des armes de la séduction, cherchant désespérément à reprendre le contrôle de sa propre vie. « Et si je lui donnais du plaisir ? » se demandait-elle. Elle s'écriait : « Va chauffer la marmite et allume un grand feu ! » Et, au cas où il était besoin de clarifier, elle faisait des allusions directes au sexe et même au pénis du roi :

Vas-tu froisser les peintures qui ornent mon corps ?
Tu t'allongeras en regardant ce qui devient une verte fleur rutilante…
C'est une fleur qui se dresse, comme un quetzal, une fleur noire comme un corbeau.
Tu t'allonges sur ton lit recouvert de fleurs.
Il s'étend à l'intérieur.
Tu t'allonges sur ton lit de roseau doré.
Il s'allonge dans la caverne à la douceur de plumes[7].

Puis soudain, dans les vers suivants de la chanson, la jeune femme exprime sa douleur. Elle se souvient de ce qu'a été sa vie, de combien sa famille rêvait qu'elle porte dans son ventre l'avenir de son peuple. « En tant que fille noble, on ne parlait de moi qu'à travers mon futur mariage. » Voyant tous ses espoirs réduits à néant, elle était dévastée. « J'ai le cœur brisé, déchiré, ici sur terre. Je m'inquiète et prends peur. Je me consume de rage. Dans mon désespoir, je me dis soudain : "Hé, enfant, j'aimerais plutôt mourir." » *Manoce nimiqui*, « je mourrai bientôt ». C'était une déclaration forte[8]. Dans la performance de cet après-midi-là, c'est un autre noble de Chalco qui devait à l'origine être le musicien principal, mais il avait défailli à cause de la chaleur, ou par crainte d'une éventuelle punition – ou les deux. Quecholcohuatl savait que son destin et celui de son altepetl étaient en jeu : s'ils voulaient convaincre Axayacatl de prendre en compte les revendications des hommes de Chalco, il fallait que le spectacle soit superbe. Il contourna le corps inerte de son compatriote inconscient et prit lui-même les commandes. Avec une incroyable débauche d'énergie, il fit vibrer le tambour à bords dorés, qui se mit à parler[9], tout en chantant avec émotion. La chanson se terminait sur une proposition de la concubine : elle vivrait sans rancune avec le roi, son nouveau maître, sous réserve qu'elle soit traitée avec respect. « Ne laisse pas ton cœur s'effondrer inutilement… Voici ta main. Viens, prends-moi la main. Sois content. Sur ta natte de roseau, sur ton trône, dors paisiblement. Détends-toi, roi Axayacatl. »

Au milieu du chant, Axayacatl prêta soudain une oreille plus attentive. « Il sortit de ses appartements intérieurs où il était avec ses femmes et vint danser. Une fois arrivé sur la piste de danse, Axayacatl leva un pied, tout content d'entendre la musique, et se mit à danser en décrivant des cercles. » Il portait une coiffe en or garnie de plumes symboliques : chaque élément représentait non seulement son rang, mais aussi la relation qu'entretenait sa ville avec les autres. Le diadème, de conception minutieuse, suscitait à la fois émerveillement et effroi. Que le tlatoani se joigne à la danse était considéré comme un grand honneur, une occasion exceptionnelle. Les signes étaient donc favorables ; les Chalcans étaient pleins d'espoir. Mais, à la fin de la chanson, le roi rentra dans ses appartements et envoya un messager pour convoquer l'interprète principal. Les Chalcans ne savaient pas quoi penser, mais craignaient le pire[10].

Lorsque Quecholcohuatl se présenta devant Axayacatl, il le trouva entouré de ses femmes, toutes vêtues de jolies jupes et chemisiers brodés, ainsi que de fourrure de lapin teinte, de plumes de perruche jaunes ou d'autres attraits colorés[11]. Il s'agenouilla et fit le geste de ramasser de la terre et de la porter à ses lèvres : tel était le signe traditionnel d'obéissance nahua[12]. Il dit quelque chose comme : « Ô, seigneur roi, puisses-tu me brûler, moi qui suis ton vassal, car nous avons fauté en ta présence. » L'autodénigrement avait valeur de salutation polie, et Quecholcohuatl pensait que cela pourrait être ici de quelque utilité[13]. Prudence excessive de sa part, en réalité. « Axyacatl ne voulait pas entendre ces mots. » Le tlatoani aimait la chanson, et il aimait le chanteur. Il fit aussitôt venir Quecholcohuatl dans son lit et lui fit promettre de ne chanter que pour lui. Chimalpahin prétendit même qu'il dit joyeusement à ses femmes : « Femmes, levez-vous et rencontrez-le, asseyez-le parmi vous. Vous avez là votre rival[14]. »

La nature des relations homosexuelles chez les Aztèques a longtemps été un problème épineux, car les chercheurs se sont largement appuyés sur des sources produites sous les auspices des missionnaires, et donc extrêmement biaisées[15]. Les personnes qu'ils interrogeaient étaient bien conscientes qu'elles n'étaient pas censées approuver cette pratique et faisaient des commentaires négatifs, mais il est difficile de savoir ce qu'elles en pensaient réellement. Par la suite, des écrivains indigènes du XVIIe siècle décrivirent les châtiments brutaux que l'Église infligea aux hommes homosexuels ; loin d'apprécier ces scènes, ils semblaient même exprimer une légère désapprobation. « L'un [des hommes] s'appelait Diego Enamorado [Diego amoureux]… et les [autorités] n'ont pas précisé les raisons pour lesquelles on les pendait[16]. » Il est clair, d'après les quelques sources disponibles, qu'avant la conquête il n'existait pas de catégorie de personnes exclusivement homosexuelles, au sens où on l'entend aujourd'hui. Cependant, des sources en langue nahuatl produites en dehors du cadre espagnol suggèrent que bon nombre d'hommes choisissaient d'avoir des relations sexuelles avec d'autres hommes, par exemple lors de cérémonies religieuses[17]. En la matière, une même personne suivait au cours de sa vie tout un spectre des possibles, n'obéissant qu'à ses seuls désirs. Ainsi le roi Axayacatl, guerrier célèbre et père de nombreux enfants, pouvait être attiré aussi bien que par des femmes que par des hommes. « Le roi aimait vraiment Serpent rutilant parce qu'il le faisait danser », commenta plus tard Chimalpahin, l'historien chalcan. Il ne porta aucun jugement et exprima même un brin de fierté, car la chanson de Serpent rutilant devint un succès multigénérationnel ; maintes fois reprise au cours des décennies suivantes, elle fit la gloire de sa ville natale. « Grâce à elle, Amaquemecan (ah-mah-kay-may-cane) devint [jadis] célèbre, un altepetl qui semble aujourd'hui petit et sans importance », déclara-t-il.

À l'époque, la relation du chanteur avec le tlatoani fut assurément une source de grande fierté. Pour rassurer les Chalcans qui attendaient dans le patio, Axayacatl leur renvoya Quecholcohuatl avec des cadeaux symboliques : une tenue complète – manteau, pagne et sandales – dont toutes les pièces, brodées de jade, avaient appartenu au roi. Les compagnons de Serpent rutilant savaient ce que ces cadeaux signifiaient dans le langage de la diplomatie, que tout le monde connaissait. Dans les *Annales de Cuauhtitlan*, par exemple, pour dire que le souverain azcpotzalcan, Maxtla, cherchait à offenser Nezahualcoyotl et avait l'intention de le briser, le narrateur se contente de déclarer laconiquement : « Il lui donna seulement un *tilma* [manteau][18]. » Lorsque les Chalcans virent l'opulence des biens offerts par Axayacatl, ils éclatèrent d'un grand cri de joie ; et ceux qui avaient été les plus optimistes se mirent à taquiner les autres, qui n'avaient prédit que malheur et tristesse. Leurs rires fusèrent[19].

Ce soir-là, les musiciens en visite firent la fête dans ce qui était pour les Aztèques la plus grande ville du monde. Ils étaient logés en plein milieu de l'île, dans une maison réservée aux artistes[20]. Tenochtitlan était subdivisé en quatre entités (Moyotlan, Atzacualco, Cuepopan et Zoquiapan), dont chacune occupait environ un quart de la ville.

Comme pour la plupart des altepetls ayant fusionné, on faisait construire les bâtiments les plus luxueux dans la zone des « quatre coins », où les quartiers se rejoignaient, créant ainsi une véritable zone urbaine au centre d'un monde partiellement agricole. Aux abords de l'île marécageuse, ils continuaient de cultiver les chinampas (les jardins flottants), tout en réservant certaines zones à l'éclosion des œufs d'oiseaux et autres délices. Au centre de l'île, où logeaient les visiteurs, s'élevait l'enceinte du temple, avec l'immense et étincelante pyramide dédiée à leur dieu Huitzilopochtli, et à côté l'édifice dédié à Tlaloc, le dieu de la pluie. Juste derrière se trouvait le palais d'Axayacatl. Il avait l'eau courante, alimentée par un aqueduc d'argile qui prenait naissance sur une colline de la rive ouest du lac et traversait ensuite une chaussée menant à l'île – symbole de l'extraordinaire réseau hydraulique alors mis en place, comprenant des digues, des écluses, des chaussées et des aqueducs[21].

Chacun des monarques les plus puissants avait laissé après sa mort des vestiges architecturaux impressionnants, vitrines éternelles de leur grandeur (du moins l'espéraient-ils) ; et l'État leur trouva de nombreuses utilisations pratiques, comme ce fut le cas, par exemple, du palais du roi Moctezuma (l'Ancien), situé de l'autre côté de l'enceinte du temple. Ainsi se trouvaient dans cette zone centrale, placés sous une étroite surveillance, les prisonniers de guerre qui devaient être sacrifiés dans un avenir proche ; certains étaient somptueusement logés, d'autres beaucoup moins, selon leur futur rôle cérémoniel[22]. Il y a peu, les Chalcans auraient été au nombre des prisonniers, mais ce temps était révolu. Juste à côté, le roi mexica possédait un zoo, dont les animaux avaient été payés en tribut par des États sujets très éloignés. Certains d'entre eux étaient, eux aussi, livrés à la pierre des sacrifices les jours de fête, mais la plupart restaient là, exposés aux regards – symboles de la puissance des Mexicas. Les visiteurs pouvaient y voir des reptiles fascinants, ainsi que des jaguars, des loups et des lions des montagnes, entre autres créatures[23]. Ici, les grondements ne suscitaient aucune peur. Ce n'était pas comme dans les forêts, quand retentissait soudain le cri d'un animal carnivore : les plus superstitieux l'interprétaient comme un mauvais présage, à savoir qu'ils seraient bientôt faits prisonniers et réduits en esclavage ou tués, ou encore que leurs enfants seraient capturés[24]. En cette nuit que Quecholcohuatl passa dans la ville, il n'avait cependant rien à craindre, mais plutôt beaucoup à espérer. Ses pairs et lui n'avaient qu'une idée en tête : faire en sorte que leur chère ville de Chalco recouvre son indépendance.

Leurs hôtes leur offrirent à manger, et ils festoyèrent. Les *tamales* (plats servis enveloppés de feuilles d'épi de maïs) arboraient des motifs décoratifs, tels qu'un coquillage bordé de haricots rouges. Les invités pouvaient choisir entre de la dinde, du chevreuil, du lapin, du homard ou des grenouilles, cuits avec différentes sortes de piments. Tout autour, il y avait des fourmis ailées rôties avec des herbes savoureuses, des sauces tomate épicées, des courges et oignons frits, des œufs de poisson et du maïs grillé. S'ajoutaient à cela des fruits, des tortillas au miel et des petits gâteaux faits de graines d'amarante. D'après le décompte que fit un jour un serviteur, le repas du roi mexica pouvait compter jusqu'à deux mille plats différents, donnés ensuite aux conseillers, serviteurs et bouffons. À la fin, il y avait toujours du chocolat – des fèves de cacao écrasées infusées dans de l'eau chaude et parfumées de miel et de diverses sortes de fleurs séchées, telles que la vanille ou la rose. Comble du luxe : la boisson était servie dans des gourdes sculptées ou peintes, souvent en provenance de pays lointains[25].

Pourtant, ce n'est probablement ni du zoo ni de la nourriture que les visiteurs devaient se souvenir par la suite. Ceux qui avaient vu la ville restaient longuement sous l'effet de sa beauté, qu'elle devait à ses jardins ; ceux-ci débordaient des terrasses des petites gens comme de celles du tlatoani. Là, les plus belles fleurs du Mexique – dont les noms ne sont jamais parfaitement traduits dans les langues européennes – déployaient leurs pétales sur des arbres dont les formes fascinantes tenaient de l'enchantement. Dans de grandes cages en bois finement ouvragées, les oiseaux les plus brillants de la jungle de l'Est et du Sud voletaient et chantaient : quetzals et perroquets, flamants et fuligules morillons, perruches et faisans – tant d'espèces qu'on ne saurait toutes les énumérer. Dans les brefs instants où ils sortaient des feuillages, les couleurs de leurs ailes scintillaient à la lumière du soir, tels des tours de magie, ainsi que le racontèrent les hommes de Chalco à leur retour. Au fur et à mesure que tombait l'obscurité, les étoiles apparaissaient. Les prêtres les observaient et les cartographiaient, tandis que le peuple se contentait de les admirer. Elles ressemblaient, disaient parfois les Mexicas pour plaisanter, à du maïs soufflé éparpillé dans le ciel nocturne[26].

*

D'où cette ville venait-elle ? Tenochtitlan, dans les années 1470 et 1480, n'avait plus rien de commun avec la ville marécageuse et quelque peu délabrée où vivait Itzcoatl lorsqu'il tenta pour la première fois de prendre le pouvoir. Sous son règne et celui de Moctezuma l'Ancien, les Mexicas avaient multiplié les victoires ; leur richesse et leur puissance s'étaient considérablement accrues. La vallée centrale du Mexique comptait désormais environ 1,5 million de personnes, pour la plupart des agriculteurs. Au centre même du bassin fertile, sur cette petite île de 14 à 15 kilomètres carrés, vivaient jusqu'à 50 000 personnes[27]. En comptant les habitants des autres altepetls qui se regroupaient sur la rive éloignée du lac, en face de l'île, donc la zone urbaine élargie, ce chiffre pouvait monter à 100 000. La croissance démographique de Tenochtitlan avait dépassé celle des autres régions, ce qui s'explique par le prestige de la ville, qui favorisait l'immigration, mais aussi par les victoires guerrières : en effet, celles-ci avaient eu pour conséquence l'afflux de captives dans la ville, et, comme tout démographe le sait, plus il y a d'utérus plus il y a de bébés. Il est clair que les chinampas, relativement peu nombreux à la périphérie de la ville, ne suffisaient pas à subvenir aux besoins d'une population aussi importante. Pour compenser cela, les citadins importaient une grande partie de leur nourriture de l'arrière-pays rural. Les Mexicas, forts de leurs succès militaires, en exigeaient toujours davantage en tribut. Par ailleurs, la croissance de leur population rendait la ville économiquement attrayante pour les habitants du bassin, qui venaient y vendre de la nourriture en échange de produits artisanaux, dont les citadins s'étaient faits experts. Dans ce contexte, l'emplacement de la ville, sur une île au centre d'un grand lac, permit à son marché de devenir une grande plaque tournante commerciale, reliant tous les peuples qui vivaient près des rives du lac.

Comme la ville s'était développée rapidement à partir de rien, plutôt que d'évoluer progressivement comme l'ancien Paris ou Londres, sa construction fut planifiée et organisée. Les bâtiments s'échelonnaient le long de rues droites et ordonnées. Les habitations ordinaires, en pisé, possédaient une cour centrale. Les toits en terrasse accueillaient des jardins et parfois de petites pièces supplémentaires, souvent utilisées pour entreposer diverses choses. En général, chaque femme avait son propre foyer – qu'elle soit coépouse, belle-mère ou belle-fille – et disposait de sa propre réserve de *cihuatlatqui*, contenu dans des paniers et des boîtes bien rangés – fuseaux et métiers à tisser, meules et pots, balais et poubelles, ainsi que vêtements et bijoux pour adultes et enfants. Dans un endroit bien en vue de la maison, les hommes gardaient leur matériel accroché au mur – ils rassemblaient soigneusement des armes faites à la main, des coiffures de bataille et des souvenirs de guerre. Il n'y avait pas de meubles ; les gens s'asseyaient et dormaient sur des nattes et des oreillers épais et confortables[28].

Au-dessus de ces structures domestiques simples se dressaient de grands temples de quartier en forme pyramidale, à côté desquels, à chaque fois, étaient érigés des ensembles résidentiels réservés à la noblesse et richement décorés. Plus hauts encore : les grands temples jumeaux de la place centrale, bordés par le tecpan (ou palais royal), où les visiteurs chalcans s'étaient rendus. Cela faisait maintenant de nombreuses années qu'Itzcoatl avait initié le processus de transformation du sanctuaire, simple édifice autrefois situé au centre de l'île, et qui était désormais une structure ornée sur une large plate-forme de pierre. Entre-temps, les architectes – rémunérés par le tlatoani – entreprirent des travaux, rehaussant à chaque fois la splendeur des deux temples. Un premier aqueduc, construit pour apporter de l'eau douce à l'île, s'était effondré dans une inondation en 1449, juste avant que la grande famine ne commençât. Sous Axayacatl, un nouveau avait vu le jour, beaucoup plus haut ; et avec deux déversoirs, de sorte que, si l'un d'eux devait être nettoyé ou réparé, l'alimentation en eau ne subissait pas d'interruption[29].

Si les Mexicas avaient pu mener à bien de telles réalisations, c'était notamment parce que la transmission du pouvoir royal se fit sans heurts. Le fils d'Itzcoatl, Tezozomoc, avait tenu sa parole et renoncé volontairement à la perspective de gouverner, comme convenu longtemps auparavant (en acceptant à la place des terres et des tributaires à Ecatepec, près d'Azcapotzalco). Moctezuma, de la lignée de Plume de Colibri, avait succédé à Itzcoatl ; après la mort de Moctezuma, le souverain fut choisi parmi les fils de Tezozomoc, comme il avait été également convenu. Les aînés étaient nés d'unions antérieures à l'ascension d'Itzcoatl et de sa famille ; mais le plus jeune, Axayacatl, ou « Coléoptère Aquatique », il l'eut avec une des filles de Moctezuma, Atotoztli. Peut-être la jeune femme était-elle en fait la petite-fille de Moctezuma (fille d'une fille de Moctezuma qui avait épousé Tlacaelel) ; les conteurs ne sont pas tous d'accord sur ce point. Dans un cas comme dans l'autre, elle était étroitement liée à Moctezuma, qui avait en ses fils des parents en droite ligne et des hommes qu'il voulait voir occuper un jour la natte de roseaux. C'est donc Axayacatl que Moctezuma souhaitait avoir comme successeur.

Avant de mourir, Moctezuma fit tout pour s'assurer que le clan royal se rangerait derrière le jeune homme. Il soudoya, menaça et mit en avant autant que possible Axayacatl. La méthode fonctionna. Après sa mort, lors du conseil coutumier des membres de la famille royale, deux des demi-frères aînés d'Axayacatl, Tizoc (ti-zoc) et Ahuitzotl (a-ouits-ote), exprimèrent leur mécontentement ; ils insultèrent le jeune prince en termes grossiers : « Est-il vraiment un guerrier viril ? Capture-t-il vraiment des prisonniers ? Ne sont-ce pas plutôt... des esclaves qu'il achète et amène ici, de manière à apparaître comme un guerrier viril[30] ? » Cependant, après avoir instamment demandé qu'on les prenne en considération s'il devait y avoir une autre passation de pouvoir au cours de leur vie, les deux frères aînés abandonnèrent toute prétention lorsqu'ils eurent reçu de hauts titres militaires et des sources de revenus lucratives. Axayacatl devint roi en 1469, immédiatement après la mort de Moctezuma. Cela semblait de bon augure pour la consolidation du pouvoir mexica[31].

Malheureusement pour le très athlétique Axayacatl – qui se déplaçait effectivement avec une grande rapidité d'un endroit à l'autre de la surface du lac dans une pirogue de guerre, comme un coléoptère aquatique – une question précise liée à la succession n'avait jamais été résolue, et elle explosa en crise. Bien des années auparavant, peu après que les Mexicas se furent fixés dans leur île et eurent commencé à en faire leur demeure pérenne, une scission se produit ; et un groupe dissident établit un village indépendant sur la rive nord de l'île, où ils furent bientôt connus pour accueillir le plus grand marché de l'île, faisant du commerce avec les villages situés aux abords du lac. Leur altepetl s'appelait Tlatelolco (tla-tel-ol-co), et il avait son propre tlatoani[32]. Malgré tout, les gens de Tlatelolco n'en restaient pas moins Mexicas, ils avaient une histoire et une fierté mexicas, et ils continuèrent à faire face au monde extérieur aux côtés des habitants de Tenochtitlan. Lorsque Maxtla d'Azcapotzalco assassina Chimalpopoca en 1426, il envoya certains de ses parents pour tuer également le roi de Tlatelolco. C'est donc sans hésitation que les gens de Tlatelolco unirent leurs destinées avec celles d'Itzcoatl lorsqu'il fit campagne contre Azcapotzalco. Pendant le demi-siècle suivant, Tlatelolco aida Tenochtitlan à remporter des victoires et recueillit sa part des gains. Les habitants de Cuauhtinchan (à l'est) et de Toluca (à l'ouest), par exemple, devaient se souvenir plus tard de l'autoritarisme de Tlatelolco, auquel ils devaient payer un tribut[33].

En 1470, cependant, les habitants de Tlatelolco nourrissaient un fort ressentiment. Ils pensaient que l'ascension fulgurante de Tenochtitlan était due au soutien militaire que leur avaient apporté leurs parents et alliés de la côte nord de leur île ; et ils estimaient donc qu'ils avaient droit à une plus grande part des richesses et du pouvoir. De plus, c'étaient eux qui géraient le grand marché fréquenté par tous les habitants de la vallée. Sans doute étaient-ils irrités de voir qu'Axayacatl était devenu roi plutôt qu'un de ses demi-frères aînés, dont certains avaient une mère de Tlatelolco. Si l'un de ceux-ci était devenu roi, Tlatelolco en aurait tiré profit. Ses habitants ne voulaient plus de cette alliance inconditionnelle, à moins que ne soient introduits des changements significatifs. Leur tlatoani, Moquihuixtli (mo-qui-ouich-tli), réagit de la manière dont les rois nahuas avaient l'habitude de réagir dans de telles situations : il réorganisa ses relations conjugales et donc sa succession. Il commença son discours en affirmant que sa femme tenochca ne serait plus son épouse principale et que les enfants de celle-ci n'hériteraient pas de son pouvoir. En effet, disait-il, elle n'aurait pas d'enfants, car il ne coucherait pas avec elle. Son corps maigre et fragile n'avait rien d'attirant, ajouta-t-il sarcastiquement, et il lui préférait ses autres femmes. On ne sait pas très bien si Moquihuixtli croyait vraiment qu'il obtiendrait de Tenochtitlan de meilleures conditions, ou s'il voulait en fait provoquer une guerre et essayer de renverser Axayacatl ; cette dernière hypothèse semble plausible, car il était connu pour ses déclarations belliqueuses qui frisaient l'irrationnel[34].

La jeune femme tenochca qu'il avait décriée, Chalchiuhnenetzin (tchal-tchiou-né-né-tsine, « Poupée de Jade »), était la sœur d'Axayacatl par ses deux parents. Lorsque le jeune tlatoani prit connaissance des propos de Moquihuixtli, il envoya publiquement à sa sœur d'opulents cadeaux en signe de soutien politique. Moquihuixtli les lui confisqua, de même que les vêtements raffinés qu'elle portait à son mariage. Il la força à emprunter des jupes et des chemisiers grossiers aux travailleuses de la maisonnée. Enfin, selon les commérages et les conteurs, il alla même jusqu'à la battre et l'obligea à rester debout entièrement nue avec les autres femmes pendant qu'il les inspectait sous toutes les coutures. Chalchiuhnenetzin dormait maintenant parmi les meules qui servaient à faire la farine de maïs. Mais, en un sens, sa relégation l'a aidée : un jour, vêtue de ses habits de servante, elle put s'éclipser incognito et retourner au palais de son frère. Elle raconta tout à Axayacatl : « Il a donné à ses alliés des boucliers et des massues de guerre en obsidienne. J'ai entendu ce qu'il disait. Il y a des conciliabules nocturnes… Il dit qu'il va nous détruire, nous autres Mexicas de Tenochtitlan, et que l'unique souverain sera à Tlatelolco[35]. »

En 1473, la guerre débuta. Moquihuixtli s'était préparé en concluant de nombreuses alliances, principalement avec ses aletepetls tributaires, avec les lignées royales desquels il avait des liens de parenté. De nombreux autres rejetèrent ses propositions, ou du moins est-ce ce qu'ils dirent à Tenochtitlan. Axayacatl ne voulait pas donner l'impression de se consacrer plus que de raison à une honteuse querelle intestine. Aussi, dans un premier temps, Tlatelolco malmenena ses voisins. Un jour, les dirigeants lancèrent un premier assaut dans le centre de l'île avec des dizaines de pirogues. Ils furent repoussés, mais nullement détruits. L'issue de la bataille ne fut pas concluante. Chaque groupe, battant en retraite, se replia dans sa propre partie de l'île. Les gens devaient se souvenir longtemps du sinistre silence qui s'abattit alors.

Mais une telle situation ne pouvait durer : Tenochtitlan était trop puissant. Lorsque les hommes de Tlatelolco furent fin prêts – on ne sait pas si ce furent des jours ou des mois plus tard –, ils partirent en grand nombre, avec leurs alliés. Certains racontèrent qu'ils étaient maintenant pris d'une telle rage que les femmes se dévêtaient en signe d'insulte et que celles qui le pouvaient faisaient gicler du lait contre l'ennemi. Ce n'est pas impossible : l'auteur des *Annales de Tlatelolco* affirmait presque fièrement que leurs femmes avaient elles aussi combattu à la fin de la guerre contre les Espagnols ; un tel engagement devait être jugé culturellement approprié dans les moments de crise[36]. Mais en admettant que les femmes de Tlatelolco aient effectivement combattu à cette occasion, elles n'ont en rien dissuadé les hommes de Tenochtitlan, dirigés par Axayacatl en personne. Les Tenochcas étaient bien plus nombreux. Ils délogèrent les derniers guerriers de Tlatelolco de la pointe nord de l'île et les pourchassèrent jusque dans le lac marécageux : battant les roseaux, ils les tuèrent partout où ils les trouvaient. On disait que les Tenochcas « les firent nasiller comme des canards » ; et si quelqu'un voulait se moquer d'une personne de Tlatelolco, il le taxait de « canard[37] ».

Fait peut-être plus important encore, les Tenochcas mirent un terme à la lignée royale de Tlatelolco et interdirent à quiconque de s'asseoir sur son tapis de roseaux. De deux choses l'une, soit Moquihuixtli fut jeté des hauteurs de la pyramide du temple, soit il se jeta lui-même. Les conteurs n'étaient pas d'accord sur ce point ; il est probable que seule une poignée d'hommes ait connu la vérité, ceux qui se frayèrent un chemin à la force de leurs armes pour arriver au sommet du temple. Quoi qu'il en soit, l'histoire de sa chute est restée gravée dans les mémoires. Elle inspira, entre autres, un dessin dans un livre d'histoire à destination des Espagnols curieux[38]. Dorénavant, dit Axayacatl, les gens de Tlatelolco paieront un tribut comme tout le monde, y compris un quota d'esclaves pour les sacrifices. Cette dernière exigence constituait une lourde charge, car elle engageait les perdants à mener des guerres auxquelles ils étaient mal préparés. En fin de compte, cependant, Axayacatl ne semble pas l'avoir fait appliquer. Un vieil homme qui était à la fois de sa famille et de celle de Moquihuixtli se prosterna devant le roi et demanda grâce pour les siens[39].

Des années 1470 à 1480, le pouvoir des Mexicas s'accrut considérablement. Axayacatl intervint régulièrement dans la gestion d'autres cités-États. En 1472, par exemple, la mort du vieux Nezahualcoyotl de Texcoco, qui s'était associé à Itzcoatl dans les années 1420 pour faire tomber Maxtla et les Tépanèques, marqua la fin d'une époque. Il laissait derrière lui, selon un décompte, cinquante-sept filles et soixante fils, dont un nombre important voulait le pouvoir. Axayacatl souhaitait naturellement que soit désigné comme héritier un fils que le souverain avait eu avec une de ses proches parentes. Son choix se porta sur Nezahualpilli, dont le nom signifiait « Prince affamé » – en référence à son père, « Coyote affamé ». Le problème, c'est qu'il n'avait que neuf ans – sept, selon certains – et qu'il l'emporterait difficilement sur ses neuf frères, tous plus âgés, et dont plusieurs avaient eux aussi une mère noble. Plus tard, les Espagnols affirmeraient avec certitude que le petit enfant avait hérité parce qu'il était le seul héritier légitime. Un religieux imagina des scènes tragiques dans lesquelles un Nezahualcoyotl vieillissant avait abandonné l'espoir de voir sa femme lui donner un héritier. Or, à l'époque, l'idée qu'une unique femme puisse donner naissance à un héritier n'avait aucun sens dans le monde polygyne nahua ; si l'on avait dit à quelqu'un qu'il n'y avait pas d'autres choix possibles alors que 117 frères et sœurs étaient en vie, il aurait beaucoup ri. Le problème n'était pas que Nezahualcoyotl n'avait pas d'héritiers, mais qu'il en avait trop[40].

Axayacatl donna son soutien à Nezahualpilli. Il fit éliminer certains des fils aînés avant même la mort de leur père. L'un d'entre eux, appelé Tetzauhpiltzintli (té-tsau-pil-tsine-ti, littéralement « Prince terrifiant ») par les conteurs, fut accusé d'avoir stocké des armes et d'avoir désobéi à son père ; il fut mis à mort. Et ce, malgré les pleurs que, dit-on, versa son père Nezahualcoyotl. Que cela soit vrai ou non, après la mort du vieux roi, Axayacatl envoya en toute hâte des guerriers et des pots-de-vin à Texcoco. La plupart des demi-frères acceptèrent d'être achetés, mais quelques-uns, nés à une époque où Nezahualcoyotl était un fugitif dans la région de Tlaxcala, voulaient en découdre. Ils ne firent qu'effrayer les autres frères – élevés à Texcoco –, qui se joignirent à la cause de leur petit frère, Nezahualpilli, afin de maintenir le pouvoir hors de portée de cette lignée rivale[41].

Naturellement, les candidats malheureux au trône conçurent du ressentiment à l'idée de devoir subir le joug des Mexicas, mais Axayacatl les paya généreusement en terres et en titres. Et en un sens, en envoyant sur place ses émissaires, il permit d'éviter à Texcoco une guerre civile et un bain de sang certain. Axayacatl promit implicitement de soutenir Texcoco dans ses relations avec les autres altepetls, aussi longtemps qu'il pourrait choisir son roi. Bref, la domination mexica n'était pas uniquement une tactique de terreur, du moins entre eux. En certaines occasions, Axayacatl était même assez sage pour s'effacer et laisser à la population locale un peu plus d'autonomie. C'est ce qui arriva à Chalco. En 1479, après cette séance mémorable où Quecholcohuatl avait interprété sa chanson aux forts accents politiques, des discussions furent entamées, et les lignées royales des quatre altepetls de Chalco furent rétablies. Elles faisaient désormais partie du cercle intérieur de l'État de Tenochtitlan. Dans la vallée centrale, Axayacatl cherchait à maintenir une stabilité parfaite.

Puis, en 1481, après seulement douze ans de règne, Axayacatl mourut. Comme il était jeune lorsqu'il s'empara du trône et qu'il était un vaillant guerrier, il mourut probablement au combat, mais les historiens mexicas ne le précisent pas ; ils mentionnent seulement les fois où il a été blessé, presque capturé, ou a fait lui-même de formidables captures[42]. Sa mort est apparemment survenue avant que son peuple ne soit tout à fait prêt pour une passation de pouvoir, car une lutte fraternelle s'ensuivit. Son demi-frère aîné, Tizoc, fut élu à la natte de roseaux par le clan royal. Mais sans doute échoua-t-il à réunir le soutien nécessaire pour conserver le pouvoir, car, quoiqu'il ait fait presque constamment la guerre, les histoires le décrivent comme un lâche. Il mourut après seulement cinq ans de règne – certains dirent quatre, d'autres six –, empoisonné par une faction ennemie, selon des rumeurs. Son frère Ahuitzotl lui succéda. Son règne connut des réussites indéniables, mais lorsqu'il mourut en 1502, on aurait pensé que le pouvoir allait revenir à l'autre branche de la famille – celle qui descendait de Huitzilihuitl, et non d'Itzcoatl. Sous Ahuitzotl, Tlacaelel, l'ancien Cihuacoatl (conseiller suprême), fut remplacé à sa mort par un de ses fils ; malgré cette grande perte, l'institution du conseil, qui avait gagné en importance, continuait de se réunir sans interruption. Au moment de choisir le nouveau tlatoani, le clan royal soutint massivement un fils d'Axayacatl, Moctezuma Xocoyotl, ou Moctezuma le Jeune[43].

En 1502, Moctezuma, encore dans la fleur de l'âge, était plein de charisme. La postérité le décrira comme un homme craintif et pusillanime, mais les premières sources nahuatl en offrent un portrait tout à fait différent. C'était un homme ferme, qui avait conçu un programme politique à son image. Il n'aurait certes pas utilisé cette terminologie, faute d'avoir étudié les manuels de sciences politiques du XXe siècle, mais son objectif n'était rien de moins que la création d'un véritable appareil d'État, avec une administration rationalisée. À cette époque, les remous qui avaient secoué la vallée centrale avaient cessé – les rébellions fomentées dans des altepetls tels que Chalco ou Tlatelolco avaient été matées. Les Mexicas étaient donc prêts à accroître leur autorité sur les quelques centaines d'altepetls situés en dehors du bassin intérieur, dont ils (et leurs partenaires de l'empire) tiraient déjà un tribut, mais qu'ils avaient jusqu'alors laissés tranquilles tant qu'ils ne se rebellaient pas.

Moctezuma commença par créer trente-huit provinces administratives (il y en eut ensuite cinquante-cinq), toutes organisées autour d'une bureaucratie. Il dépêcha dans chacune d'elles des représentants de son gouvernement. Dans une ville éloignée de la vallée de Toluca, ils créèrent des quartiers dont les noms nahuatl signifiaient « Place des Seigneurs du Temple », « Place des Marchands », « Place des Dirigeants » et « Place du Peuple mexica[44] ». Des garnisons militaires permanentes furent établies à des endroits clés pour protéger les Mexicas, à présent qu'ils étaient dispersés çà et là. La chaîne de commandement entre les plus hauts dignitaires du tlatoani à Tenochtitlan et les dignitaires moins élevés dans la hiérarchie qui vivaient sur place fut soigneusement définie, puis consignée dans des documents[45]. Des études archéologiques ont montré que les campagnes n'ont cessé de prospérer. Les dirigeants de ce qui fut naguère la « Triple Alliance » avaient encouragé le commerce interrégional : les marchés locaux vendaient des objets de la vie quotidienne, tels que des aiguilles en cuivre, des jarres de sel et des clochettes en bronze (pour les danses et les cérémonies). Il n'y avait aucune raison que la vie changeât beaucoup. Il arrivait, mais rarement, qu'un noble local récalcitrant soit pris d'assaut, et sa lignée détruite. Néanmoins, ce n'est pas ainsi que Moctezuma voyait les choses[46].

La tâche la plus importante des fonctionnaires mexicas locaux était de collecter dans le temps imparti tous les tributs. Ils continuaient également à travailler à la synchronisation des calendriers des divers altepetls, afin de déterminer la date à laquelle le tribut était dû, et ils organisaient des cérémonies publiques – immortalisées dans des peintures –, qui visaient à fixer précisément ce que chaque altepetl devait et quand il le devait[47]. Ils soutenaient les marchands nahuas qui, quand ils n'étaient pas soutenus par l'autorité royale mexica, étaient à la merci des locaux ; ainsi, ils pouvaient couvrir de très grandes distances[48]. Les fonctionnaires supervisaient également les négociations diplomatiques locales, qui portaient la plupart du temps sur des questions de mariage et d'héritage. En outre, ils intervenaient comme juges et rendaient justice, notamment dans les conflits relatifs à la propriété privée, que Moctezuma souhaitait voir normaliser ; car, dans chaque région, des terres agricoles servaient à subvenir aux besoins de Tenochtitlan. Il incombait au tlatoani de chaque altepetl, comme auparavant, de répartir celles-ci entre les siens ; mais, en cas de litige, y compris avec d'autres altepetls, c'était aux juges tenochcas de trancher. Ils intervenaient relativement souvent ; des années plus tard, longtemps après l'arrivée au pouvoir des Espagnols, certaines familles locales rageaient encore contre des décisions prises par Tenochtitlan, généralement toujours en vigueur, soutenues qu'elles étaient par le poids de la coutume[49].

La vision que Moctezuma et ses conseillers avaient du corps politique était le produit de générations de tradition nahua. Elle était sous-tendue par ce qu'un historien de renom a qualifié de « principe cellulaire[50] ». De même qu'un être humain n'existe pas indépendamment des autres ; de même une communauté prospère au contact de celles alentour. Les familles étaient regroupées en clans, définis par la parenté (généralement appelés *calpolli* mais portant parfois un autre nom) ; et ceux-ci étaient à leur tour regroupés pour former des altepetls, eux-mêmes rassemblés en altepetls plus grand. Il était entendu que l'harmonie de l'ensemble dépendait de la contribution de chaque partie : depuis des temps immémoriaux, les tâches désagréables (comme l'entretien des temples, ou le désherbage d'un lac pour former un port, ou la collecte d'un tribut pour le remettre à un conquérant) étaient réparties entre les différentes composantes d'une entité. De même, la tradition voulait que la chefferie revînt en alternance aux différentes lignées, afin d'éviter tout ressentiment chez les unes et les autres. En un sens, l'État de Tenochtitlan était devenu suffisamment puissant pour mettre en place à grande échelle certaines de ces traditions, à une petite différence près : ses membres, à l'exclusion de tout autre, seraient toujours à la tête du royaume. Une position à laquelle ils étaient parvenus au terme de longues années d'efforts.

Cette organisation sociale vit le jour à Tenochtitlan, qui devint un brillant exemple du monde que Moctezuma projetait de bâtir. Là, les quatre quartiers ou sous-altepetls de la ville étaient divisés en calpolli, en unités semblables à des paroisses ou à des circonscriptions, chacune composée de familles nobles (*pilli*) et des familles roturières (*macehualli*). Celles-ci soutenaient celles-là en leur rendant hommage; elles travaillaient dur dans les chinampas ou les ateliers d'artisanat, sous la direction des nobles. En général, il y avait peu de tension au sein des calpolli : certaines familles bénéficiaient d'un tel statut et depuis tant de générations que leur lignage était incontesté. Et, comme pour tous les aspects de la vie, il était entendu que chaque catégorie de personnes avait un rôle important à jouer. Souvent, les Mexicas se représentaient la société à l'image de l'un de leurs oiseaux bien-aimés; si les *pipiltin* étaient la tête, les *macehualtin* étaient «la queue, les ailes». Quel oiseau pourrait-il s'envoler sans queue ni ailes? Cette magnifiquc idéc était ancrée dans la culture mexica.

Certains signes indiquent toutefois que, les années suivantes, la paix sociale fut menacée plus souvent qu'elle ne l'avait été auparavant. Comme la noblesse ramenait en son logis un nombre croissant de femmes captives, elle eut davantage d'enfants. La proportion des pipiltin risquait de devenir bien trop importante par rapport à celle des macehualtin. Dès le règne de Moctezuma l'Ancien, il avait été décidé que les enfants du roi étaient trop nombreux pour pouvoir dépendre uniquement du tribut des macehualtin. On se souvenait qu'il avait dit : «Tous mes enfants ne régneront pas.» Et il en avait conclu qu'ils devraient subvenir à leurs besoins en tant qu'artisans d'élite, tels que lapidaires, sculpteurs et scribes[51]. Le problème ne fit que s'aggraver. Il en allait de même à Texcoco. Une vieille femme du XVIe siècle se rappelait la situation politique dans laquelle elle avait grandi à la fin des années 1400 : «Quand j'étais jeune, il y avait un nombre infini de nobles. Qu'elles étaient nombreuses les maisons des nobles, nombreux les palais de ceux qui étaient nobles et souverains! La ville était comme un grand palais. Il y avait tant de petits seigneurs et parents moins importants, qu'on ne pouvait dénombrer les roturiers et les esclaves à leur charge; ils étaient comme des fourmis[52].» Cette évolution fut à l'origine de nombreux problèmes logistiques. La noblesse élabora des théories complexes pour déterminer quels membres de la famille seraient considérés comme nobles – c'est-à-dire comme personne dépendant du tribut des roturiers –, et qui pourrait ou non être considéré comme possible héritier. On créa même une terminologie.

Nul ne pouvait hériter de son statut social que de façon patrilinéaire, décidèrent-ils, ce qui réduisit de moitié le nombre de prétendants[53].

À ce stade, l'organisation de chaque calpolli fut renforcée. Il y avait des fonctionnaires chargés de stocker les gains générés par les tributs, d'organiser les travaux publics (comme la réparation des temples) et de régler les litiges ; des fonctionnaires spéciaux chargés de traiter respectivement les griefs des roturiers et ceux de la noblesse, ainsi qu'une sorte de haute cour qui supervisait les deux : cette dernière était appelée *tlacxitlan*, ce qui signifie « la place au pied [de quelque chose] » – implicitement, dans ce cas, le pied du souverain. Il n'y avait aucune loi écrite, mais certains principes de la tradition juridique étaient connus de tous, et les juges prononçaient des sanctions en cas d'infraction. L'adultère, par exemple, était un crime, puni par la lapidation ou l'étranglement. Sa définition dépendait du sexe : ainsi, une femme mariée ne pouvait pas avoir de relations sexuelles en dehors du mariage, tandis qu'un homme marié en avait le droit ; mais s'il couchait avec une femme mariée, alors il était coupable. Une personne endettée pouvait vendre son enfant en esclavage, mais celui-ci bénéficiait alors de certaines protections et avait le droit d'acheter son affranchissement s'il le pouvait. En théorie, ces droits étaient partout en vigueur. Interrogés par la suite par des Espagnols, certains expliquèrent que les rois mexicas essayaient parfois d'aider les familles à racheter leurs proches qui servaient comme esclaves dans des endroits éloignés ; en réalité, il aurait été impossible de les retrouver. Pourtant, le concept de loi existait dans l'esprit de plusieurs milliers de personnes, même sans code écrit[54].

Les nombreux marchés – les petits dans chaque calpolli, ainsi que le grand qui s'était développé à l'extrémité nord de l'île, à Tlatelolco – étaient eux aussi soigneusement administrés par des fonctionnaires, qui rendaient compte de leur gestion à Moctezuma et à son conseil. Ces postes étaient parfois occupés par des femmes – celles-ci jouaient un rôle important dans la vie du marché, tant au niveau de l'achat que de la vente. Elles menaient fièrement leur personnel sans craindre les délinquants, qu'elles dénonçaient et punissaient. Quiconque volait des marchandises aux vendeurs, trompait les clients ou participait à une bagarre s'en mordait les doigts[55]. Un Espagnol, qui vit le marché de Tlatelolco quatre jours après l'arrivée des Européens, se le rappellerait avec fascination, tant celui-ci était grand et bien géré : « Nous avons été stupéfaits par le nombre de personnes et la quantité de marchandises, ainsi que par l'ordre et les bonnes dispositions qui y régnaient, car nous n'avions jamais vu cela auparavant. Les responsables qui nous accompagnaient nous firent bien remarquer tout cela. Chaque type de marchandise était gardé dans un endroit distinct et avait une place attitrée[56]. »

Une partie du marché présentait des produits de luxe – or, argent, turquoise, jade et autres pierres précieuses, plumes d'oiseaux exotiques. Les marchands les vendaient aux artisans comme matières premières et aux clients fortunés sous forme de textiles et bijoux magnifiquement ouvragés. De même trouvait-on du fil de coton ou des tissus unis, comme des manteaux et autres vêtements brodés. Plus loin se situait le secteur du bois : pour le feu et pour la construction ainsi que des manches d'outils, des pagaies et des colonnes sculptées. Les marchands vendaient des têtes de hache et des aiguilles en cuivre, du papier d'écorce blanche, du pitchpin pour les torches, des boules de caoutchouc, des herbes médicinales, du tabac, des pipes, des pots et des plats en céramique, en quantité extravagante. On trouvait aussi des marchandises en sisal : ficelles, cordes, filets et sandales, ainsi que toutes sortes de fourrures animales, tannées ou non, teintes ou non. Des meules brutes et de fins couteaux ou miroirs en obsidienne, dans lesquels on pouvait voir chaque détail de son visage… Dans un coin, les hommes pouvaient se faire couper les cheveux. Dans un autre, ils pouvaient acheter une esclave ou les services d'une prostituée[57].

Mais c'est la section des produits alimentaires qui impressionnait le plus les gens qui se rendaient pour la première fois dans le marché de Tlatelolco. Les étals étaient emplis de maïs et de haricots de toutes sortes, ainsi que de sels et d'herbes. Oiseaux et animaux bruissaient dans leurs cages. Il y avait des fruits et légumes, du cacao, du miel, des œufs d'oiseaux, de délicieuses barrettes d'algues séchées du lac. Mais ce qui était remarquable dans ce marché, ce qui le différenciait des autres, c'était que les clients trop occupés pour cuisiner pouvaient s'y procurer des plats préparés, parfois même cuits. On y trouvait des tortillas, des petits gâteaux, des courges déjà coupées en morceaux, des piments fumés et du cacao moulu. Ainsi avait-on la possibilité de se sustenter dans ce qui était en fait un restaurant[58].

Des médecins et guérisseurs – professions occupées tantôt par des hommes, tantôt par des femmes – étaient également présents sur le marché. Ils vendaient des herbes pouvant soigner, comme le leur avait appris l'expérience, différents maux – ampoules, constipation, diarrhée, démangeaisons de la peau, plaies aux yeux, maux de tête ou fièvre. Il leur arrivait également de jeter des pierres, comme on lance les dés, pour essayer de déterminer le meilleur traitement contre telle maladie mystérieuse ; ou de faire des visites à domicile pour exorciser telle force malveillante. Plus tard, des missionnaires espagnols bien intentionnés essayèrent d'expliquer que certains médecins préconisaient des herbes réellement efficaces, tandis que d'autres, moins scrupuleux, ne faisaient qu'exploiter les superstitions des gens. Manière de sauver, aux yeux des Européens, la réputation de certains médecins indigènes. Mais les descriptions qui sont parvenues jusqu'à nous montrent clairement qu'il s'agissait bien des mêmes personnes[59].

Fait surprenant – du moins pour les nouveaux venus –, le marché servait également de dépôt pour l'urine recueillie dans les pots en argile des ménages de la ville. Recevait-on une rémunération pour ce qu'on apportait ou une amende pour ce qu'on n'apportait pas ? Impossible de savoir. Dans les deux cas, cette pratique poursuivait deux objectifs. La collecte des déchets en un seul endroit avait pour effet que la ville était en général très propre. L'ammoniac était également nécessaire pour le tannage des peaux et la fabrication de cristaux de sel ; et rien de tel, pour ce faire, que l'urine des dizaines de milliers d'habitants de l'île. Des pirogues remplies de bassines étaient alignées près du marché, et c'est là que les tanneurs et saliniers apportaient leurs matériaux[60].

Outre les tribunaux et les marchés, les temples et les écoles étaient également devenus des bastions de l'administration et des modèles d'organisation. À l'époque de Moctezuma, presque tous les enfants de la ville, garçons et filles, nobles et roturiers confondus, étaient éduqués dans des écoles gérées par les temples. Ils entraient dans ces pensionnats vers l'âge de treize ans et y restaient quelques années. Ils passaient ainsi l'éprouvante période de l'adolescence loin de chez eux. Chaque fille récitait les prières en vue de son mariage, ainsi que celles de la vie quotidienne. Elle apprenait à filer, à tisser et à broder si ce n'était pas déjà fait, mais aussi ses devoirs de future épouse et mère. Elle découvrait, par exemple, qu'elle ne dormirait que très peu à l'avenir et qu'elle ne devait pas s'en formaliser. « Voici la tâche que tu dois accomplir : être pieuse nuit et jour. Envoie un soupir plusieurs fois à la nuit, au vent qui passe. Appelle-les, parle-leur, crie-leur dessus, surtout depuis ton lieu de repos, ton lieu de sommeil. Ne cède pas au plaisir du sommeil. » Les mères qui allaitaient et les mères de jeunes enfants devaient s'attendre à rester debout une partie de la nuit, avant de se lever à l'aube pour tirer l'eau, raviver le feu et faire le petit-déjeuner, et cela sans se plaindre. Le moment venu, une jeune femme ne serait pas surprise. Les adultes autour d'elle la préparaient à affronter cette dure réalité[61].

Tous les garçons étudiaient l'art de la guerre, sauf s'ils avaient été choisis pour devenir prêtres ou s'ils étaient nés dans une famille de commerçants. Ces derniers formaient un groupe à part, très soudé, et éduquaient leurs enfants de façon qu'ils puissent affronter de pénibles voyages à travers des contrées inconnues. Quant aux futurs prêtres, ils recevaient un enseignement beaucoup plus poussé que les autres garçons sur les questions religieuses, le calendrier et le système d'écriture pictographique. Mis à part ces deux groupes, chaque jeune homme devait apprendre à être un guerrier. Sans doute en avait-il toujours été ainsi dans la plupart des villages du Mexique, mais à présent plus que jamais, car la position dominante des Mexicas dépendait de leurs succès militaires ; ils n'avaient droit ni à l'échec ni au doute, auquel cas ils verraient se dresser contre eux tous les altepetls environnants qui leur étaient hostiles. Ainsi, à l'âge de treize ans, après avoir appris grâce à leurs parents un artisanat – comme modeler des récipients de céramique, fabriquer de minuscules animaux dorés avec des moules en charbon et en cire, ou encore coller les plumes exotiques sur les boucliers richement ornés –, les jeunes hommes quittaient leur foyer pour s'entraîner au métier de guerrier. Pendant les premières semaines d'école, ils balayaient et ramassaient du bois pour le feu ; ils chantaient le soir et s'amusaient. On ne les exposait à la violence que progressivement. Les garçons apprenaient alors à résister à la douleur et à se battre. À la fin de l'adolescence, ils pouvaient accompagner des guerriers au combat, avec pour mission d'essayer de ramener un captif ; pour cela, ils entraînaient un homme à l'écart de sa cohorte et œuvraient ensuite tous ensemble, comme une unité bien entraînée, pour le mettre à terre[62].

Vers l'âge de vingt ans, la période d'apprentissage était terminée. Si, à cette date, un homme ne faisait pas de morts au combat ou ne prenait pas de captifs, il s'exposait à une vie sous le signe de la honte ; si, durant ses années d'apprentissage, le constat s'imposait qu'il ne saurait tout simplement pas emporter à la guerre quelque succès que ce soit, il pouvait être considéré comme portefaix. Pour le restant de ses jours, il serait chargé de distribuer, avec sa pirogue, les cuves d'eau douce le long des rives de la ville ; et tout le monde saurait pourquoi. Nous ignorons combien de personnes ont été frappées par ce malheur, mais la menace d'une telle destinée devait à coup sûr peser lourdement sur un jeune garçon au moment où il devenait un homme[63]. En revanche, un jeune homme habile au combat était comblé d'honneurs, ainsi que sa famille. Un roturier pouvait s'élever et devenir ***quauhpilli*** (kouo-pil-li), « seigneur aigle » ou noble honoraire. Les esclaves et autres butins qu'il rapportait de la bataille faisaient de lui un homme riche. S'il le voulait, il pouvait prendre plusieurs femmes, comme un noble né, car il aurait de quoi subvenir à leurs besoins et à ceux des enfants qui naîtraient de ses différentes unions. Souvent, ces hommes étaient récompensés par l'octroi d'un statut particulier, et personne ne leur cherchait querelle à cet égard[64].

Pendant ce temps, d'autres garçons se destinaient à devenir prêtres. Les prêtres qui les formaient avaient chacun sa personnalité, certains ayant laissé le souvenir de figures sages et réfléchies, tandis que d'autres, sans surprise, se montraient brutaux. Après tout, ils étaient là pour initier une nouvelle génération aux rituels de sacrifices sanglants. Lorsqu'un élève d'un *calmecac* – tel est le nom que portaient ces écoles – commettait une infraction particulièrement grave, par exemple consommait de l'alcool, il était condamné à participer à une cérémonie au cours de laquelle les prêtres tentaient de le noyer – ou feignaient de le faire. « Ils le plongèrent sous l'eau et l'y traînèrent. Ils le tirèrent par les cheveux. Ils lui donnèrent des coups de pied. Une fois sous l'eau, à force de vigoureux battements et de mouvements tourbillonnants, il parvint à échapper aux mains des prêtres. Quand enfin il atteignit le rivage, il s'écroula à moitié mort, exhalant son dernier souffle, haletant dans son ultime agonie. » Après cela, les parents étaient autorisés à ramener leur fils chez eux. Le système n'était pas exempt de corruption morale. Il arrivait que des parents qui savaient leur enfant incapable de nager, et donc exposé à un grand péril, soudoyassent les fonctionnaires de l'école. « Ils donnaient aux prêtres une dinde ou un autre aliment pour qu'ils laissent leur fils tranquille[65]. »

Les prêtres exercèrent un pouvoir croissant à mesure qu'ils se professionnalisèrent et qu'ils se retrouvèrent plus étroitement liés à l'État. Traditionnellement, on pratiquait le sacrifice humain chaque mois du calendrier cérémoniel nahua ; or, à la fin du règne de Moctezuma, les victimes étaient si nombreuses à Tenochtitlan que nombre de prêtres durent travailler à plein temps pour préparer les lieux, organiser la cérémonie et ensuite évacuer les corps. Ils nettoyaient les crânes et les scellaient avec de la chaux dans de grands *tzompantli* (supports utilisés pour leur exposition publique). On ne tuait plus seulement des dépositaires de la puissance divine, spécialement parés pour l'occasion, mais aussi des captifs ordinaires, dont les cadavres, disposés sur les marches inférieures, étaient censés recevoir la figure du dieu dans leurs bras lorsqu'il – ou elle – tombait de la pyramide. Les prêtres, qui droguaient les victimes, les attachaient et brûlaient leur corps après avoir retiré le cœur, avaient dû s'endurcir au fil du temps. Les restes du mort servaient à préparer des potions aux vertus spirituelles. Il ne fait aucun doute que les prêtres avaient porté à leurs lèvres cette mixture depuis des temps immémoriaux ; mais désormais, des portions du ragoût sacré étaient également envoyées aux élites pour qu'elles en profitent – au sens figuré, sinon littéral. Comme les familles nobles polygynes se développaient rapidement, cette pratique touchait la vie d'une partie croissante de la population. Moctezuma lui-même passait un temps considérable à assumer des fonctions sacrificielles : il ne lui était plus possible d'aller sur le champ de bataille, trop occupé qu'il était à participer aux cérémonies publiques mensuelles qui faisaient couler le sang[66].

Ne fût-ce que quelques dizaines d'années auparavant, la société mexica n'aurait pas pu consacrer autant de temps, de main-d'œuvre et d'énergie aux rituels de mort. Mais elle put s'y livrer, grâce à sa puissance, au cours de ses dernières décennies. Et ses dirigeants étaient convaincus que, s'ils étaient capables de le faire, ils en avaient le devoir, pensant soumettre ainsi de lointains altepetls à une terreur absolue. À cette époque, un certain nombre de figures de l'élite et leurs prêtres instrumentalisèrent les sacrifices humains à des fins cyniques. Lorsqu'ils faisaient la guerre à des peuples aux confins de leur empire, qu'ils souhaitaient incorporer au royaume, ils capturaient des hommes et les amenaient à Tenochtitlan, non pas pour les livrer au sacrifice, mais en secret, pour les forcer à y assister. Ces hommes étaient ensuite relâchés pour retourner informer leur peuple de ce qui l'attendait s'il n'acceptait pas de manière pacifique les conditions des Mexicas. « Ainsi, ils étaient défaits et désunis », commenta plus tard un homme qui avait vu ces spectacles[67]. Moctezuma aimait particulièrement amener ces étrangers assister à cette épreuve gladiatoriale qu'était la cérémonie de sacrifice du mois de Tlacaxipeualtli, durant laquelle les guerriers capturés étaient obligés de se battre pour leur vie – avant d'être immolés de toute façon. C'était là l'envers des belles façades de la ville.

Les leviers de contrôle menaçaient même parfois la fine fleur de l'élite de la vallée centrale. En 1498, juste avant la prise de pouvoir de Moctezuma, des filles de familles dirigeantes de la ville furent amenées à la ville voisine, Texcoco, pour assister à un spectacle horrifiant qui devait leur servir de leçon d'obéissance et de maîtrise de soi. Des années auparavant, avant sa mort, Axayacatl avait marié sa fille, appelée comme sa tragique tante Chalchiuhnenetzin, ou « Poupée de Jade », au jeune Nezahualpilli, le garçon qu'il avait lui-même mis sur le trône de Texcoco. Quand les deux jeunes grandirent, ils se rendirent compte qu'ils n'étaient pas assortis. Peut-être Poupée de Jade était-elle arrogante, trop consciente de qui était son père. Puis Axayacatl mourut, laissant sa fille vulnérable et sans défense. Son oncle Ahuitzotl – qui n'avait jamais accepté qu'Axayacatl lui fût préféré – régnait maintenant à Tenochtitlan. Il voulait indubitablement donner à Nezahualpilli une autre épouse principale. Des rumeurs couraient selon lesquelles la princesse mexica avait commis l'adultère avec au moins deux hommes. Nezahualpilli y donnait crédit, ou bien s'était laissé convaincre par Ahuitzotl, hostile à Poupée de Jade, qu'il devait faire semblant d'y donner crédit. Toujours est-il qu'il ordonna que son épouse et ses amants, ainsi que les personnes qui les avaient couverts, soient mis à mort par lapidation et étranglement, comme la loi l'exigeait pour tous les adultères. Bien des années plus tard, une vieille femme se souviendra des événements de cette journée. « Les gens venaient des villes alentour pour voir. Les femmes amenaient leurs filles, même si elles étaient encore au berceau, pour qu'elles voient les coupables… Même des Tlaxcaltèques et des gens de Huexotzinco et d'Atlixco, bien qu'ils soient nos ennemis, vinrent voir[68]. » Elle se souvenait que Nezahualpilli avait retrouvé son honneur en organisant une fête inoubliable, dont la magnificence, disait-elle, faisait de l'ombre à toutes celles que les Mexicas avaient jamais organisées. Elle était encore enfant, et les nourritures offertes à cette occasion avaient fait sur elle une très forte impression, plus que les exécutions publiques.

Nous ne saurons jamais si la fille d'Axayacatl avait eu la mauvaise idée de prendre des amants. Même si c'était le cas, elle aurait pu s'en tirer, n'eussent été les membres de la cour de Nezahualpilli qui souhaitaient qu'une autre femme devînt l'épouse principale. Il est certain que les ennemis de sa lignée passèrent rapidement à l'action, pensant améliorer par là leur propre position dans la course à la succession[69]. Cependant, la mort de Poupée de Jade n'arrangea personne en particulier : elle laissa simplement le jeu ouvert. Parmi les femmes de Nezahualpilli, l'une des épouses préférées, noble dame du quartier d'Atzacualco à Tenochtitlan, lui donna onze enfants, et beaucoup pensaient que l'un de ses fils hériterait[70]. L'aîné, Huexotzincatzin (oué-cho-tsine-ca-tsine), était populaire. Sous le règne de Moctezuma, il se fit connaître par sa participation aux soirées de chants, de danses et de contes. Malheureusement, dans l'environnement politiquement compétitif dans lequel il vivait, son goût pour ces arts allait lui coûter cher.

Le malheur frappa Huexotzincatzin au terme d'une longue histoire, qui éclaire certains aspects du pouvoir mexica relatifs à la politique et au genre. Parmi les femmes de son père Nezahualpilli, il y en avait une qui était particulièrement appréciée. Elle n'était pas d'une lignée noble, mais seulement la fille d'un marchand de Tula ; les conteurs ne la désignaient même pas par son nom, comme ils le faisaient presque toujours pour les princesses, mais se contentaient de l'appeler la « Dame de Tula ». Ce n'est pas sa beauté – car le tlatoani ne manquait pas de belles femmes – qui lui valait sa célébrité, mais plutôt ses talents de chanteuse : elle mettait en musique des poèmes comme un homme. Elle n'était pas la seule femme à posséder ce talent – l'art oratoire ayant toujours été apprécié dans le monde nahua, certaines furent des peintres, oratrices et chanteuses reconnues. Néanmoins, elle se distinguait de ses semblables, qui, idéalement, étaient censées être pudiques et discrètes[71]. Pourtant, lorsque la Dame de Tula eut des ennuis plus tard, ce ne fut pas parce qu'elle était une femme, ni même parce qu'elle était une femme affirmée en public. Ce fut plutôt parce qu'elle était, elle aussi, comme tout le monde, empêtrée dans le dangereux système politique né de la polygynie.

Dans les représentations données à la cour de Tenochtitlan, de Texcoco et d'autres altepetls, il y avait toujours eu une sorte de dialogue entre ceux qui prenaient la parole. Les représentants de sous-altepetls étaient censés y donner chacun leur version d'un moment de crise dans l'histoire, les nobles y entonner une chanson à la gloire d'un chef ou en mémoire d'une bataille. Différents interprètes devaient se succéder. Partager des points de vue différents, ils le savaient, contribuait à rapprocher les gens. Mais Huexotzincatzin et la Dame de Tula se sont fait connaître, semble-t-il, pour une performance un peu différente. La célébrité leur vint de ce qu'ils avaient composé des œuvres qui se répondaient directement les unes aux autres ; ils s'aguichèrent et badinèrent en public. En rupture avec la tradition, ils firent de l'art[72].

Quels poèmes chantèrent-ils à haute voix ? Nous disposons des textes de dizaines de poèmes-chansons nahua de l'époque, dont les thèmes et métaphores se recouvrent, mais nous ne pouvons pas identifier précisément leurs vers préférés ni connaître les variations qui s'imposent naturellement lors des différentes performances[73]. On peut néanmoins s'en faire une idée. À un moment donné, la Dame de Tula dut chanter l'une des chansons favorites de tous les temps sur la fragilité des fleurs, la nature éphémère des joies terrestres, thèmes qui auraient pu jaillir du cœur d'une femme arrachée à sa terre natale pour servir les autres jusqu'à sa mort :

> Mon cœur est en colère.
>
> Nous ne naissons pas deux fois, nous ne sommes pas engendrés deux fois. Au contraire, nous quittons cette terre pour toujours.
>
> Nous jouissons de la présence de cette compagnie, mais pour un instant seulement ! Cela ne pourra jamais être – je ne serai jamais heureuse, jamais satisfaite.
>
> Où vit mon cœur ? Où suis-je chez moi ? Où se trouve ma maison ? Je souffre sur cette terre.

Les lignes suivantes s'adressaient au dieu créateur, qui avait le pouvoir de répandre la joie parmi les souffrances de la terre : « Tu es le dispensateur de pierres de jade, tu les déploies tissées comme des plumes, tu es celui qui donne aux princes des couronnes de fleurs[74]. » Peut-être Huexotzincatzin répondit-il à une telle salve par un poème joyeux et comique : plutôt que de continuer la complainte, il essaya de faire sourire la femme. Si tel fut le cas, cet effet de rupture aura surpris le public. Ou peut-être l'homme poursuivit-il, dans le même registre avec une chanson entrecoupée de tristesse, fixant du regard sa partenaire pour lui rappeler que, comme tous ceux qui ont vécu sur terre, elle ne serait pas oubliée. Il aura fait référence à leurs ancêtres nahuas communs – car les chansons abondaient de telles images – tout en complimentant sa beauté. La chanson, déjà connue du temps d'Itzcoatl, continuait ainsi : « Tu t'es caché au milieu des mesquites des Sept Cavernes. L'aigle appelait, le jaguar pleurait. Et toi, flamant rouge, tu t'envolais, depuis la brume d'un champ vers un lieu inconnu[75]. » Il suffit de lire les chants qui ont survécu à l'injure du temps, d'écouter leurs cadences et de noter la puissance de leur imagerie pour se faire une idée de l'infini potentiel littéraire qui y était déployé.

Quoi qu'aient fait les deux jeunes poètes, Huexotzincatzin était le fils du roi, et la Dame de Tula la femme de ce dernier, ce qui n'était pas du goût du vieillissant Nezahualpilli. En temps normal, il aurait sûrement traité l'affaire en privé, puisque le coupable était son fils. Mais Moctezuma le Jeune cherchait un prétexte pour éloigner Huexotzincatzin du trône. Il voulait comme héritier pour Texcoco un de ses proches parents, quelqu'un qui lui obéirait au doigt et à l'œil. Son neveu Cacama, un fils que Nezahualpilli avait eu avec une petite-fille de Tlacaelel, semblait un candidat plausible. Mais il devait d'abord se débarrasser de Huexotzincatzin et de ses nombreux frères ; et ce, sans provoquer de guerre civile dans la vallée centrale.

Au milieu des années 1500, la femme âgée qui avait assisté aux exécutions de 1498 se rappelait également, avec amertume, la façon dont Huexotzincatzin avait été étranglé quelques années plus tard : « Il a été châtié pour avoir composé des chansons pour la Dame de Tula », dit-elle brièvement. Selon la rumeur, ajouta-t-elle, Nezahualpilli s'était enfermé dans son palais, en proie à un profond chagrin. Mais Moctezuma fut implacable. Il affirmait que, si les nobles se permettaient de se soustraire aux lois et de cocufier leur propre père, ce serait l'anarchie. Il ordonna que l'on serre un cordon autour du beau cou de Huexotzincatzin (aucune source ne dit explicitement ce qui arriva à la Dame de Tula, mais elle mourut sans doute elle aussi, puisque d'autres sources indiquent que les coupables sont punis par paires)[76]. Moctezuma devait espérer que cette tactique effraierait suffisamment les jeunes frères de Huexotzincatzin pour les dissuader de prétendre au trône. Deux des plus âgés vinrent immédiatement négocier : ils acceptèrent des terres et des titres, que leurs fils et petits-fils détiendront encore dans les années 1560. Les plus jeunes n'étant pas considérés comme une menace, Moctezuma les laissa tranquilles, ce qui fut une erreur tactique. Quelques années plus tard, l'un d'entre eux sera parmi les premiers à s'allier avec les nouveaux arrivants venus de l'autre côté de l'océan[77].

Dans les cours de Nezahualpilli et de Moctezuma, des voix s'élevèrent pour chanter le récit passionné de cette histoire, puis se turent. On entendit le son obsédant des conques. Au début des années 1500, Serpent rutilant, le percussionniste et chanteur qui avait tant plu à Axayacatl, était encore en vie, et il adorait assister aux représentations. En tant que Chalcan, il savait tout du côté obscur du pouvoir mexica Mais il reconnaissait aussi sa grandeur dès lors qu'il voyait des artistes des différents altepetls se répondre les uns les autres. Loin de se limiter aux schémas traditionnels, ils étaient avides d'expérimentation. Il écouta tout, puis s'inclina au-dessus de son tambour et le fit parler (c'est l'expression qu'il aurait employée), comme dans sa prime jeunesse. S'il avait eu une tournure d'esprit philosophique, il aurait pu dire que la vallée centrale ne pouvait jouir d'une telle paix et de tels divertissements artistiques que parce que le chaos de la guerre était cantonné dans les lointains villages, qu'il ne verrait d'ailleurs jamais de ses yeux. Il en a toujours été ainsi, et il en sera toujours ainsi : les habitants des grandes villes n'entraient presque jamais en contact avec ceux des campagnes qui subvenaient à leurs besoins – sauf brièvement, dans une apparition presque irréelle, lorsque ces derniers étaient honorés du sacrifice. Les habitants de Tenochtitlan étaient convaincus qu'ils avaient construit un édifice politique qui méritait d'être protégé pendant toute la durée de leur séjour sur terre.

*

Non loin des cours du palais où s'élevaient les voix des chanteurs se trouvaient de nombreuses chambres de stockage. Certaines d'entre elles étaient réservées à *in tlilli in tlapalli*, « le noir et le rouge », c'est-à-dire les textes peints des scribes, qui étaient soigneusement roulés ou pliés en accordéon, puis placés dans les bacs en bois et les coffres en roseaux *ad hoc*. Ce pouvait être des calendriers illustrant des histoires, dont les conteurs se servaient comme supports pour se souvenir de ce qu'ils devaient dire pendant les représentations ou pour déterminer le bon moment de chanter telle ou telle chanson. Cependant, la plupart des textes peints n'avaient rien d'artistique : il s'agissait de documents commerciaux – concernant les frontières, l'administration, les lignages nobles et les tributs dus. Moctezuma envoyait même des gens – des marchands souvent effrayés – dans des régions encore non conquises pour qu'ils prennent des notes sur les types d'échanges et les ressources disponibles. Vers 1515, Nezahualpilli mourut, et des tensions éclatèrent à Texcoco, car certains des jeunes frères de Huexotzincatzin rompirent leur promesse de silence ; il fallut à nouveau les acheter – une grande partie du royaume leur fut cédée – du moins pour un temps. Moctezuma était très préoccupé par cette affaire, ainsi que par une brève guerre impliquant l'altepetl de Huexotzinco : après que celui-ci perdit une guerre contre Tlaxcala (lancée à l'initiative de Moctezuma), Texcoco dut accueillir de nombreux réfugiés. Cela étant, Moctezuma ne se tenait pas moins au courant de ce qui se passait dans des régions plus lointaines. En 1518, il envoya des observateurs pour enquêter sur des étrangers qui, apparemment, avaient fait plusieurs incursions en pays maya, le long du littoral. Gouverner exigeait une vigilance de chaque instant, car la collectivité était un organisme en perpétuelle évolution – comme la vie elle-même –, qui ne pouvait se maintenir tout seul. En tant que roi des Mexicas, il croyait certainement qu'il devait le protéger. Son peuple avait confiance en lui et savait qu'il s'en ferait le gardien ; c'est ainsi que se définit le devoir d'un tlatoani. « Le souverain avait l'habitude de veiller toute la nuit [78] », se souviendraient-ils.

*

De l'endroit où ils étaient cachés, les messagers de Moctezuma pouvaient voir la plage sur une longue étendue. Les nouveaux arrivants lançaient leurs bêtes au galop – c'étaient comme d'énormes cerfs, pensaient-ils, mais beaucoup plus robustes – sur le sable dur et tassé, avant de faire soudainement volte-face en de grands éclats de rire. Leurs vêtements de métal, sur lesquels se brisent les flèches, scintillaient au soleil. Les étrangers regardaient en direction des falaises, se sachant observés. Les observateurs savaient qu'ils savaient... mais ne s'en souciaient pas. Leur mission n'était pas de garder leur présence secrète, mais de recueillir des renseignements. Ils prenaient des notes, consignant soigneusement en glyphes tout ce qu'ils voyaient devant eux. Derrière la plage, les grands bateaux des étrangers étaient ancrés dans les vagues. Les observateurs avaient vu de nombreux types d'embarcations dans leur vie, mais aucune aussi grosse que celles-ci. Dans un élan de pur génie, les fabricants avaient pensé à accrocher des couvertures de tissu à des poteaux, de manière à attraper le vent et à accélérer leur course. Les hommes pouvaient vivre de nombreux jours sur des bateaux de cette taille ; ils pouvaient même venir de très loin[79].

Lorsque les messagers furent prêts, ils rebroussèrent chemin pour retourner à la ville. Ils connaissaient les itinéraires les plus courts qui conduisaient des basses terres humides jusqu'à l'intérieur des forêts de pins. Ils savaient où traverser le cirque montagneux qui entourait la grande vallée. Ils savaient quand marcher et quand se reposer. Quelques jours plus tard, ils étaient agenouillés devant leur roi.

Chapitre 4

Les étrangers 1519

Une fille apprend à tisser. Bibliothèque bodléienne, université d'Oxford, Codex Mendoza, MS. Arch. Selden, A., folio 63r.

La jeune fille effrayée et ses compagnes suivirent le chemin sinueux qui les menait de la ville maya de Potonchan, au bord du golfe, jusqu'à la plage où les étrangers avaient établi leur campement. Elles se déplaçaient dans l'ombre, entourées d'arbres noueux et tordus – ceiba, acajou, hévéa – sur un chemin de terre à nu qui scintillait d'éclats gris argenté partout où frappaient les rayons du soleil. Des guerriers armés de lances marchaient avec elles, au cas où l'une essaierait soudain de s'enfuir. Elles avaient été choisies pour être données en offrande aux redoutables nouveaux arrivants, en échange de la paix; elles ne pouvaient échapper à leur destin. Lorsque le groupe sortit à la lumière éclatante du soleil, ils virent les bateaux géants dont ils avaient tant entendu parler et leurs toiles accrochées pour attraper le vent. Les hommes, qui étaient barbus, détournèrent les yeux de leurs feux de camp – ils essayaient désespérément d'éloigner les moustiques – pour fixer sans vergogne les jeunes femmes[1].

*

Quand elle était jeune, elle avait dû s'appeler quelque chose comme « Fille Enfant ». Là d'où elle vient, certaines avaient reçu des noms amusants et affectueux – par exemple « Elle-n'est-pas-un-poisson » ou « Petite Vieille Femme » – ou poétiques – par exemple « Fleur de Cerf » –, mais la plupart étaient plus simplement désignées comme « Fille aînée », « Enfant du Milieu » ou « La Plus Jeune », du moins jusqu'à ce que se révèle leur personnalité[2]. Cette Fille Enfant qui vivait dans les marges de l'empire ne se faisait aucune illusion sur les affres de la guerre ; elle ne croyait pas à cette idée commune selon laquelle il s'agit d'un mal pour un bien. C'était la réalité, rien de plus. Le seul sentiment que lui inspiraient les Mexicas, c'était la haine.

Fille d'un noble nahuatl de Coatzacoalcos, elle était née plus à l'ouest le long de la côte – près de l'actuelle Veracruz. Sa mère avait sans doute enterré son cordon ombilical près du foyer, comme le faisaient presque toutes les mères parlant le nahuatl. Elle avait dû prononcer une prière telle que : « Tu seras le cœur du foyer. Tu n'iras nulle part. Tu ne seras pas une vagabonde. Tu seras le feu qui couve, les pierres du foyer[3]. » C'était ce que n'importe quelle mère aurait voulu pour sa fille chérie. Mais les prières de la mère furent vaines. Le père de l'enfant avait beau être un noble de haut rang, sa mère n'était personne d'important, probablement une esclave. C'étaient les enfants de ces femmes qui étaient les plus vulnérables dans les moments de crise.

Et la crise éclata. La région de Coatzacoalcos était la prochaine cible de la perpétuelle expansion des Mexicas. Lorsque ceux-ci, avec l'aide de leurs alliés, exigeaient d'autres altepetls leur allégeance, seuls les enfants issus de milieux modestes étaient en danger. Sauf si les agresseurs avaient besoin d'en sacrifier pour le festival annuel de Tlaloc, ils étaient épargnés : ils avaient beaucoup trop de valeur. Ils pouvaient être élevés comme de loyaux membres de la famille ou vendus comme esclaves. C'est ce qui arriva à Fille Enfant. On ne sait pas si le peuple de son père avait réussi à empêcher la guerre contre les Mexicas en offrant une sorte de tribut préventif, ou s'il avait effectivement perdu une bataille et avait été obligé de solliciter la paix en échange d'un cadeau. Quoi qu'il en soit, l'enfant fut arrachée à sa famille et placée dans une pirogue avec d'autres captifs. Comme l'embarcation s'éloignait du rivage et fendait rapidement les eaux en direction du soleil levant, elle n'avait aucune raison de croire qu'elle reverrait un jour sa maison[4].

Fille Enfant avait dû deviner qu'on l'emmenait dans l'un de ces ports de commerce neutres qui rendaient le négoce à longue distance possible malgré la guerre. Dans la ville côtière de Xicallanco, située non loin à l'est, où vivaient de nombreux marchands nahuatl, elle fut vendue à un Maya contre une certaine quantité de fèves de cacao ou de rouleaux de cotonnade. C'étaient les deux types de monnaie en vigueur dans cette ville polyglotte et très animée, nichée dans un immense lagon bleu. Ici, il n'y avait ni pyramides ni monuments de pierre, mais seulement des bâtiments faits de torchis et de pieux de bois. Personne n'avait le temps de construire quoi que ce soit de plus résistant, car les gens étaient là pour commercer, et non pas pour prier. Ils venaient de partout, et nul n'osait attaquer la ville, trop importante qu'elle était pour eux[5].

De Xicallanco, la jeune fille avait été conduite à nouveau vers l'ouest, dans la ville de Potonchan, près de l'embouchure du fleuve Tabasco. C'était un chef-lieu des Mayas Chontales, les « Phéniciens de Méso-Amérique », comme on les a surnommés depuis. C'était un peuple puissant, car leurs nobles, qui étaient presque tous marchands, étaient extrêmement riches. Ils achetaient de la nourriture et des faveurs aux fermiers environnants, ainsi que des esclaves aux marchands nahuas qui opéraient sur de longues distances. Ces esclaves leur permettaient de produire de grandes quantités de cotonnades que d'autres étaient prêts à payer au prix fort[6].

C'étaient les épouses et les filles des Chontales qui faisaient le plus gros du tissage, et non les femmes esclaves. La création d'étoffes, de tapisseries, était une tâche sacrée, chérie des dieux. Mais, pendant que les épouses honorées consacraient leur temps au tissage, la présence d'autres femmes était nécessaire pour moudre le maïs, faire des tortillas, aller chercher de l'eau et s'occuper des jeunes enfants. Une foule d'autres activités liées au textile pouvaient également être confiées aux esclaves. Il fallait semer et récolter les plants de coton, puis battre et carder les fibres pendant plusieurs heures pour les débarrasser de la terre et des impuretés. Ensuite, il fallait les transformer en fil, que l'on teignait avec des pigments issus de plantes ou de coquillages, en les faisant bouillir à plusieurs reprises jusqu'à ce qu'ils atteignent la couleur désirée. Enfin, il fallait ourdir les fils. Ce n'est qu'à ce moment-là que la grande dame de la maison pouvait commencer la tâche sacrée du tissage. Étant d'origine nahua, la jeune fille qui venait d'être achetée a dû s'adapter relativement facilement aux travaux qui lui étaient assignés : chez elle, elle avait commencé dès l'âge de cinq ans à utiliser un petit fuseau pour fabriquer du fil, et on lui avait également appris à cuisiner et à faire le ménage[7].

Les années passèrent, et Fille Enfant reçut un nouveau nom, un nom d'esclave. Dès lors, elle dut abandonner sa vie d'avant, ainsi que sa famille. Nous n'avons pas connaissance de son nouveau nom. Nous ne saurons jamais non plus si elle aura été forcée à avoir des relations sexuelles, ce qui faisait malheureusement partie du quotidien d'une esclave. La jeune fille grandissait pour devenir une femme, les années passaient et se ressemblaient. Puis, en 1517, les habitants apprirent que des étrangers au visage remarquablement poilu avaient amarré un très grand bateau dans la baie de Champoton, une autre ville chontale située à l'est. Après une escarmouche, les étrangers furent chassés ; et si beaucoup de leurs hommes furent gravement blessés, il en était de même de l'autre camp. À l'évidence, les étrangers menaçaient l'ordre politique – un ordre qui requérait que les Chontales paraissent invulnérables aux yeux des peuples environnants.

Les étrangers revinrent l'année suivante. Cette fois, ils contournèrent la dangereuse ville de Champoton. Des messagers partis en pirogue rapportèrent qu'ils s'étaient arrêtés près de Xicallanco, mais qu'ils n'avaient pas trouvé la ville, cachée dans sa lagune. Ils avaient kidnappé quatre jeunes garçons, qui étaient montés à bord du bateau pour vendre leurs productions, avant de partir vers l'ouest. Tout Potonchan attendait. En quelques jours, les étrangers trouvèrent l'embouchure du Rio Tabasco. De l'endroit où ils naviguaient, ils pouvaient voir nettement la ville. Des centaines de guerriers chontales se rassemblèrent le long du rivage ; ils lancèrent des dizaines de pirogues en direction du grand bateau, flèches encochées, prêtes à s'envoler. Un énorme chien qui se trouvait à bord du bateau des étrangers aperçut la terre, sauta par-dessus bord et commença à nager vers la rive. Les jeunes Chontales poussèrent un grand cri et arrosèrent la créature de flèches. En un rien de temps, il y eut comme une explosion à bord du bateau, et des morceaux de métal volèrent un peu partout, faisant de nombreux blessés. Des guerriers s'effondrèrent, manifestement morts. Les Chontales battirent en retraite[8].

Tous les foyers bruissaient d'on-dit. Le lendemain, les dirigeants de la ville envoyèrent quelques hommes pour tenter de parlementer. Les étrangers prirent pour intermédiaire un jeune prisonnier qui parlait leur langue. Il dit aux Chontales qu'il avait été kidnappé plusieurs années auparavant près de Cozumel. Oui, dirent les guerriers, des rumeurs circulaient selon lesquelles des étrangers apparaissaient de temps en temps le long de la côte orientale de la péninsule du Yucatán, et certains affirmaient même qu'ils gouvernaient une île immense à six jours de navigation à l'est de Cozumel, mais ce ne fut que l'année précédente qu'on entendit pour la première fois une histoire cohérente à ce propos – elle provenait de Champoton. L'interprète leur dit que les étrangers étaient dangereux et qu'ils cherchaient à s'approvisionner régulièrement en or et en nourriture. Pour les indigènes, cela signifiait qu'ils exigeaient un tribut ; ce n'était pas une bonne nouvelle. Les Chontales demandèrent à l'interprète d'expliquer aux étrangers qu'ils feraient mieux de partir à la recherche des Mexicas, loin à l'ouest, s'ils voulaient de l'or et d'autres biens précieux ; eux-mêmes troqueraient volontiers le peu qu'ils avaient contre les quatre jeunes garçons enlevés près de Xicallanco. Les Chontales leur apportèrent des marchandises, mais ne reçurent rien en échange. Plus tard dans la journée, comme les vents étaient favorables, les étrangers hissèrent rapidement les voiles et s'en allèrent[9].

Personne ne pouvait dire s'ils étaient partis pour de bon. Les chefs chontales firent construire quelques palissades et obtinrent des peuples voisins qu'ils s'engagent, si besoin, à se battre à leurs côtés. On était alors en pleine récolte de maïs et de cacao ; on tissait. Sans doute une bonne partie d'entre eux oublièrent-ils l'incident ou le chassèrent de leur esprit. Les femmes avaient cessé de bavarder et spéculer sur les étrangers, quand le sujet refit surface de façon spectaculaire moins d'un an plus tard. En 1519, un messager arriva, disant que pas moins de dix grands bateaux naviguaient vers l'ouest en provenance de Cozumel[10].

Ceux-ci vinrent directement à Potonchan. Au cours des discussions qui eurent lieu entre Espagnols et Indiens le tout premier jour – tandis que, sans doute, femmes et enfants étaient conduits hors de la ville –, les dirigeants chontales dirent sans ambages qu'ils tueraient quiconque pénétrerait sur leurs terres. Ils offrirent de la nourriture aux étrangers et leur conseillèrent de partir avant qu'il ne leur arrive quelque désagrément. Le chef adverse, un homme d'une trentaine d'années qui se faisait appeler « Hernán Cortés », refusa d'écouter. Au lieu de cela, il établit un plan pour descendre à terre. Il divisa ses hommes en deux groupes. L'un débarqua à l'embouchure du fleuve sur la côte et se dirigea ensuite par voie terrestre vers la ville, tandis que l'autre remonta le fleuve dans des embarcations plus petites puis gagna la rive en formation serrée. Ils tirèrent leurs épées scintillantes du fourreau et les brandirent, faisant s'éloigner les autochtones alentour. Couverts de vêtements également en métal, ils avançaient sans craindre les flèches et les lances en pierre, qui se brisaient contre. Pourtant, leur progression restait difficile. L'un des étrangers décrivit plus tard la scène :

> Pleins de courage, ils nous encerclèrent avec leurs canots, tout en faisant pleuvoir sur nous une telle grêle de flèches qu'ils nous blessèrent et nous obligèrent à nous arrêter, l'eau jusqu'à la ceinture. Comme d'ailleurs il y avait là beaucoup de boue et de marécage, nous peinions à avancer. Tant d'Indiens, au surplus, nous y chargèrent la lance au poing et à coups de flèches qu'ils nous empêchaient de prendre terre aussitôt que nous eussions voulu. Cortés se battait aussi dans ce bourbier ; une de ses sandales, qu'il ne put retirer, resta dans la fange, et il arriva sur la rive avec un pied nu[11].

Dès qu'ils furent à terre, les envahisseurs usèrent de leurs arbalètes et lances contre les indigènes, qui n'avaient d'autre armure que du coton rembourré ; et ils les obligèrent à battre en retraite. Avec leurs armes en métal, ils détruisirent les palissades en bois récemment construites ; c'est alors que l'autre groupe, qui s'était frayé un chemin par voie de terre, arriva. Les Indiens partis, les nouveaux venus se retrouvèrent aux commandes du centre abandonné de Potonchan, une place entourée de temples et de salles vides. Ils y dormirent ; des sentinelles montaient la garde. Armés, cuirassés, et surtout en grand nombre, ils étaient relativement protégés. Mais la faim se fit bientôt ressentir. Lorsqu'ils envoyèrent des patrouilles à la recherche de nourriture, les Chontales, rompus aux techniques de guérilla, lancèrent l'assaut et tuèrent plusieurs hommes[12].

Deux jours plus tard, les étrangers, plus que jamais déterminés, firent une sortie groupée dans une plaine dégagée. Des vagues successives de guerriers indigènes attaquèrent les hommes vêtus de métal et succombèrent devant les armes porteuses de mort, non sans affaiblir leurs adversaires cependant. La bataille se poursuivit pendant plus d'une heure. Les seigneurs chontales pensaient que les envahisseurs allaient vite se fatiguer et que les leurs, supérieurs en nombre, s'imposeraient. Mais, déboulant derrière eux comme un tonnerre retentissant au-dessus de la plaine, d'autres ennemis arrivèrent montés sur d'énormes quadrupèdes, vingt fois plus forts que des cerfs. À la faveur de la nuit, les Espagnols avaient déchargé dix chevaux des bateaux qui se trouvaient encore à l'embouchure du fleuve. Ce fut une tâche longue et difficile, qui nécessita l'emploi de poulies et de sangles en toile ; mais les Chontales qui les observaient ne pouvaient pas deviner les graves conséquences de ce qui se tramait. Les cavaliers, qui avaient peiné toute la matinée dans les marécages côtiers, donnèrent la charge sur les prairies et abattirent les fantassins chontales dans une exaltation sauvage. Ceux qui en réchappèrent n'eurent d'autre choix que de se retirer.

Les chefs de Potonchan firent le décompte des victimes, dont les corps gisaient sur le champ de bataille. Ils avaient perdu plus de deux cent vingt guerriers en seulement quelques heures. Rien de comparable ne s'était jamais produit d'après les histoires gravées dans la pierre ou dans la légende. Ils ne pouvaient absolument pas poursuivre un tel massacre. Même si, au bout du compte, ils parvenaient à repousser les étrangers, ils n'en tireraient aucun bénéfice, vu l'ampleur des pertes subies. Ils en sortiraient fragilisés, vulnérables[13]. De plus, selon toutes probabilités, un plus grand nombre de ces étrangers arriverait l'année suivante. C'est ainsi que les Chontales engagèrent des pourparlers de paix. L'un des ennemis, étonnamment, parlait un peu le maya yucatèque, une langue qui leur était bien connue. Il était resté pendant des années prisonnier dans la péninsule. Il leur dit que son chef, Cortés, leur pardonnerait s'ils faisaient amende honorable.

Parmi de nombreux autres cadeaux, les chefs chontales dépêchèrent sur le rivage vingt jeunes femmes esclaves, parmi lesquelles celle de Coatzacoalcos[14]. Elle vit s'approcher un homme qui était manifestement un religieux. Il portait un costume différent de celui des autres, avait des gestes singuliers et murmurait des sortes de prières en aspergeant d'eau chaque nouvel arrivant. Fille Enfant reçut, apprit-elle, un nouveau nom : Marina. Ses ravisseurs ne lui demandèrent pas son ancien nom, et elle ne le leur dit pas non plus[15]. Presque immédiatement, elle fut présentée à un homme sûr de lui, voire arrogant, auquel les autres obéissaient. Elle entendit son nom, qu'elle aurait été alors incapable de prononcer : « Alonso Hernández de Puertocarrero[16] ». Plus tard, elle apprit ce qui conférait tant d'autorité à cet homme : il était le cousin germain d'un noble, le comte de Medellín, qui vivait de l'autre côté de l'océan dans ce pays appelé Espagne. Ravi d'avoir quelqu'un de sa stature à ses côtés, Cortès lui avait offert en cadeau une jument alezane, et à présent la plus belle fille du groupe. Le baptême spirituel de Marina n'avait finalement été qu'un préliminaire au viol[17].

Marina apprit beaucoup dans les jours qui suivirent – pas seulement parce qu'elle était une observatrice perspicace qui savait maîtriser ses sentiments, mais surtout parce qu'elle était au contact de Jerónimo de Aguilar, l'étranger qui avait relayé des messages aux Chontales[18]. Plus de huit ans auparavant, alors qu'il était âgé d'une vingtaine d'années, il se trouvait à bord d'un navire qui avait chaviré près de Cancún. Bon nageur, il réussit à regagner la rive. Mais il fut ensuite capturé par les Mayas Yucatèques et réduit en esclavage ; il apprit alors les rudiments de leur langue pour pouvoir se faire comprendre. Lorsque Cortés arriva dans la région où il vivait et fut informé de son existence, il le racheta et fit de lui son interprète, qui serait à l'évidence plus loyal qu'aucun étranger. Aguilar ne parlait pas le chontal, mais Marina et certaines des autres femmes parlaient suffisamment le maya yucatèque pour pouvoir communiquer avec lui sans peine. Par chance, Marina, qui avait l'esprit affûté comme un rasoir, pouvait absorber quantité d'informations.

La mer qui entourait leur monde n'était pas sans limites, apprit Marina. Elle était plus grande que celle-ci ne pouvait l'imaginer ; et à dix semaines de navigation en direction du soleil levant, il y avait une terre pleine de gens qui adoraient un dieu puissant. Ils se faisaient appeler *cristianos* (« chrétiens »), entre autres noms, expliqua Jerónimo de Aguilar. Son peuple, les Espagnols, en faisait partie. Ce sont eux qui avaient découvert cette partie de la terre, le Nouveau Monde, et qui avaient conquis et colonisé les grandes îles situées dans la mer des Caraïbes, à quelques jours de navigation à l'est. Au début, les Espagnols pensaient avoir atteint les îles au large de la côte d'un endroit appelé Asie, le célèbre Cipangu (Japon), ou peut-être l'Inde. L'explorateur Christophe Colomb en était tellement convaincu qu'il avait nommé les gens qu'il avait rencontrés « Indiens », et ce nom leur était resté. Après plus de dix ans, les nouveaux venus s'aperçurent que ce qu'ils avaient trouvé n'était pas l'Asie, mais une masse terrestre jusqu'alors inconnue de tous. Depuis les Caraïbes, ils envoyèrent de nombreuses expéditions pour explorer le continent et capturer des interprètes. Ils croyaient savoir que se trouvait quelque part à l'ouest une riche nation. Il leur fallait absolument la découvrir, ajouta Aguilar, car il y avait maintenant environ cinq mille Espagnols vivant dans les Caraïbes, et ils manquaient de ressources. Plus de quatre cents hommes, accompagnés d'une centaine de serviteurs et domestiques, étaient venus avec Cortés dans le cadre de cette expédition. Ils seraient extrêmement déçus et par conséquent dangereux, à tout le moins envers les chefs locaux, s'ils ne trouvaient pas ce qu'ils cherchaient. Mais Hernán Cortés n'avait aucunement envie de leur faire le moindre mal[19].

Après avoir conclu la paix, les deux parties firent ensemble d'excellentes affaires : les Espagnols offraient aux Chontales des marchandises en échange de nourriture. Le prêtre qu'ils avaient avec eux disait la messe. Peut-être Jerónimo de Aguilar essaya-t-il d'expliquer ce dont il était question, bien que la tâche fût difficile. Plus tard, un missionnaire avec des capacités linguistiques hors pair tenta de traduire l'Ave Maria en une langue indigène. Il écouta les mots murmurés dans sa tête : *Ave Maria, pleine de grâce. Le Seigneur est avec vous. Vous êtes bénie entre toutes les femmes et Jésus, le fruit de vos entrailles, est béni. Sainte Marie, Vierge, mère de Dieu, priez pour nous, pauvres pécheurs. Amen.* Il essaya de faire passer ces mots dans une langue étrangère à des personnes qui n'étaient pas du tout familières avec ces idées. Il eut bien du mal. « Que vous soyez joyeuse, ô sainte Marie, vous qui êtes pleine de *gracia.* » Ce dernier mot, trop difficile à traduire, il le laissa en espagnol. Il continua : « Dieu le roi est avec vous. Vous êtes la plus louable de toutes les femmes. Et très louable est Jésus le précieux fruit de votre ventre. Ô sainte Marie, ô parfaite jeune fille, vous êtes la mère de Dieu. Puissiez-vous parler pour nous, qui avons fauté. Qu'il en soit ainsi[20]. » Jerónimo de Aguilar, bien moins éloquent, n'aurait pu prononcer une telle prière. En écoutant ces mots, les Chontales n'avaient pas l'air de vouloir se convertir, mais ils gardèrent poliment leur impatience pour eux. Lorsqu'on leur donna la parole, ils ne dirent rien ni de Dieu ni de sa mère. Au lieu de cela, ils s'efforcèrent de convaincre les Espagnols que les Mexicas, à l'ouest, seraient les mieux à même de leur livrer le tribut qu'ils recherchaient.

Le dimanche des Rameaux, les Espagnols levèrent l'ancre avec, à bord, les vingt femmes esclaves, et ils mirent le cap vers l'ouest. Environ trois jours plus tard, ils passèrent tout près de la terre natale de Marina et pénétrèrent plus avant dans l'embouchure de la rivière Coatzacoalcos, au pied des montagnes de Tuxtla. Mais cet endroit ne présentait pas d'intérêt particulier, semblait-il, pour ses nouveaux maîtres. Ils reprirent leur navigation, et elle vit la côte de sa patrie s'éloigner une fois de plus. Un jour plus tard, ils jetèrent l'ancre dans une baie qui avait été cartographiée par l'expédition de l'année précédente, sur le site de l'actuelle Veracruz.

En l'espace de moins d'une demi-heure, deux pirogues s'approchèrent du vaisseau amiral de la flotte, où se trouvaient Cortés, Puertocarrero et leurs serviteurs indiens. Moctezuma, apprendraient-ils plus tard, avait ordonné de mettre le lieu sous surveillance, après que les étrangers l'avaient visité l'année précédente[21]. Cortés appela Jerónimo de Aguilar et lui demanda de traduire. Ce dernier s'y essaya. Désespérant d'y parvenir, il envisagea peut-être même de faire semblant de comprendre. Si Aguilar parlait assez bien le maya yucatèque, cela ne lui était plus d'aucune utilité, car l'expédition avait quitté le territoire maya. Ce qu'il entendait à présent, c'était du nahuatl. Il était complètement démuni. Cortés se mit en colère. Il s'était donné du mal et avait dépensé beaucoup d'argent pour payer la rançon du naufragé, et l'homme lui avait assuré qu'il pouvait parler aux Indiens. Il semblait maintenant en être incapable.

La jeune femme, qui s'appelait désormais Marina, aurait pu tout à fait garder le silence : personne ne s'attendait à ce qu'une jeune esclave endosse le rôle d'interprète. Mais elle choisit d'expliquer ce que les locuteurs nahuatl étaient en train de dire. Il ne lui fallut pas une heure pour démontrer aux étrangers sa grande valeur. Plus tard, Cortés prétendit l'avoir prise à part avec Aguilar et lui avoir promis « plus que sa liberté » si elle l'aidait à trouver ce Moctezuma dont il avait tant entendu parler. Il voulait dire par là qu'il la rendrait riche ; c'est ce qu'il promettait à tous ceux qui acceptaient de l'aider[22]. Mais il est douteux que Marina ait agi par cupidité : comment aurait-elle pu être intéressée par les richesses promises par un étranger en qui elle n'avait aucune raison réelle d'avoir confiance ? Elle avait probablement d'autres motivations. En effet, elle était la concubine de Puertocarrero, un homme si peu moral qu'il avait abandonné une jeune fille espagnole après l'avoir persuadée de s'enfuir avec lui. Lorsqu'il en aurait assez de sa petite esclave indienne, ou s'il était tué, Marina deviendrait la propriété d'un autre Espagnol, voire celle de tous. L'autre option, c'était de parler haut et fort, et de gagner ainsi leur respect et leur gratitude, en particulier auprès de leur chef. Si elle y parvenait, le groupe pourrait survivre plus longtemps, et elle avec eux ; car, en leur permettant de communiquer avec la population locale, elle pourrait éviter des batailles, obtenir des informations importantes et négocier plus efficacement des vivres. Elle ne semble pas avoir beaucoup hésité. Quelques jours plus tard, les Espagnols l'appelaient « doña » Marina, un titre réservé aux dames de haute naissance en Europe. Au cours des mois qui suivirent, elle se montra à la fois courageuse et charmante ; il lui arrivait même de rire.

Aujourd'hui, les Mexicains ont tendance à considérer que Marina a trahi les Amérindiens. Mais si on l'avait interpellée sur son manque de loyauté vis-à-vis de ses congénères, elle aurait été déconcertée. Dans sa langue, il n'y avait pas de mot pour dire « Indiens ». La Méso-Amérique était pour elle l'ensemble du monde connu ; le seul terme pour dire « les gens originaires des Amériques » aurait été « les êtres humains ». Et d'après son expérience, les êtres humains ne formaient en aucun cas un groupe uni. Les Mexicas étaient les ennemis de son peuple. C'étaient eux qui l'avaient arrachée à sa famille, et leurs commerçants qui l'avaient vendue à Xicallanco. Et voilà maintenant que ce petit groupe de nouveaux arrivants voulait faire la guerre aux Mexicas. Personne dans son monde n'aurait pu imaginer qu'elle avait un devoir de loyauté envers le peuple de Moctezuma. De son vivant, et pendant de nombreuses années par la suite, personne ne s'étonna de la voie qu'elle avait choisie. Seuls les modernes, qui ne savaient rien de sa situation, l'accuseraient plus tard d'être une traître.

Peu à peu, Marina et d'autres personnes de sa génération commencèrent à comprendre que les habitants du côté américain de l'océan étaient extrêmement différents de ceux de l'autre côté, et que les premiers finiraient par être défaits par les seconds. Mais aucun d'entre eux n'aurait pu l'anticiper. Au terme de longs débats linguistiques, les indigènes finirent par se désigner sous le nom de *nican titlaca* (nicane ti-tla-ca, « nous les gens d'ici »), chaque fois qu'ils avaient besoin de se distinguer des étrangers qui arrivaient. Par exemple, les messagers de Moctezuma dirent à leur maître que l'interprète des étrangers n'était pas de ceux qui venaient de l'autre côté de la mer, mais plutôt « l'une de nous, les gens d'ici ». Ils lui expliquèrent qu'elle était originaire des terres de l'Est ; ils n'ont jamais voulu dire qu'elle était « l'une des nôtres » dans le sens où l'aurait été une Mexica. Jamais ils n'auraient attendu d'elle une quelconque forme de loyauté, pas plus qu'ils ne l'auraient fait de toute autre personne à laquelle ils avaient fait la guerre[23].

Par le biais de ses traducteurs, Cortés consacra tous ses efforts à convaincre les messagers de Moctezuma qu'il devait absolument, sous leur conduite, rencontrer leur seigneur. Pendant ce temps, lesdits messagers préparaient leur rapport. Tantôt ils interrogeaient Cortés par l'intermédiaire de Marina et d'Aguilar ; tantôt ils espionnaient le campement espagnol, regardant les hommes faire courir leurs chevaux sur le sable dur et tassé de la marée basse. Quand ils eurent glané toutes les informations dont ils avaient besoin, ils partirent[24]. Les Espagnols se couvrirent de graisse puante pour se protéger des moustiques, qui les attaquaient en nuées et les rendaient fous. Et puis ils attendirent.

*

Bien des années plus tard, on tint pour acquis que les indigènes du Mexique considéraient Hernán Cortés comme un dieu, arrivé sur leurs terres en 1519 pour satisfaire une ancienne prophétie. Il était entendu que Moctezuma, qui tremblait dans ses sandales comme un lâche, eut tôt fait de désespérer de la victoire. Il aurait immédiatement demandé à remettre son royaume aux nouveaux venus, d'origine divine, ce à quoi les Espagnols auraient acquiescé avec joie. Cette histoire a été répétée tant de fois, dans tant de sources réputées, que le monde entier finit par y croire. Moctezuma n'était pas connu pour son caractère enjoué, mais, s'il avait eu connaissance de cette version des faits, il aurait certainement éclaté de rire – non sans amertume, car l'histoire était en fait absurde[25].

En réalité, lorsque les messagers revinrent avec leur rapport, il envoya des éclaireurs dans toutes les villes importantes se trouvant entre Tenochtitlan et la côte, puis mit en place une sorte de cellule de crise. Il agit exactement comme on pouvait l'attendre de lui – tlatoani accompli, qui croyait fermement à l'ordre et à la discipline. Des années plus tard, un homme qui avait été jeune à cette époque se souvenait : « Moctezuma fut informé de tout ce qui se passait. Dès que des messagers arrivaient, d'autres partaient. Il n'y avait pas de jour sans qu'ils reçoivent des instructions, ou qu'ils consignent leurs rapports[26]. » Des éclaireurs répétèrent même à leur souverain un compendium des instructions fournies par le prêtre espagnol et traduites par Aguilar et Marina. Lorsque plus tard les Espagnols arrivèrent à Tenochtitlan et firent un sermon à Moctezuma, celui-ci leur coupa la parole pour leur dire qu'il connaissait déjà leur petit discours[27].

Seul un Européen mit par écrit les événements au fur et à mesure de leur déroulement – ou, du moins, aucun autre de cette époque ne nous est parvenu. Il s'agit d'Hernán Cortés, qui rédigea de sa main une série de lettres qu'il envoya à son souverain, le roi d'Espagne, entre 1519 et 1525. Ces dernières sont notre seule source directe, tous les autres commentaires ayant été écrits des années plus tard, alors que leurs auteurs étaient âgés, et les événements profondément enfouis dans le passé. Or jamais Cortès n'a prétendu dans ses lettres qu'il était perçu comme un dieu.

L'idée apparut d'abord, quoique sous une forme quelque peu incohérente, dans des écrits d'Européens remontant aux années 1540, comme en témoignent ceux de ***fray*** Toribio de Benavente : « Leur dieu arrivait, et à cause des voiles blanches, ils disaient qu'il apportait par mer ses propres temples. » Puis, se rappelant avoir affirmé auparavant que tous les Espagnols apparaissaient comme des dieux, le prêtre s'empressa d'ajouter : « Lorsqu'ils débarquèrent, ils dirent que ce n'était pas leur dieu, mais plutôt tout une quantité de dieux[28]. » Voir les choses ainsi était bien arrangeant. En effet, dans un tel scénario, les Blancs n'avaient pas à avoir de remords, quelles qu'aient été les souffrances endurées par les Indiens depuis leur arrivée. Les Européens n'avaient pas seulement été bien accueillis, ils avaient été vénérés. Peu après, d'autres envahisseurs tiendront des propos similaires. John Smith, par exemple, affirmerait qu'en Virginie la fille du chef local tomba follement amoureuse de lui et qu'elle était prête à sacrifier sa vie pour lui. Toutefois, il oublia de mentionner que, lorsqu'il l'avait connue, elle n'avait que dix ans. Et notons qu'il attendit qu'elle soit morte pour mettre en récit cette idylle. Dans le rapport qu'il envoya à Londres à l'époque, il n'avait rien dit de semblable. Il existe en fait de nombreuses fables de ce type dans les annales du colonialisme[29].

Rétrospectivement, ce mensonge faisant de Cortés un dieu semble si manifestement égocentrique et prévisible qu'on peut se demander pourquoi on y a cru si longtemps. Mais le plus étonnant, c'est que, dans les années 1560 et 1570, des Indiens le reprirent à leur compte, à commencer par les étudiants des frères franciscains, instigateurs de cette théorie. Les jeunes auteurs indigènes étaient issus de familles de l'élite, celles-là même qui, quarante ou cinquante ans plus tôt, avaient tout perdu avec l'arrivée des Espagnols. Et ils étaient avides d'explications. Comment leurs pères et leurs grands-pères, autrefois tout-puissants, avaient-ils pu tomber aussi bas ? Ils ne connaissaient que trop bien les Européens pour croire que ceux-ci leur étaient supérieurs. Leur expérience personnelle leur avait prouvé le contraire.

Ils tenaient là une explication. Dieu avait été du côté des chrétiens, tandis que leurs ancêtres immédiats avaient été piégés par leur loyauté envers une religiosité aveugle. Les étudiants du frère franciscain Bernardino de Sahagún, auteur du *Codex de Florence* (qui commence dans les années 1560 et 1570), écrivirent ce qu'aucun indigène n'avait jamais dit auparavant, à savoir que leurs ancêtres avaient été paralysés dès avant 1519 par l'apparition de présages terrifiants. De façon intéressante, les histoires qu'ils racontaient ressemblaient beaucoup aux récits de certains textes grecs et latins qui se trouvaient dans la bibliothèque de l'école franciscaine[30]. Quelques pages plus loin, leur propos prenait une tout autre direction, marquant un changement spectaculaire tant sur la forme que sur le fond : ils relataient la version d'hommes âgés qui avaient effectivement participé aux événements. Ils étaient beaucoup plus précis, et les indigènes qu'ils décrivaient beaucoup plus réalistes. « Au premier coup de feu, le mur n'a pas cédé, mais la deuxième fois, il a commencé à s'effondrer », se souvient l'un d'entre eux. Les colonnes de feu s'en étaient allées[31].

Mais les étudiants n'en avaient pas fini avec les prophéties. Ils aimaient l'idée que l'un de leurs professeurs avait avancée, à savoir que le grand schisme qui s'était produit dans l'ancienne Tula, si souvent raconté dans leurs légendes, aurait en réalité opposé un chef brutal qui croyait au sacrifice humain à un chef pacifique qui n'y croyait pas – un chef qui était chrétien à son insu. Le groupe qui s'était éloigné vers l'est avait suivi ce dernier. Si l'on considère qu'il ne s'appelait pas Huemac – nom d'un héros de nombreuses histoires anciennes – mais plutôt Quetzalcoatl, comme le suggérait leur ancien professeur Toribio, l'histoire fonctionnait à merveille, car l'un des nombreux signes associés au dieu Quetzalcoatl renvoie à l'année 1519. L'homme mortel serait devenu ce dieu dont on attendait le retour à cette époque. Malheureusement, les étudiants se sont un peu embrouillés dans les détails. D'après les registres de leur peuple, les Espagnols avaient débarqué tout au long de la côte au cours des deux années précédentes, et c'est le second capitaine que l'on prenait pour Quetzalcoatl revenant de l'est[32]. Il s'agissait de Juan de Grijalva, dont la navigation date de 1518, et non pas de Cortés qui arriva en 1519. Mais peu importe, l'essentiel de l'histoire était là. Elle serait reprise, et au besoin embellie, par les générations à venir.

On ne trouve rien de tel dans les histoires nahuas écrites par la première génération d'étudiants. En fait, aucun de ces éléments ne sonne vrai, compte tenu de ce que nous savons de la culture mexica. Les Mexicas ne croyaient pas que les gens puissent devenir des dieux, ni que les dieux puissent venir sur terre à une date donnée, ni que quiconque soit investi du droit de les conquérir. Quetzalcoatl n'était pas une de leurs divinités majeures (à la différence du peuple de Cholula) ; et ils ne lui attribuaient pas, à l'origine, une aversion pour les sacrifices humains. Si l'on ajoute à cela le fait que nous pouvons retracer la généalogie de ce récit dans les travaux d'auteurs européens ou influencés par la vision européenne de l'histoire, il semble que le dossier soit clos : il s'agit bien d'une fabrication ultérieure[33].

Cependant, même si l'on écarte l'idée que les Mexicas aient pris Cortés pour le dieu Quetzalcoatl, il n'en reste pas moins qu'ils ont désigné les Espagnols pendant plusieurs années par le terme de *teules*. Les écrivains espagnols de la génération suivante sautèrent de joie en apprenant qu'il s'agissait d'un abâtardissement du mot nahuatl *teotl*, qui signifie « dieu ». Mais ce mot avait aussi d'autres connotations. Dans les cérémonies religieuses, un *teotl* était un représentant du dieu, destiné au sacrifice. Dans certains autres contextes, le mot suggérait un pouvoir étrange et surnaturel, comme celui que pouvaient exercer certains sorciers ou prêtres. À l'époque, les Européens semblaient avoir connaissance de cela : dans une lettre adressée à Cortés, au tout début de la conquête, le roi d'Espagne lui demandait de veiller tout particulièrement à convertir les dirigeants politiques des Indiens (leurs « señores », disait-il) ainsi que leurs prêtres (leurs « teules », les appelait-il)[34]. Cependant, les Espagnols oublièrent par la suite ce sens-là, probablement parce qu'ils n'avaient pas été les témoins directs du chaos et de la confusion des premières interactions. Plus généralement, les Nahuas peinèrent à trouver des termes pour désigner les Espagnols. Dans leur monde, tout un chacun était nommé d'après le lieu d'où il venait (le Tenochca de Tenochtitlan, le Tlaxcalteca de Tlaxcala, le Culhuaque de Culhuacan, etc.). Si les origines géographiques d'une personne étaient inconnues, on ne savait guère comment l'appeler. Tel était le problème que posaient les nouveaux arrivants. Tout ce que les Nahuas remarquèrent c'est que les étrangers se considéraient comme des représentants de leur dieu. En attendant d'être sûrs et certains de son nom – les étrangers utilisaient une série de termes déroutants –, il leur semblait donc logique de les désigner par le mot *teotl*[35].

Leurs petits-enfants crurent que les Blancs avaient réellement été considérés comme des dieux. Le fait est qu'ils avaient désespérément besoin d'accepter la conquête. Que leurs ancêtres aient été des sauvages ignorants, comme le disaient parfois les Espagnols, ils savaient que c'était faux. Et pourtant, ils se demandaient s'ils n'avaient pas commis quelque erreur, ce qui pourrait expliquer bien des choses[36].

Les jeunes indigènes de la fin des années 1500 n'avaient pas connaissance de la longue histoire de l'Ancien ou du Nouveau Monde. Ils n'avaient aucun moyen de savoir que les Européens se consacrèrent pendant dix mille ans à l'agriculture. Certes ils n'avaient rien inventé en la matière, mais ils étaient les héritiers culturels de plusieurs millénaires de vie sédentaire. Ils bénéficiaient donc d'une population nettement plus nombreuse et d'une vaste panoplie de technologies – non pas seulement des armes et des armures métalliques, mais aussi des navires, des équipements de navigation, des moulins à farine, des fabriques de tonneaux, des charrettes à roues, des presses à imprimer, etc. Dans le Nouveau Monde, il n'y avait d'agriculteurs à plein temps que depuis trois mille ans peut-être. C'était un peu comme si l'Europe de la Renaissance s'était retrouvée en face des Sumériens de l'Antiquité. Les Mésopotamiens étaient extraordinairement impressionnants, mais ils n'auraient pas pu vaincre Charles Quint, empereur du Saint-Empire romain. Néanmoins, les jeunes écrivains indigènes de la fin du XVIe siècle ne savaient rien de tout cela : même ce maigre réconfort leur fut refusé.

*

Pendant la saison des pluies de 1519, ni les Espagnols ni les Mexicas ne pouvaient prévoir ce que seraient les histoires que l'on conterait un jour sur eux. À l'époque, les uns et les autres devaient composer avec des réalités pressantes. Ils n'avaient ni le temps ni l'énergie à consacrer à des réflexions philosophiques sur l'avenir, la mémoire historique ou la nature de la vérité.

Tout d'abord, les Espagnols avaient faim. Marina négocia aussi efficacement qu'elle le pouvait. Elle achetait aux habitants des environs des cages remplies de dindes, que d'autres femmes se chargeaient de plumer et de cuire en ragoût. Elle achetait des tortillas, du sel, des fruits et des légumes. Les gens, habitués à traiter avec elle, la sollicitaient. Comme leur langue ne comportait pas la lettre *r*, ils prononçaient « Malina ». Ils ajoutèrent le ***-tzin*** honorifique à la fin, d'où « Malintzin », qui se traduit parfois par « Malintze ». Comme les hispanophones n'avaient pas le son « tz » dans leur langue, ils entendaient « Malinchi » ou parfois « Malinche ». Ainsi, lorsqu'ils ne l'appelaient pas « doña Marina », c'était « Malinche » – surnom qui lui resta. Ce qui désorientait les Espagnols, c'est que les différents groupes avec lesquels ils traitaient prenaient cette femme pour le membre le plus important de leur troupe. Les Indiens ne semblaient même pas voir Jerónimo de Aguilar et appelaient Hernán Cortés « Malinche », comme si lui aussi devait s'appeler ainsi. Or, pour elle les Espagnols, cela aurait dû être l'inverse[37].

Cortés se savait dépendant de Malintzin, mais il ne s'en vantait pas. Dans ses lettres au roi, il l'évoquait le moins possible. Il aurait peut-être pu ne pas en parler du tout, mais son histoire aurait alors paru suspecte. Bien sûr, quelqu'un d'autre aurait pu remplir le rôle de Malintzin. Après tout, des femmes autochtones arrachées à leur foyer et qui haïssaient les Mexicas, il n'en manquait pas. Mais toutes ne parlaient pas le nahuatl et le maya yucatèque. Et parmi celles qui maîtrisaient ces deux langues, bien peu étaient filles de nobles, et donc capables de parler avec finesse, de comprendre et d'utiliser le haut registre de la noblesse, qui avait sa propre grammaire. Elles n'avaient pas toutes non plus une compréhension aussi subtile des situations complexes. Il apparut vite que Malintzin avait en fait un don particulier pour les langues. Elle commença à apprendre l'espagnol auprès de Jerónimo de Aguilar, sans tableau noir ni livre de grammaire. Après quelques mois, elle n'avait plus du tout besoin de son professeur[38].

Entre-temps, elle aidait Cortés à élaborer ses plans. Des messagers de Moctezuma revinrent à deux reprises ; si, à chaque fois, ils apportaient des cadeaux et en promettaient davantage, ils refusaient catégoriquement d'escorter Cortés et ses hommes à Tenochtitlan. La sécheresse y sévissait, disaient les émissaires de Moctezuma, si bien que le roi ne pouvait pas les recevoir et les traiter avec les honneurs auxquels ils devaient être habitués. Cortés, cependant, était absolument déterminé à s'y rendre. Il avait décidé que soit il conquerrait cette ville, soit, si cela s'avérait impossible, il acquerrait des marchandises merveilleuses et rapporterait en Espagne des renseignements précis sur les lieux; dans les deux cas, il serait salué comme un grand découvreur. Infatigable, il soupesa l'information qu'il tenait de certains villageois totonaques et de Malintzin elle-même, à savoir que Moctezuma avait de nombreux ennemis qui lui viendraient en aide. Il pouvait se rendre d'abord dans une ville totonaque rebelle, puis à Tlaxcala, dont les habitants détestaient les Mexicas. Là, ses hommes auraient accès à des vivres, de l'eau et d'autres nécessités.

Il y avait cependant un obstacle sérieux : il avait quitté les Caraïbes sans autorisation, de sorte qu'il était, techniquement parlant, un hors-la-loi[39]. Le gouverneur l'avait d'abord affecté à une expédition exploratoire, raison pour laquelle plus de quatre cents hommes sans terre l'avaient rejoint. Mais au dernier moment, il craignit que Cortés n'outrepasse son autorité et n'établisse une sorte de fief sur le continent, qui le spolierait de tout profit. Il envoya un messager pour faire savoir qu'il révoquait son autorisation. Que pouvait faire Cortés, sinon partir immédiatement et faire comme s'il n'avait jamais reçu la nouvelle? (Quant au messager, il lui offrit de l'argent pour le convaincre de venir avec eux découvrir ce qu'était, selon la rumeur, le pays des richesses.) Pourtant, même si son aventure au cœur du continent réussissait, il n'en risquait pas moins d'être arrêté à son retour. Même le permis dont il feignait de croire qu'il était toujours en vigueur lui donnait seulement le droit d'explorer, rien de plus.

Formé par un notaire, Cortés connaissait bien le droit espagnol – certains historiens pensent même qu'il l'avait étudié. Il savait que son appareil juridique était fondé sur l'idée qu'une unité organique liait un dirigeant et ses sujets. Tout chef, même un roi, pouvait être écarté par «l'ensemble des hommes de bien du pays» s'il se comportait de manière scandaleuse. Dans ce cas, ces dits hommes de bien n'étaient pas considérés comme des traîtres, mais agissaient pour le bien commun. Ce dont Cortés avait besoin, c'est donc qu'un groupe de citoyens exige de lui qu'il prenne la tête de leur établissement dans le pays. Il fit en sorte que tous les Espagnols présents se regroupent et signent un document attestant qu'ils avaient fondé une ville espagnole (qui devait s'appeler la Villa Rica de la Vera Cruz, ou «Ville riche de la vraie croix») et réclamant qu'il les conduise là où ils voulaient aller – c'est-à-dire à Tenochtitlan.

Mais il y avait plus à faire avant de se mettre en route. Cortés demanda à Puertocarrero, l'homme le plus influent de l'expédition en raison de son statut social élevé, de retourner en Espagne pour plaider sa cause auprès du roi de façon que le gouverneur des Caraïbes ne lui porte pas préjudice. De plus, en vertu de son statut élevé, Puertocarrero pourrait faire envoyer davantage d'hommes, de matériel, de chevaux et d'armes. Cinq cents Européens ne suffiraient pas à faire tomber les Mexicas, mais leurs compatriotes en étaient capables. Cortés avait donc besoin de renfort. Une fois Puertocarrero et ses hommes partis, Cortés donna l'ordre d'échouer les navires restants. Ils ne furent pas sabordés, mais laissés tels quels, dans un état si lamentable qu'ils étaient inutilisables. Manière d'empêcher les hommes mécontents de rentrer chez eux[40].

Cela fait, Cortés et les siens quittèrent les terres chaudes de la côte pour gagner les montagnes. Deux Totonaques les guidèrent vers Tlaxcala. Ils passèrent par une pinède où, la nuit, ils furent surpris par le froid. Ils n'étaient pas suffisamment couverts, et quelques-uns des Indiens esclaves que les Espagnols avaient amenés des Caraïbes moururent après une pluie battante de grêle. Puis le chemin descendit dans une vallée. Ils y trouvèrent un mur de pierre de deux mètres de haut, s'étendant à droite et à gauche à perte de vue. Il était construit en pyramide : la base mesurait six mètres de profondeur, tandis que le sommet culminait en une chaussée bien plate de seulement cinquante centimètres. C'était, semble-t-il, la frontière de Tlaxcala. Mais malgré cela, les Totonaques continuèrent à affirmer que tout se passerait bien. Les Tlaxcaltèques, expliquaient-ils, avaient les Mexicas en grande haine depuis que ces derniers leur imposaient, en échange de leur indépendance, de participer aux redoutables guerres fleuries[41].

Les voyageurs trouvèrent bientôt une ouverture dans le mur, dans laquelle Cortés et une demi-douzaine d'hommes s'engouffrèrent. Ils aperçurent alors une quinzaine de guerriers devant eux. Sur l'ordre de Cortés, l'un des cavaliers repartit vers l'arrière au galop, au cas où des renforts seraient nécessaires ; puis le chef s'approcha des Indiens. Soudain, des centaines de guerriers, comme surgis de nulle part, les encerclèrent. Cortés prétendit dans la lettre qu'il adressa au roi qu'ils étaient plusieurs milliers, mais dans ce type de situation, il exagérait toujours les chiffres ; les Tlaxcaltèques ne pouvaient se permettre de placer une garnison de milliers d'hommes à l'entrée de leur territoire, au vu de leur population totale. Quoi qu'il en soit, deux des chevaux furent tués et leurs cavaliers gravement blessés, avant que des cavaliers espagnols arrivent en renfort et que les Tlaxcaltèques battent en retraite. Cortés avait appris une leçon cruciale : une poignée d'hommes en armure, même sur des chevaux, ne suffisait pas à résister à un assaut. Il fallait se déplacer en groupes plus nombreux pour rester invulnérables.

Tard dans la journée, les Espagnols virent arriver des messagers de Tlaxcala. Ces derniers présentèrent leurs excuses pour l'incident et l'imputèrent à des ***Otomís*** stupides et turbulents qui vivaient sur leur territoire. Ils prétendirent être animés par un désir d'amitié et demandèrent à visiter l'impressionnant campement. Malintzin avait quelque appréhension, ne sachant pas à quoi s'attendre.

Des Tlaxcaltèques attaquèrent en nombre au lever du jour. Les Espagnols s'étaient préparés ; et, protégés par leurs armures, ils pouvaient infliger plus de pertes qu'ils n'en essuyaient, mais ils étaient affaiblis par leur voyage. Ils durent se battre toute la journée, sans se restaurer ou se reposer, entourés d'une mer d'ennemis qui ne se retirèrent que lorsque l'obscurité les empêcha de distinguer l'ami de l'ennemi. Cette nuit-là, Cortés et les treize cavaliers restants traversèrent la plaine au galop jusqu'aux collines voisines, où des feux allumés signalaient la présence de villages. « Je leur brûlai cinq ou six petits villages d'une centaine de cases », écrivit-il plus tard au roi[42].

Le lendemain matin, les guerriers tlaxcaltèques attaquèrent une nouvelle fois, avec de telles forces qu'ils parvinrent à pénétrer dans le camp et à engager un combat au corps à corps. Il fallut quatre heures aux Espagnols pour les repousser. Cette fois, ils sortirent leurs escopettes – de petits canons qui, bien que peu précis, mitraillaient avec une redoutable efficacité. « L'ennemi était si nombreux et si massif, commenta plus tard l'un des Espagnols, que chaque tir faisait des ravages parmi eux[43]. » Plusieurs douzaines d'hommes de Tlaxcala moururent ce jour-là ; ils tombaient dans les bras de leurs camarades et étaient emportés hors du champ de bataille. Seul un Espagnol perdit la vie.

Le lendemain, avant l'aube, Cortés prit la tête de ses cavaliers et les mena hors du camp. « J'ai brûlé plus de dix villages », rapporta-t-il. Pendant les deux jours suivants, les chefs tlaxcaltèques envoyèrent sporadiquement des émissaires pour engager des négociations de paix ; mais cette démarche ne parut guère convaincante, peut-être parce qu'ils n'associaient à leurs propositions aucun cadeau. Cortés soumit l'un d'eux à la torture, cherchant à lui extorquer des informations par l'intermédiaire de son interprète, Malintzin – laquelle s'était vite rendu compte que le dieu chrétien n'était pas toujours synonyme de paix. Vinrent d'autres émissaires, qui n'avaient pas retenu la leçon ; Cortés coupa les doigts de plusieurs d'entre eux, afin qu'« ils voient qui nous sommes », selon ses propres mots, puis il les renvoya chez eux[44].

Les Indiens attaquèrent de nouveau, et de nouveau ils furent repoussés. Cortés fit alors sortir ses cavaliers, qu'il avait mis au repos. Lui-même monta à cheval, avec Malintzin derrière lui. « Pris par surprise, les Indiens sortaient désarmés, les femmes et les enfants couraient nus par les routes, et je leur fis beaucoup de mal[45]. » À sa demande, l'interprète déclara à haute voix que les étrangers étaient prêts à offrir la paix et l'amitié. Sa proposition se révéla conaincante, puisque la guerre se termina cette nuit-là. Les pourparlers de paix commencèrent pour de bon au matin.

Comme on l'a vu, Tlaxcala était en fait quatre pays en un. L'altepetl était lui-même constitué de quatre sous-altepetls très peuplés. Chacun avait son propre roi, mais ils étaient si étroitement liés par les intermariages et la tradition qu'ils apparaissaient, aux yeux des étrangers, comme une entité unie et indissoluble – raison pour laquelle ils avaient été les seuls à résister à l'agression mexica. Pendant de nombreuses années, ils avaient été alliés avec les cités voisines de Cholula et de Huexotzinco ; mais ces dernières, sous la menace de Moctezuma, s'étaient rangées à ses côtés. Ayant eu vent de la nouvelle alors qu'ils jouaient à un jeu de balle, les Tlaxcaltèques punirent les traîtres en leur infligeant une lourde défaite. « Nous les avons poursuivis jusqu'à l'intérieur de leurs propres maisons[46] », se vantaient-ils dans leurs annales. Cependant, malgré tout leur courage, il n'en reste pas moins qu'ils étaient encerclés et que leurs routes commerciales étaient coupées. Les Mexicas ne pouvaient les faire tomber sans perdre plus d'hommes qu'ils n'en épargneraient ; peut-être préféraient-ils se réserver en vue des guerres fleuries, qui se terminaient souvent par la mort.

Pendant longtemps, Tlaxcala n'avait survécu que parce que ses hommes pouvaient faire jeu égal avec leurs ennemis. S'ils avaient dû être mis au courant de l'approche d'une expédition de plus de quatre cents étrangers, ils n'avaient pas suffisamment d'espions et de messagers pour bénéficier de rapports détaillés et être informés de l'espoir que nourrissaient les Espagnols : ceux-ci étaient prêts à s'allier avec eux pour les convaincre de défaire les Mexicas. C'est à Malintzin qu'il incomba de leur décrire la situation. Heureux hasard, jusqu'à son élimination au cours des récentes guerres, le peuple de Coatzacoalcos auquel appartenait Malintzin avait compté parmi les partenaires commerciaux de Tlaxcala. Il semble qu'ils virent en elle une femme noble, gracieuse et autoritaire, car ils décidèrent qu'ils pouvaient lui faire confiance.

Les Tlaxcaltèques conduisirent les Espagnols dans l'imposant palais du tlatoani Xicotencatl (chi-co-tène-cate) de Tizatlan, l'un des deux plus grands sous-altepetls. Là ils offrirent aux nouveaux venus toute une palette de femmes, aussi bien des princesses destinées à un beau mariage que de jeunes esclaves en guise de tribut. Cortés donna la princesse la plus importante – une fille de Xicotencatl – à Pedro de Alvarado, un homme charismatique avec une barbe d'un blond éclatant, qui était l'un de ses lieutenants. Une des filles d'un seigneur de moindre rang fut donnée à Jerónimo de Aguilar, et les autres furent distribuées aux hommes de la compagnie qui avaient prouvé leur valeur aux yeux de Cortés. Quelques années plus tard, des artistes de la région peignirent sur les murs du palais de Tizatlan le souvenir de cet événement, aux fortes résonances politiques ; et ils en firent une copie sur du papier d'écorce. Ils souhaitaient perpétuer la mémoire de cette alliance précoce. Des rangées de jeunes femmes données aux Espagnols, sous lesquelles figuraient les noms des plus importantes, se détachaient du tableau ; elles personnifiaient le traité d'alliance que les Tlaxcaltèques pensaient avoir conclu[47].

Pendant ce temps, Cortés, tout en fendant la foule de femmes, négociait pour obtenir de nouvelles faveurs. Il voulait que plusieurs milliers de guerriers l'accompagnent à Tenochtitlan. Les Tlaxcaltèques acceptèrent bien volontiers : Ils ne pouvaient rêver mieux qu'une telle alliance. Lorsque la compagnie se mit en route, elle était au moins trois fois plus importante qu'auparavant. Elle semblait filer droit vers la victoire[48].

*

À ce stade, Moctezuma décida qu'il ne pouvait pas retarder plus longtemps ce qu'il redoutait tant de devoir faire. Il envoya aux Espagnols des messagers proposant de verser le tribut annuel – de l'or, de l'argent, des esclaves et des textiles – que les étrangers désiraient, à la seule condition qu'ils n'entrent pas sur ses terres, car il ne pouvait pas héberger une si grande compagnie. Moctezuma et son conseil espéraient ainsi répondre aux exigences des étrangers. C'était d'ailleurs ce que le tlatoani aurait lui-même souhaité en de telles circonstances. Il avait longeuement hésité, craignant que ce tribut n'épuise ses ressources ; il avait encore l'espoir de repousser les nouveaux venus par un autre moyen. Ce qu'il ne pouvait absolument pas se permettre, politiquement parlant, c'était l'affrontement direct. Il savait d'après ses sources que les étrangers gagnaient chacune de leurs batailles. Même s'il rassemblait une puissante armée et parvenait à les défaire, eux et leurs alliés, ce serait au prix de pertes immenses, bien au-delà de tout ce qu'il avait pu connaître par le passé. De ce fait, il perdrait aussi le soutien de ses alliés. Bref, ce serait la fin de son royaume. Plus tard, les chercheurs s'empressèrent d'affirmer que, si Moctezuma céda devant les exigences des étrangers, c'est parce qu'il était paralysé par un fatalisme d'ordre culturel (ils prétendaient qu'il s'appuyait sur une communication homme-dieu plutôt qu'homme-homme, ou encore qu'il était incapable d'envisager une guerre à mort), mais aucune source ne va dans ce sens. Moctezuma fit preuve, une fois de plus, de pragmatisme[49].

Cependant, son plan échoua. Les étrangers déclinèrent sa proposition et continuèrent leur progression. Ils s'arrêtèrent à Cholula, ville qui était sous l'autorité de Moctezuma. Celui-ci donna l'ordre aux habitants de Cholula de donner aux étrangers le moins de vivres possible ; et, semble-t-il, de les attaquer au moment où ils quitteraient la ville – ils devraient alors longer de dangereux ravins pour entrer dans le cirque montagneux qui ceint la vallée centrale. C'est du moins ce qu'affirme Cortés : Malintzin aurait recueilli ces différentes informations d'une vieille femme qui vivait dans la ville. Il est tout à fait logique que Moctezuma ait donné de tels ordres : Cholula, qui s'était ralliée à lui peu auparavant, était la dernière étape avant la vallée centrale. Il ne se souciait guère de la vie de ses habitants ; et, si leur attaque échouait, il pouvait facilement les écarter, tant aux yeux de son propre peuple qu'à ceux des Espagnols. Ou bien était-il trop prudent pour lancer un assaut si près de chez lui ? Impossible de savoir. Que Moctezuma ait voulu ou non une bataille, les Tlaxcaltèques étaient quant à eux d'ardents partisans de la confrontation. Ils n'avaient pas pardonné à Cholula d'avoir changé d'alliance. S'ils réussissaient à faire tomber la famille actuellement au pouvoir et à en installer une autre de leur choix, le résultat leur serait bénéfique à long terme. Il se peut donc bien que la rumeur selon laquelle Cholula préparait une attaque soit une invention de leur part, dont les Espagnols auraient été dupes. Quoi qu'il en soit, ils unirent leurs forces dans un terrible carnage. Le temple de Quetzalcoatl – dieu protecteur des Cholulans – fut brûlé, comme la plupart des maisons. « La destruction prit deux jours », commenta laconiquement un Espagnol[50].

Après cela, l'armée alliant Espagnols et indigènes poursuivit sa route. Ils franchirent sans encombre le col entre le volcan Popocatepetl (« la montagne fumante ») et la Iztaccihuatl (« la femme blanche ») enneigée, et entrèrent dans la vallée. Comme ils approchaient des villes situées au bord du lac, au centre, les Espagnols – ainsi que de nombreux Indiens qui les accompagnaient – furent saisis d'émerveillement. Un Espagnol du nom de Bernal Díaz écrivit ses impressions bien des années plus tard : « Nous disions entre nous que c'était comparable aux maisons enchantées décrites dans l'Amadís, à cause des tours élevées, des temples et de toutes sortes d'édifices bâtis à chaux et à sable, jaillissant de la lagune. » (Amadís était un chevalier légendaire, et le roman de chevalerie qui était consacré à ses aventures était un best-seller en Espagne.) « Quelques-uns d'entre nous se demandaient si tout ce que nous voyions là n'était pas un rêve », se souvenait l'Espagnol. Lorsque les hommes firent halte dans la ville d'Iztapalapan pour se reposer, ils furent littéralement stupéfaits. Le palais du seigneur y rivalisait avec les grands monuments d'Espagne. Derrière, un jardin de fleurs descendait en cascade jusqu'à un bel étang : « De grandes embarcations pouvaient entrer dans ce verdoyant enclos par un canal qu'on y avait pratiqué... Tout était peint à la chaux et brillait des couleurs diverses dont les pierres étaient rehaussées... Je dis encore qu'en voyant ce spectacle je ne pus croire qu'on eût découvert dans le monde un autre pays comparable à celui où nous étions[51]. »

Bernal Díaz était déjà bien vieux quand il écrivit ces mots. Les larmes lui montaient aux yeux alors qu'il se rappelait sa jeunesse perdue. Il fit ensuite le récit de tout ce qui s'était passé depuis. À la fin du paragraphe, il semble frémir de honte. « Aujourd'hui, toute cette ville est détruite et il n'en reste plus rien. »

*

Le matin du 8 novembre 1519, les Espagnols et leurs alliés tlaxcaltèques traversèrent la large chaussée balayée par les eaux qui menait directement à la ville. Cortés chevauchait à l'avant du cortège ; Malintzin, ses petites épaules bien droites, marchait à ses côtés. Moctezuma avait décidé, en homme avisé qu'il était, d'organiser un grand spectacle pour célébrer la rencontre entre deux monarques frères. À la porte, située à la limite de l'île, des centaines de dignitaires s'étaient rassemblés, dont de nombreux représentants des altepetls centraux. Ils s'avancèrent, chacun leur tour, avant de s'agenouiller et d'embrasser la terre. Chez les Nahuas, un cérémonial collectif servait à montrer la puissance d'un corps politique uni. Pendant ce temps, les chefs manifestèrent une grande patience. Mais Cortés était dans un tout autre état d'esprit. « Je suis resté là à attendre pendant près d'une heure que tout le monde ait accompli sa part de la cérémonie », déclara-t-il de fort mauvaise humeur[52].

Puis, une fois accompagnés de l'autre côté d'un pont, Cortès et ses hommes se retrouvèrent face à une large avenue, toute droite, qui menait au cœur de la métropole. En comparaison, les petites rues labyrinthiques des villes européennes faisaient pâle figure, de même que le petit centre-ville de Tlaxcala. Les nouveaux venus, qui essayaient de donner un sens à la scène sous leurs yeux, peinèrent à en distinguer les différents éléments. Puis apparut non loin de là, au bas de cette large route ensoleillée, un cortège royal, qui se dirigeait vers eux. Tous les hommes étaient vêtus de manteaux ornés de joaillerie, et au centre se trouvait Moctezuma, le tlatoani, le grand roi, qui parlait au nom de son peuple. Au-dessus de lui, ses serviteurs tenaient un magnifique baldaquin – un grand arc pointé vers le ciel, dont les morceaux d'or et les pierres précieuses scintillaient dans la lumière[53]. Tels des rayons de soleil.

Chapitre 5

Une guerre pour mettre fin à toutes les guerres 1520-1521

Les temples brûlent à cause de la guerre. Bibliothèque bodléienne, université d'Oxford, Codex Mendoza, MS. Arch. Selden, A., folio 6r.

L'odeur des corps embrasés empestait. Mais pire encore était celle de la *miccatzintli*, cette pauvre femme qui gisait morte depuis plusieurs jours, sans que son corps ait été enlevé. Elle était couchée là où elle avait succombé, car il ne restait plus personne au palais pour pouvoir s'en occuper. La maladie, qui ne ressemblait à rien de ce qu'on avait vu auparavant, avait frappé peu de temps après que les étrangers indésirables eurent été contraints de quitter Tenochtitlan. La plus jeune fille de Moctezuma regardait ses sœurs couchées à ses côtés sur les matelas souillés. Elles étaient encore en vie. Lorsqu'elles tournèrent la tête, elle vit leurs yeux noirs refléter sa propre terreur. Leurs visages, leurs bras, tous leurs membres étaient couverts de plaies infectes. Mais elles commençaient à guérir, elles ne semblaient pas au bord de la mort. Les choses avaient changé depuis que, dans la brume de la fièvre, elles pensaient être toutes en train d'expirer, de disparaître – c'était le même mot[1].

*

Aucun des enfants royaux n'avait jamais connu la famine jusqu'alors. Et même durant l'épidémie qui venait de les frapper, ils avaient bénéficié de bons soins tant qu'il leur était resté des serviteurs pour s'occuper d'eux : leur bonne fortune les avait aidés à survivre. Plus tard, la fille de Moctezuma découvrit que ses jeunes frères et sœurs – les enfants nés récemment des nouvelles épouses de son père – étaient morts[2]. D'autres avaient été « effacés » – selon la formule qu'elle aurait employée – des semaines avant que la variole ne s'abatte. Il y a peu, au cours de cette nuit où les Espagnols furent chassés, deux de ses frères avaient été tués accidentellement au moment même où elle fut sauvée[3]. On raconte que son père, le seigneur Moctezuma, avait été étranglé par les Espagnols, comme on le ferait d'un vulgaire criminel[4]. C'était probablement vrai. Quelle qu'ait été la cause de sa mort, il était parti, tout comme les autres. Tels les héros des chansons, ils ne reviendraient jamais. Le temps est éphémère, disaient toujours les chanteurs. « Naissons-nous deux fois sur cette Terre ? » lançaient-ils quand quelqu'un mourait. Et le chœur répondait sur un ton tragique, les yeux en larmes : « Non ! ». La fillette comprenait maintenant ce qu'ils voulaient dire.

Tecuichpotzin (tèk-ouitch-po-tsine, « Fille de Seigneur ») avait environ onze ans[5]. Elle avait vécu tellement d'horreurs au cours de l'année écoulée qu'elle avait dû en oublier une partie, au moins inconsciemment ; elle réservait le reste de ses forces pour survivre au jour le jour. Que d'allégresse elle avait ressentie lorsque les Espagnols furent partis, chassés par la colère des siens et obligés de s'enfuir ! Si elle avait su alors que le pire était encore à venir, elle n'aurait peut-être pas trouvé le courage d'aller de l'avant et de prendre part avec son peuple à la reconstruction de la ville. Mais du haut de ses onze ans, elle était pleine de joie de vivre ; et elle avait ses sœurs bien-aimées à ses côtés. Et bien sûr, elle ne pouvait prédire l'épidémie qui s'abattrait sur eux. Aussi, lorsque les Espagnols partirent, elle fit comme toutes les autres femmes : elle prit un balai et se mit au travail[6]. Elle chassa les toiles d'araignée du seuil de la porte.

*

Si quelqu'un avait posé la question à Tecuichpotzin, elle aurait sans doute dit que les problèmes avaient commencé avant même l'arrivée des étrangers et de leurs alliés de Tlaxcala. Cela faisait déjà plusieurs mois que l'humeur de son père s'était assombrie, alors qu'il s'interrogeait sur la conduite à adopter face aux envahisseurs. Il ne pouvait pas se permettre un affrontement direct. Ses propositions de tribut, pourtant colossales, s'étaient révélées inefficaces. Finalement, il n'eut d'autre choix que de se soumettre à la demande de ses ennemis et de les accueillir – tout en rassemblant le plus d'informations possible à leur sujet. Des tensions se firent jour dès les premiers instants de leur arrivée, lorsque Hernán Cortés descendit de cheval et alla pour embrasser Moctezuma. Les serviteurs du tlatoani, choqués, s'interposèrent aussitôt pour éviter un tel manque de respect. Lors de l'échange des cadeaux, ils se montrèrent nerveux. Cortés tendit un collier de perles et de verre taillé. Moctezuma fit un signe à un serviteur, qui apporta un collier de coquilles d'escargots rouges, accrochées à des crevettes d'or magnifiquement ouvragées. Puis il invita les chefs à le suivre à l'intérieur de ses appartements[7].

Jusqu'à ce jour, nous ne savons pas exactement ce qu'ils se dirent. Tecuichpotzin n'assista pas à cet échange; bien peu eurent ce privilège. Un an plus tard, Cortés prétendit que Moctezuma avait immédiatement cédé son royaume; et qu'il le fit même avec joie, au motif qu'il attendait, tout comme son peuple, le retour des descendants de quelque ancêtre parti il y a de cela plusieurs générations. Cortés ajouta que, quelques jours plus tard, il dut placer Moctezuma en résidence surveillée et le priver de liberté pour pouvoir maintenir l'ordre. Les déclarations de Cortés, tout aberrantes qu'elles sont, lui étaient absolument nécessaires. Lorsqu'il consigna ces événements un an plus tard, le peuple mexica l'avait chassé de la ville, en même temps que tous ses hommes. Il essayait alors désespérément d'organiser la conquête à partir de la côte, en coordination avec ses alliés indigènes et les Espagnols récemment arrivés. Il ne voulait surtout pas passer pour un homme vaincu, mais plutôt pour un loyal serviteur du monarque espagnol, celui-là même qui avait déjà accompli de grandes choses et en ferait encore davantage. Selon la loi espagnole, il ne pouvait déclencher une guerre au nom du roi que pour reprendre le contrôle d'un territoire en rébellion. Or, pour ce faire, il devait faire croire que le peuple mexica avait accepté la domination espagnole[8].

Lorsque, par la suite, les hommes de Cortés commentèrent ces événements, il leur arrivait d'oublier les consignes en vigueur. Cortés, par exemple, affirmait qu'il avait d'emblée imposé un contrôle total et qu'il avait mis fin aux sacrifices humains : « Pendant tout le temps que je passais dans la ville, on ne tua ni ne sacrifia une seule créature humaine. » Mais Bernal Díaz écrit quant à lui : « Le noble Moctezuma témoigna, comme toujours, de sa grande bienveillance. Cependant il ne cessait pas ses sacrifices : chaque jour mouraient des Indiens. Cortés avait beau le désapprouver, il ne réussissait à rien obtenir[9] ». Un autre homme semblait se souvenir, au beau milieu d'un paragraphe, que Moctezuma était censé être emprisonné. « [Son peuple] lui apportait des poissons de rivière et de mer de toutes sortes, ainsi que différents fruits de la côte maritime et des hauts plateaux. Les espèces de pain qu'ils lui apportaient étaient très variées… On ne le servait pas sur de la vaisselle d'or ou d'argent parce qu'il était en captivité, mais il possédait probablement un grand service de table en or et en argent[10]. »

Cortés avait sans aucun doute entendu parler, par Malintzin ou peut-être par d'autres, des schismes et migrations qui ont émaillé l'histoire mexica. Moctezuma savait bien que ses ancêtres furent, eux aussi, des envahisseurs. Il n'était pas absurde pour lui de croire – ou de feindre de croire, devant son peuple – que les étrangers étaient des descendants de ses redoutables ancêtres. Un tel scénario est tout à fait logique. Mais nous ne pouvons pas savoir avec certitude ce qui s'est réellement passé lors de ce premier entretien entre Cortès et Moctezuma. Tout ce que l'on sait, c'est que Moctezuma décrit sa lignée ancestrale avec beaucoup de détails, avant de se qualifier de « pauvre vassal » des nouveaux venus. Si tant est qu'il ait réellement dit cela, ce n'était que pour mieux souligner sa puissance, conformément au registre poli de la langue nahua, qui fonctionne par antiphrase. S'il avait voulu renoncer au trône, il ne se serait pas exprimé ainsi[11].

Ce qui est clair, c'est que Moctezuma continua à gouverner dans les semaines et les mois qui ont suivi, et qu'il traita les étrangers, y compris les dirigeants tlaxcaltèques, comme des invités d'honneur, dépensant sans compter. Il leur posait des questions par l'intermédiaire de Malintzin. Les Espagnols, mal dégrossis, réclamaient des cadeaux partout où ils allaient. Leurs hôtes se souviendraient de les avoir vus se donner des claques dans le dos quand ils découvrirent la réserve personnelle de Moctezuma, et qu'on leur eut dit qu'ils pouvaient emporter tout ce qu'ils voudraient. Les Espagnols prirent de beaux bijoux en or et les firent fondre pour en faire des lingots; les seigneurs de Tlaxcala leur préféraient le jade poli. Moctezuma présenta aux étrangers des plans, ainsi que des listes de tributs : tout ce qu'il souhaitait, c'est qu'ils donnent leur prix et s'en aillent[12].

Fait révélateur, Moctezuma fit venir Tecuichpotzin et deux de ses sœurs pour les donner en fiançailles aux nouveaux arrivants. C'était un test. Si les étrangers les traitaient comme de simples concubines et non comme des épouses, ce serait une mauvaise nouvelle, mais il saurait au moins à quoi s'en tenir. Les sœurs royales, parées de leurs plus beaux atours, se tinrent silencieuses, les yeux baissés, tandis que leurs aînées prononçaient les discours rhétoriques requis, sous les oreilles attentives de Malintzin[13]. L'interprète apprit que, parmi les filles aînées de Moctezuma, un certain nombre étaient déjà mariées dans les maisons royales de Chalco, Culhuacan, Tlacopan et d'autres altepetls importants. C'était à présent au tour des trois filles présentes. Deux d'entre elles avaient pour mère la fille du Cihuacoatl (conseiller suprême), le principal commandant militaire[14]. Quant à Tecuichpotzin, sa mère étant fille de l'ancien roi Ahuitzotl, elle revêtait une grande signification politique : elle réunissait les deux branches rivales de la famille royale, celle qui descendait de Huitzilihuitl et celle qui descendait d'Itzcoatl[15]. Moctezuma garda secrète l'existence d'une des sœurs cadettes de Tecuichpotzin, que les Espagnols ne découvrirent que des années plus tard. Peut-être pensait-il qu'elle pourrait être utile à l'avenir, ou alors sa mère tépanèque avait insisté pour la cacher, ou bien les deux. Un enfant d'une femme de Teotihuacan fut également caché aux Espagnols, à dessein[16].

Malintzin réussit à faire comprendre aux étrangers – qui ignoraient tout de la complexité des relations matrimoniales chez les Nahuas – que Tecuichpotzin était née d'une mère de haut rang et était donc une princesse importante. Lorsqu'ils la baptisèrent, ils l'appelèrent Isabel, en l'honneur de la reine Isabella, qui avait lancé les premiers navires vers le Nouveau Monde. Les autres filles devinrent « María » et « Mariana[17] ». Puis les Espagnols les emmenèrent dans l'ancien palais d'Axayacatl, où ils résidaient. Nous n'avons aucune information sur ce qui leur arriva, mais des Espagnols déclarèrent plus tard que Cortés avait violé plusieurs princesses à cette époque; d'autres encore, bien moins connus, firent de même sans que l'histoire en ait gardé trace[18].

Puis, en avril 1520, la situation changea radicalement. Moctezuma apprit par ses messagers qu'au moins huit cents Espagnols supplémentaires, répartis sur treize navires, étaient arrivés sur la côte. Cortés et ses hommes ne le savaient pas encore. Le tlatoani décida finalement de les mettre au courant pour sonder leur réaction. Il s'adressa à Malintzin, qui transmit la nouvelle à Jerónimo de Aguilar, lequel l'annonça à haute voix en espagnol. Cortés ne put cacher son désarroi[19].

*

Alonso de Puertocarrero avait quitté Veracruz pour se rendre directement en Espagne. Mais l'un des Espagnols à bord avait des terres et des proches sur la côte nord de Cuba. Il ne put résister à l'envie de s'arrêter quelques jours dans sa plantation, avant de reprendre la mer. Entre-temps, mis au courant des agissements de Cortès, le gouverneur Diego de Velázquez tenta de les rattraper, en vain. Furieux, il soumit à un interrogatoire chacune des personnes qu'ils croisèrent pendant leur brève escale. Velázquez, qui avait autrefois mené la conquête brutale de l'île de Cuba, se disait extrêmement préoccupé par les violences perpétrées par Cortés à l'encontre des Indiens. Il écrivit au roi pour lui faire part de ses inquiétudes et lui assura qu'il enverrait immédiatement le capitaine Pánfilo de Narváez à la poursuite du renégat. Narváez, qui avait été son commandant en second lors de la prise de Cuba, avait désormais le champ libre pour explorer le continent. Contrairement à Cortés, promit-il, il établirait une relation juste et équitable avec les habitants de la région.

Puertocarrero accosta en Espagne le 5 novembre, peu après la lettre du gouverneur cubain. Puertocarrero et d'autres – et d'autres, notamment son père, Martín Cortés – firent de leur mieux pour défendre l'expédition aux yeux du roi. Ils remirent l'ensemble de l'or et des trésors exotiques collectés le long de la côte. Une partie d'entre eux fut envoyée dans les royaumes du Saint-Empire romain pour être exposée. En juillet, à l'hôtel de ville de Bruxelles, le peintre Albrecht Dürer put ainsi contempler de petites statuettes d'animaux en or, d'un réalisme saisissant. « De toute ma vie, écrivit-il, je n'ai rien vu qui ait autant réjoui mon cœur, car c'étaient là de merveilleux objets d'art, et j'étais frappé de l'ingéniosité dont pouvaient faire preuve les gens des contrées lointaines. » Les histoires, bien sûr, voyagèrent encore plus vite que l'exposition – elles furent, pour beaucoup, pleines d'exagération. À son insu, Cortés devint un homme célèbre en Europe. Son père commença immédiatement à équiper un bateau de ravitaillement. Grâce aux navires et à l'imprimerie, les informations circulaient plus rapidement. En l'espace de quelques mois, de nombreux Européens se prirent à rêver d'investir dans les terres nouvellement découvertes, voire de s'y rendre personnellement[20].

*

Pendant ce temps, de l'autre côté de l'océan, Cortés et Moctezuma élaboraient des stratégies. Cortés savait que ce n'étaient pas ses messagers, partis depuis trop peu de temps, qui avaient fait venir tous ces navires. Ce ne ne pouvait être que son ennemi juré, le gouverneur Velázquez. D'une manière ou d'une autre, par l'intermédiaire de Malintzin ou d'un Nahua qui apprenait l'espagnol – peut-être même Tecuichpotzin –, Moctezuma en fut informé. C'était pour lui l'occasion rêvée de diviser les Espagnols et, espérait-il, de les vaincre. Pour la première fois, il ordonna à son peuple de se préparer au combat – sans savoir avec certitude avec lequel des deux groupes d'étrangers il se rangerait[21].

En désespoir de cause, Cortés risqua le tout pour le tout. Il fit ce qu'il avait prétendu faire depuis longtemps : il prit Moctezuma en otage – il lui mit littéralement les fers aux pieds ; et ce, pendant pas moins de quatre-vingts jours[22]. C'est de cette façon que Cortés put assurer aux Espagnols tout juste arrivés qu'il contrôlait le royaume, dans l'espoir d'obtenir leur allégeance. En recourant à cette pratique éprouvée de la guerre médiévale, il évitait toute rébellion indienne[23]. Après avoir emprisonné Moctezuma dans leurs quartiers, les Espagnols le menacèrent de le tuer s'il appelait son peuple à résister. Puis Cortés se rendit en toute hâte sur la côte, avec Malintzin et une grande partie de ses hommes[24].

Une fois là-bas, ils envoyèrent des messages et de l'argent aux hommes clés de l'équipage de Narváez ; ils les invitaient à se joindre à eux et à partager les richesses du Mexique. Fin mai, au beau milieu de la nuit, ils attaquèrent par surprise. Les combats furent brefs – ils ne firent qu'une dizaine de morts. En effet, une fois l'obstiné Narváez capturé, ses hommes – excepté quelques-uns – n'eurent plus le courage de se battre. On parvint presque immédiatement à un accord. Cortés disposait désormais d'environ huit cents soldats supplémentaires, ainsi que de quatre-vingts chevaux et de plusieurs navires remplis de provisions. Il pouvait faire tomber Moctezuma, pensait-il. Il y avait même du vin d'Espagne pour célébrer l'événement.

Le douzième jour, des Tlaxcaltèques apportèrent à Malintzin une affreuse nouvelle. Les habitants de Tenochtitlan étaient entrés en rébellion. Les forces espagnoles, réfugiées dans le palais d'Axayacatl, ne pourraient pas tenir longtemps. Le lendemain, vinrent deux autres hommes de Tlaxcala, cette fois-ci avec une lettre des Espagnols, passée clandestinement. Cortés se souviendrait de son contenu : ils suppliaient que, « pour l'amour de Dieu, je me hâtasse de les secourir[25] ».

Cortés et ses hommes se mirent immédiatement en route. La marche à travers les montagnes fut pour le moins déroutante. « Pendant la route, pas un envoyé de Moctezuma ne vint, comme par le passé, nous recevoir », écrit Cortés. « Toute la contrée était soulevée et les villes à moitié désertes ; j'en conçus de fâcheux soupçons, craignant que tous les Espagnols qui étaient à Mexico n'eussent été massacrés et que toutes les forces indiennes réunies nous attendissent dans quelque défilé pour nous anéantir[26]. » Il devait apprendre plus tard qu'un petit groupe, qu'il avait envoyé sur ces mêmes routes avant de recevoir la mauvaise nouvelle, avait été attaqué sur un col ; ils avaient été capturés, puis tués jusqu'au dernier – leurs bêtes aussi. Il y avait parmi eux des femmes et des enfants espagnols, des Africains réduits en esclavage et d'autres serviteurs. Sans crainte aucune, Cortès les avait envoyés en avance parce qu'ils étaient plus lents et auraient besoin de plus de temps pour couvrir la même distance. Ils payèrent de leur vie la décision présomptueuse de leur commandant[27]. Quant au groupe de Cortés, il bénéficiait de forces suffisamment importantes pour ne pas être inquiétés. Personne n'essaya de les arrêter, même lorsqu'ils eurent atteint la ville. Ils parcoururent sans peine les rues silencieuses jusqu'au palais d'Axayacatl, où ils furent accueillis sous les clameurs de leurs compatriotes. Mais pas pour longtemps, car le lendemain matin les Mexicas attaquèrent.

Les prémices du soulèvement s'étaient fait sentir trois semaines plus tôt. Pour manifester leur ressentiment, les habitants de la ville cessèrent de livrer de la nourriture aux étrangers. Une jeune femme qui s'occupait de laver leur linge fut retrouvée morte près de leurs quartiers

– signal adressé à ses compatriotes qu'il valait mieux ne pas faire affaire avec ces gens-là. Les Espagnols envoyèrent alors des hommes armés au marché pour se procurer de la nourriture, qu'ils stockèrent ensuite. Pendant ce temps, les habitants de la ville se préparaient à un jour sacré de haute importance, la célébration de Toxcatl, au cours de laquelle les guerriers de l'altepetl dansaient devant une immense statue du dieu Huitzilopochtli. Pedro de Alvarado, qui avait été laissé aux commandes, craignait que les Mexicas n'en profitent pour déclencher une guerre, ce qui semblait fort peu probable : ils disposaient d'ailleurs de bien meilleurs moyens pour vaincre les Espagnols, comme les événements ultérieurs devaient le prouver. Mais Alvarado n'est pas connu pour sa perspicacité. Peut-être croyait-il simplement qu'une lutte allait s'engager et que celui qui attaquerait en premier s'assurerait la victoire. Dans ce cas, il ne cherchait qu'un prétexte pour combattre ; et les rituels de danse guerrière lui en fournissaient un[28].

Ce qui suivit resta gravé dans la mémoire de l'altepetl pendant de nombreuses années. Trente ans plus tard, un survivant raconta à un jeune auditeur ce qui s'était passé :

> La fête allait son cours, et il y avait des danses et des chants portés par des voix chantant à l'unisson. Les chants étaient comme le bruit des vagues qui se brisent contre les rochers. Quand... le moment du massacre fut venu, les Espagnols sortirent armés de pied en cap pour la bataille. Ils se rendirent aux différents points d'entrée et de sortie, et bloquèrent les accès... Et, après avoir fermé ces issues, ils se postèrent devant chacune d'elles ; plus personne ne pouvait sortir.
>
> Cela étant fait, ils gagnèrent la cour du temple dans le seul dessein de tuer. Ceux qui s'acquittaient de cette tâche étaient à pied, avec une épée en métal et un bouclier en cuir...
>
> Ils encerclèrent les danseurs, se frayant un chemin au milieu des tambours cylindriques. Ils frappèrent les bras d'un joueur de tambour ; ses deux mains furent coupées. Puis ils lui frappèrent le cou ; sa tête tomba au loin. Puis ils lardèrent la foule à coups de lances de fer et d'épées. Ils en frappèrent certains au ventre, et leurs entrailles se répandirent... Ceux qui essayaient de s'échapper n'avaient nulle part où aller. Quiconque essayait de sortir [de la cour] connaîtrait le même sort que les autres[29].

Pourtant, quelques-uns en réchappèrent, qui devaient raconter à la postérité ce qu'il s'était passé. Ils se cachèrent comme ils purent. « Certains escaladèrent le mur et réussirent à s'échapper. D'autres trouvèrent refuge dans les différents temples [aux alentours] du calpolli ; d'autres encore au milieu des cadavres, en feignant le trépas. [...] Le sang des guerriers coulait comme de l'eau. »

Ce même soir, la ville résonnait de cris de vengeance. Les Espagnols et Tlaxcaltèques se retranchèrent dans leur « forteresse », formant un mur d'arbalètes et de lances d'acier. Les Mexicas, malgré leur grand nombre, ne purent le percer. Mais soudain, ils cessèrent leur attaque. Pendant plus de vingt jours, ils laissèrent les Espagnols seuls, en proie au silence et à l'incertitude. Trente ans plus tard, un vieil homme se rappelait ce que les Mexicas avaient fait : « Ils ont creusé, élargi, approfondi les canaux, de manière à rendre les bords plus raides. Ils se sont employés à rendre tous les canaux plus difficiles à franchir. Et sur les routes, on construisit des murs, pour gêner la circulation entre les maisons[30]. » Ils se préparaient, en somme, à une terrible bataille urbaine. Sur ces entrefaites, Cortés et son armée entrèrent dans la ville et regagnèrent leurs quartiers.

Quand les guerriers furent prêts et sentirent que les étrangers étaient suffisamment affamés, ils attaquèrent. Pendant sept jours, Tecuichpotzin et ses sœurs écoutèrent les bruits de la bataille – les murmures croissants des leurs, puis les cris des arquebuses (une lourde arme à feu) qui les arrosaient de mitraille, ainsi que le sifflement des arbalètes, avec lesquelles les ennemis tiraient des « traits » de fer ou tout ce qui leur tombait sous la main. Les combats recommençaient chaque jour à l'aube, dès qu'il faisait assez clair. Les Espagnols, pris au piège, ne pouvaient pas s'échapper ; mais les Mexicas ne parvenaient pas à rompre leurs défenses. C'est alors que Moctezuma s'adressa aux siens depuis une terrasse ; ses propos furent transmis par la voix éclatante d'un jeune homme qui lui servait de porte-parole. Tels furent ses mots :

> Faites-le savoir aux Mexicas ! Nous ne sommes pas de taille. Puisse le peuple comprendre [qu'il faut cesser les hostilités]. Que l'on dépose les flèches et les boucliers. Les pauvres personnes âgées, les gens du peuple, les enfants qui font leurs premiers pas, qui reposent dans leur berceau, ignorants des choses de la vie, tous souffrent. C'est pourquoi

votre chef dit : « Nous ne sommes pas de taille. Que chacun d'entre vous comprenne [qu'il faut cesser les hostilités][31]. »

Plus tard, on extrairait ces propos de leur contexte pour prouver que Moctezuma était un lâche, qui ne cherchait qu'à sauver sa peau. Mais toutes les histoires et prières anciennes indiquent que, chez les Nahuas, le souverain veillait avant tout à protéger son peuple, jusqu'aux nouveau-nés, afin que l'altepetl puisse se perpétuer. Un dirigeant qui perdait la tête, ou qui se montrait arrogant et entêté, au point d'engager son peuple dans des guerres impossibles à gagner, était tenu pour le dernier des imbéciles. Il n'avait pas la sagesse d'un chef, la stature d'un vrai dirigeant[32]. Moctezuma, qui avait gouverné pendant dix-huit ans plusieurs dizaines de milliers de Mexicas, était parfaitement conscient de la haine que ceux-ci inspiraient aux peuples alentour. En outre, pour avoir eu de longues discussions avec Malintzin et les Espagnols, il savait que beaucoup d'autres étrangers allaient venir. Il comprit que, dans ces conditions, aucune victoire ne serait durable. Il disait simplement à son peuple la vérité telle qu'elle lui apparaissait.

Les jeunes guerriers, cependant, ne voyaient pas les choses ainsi. Il n'était pas dans leur nature d'être sages et avisés, mais plutôt, si nécessaire, de se battre jusqu'à la mort pour défendre leur honneur. Un jeune demi-frère de Moctezuma, Cuitlahuac d'Iztapalapan, s'imposa *de facto* comme le chef des jeunes gens en colère. Dans leur esprit, le plus important n'était pas les conséquences à long terme de leurs actes, mais qu'ils ne pouvaient plus supporter la situation. Par l'intermédiaire de Malintzin, les messagers de Cuitlahuac informèrent Cortés de leurs intentions dans des termes on ne peut plus clairs :

> Ils étaient résolus à mourir tous pour en finir avec nous... « Regardez ces rues, ces places et ces maisons couvertes de monde. Nous avons compté qu'en perdant vingt-cinq mille des nôtres contre un seul d'entre vous, nous viendrions à bout de vous tous ; vous êtes si peu nombreux en comparaison de nous autres ! Tu sauras de plus que nous avons détruit toutes les chaussées qui conduisaient à la ville, à l'exception d'une seule ; vous n'avez plus d'autre chemin pour vous en aller que les eaux du lac ; vous n'avez plus que très peu de vivres et

presque pas d'eau douce, et bientôt vous mourrez tous de faim, sans que nous prenions la peine de vous tuer[33]. »

Cortés comprit que, pour les Espagnols, l'unique espoir de survie était de s'échapper de la ville. Il restait une chaussée qui reliait encore l'île à la terre ferme, mais qui avait été partiellement détruite, de sorte qu'elle était impraticable. Ils ne s'arrêtèrent pas là : des hommes travaillèrent toute une nuit à construire un pont mobile avec le bois dont ils disposaient. D'autres emballèrent les outils et objets de valeur les plus importants, y compris l'or qu'ils avaient collecté pour le roi Charles. Cortés mit Malintzin et la princesse tlaxcalaise « Luisa » (la fille du noble Xicotencatl, devenue la concubine de Pedro de Alvarado) sous la protection d'une trentaine d'hommes, les deux femmes étant alors les biens les plus précieux des Espagnols. Il donna l'ordre de capturer « Isabel » et ses frères et sœurs, les enfants de Moctezuma. Selon les Indiens, c'est à ce moment qu'il fit mettre à mort celui-ci, de peur que le tlatoani ne soulève son peuple contre les Espagnols. Toutefois, Cortés ne reconnut jamais l'assassinat ; il affirma que c'étaient les jeunes Mexicas en colère qui l'avaient tué.

Le septième jour, juste avant minuit, les Espagnols franchirent les portes du palais en formation, avant de descendre, aussi discrètement que possible, l'avenue qui menait au lac. Grâce à leur pont mobile, ils gagnèrent sans encombre un premier tronçon de chaussée, mais ils ne parvinrent pas à le récupérer et à s'en servir pour le tronçon suivant. Ils progressèrent avec seulement quelques poutres, qu'ils avaient arrachées au palais. Certains dirent plus tard que c'est une femme qui les vit en premier : elle poussa un cri et donna l'alarme. Des guerriers en pirogues fondirent sur les Espagnols, dans l'idée de détruire les ponts de fortune et d'attaquer les chevaux sur la chaussée – d'un coup de couteau dans la panse, car ils étaient vulnérables par en dessous. Cette nuit-là, ils tuèrent cinquante-six des quelque quatre-vingts chevaux. Au deuxième endroit où la chaussée était détruite – et où il n'y avait pas de pont, juste quelques planches –, beaucoup de fuyards se noyèrent. Les Mexicas racontèrent plus tard la scène avec des détails qui sont absents des témoignages espagnols : « C'était comme s'ils étaient tombés dans un précipice ; ils sont tous tombés et ont été engloutis, les Tlaxcaltèques… et les Espagnols, avec les chevaux et quelques femmes [qu'ils avaient avec eux]. Le canal en était plein à ras bord. Et les derniers arrivés sont passés en traversant sur les gens… » – ils hésitaient sur les mots – « ils ont marché sur les corps[34]. »

Environ deux tiers des Espagnols moururent cette nuit-là, et probablement une proportion encore supérieure des nombreux Tlaxcaltèques, soit environ six cents Européens et pas moins de 2000 morts parmi les indigènes au total[35]. Presque tous les hommes venus avec Narváez furent tués, car la plupart d'entre eux se trouvaient à l'arrière. Seuls ceux qui étaient partis les premiers purent survivre. Ils bénéficièrent de l'effet de surprise, et les ponts de fortune étaient encore en bon état. Les autres n'eurent pas cette chance. Bernal Díaz, qui avait un cheval à l'époque, avait reçu l'ordre de rester à l'arrière-garde. Dans sa vieillesse, il était encore en proie au remords chaque fois qu'il pensait à la « Noche Triste », comme on l'appelait ; sans doute n'était-il pas resté en arrière jusqu'au carnage. « Penser à s'attendre les uns les autres, c'eût été folie, personne de nous n'y eût sauvé sa vie […]. Que pouvions-nous faire de plus que ce que nous faisions, c'est-à-dire nous réunir trente ou quarante, tomber sur nos ennemis, nous débarrasser à coups d'épée de ceux qui nous mettaient la main dessus, marcher et avancer jusqu'à ce que nous fussions sortis de la chaussée[36] ? » Ils avaient tout perdu – l'or, leurs canons, la plupart des chevaux. Mais les quelques centaines de survivants, qui portaient encore leur armure et leurs épées, étaient difficiles à attaquer tant qu'ils restaient groupés. Et Malintzin et la princesse tlaxcaltèque étaient toujours parmi eux. Ils marchaient en direction de Tlaxcala.

On dit à Cortés que tous les otages, y compris Isabel et ses frères et sœurs, avaient été tués dans la mêlée, mais ce n'était pas vrai. Les Mexicas, après avoir retrouvé les filles, s'empressèrent de les aider. En revanche, les frères d'Isabel avaient été tués par accident. Plus tard, au moment de ramasser les cadavres, les Mexicas « tombèrent sur Chimalpopoca, le fils de Moctezuma, gisant à terre, frappé d'une flèche barbelée[37] ». Quant à Isabel, recueillie dans les bras de son peuple, avec ses sœurs, elle fut emmenée à Cuitlahuac.

Puis, quelques semaines plus tard, la variole s'abattit sur la ville.

*

Tel un passager clandestin, la variole était venue, elle aussi, à bord d'un des navires de Narváez ; peut-être fut-elle transportée par l'intermédiaire d'une couverture contaminée, ou bien d'un homme qui ignorait en être porteur, en sachant que la période d'incubation est de dix jours, soit une durée plus longue que celle du voyage depuis les Caraïbes. En un certain sens, elle s'ajoutait aux multiples avantages militaires dont bénéficiait l'Ancien Monde par rapport au Nouveau. En effet, en Europe, le développement des routes commerciales avait favorisé la diffusion d'épidémies virales, parfois mortelles. Le seul point positif, c'était que ceux qui n'en mouraient pas étaient immunisés pour le restant de leur vie. C'était le cas de la plupart des Européens qui débarquèrent dans le Nouveau Monde, mais pas de la population indigène[38].

Chaque fois qu'une vague de variole déferlait sur un nouvel altepetl, elle faisait de nombreuses victimes, emportant à certains endroits jusqu'à un tiers de la population. Puis, lorsque tous les habitants l'avaient contractée, l'épidémie reculait. Le virus avait gagné les villes environnantes. Il avait déjà atteint Tlaxcala au moment où les survivants espagnols et leurs alliés arrivèrent. Maxixcatzin (ma-chiche-ca-tsine), l'un des quatre rois, en mourut, ainsi que plusieurs milliers de ses compatriotes. Les dirigeants qui en avaient la force réunirent un grand conseil, où ils débattirent pendant vingt jours. Nombreux d'entre eux se représentaient les Espagnols comme des sauterelles affamées, fléau qui avait fait des ravages, par le passé, lors d'épidémies. Ils pointèrent le caractère va-t-en-guerre des étrangers, qui avait déjà coûté la vie à des centaines des leurs. Certains, les plus vindicatifs, étaient donc d'avis d'achever le travail que les Mexicas avaient commencé : éliminer les Espagnols. Mais d'autres leur rappelèrent qu'ils savaient d'expérience qu'une vingtaine de chevaux et quelques centaines d'Espagnols pouvaient infliger des dégâts considérables. Et la femme que les étrangers appelaient doña Luisa – la princesse en ménage avec Pedro de Alvarado – informa les hommes du conseil que les Espagnols présents sur place n'étaient que des éclaireurs ; des milliers d'autres devaient arriver. Malintzin opta elle aussi pour la prudence, préférant consolider l'alliance avec les Espagnols et profiter de celle-ci pour prendre le dessus sur Tenochtitlan. Finalement, c'est ce camp qui eut gain de cause[39].

Les Espagnols se trouvaient en mauvaise posture. Les Mexicas les avaient harcelés à plusieurs endroits, les obligeant à se déplacer en groupe serré, les cavaliers en formation compacte autour de ceux à pied. Chaque fois qu'ils s'arrêtaient pour se reposer, ils postaient des guetteurs aux points statégiques. La plupart des villageois s'enfuyaient devant eux, chassés par la peur que leur inspiraient les Espagnols, mais aussi d'éventuelles représailles de la part des Mexicas, si d'aventure ceux-ci apprenaient qu'ils avaient aidé leurs ennemis. Les Espagnols se ruaient sur les provisions qu'ils trouvaient dans les altepetls abandonnés ; ils mangèrent même un cheval mort. Quand ils arrivèrent à Tlaxcala, bon nombre avaient de graves blessures, parfois infectées ; certains moururent. Cortés dut quant à lui être amputé de deux doigts de la main gauche.

Pendant qu'ils se reposaient, Cortés et ses plus proches compagnons discutaient des différentes options. Certains étaient d'avis de se diriger vers la côte, soit pour partir soit pour y rassembler leurs forces. Mais Cortés était convaincu que c'était une erreur, qu'ils devaient au contraire rester là où ils étaient et faire une démonstration de force. Les Mexicas avaient beaucoup d'ennemis, mais ils avaient aussi quelques amis ; et, plus important encore, ils inspiraient la peur. Si les Espagnols voulaient gagner et conserver suffisamment d'alliés indigènes pour s'assurer une victoire définitive, ils devaient être perçus comme la force la plus puissante du Mexique, la plus à craindre, et non comme un groupe en partance. Ils ne pouvaient pas être un pion parmi d'autres sur l'échiquier de la politique locale ; ils devaient écraser le jeu.

Grâce à Malintzin, Cortés recueillit les renseignements que les Tlaxcaltèques avaient collectés. Chaque fois qu'il apprenait qu'un altepetl voisin avait reçu des émissaires de Tenochtitlan, il regroupait ses cavaliers et lançait un de ses célèbres raids matutinaux. Les Mexicas firent savoir qu'ils suspendaient leur tribut à ceux qui s'abstiendraient de tout contact avec les étrangers – rappelant par là qu'ils étaient et resteraient les chefs, et qu'ils n'oublieraient pas qui étaient leurs amis et leurs ennemis une fois que les intrus auraient été forcés de se retirer. Mais l'offre semblait bien insuffisante face à la menace immédiate de voir des lanciers à cheval traverser la ville, brûler et tuer en toute impunité. À l'inverse, les Espagnols se proposaient de récompenser ceux qui viendraient à eux. Ils voient, écrivit Cortés au milieu de ces événements, « comment ceux qui le font sont bien reçus et bien traités, tandis que dans le cas contraire ils sont châtiés et détruits[40] ». Malintzin, pour laquelle l'exercice du pouvoir nécessitait d'être prudent et conciliant envers les puissants étrangers, aurait rappelé à ses compatriotes que, s'ils juraient fidélité au roi de Cortés, les Mexicas seraient détruits et que les sempiternelles guerres entre les altepetls cesseraient pour toujours. Les Mexicas avaient été assez forts pour imposer la paix dans le bassin central, mais ces nouveaux venus l'étaient encore davantage.

Pendant qu'il se reposait à Tlaxcala, Cortés obligea chacun de ses hommes à remettre l'or qui était en sa possession pour l'échanger contre des chevaux et des armes. Il envoya ensuite sur la côte un certain nombre d'hommes à cheval, qu'il chargea de remettre à flot l'un des bateaux et de lever l'ancre pour les Caraïbes. Ils constatèrent avec plaisir que sept autres bateaux étaient déjà arrivés, dont celui envoyé par le père de Cortés à son fils. Le début de l'année suivante vit apparaître trois autres navires chargés d'approvisionnements. Cortés jubilait. « Le 28 avril [1521], je fis une revue générale de mes forces et je trouvai quatre-vingt-six chevaux, cent dix-huit arquebusiers et arbalétriers, sept cents fantassins armés d'épées et de boucliers, trois grands canons de fer, quinze petites pièces de bronze et dix quintaux de poudre. [... nous savions bien] que Dieu nous avait secourus au-delà de nos espérances[41]. »

Dans les villages autochtones, on ne tarda pas à apprendre la venue de ces renforts. Des messagers étaient revenus de la côte avec de la poudre et des arbalètes en guise de preuves. Presque immédiatement, selon les termes de Cortés, « toutes les terres alentour » se rangèrent derrière les Espagnols[42]. Notons ici qu'elles l'avaient déjà fait peu auparavant, avant de se retirer lorsque l'heure de la bataille sonna, ce qui coûta plusieurs dizaines d'hommes aux Espagnols. Selon ces derniers, leurs anciens alliés étaient revenus parce que les prêtres autochtones auraient présagé une grande victoire mexica dans les huit jours suivants ; comme celle-ci ne s'était pas produite, le peuple avait donc perdu la foi en eux.

De nombreux altepetls – ou plutôt, certaines lignées au sein des altepetls – ne se firent pas prier pour s'unir aux étrangers. En raison de vieilles tensions internes, ces familles et leurs partisans étaient prêts à se battre du côté des puissants Espagnols ; ils brûlaient même de le faire. On sait par exemple qu'à Texcoco Moctezuma s'était débarrassé des héritiers du trône, qu'il jugeait indésirables, afin de faire place à son neveu, Cacama ; et que Huexotzincatzin avait été exécuté pour avoir chanté avec la Dame de Tula. Certains de ses frères avaient accepté des terres en échange de leur silence. Cependant, depuis la mort du vieux roi Nezahualpilli quelques années auparavant, l'altepetl s'était scindé en deux : les plus jeunes frères de Huexotzincatzin, qui avaient uni leurs forces, avaient obtenu – ou pris – la moitié nord du royaume. L'un d'eux, Ixtlilxochitl (ich-tlil-cho-tchite), un guerrier qui ne connaissait pas la défaite, décida de saisir l'occasion et de s'allier aux étrangers afin d'évincer le favori de Moctezuma, Cacama, et de prendre le contrôle de Texcoco. Cortés, au comble de sa joie, fit l'éloge de ce « jeune homme très vaillant de vingt-trois ou vingt-quatre ans » qui s'était donné beaucoup de peine pour rallier « de nombreux chefs et ses frères ». Il admit que ceux-ci n'étaient pas de prime abord « si fermes dans leur amitié qu'ils devaient le devenir ensuite ». Mais, grâce aux efforts d'Ixtlilxochitl, des milliers d'hommes de Texcoco vinrent se battre aux côtés des Espagnols[43].

Pendant ce temps, tandis que les forces espagnoles attendaient des renforts et s'employaient à créer des alliances avec les locaux, Martín López, un constructeur naval, apprenait aux Tlaxcaltèques à construire des brigantins pour naviguer sur le grand lac. Fabricants de pirogues, charpentiers, cordiers, tisserands… tous étaient requis. Ils construisirent douze navires à partir de pièces détachées puis, le moment venu, les transportèrent sur les rives du grand lac et les y assemblèrent. Les indigènes apprirent rapidement à actionner les voiles et à manœuvrer les bateaux. Plus tard, lorsqu'ils racontèrent la conquête à leurs enfants, certains commençaient par cet épisode ; celui-ci fut d'ailleurs consigné dans leurs premières annales[44].

*

À Tenochtitlan, Tecuichpotzin vivait chacune de ses journées dans la peur. Après la fuite des étrangers, la joie qu'elle éprouva ne fut que de courte durée, car c'est alors que s'abattit la terrible maladie. Cuitlahuac, frère cadet de son père et nouveau tlatoani, mourut de la variole après seulement quatre-vingts jours de règne[45]. Toutes les familles de la ville ayant été dévastées, on ne put pleurer le souverain comme l'exigeait la religion. Le peuple fit de son mieux pour reconstituer ses forces et se reconstruire, se concentrant sur la gestion du quotidien. Entre-temps, un homme s'imposa au conseil comme nouveau tlatoani : Cuauhtemoc (kwow-tay-moc). Fils de l'ancien roi Ahuitzotl, il était issu de l'autre branche de la famille – celle descendant d'Itzcoatl. Ayant une mère de Tlatelolco[46], il jouissait du soutien de Tlatelolco – un allié de poids, en ces temps tumultueux. En effet, son grand marché au nord de l'île était toujours aussi couru. Au début, Tecuichpotzin s'était réjouie de l'élection de Cuauhtemoc, mais quelques semaines plus tard, une nouvelle horreur la frappa de plein fouet.

Cuauhtemoc et ses conseillers ne comprenaient que trop bien ce qui se passait dans les campagnes environnantes : malgré leur éclatante victoire de juillet, l'idée de s'allier avec les étrangers ne s'était pas dissipée, loin de là. Au plus fort de l'épidémie, les Mexicas ne craignaient pas d'être attaqués, sachant que les autres peuples alentour avaient été frappés à peu près en même temps, y compris tous les alliés ou alliés potentiels des Espagnols. Mais ils commencèrent à s'inquiéter lorsque les survivants se rétablirent, car la saison de la guerre s'approchait. S'ils ne venaient pas en aide aux altepetls voisins, ils seraient sans nul doute anéantis. Cuauhtemoc pensait que la seule réponse possible était la force.

Les fils de Moctezuma représentaient une menace pour Cuauhtemoc et son royaume. Deux d'entre eux étaient morts durant la nuit où les Espagnols battirent en retraite, mais la plupart étaient encore en vie. Cuauhtemoc avaient le soutien des gens de Tlatelolco, mais les fils de Moctezuma avaient celui de la majorité de ceux de Tenochtitlan. Élément probablement plus important encore, ces fils devaient avoir appris de leur père, Moctezuma, que mener une guerre ouverte contre ces étrangers était une entreprise futile et contre-productive. Ils s'opposaient en cela à Cuauhtemoc. Heureusement pour celui-ci, ils étaient vulnérables : on pouvait leur reprocher leur faiblesse et les tenir responsables des erreurs commises. C'est exactement ce que fit Cuauhtemoc. Puis, en un tournemain, il fit exécuter six d'entre eux ; certains disent même qu'il en tua un à mains nues. Les nobles de Tlatelolco – qui exemptaient Cuauhtemoc de toute faute – expliquèrent : « Si ces nobles ont été tués, c'est parce qu'ils donnaient la priorité aux gens du commun [qui désiraient la paix] et essayaient d'obtenir d'eux qu'ils collectent, pour les remettre aux Espagnols, du maïs blanc décortiqué, des dindes et des œufs. » Et parmi les victimes figurait l'unique frère de Tecuichpotzin, nommé Axayacatzin d'après le roi précédent, si bien qu'elle n'avait plus que deux demi-frères vivants, des garçonnets qui avaient survécu à la variole et qui étaient trop jeunes pour être considérés comme une menace[47].

Au milieu du carnage, Cuauhtemoc se rendit auprès de Tecuichpotzin, Fille du Seigneur. Mais il ne comptait pas la tuer. Au contraire, il voulait l'épouser et lui faire porter ses enfants. C'était là une manière de conférer à son règne davantage de légitimité, car ses héritiers seraient ainsi liés aux deux branches de la famille royale. L'union était conforme à la coutume selon laquelle un nouveau tlatoani devait épouser une fille, ou une autre parente, de l'homme qu'il avait remplacé. Elle avait donc une valeur symbolique ; et ce, d'autant plus que depuis que Tecuichpotzin avait été donnée en présent aux étrangers, les gens de la campagne associaient parfois son nom à celui de leur ennemi, Cortés, lorsqu'ils ne la rapprochaient pas de Malintzin (avec laquelle ils la confondaient parfois, à la grande honte de la famille royale, peut-on imaginer). Cuauhtemoc voulait montrer qu'elle lui appartenait, à lui et à personne d'autre. C'est ce qu'il lui dit, en actes sinon en paroles[48].

Au-delà du monde mexica, cependant, Cuauhtemoc était loin d'avoir imposé un pouvoir absolu. Malgré sa férocité – et il gagna à sa cause de nombreux alliés, parmi lesquels ceux de Texcoco qui lui étaient restés loyaux, ainsi que certains des frères d'Ixtlilxochitl –, il ne parvint pas à garder assez d'altepetls de son côté. À mesure que les Européens, grâce à leurs avantages technologiques, renforçaient leur domination sur les populations environnantes, de plus en plus de citadins se retrouvaient coupés des sources d'approvisionnement alimentaire. Leur isolement n'était certes pas encore complet, mais il s'accentuait. Ils survivaient grâce aux chinampas, aux oiseaux, aux marais et aux algues du lac, auxquels ils témoignaient leur reconnaissance, comme à ceux qui portaient encore leurs bannières. La nuit, autour du feu, ils entonnaient des chants pour célébrer leur loyauté[49]. Et, les semaines et les mois passant, ils priaient.

Puis un jour, l'ennemi attaqua. Bien que les Mexicas aient anticipé cette situation, ce fut tout de même un choc. On avait vu les étrangers assembler leurs bateaux à Texcoco, sur la rive est du lac ; mais, comme ils étaient là depuis un moment, on supposait qu'ils privilégieraient une approche progressive. Nul n'imaginait la vitesse à laquelle les bateaux pouvaient se déplacer lorsqu'ils étaient toutes voiles dehors, vent arrière, ni le nombre de personnes qu'ils pouvaient transporter. Un matin, les brigantins filèrent tout droit sur le quartier de Zoquipan (ou « Vasières »), au bord de l'île. Les habitants se mirent à courir dans tous les sens en appelant leurs enfants. Ils jetèrent les petits dans des pirogues et s'éloignèrent pour sauver leur vie, tandis que les Espagnols et leurs alliés de Tlaxcala entraient dans un quartier vidé de ses habitants. Ils le pillèrent, puis retournèrent à leurs bateaux[50].

Les étrangers mirent en place une stratégie, qu'ils répétèrent plusieurs semaines durant. Ils utilisaient leur canon pour abattre les murs fortifiés construits par les Mexicas – ils démolirent même des bâtiments entiers. Puis ils envoyaient leurs alliés indigènes remplir les canaux de gravats ou de sable, tout en les couvrant avec leurs arbalètes et leurs canons à longue portée. Une fois que les Espagnols avaient ainsi obtenu un espace plat et dégagé, ils pouvaient facilement en garder le contrôle grâce à leurs chevaux et leurs lances. Chaque jour, ils tuaient au minimum des dizaines de Mexicas ; il leur arriva d'en tuer plusieurs centaines. Un des guerriers en confia le souvenir dans sa vieillesse : « Peu à peu, ils sont venus nous acculer contre le mur [à Tlatelolco], nous rassemblant en troupeau[51]. »

Le vieil homme se souvenait aussi d'autres éléments, notamment d'avoir donné du fil à retordre aux Espagnols avec ses compagnons. Ils disputaient chaque mètre de terrain. Parfois, la nuit, ils parvenaient à creuser à nouveau les canaux qui venaient d'être remplis. De fameux guerriers n'hésitaient pas à défier la mort, faisant chuter un cheval et son cavalier. Par deux fois, ils réussirent à isoler et défaire les Espagnols (un groupe de quinze puis un autre de cinquante-trois). Ils sacrifièrent les prisonniers au sommet de la plus haute pyramide, bien en vue de leurs compatriotes blêmes et horrifiés ; puis ils enfilèrent leurs têtes en un collier macabre, qu'ils laissèrent suspendu en l'air. Le courage individuel de certains guerriers en sidérait plus d'un. Un jour, les Espagnols atteignirent un quartier dont personne n'avait pensé qu'ils pourraient y accéder avant le lendemain. Ils s'emparaient des femmes et enfants qui n'avaient pas encore été évacués quand un guerrier nommé Axoquentzin (a-cho-quène-tsine) arriva au pas de course. Sa rage semblait lui conférer une force surhumaine. Il déboula à découvert, attrapa un Espagnol et le fit tournoyer jusqu'à ce qu'il relâche la jeune fille dont il s'était saisi. Axoquentzin fit de même avec un autre, qu'il projeta au loin. Mais ce genre d'action n'avait qu'un temps, et les Espagnols finirent par l'abattre : « Ils lui tirèrent un trait de fer dans le cœur. Il mourut comme quelqu'un s'étire pour aller s'endormir. » Trente ans plus tard, de telles histoires perduraient dans la mémoire collective et les chansons de son peuple. L'intrépidité de leurs plus grands guerriers les remplissait de fierté[52].

À aucun moment les guerriers ne semblent avoir été impressionnés ou paralysés par la peur devant les armes des étrangers. Au contraire, ils les analysaient sans détour :

> L'arbalétrier a bien visé où il devait envoyer le trait. Il l'a pointé droit sur la personne qu'il allait abattre; et, une fois décoché, le trait s'est mis à gémir, à siffler et à bourdonner. Et leurs flèches ne manquaient pas leur cible. Elles ont toutes touché quelqu'un, elles ont toutes traversé quelqu'un. Les armes étaient pointées et dirigées droit sur les gens… Le trait arrivait sur les gens sans qu'ils s'en rendent compte, sans les avertir quand il les tuait. Celui qui était visé mourait si une partie cruciale était touchée : le front, la nuque, le cœur, la poitrine, l'estomac ou l'abdomen[53].

Malheureusement, lorsque les Mexicas se procurèrent quelques exemplaires de ces armes puissantes et essayèrent de les utiliser eux-mêmes, ils en furent incapables. Ils eurent beau exiger des arbalétriers qu'ils avaient capturés qu'ils leur montrent comment s'en servir ; en vain : les flèches rataient leur cible. Les escopettes, apprirent-ils bientôt, ne fonctionneraient pas sans la poudre que possédaient les Espagnols – de même pour les canons. Aussi, un jour, après en avoir saisi un, ils le jetèrent dans le lac pour éviter qu'il ne retombe dans les mains des Espagnols. Ils se mirent à fabriquer des lances extra-longues pour rivaliser avec les lances ennemies et faisaient zigzaguer leurs pirogues de manière si rapide et si imprévisible que les Espagnols avaient du mal à les viser depuis leurs brigantins. Pourtant, de telles tactiques ne pouvaient suffire à leur donner la victoire ; elles ne faisaient que gêner leurs ennemis. Pour les hommes âgés qui se souvenaient des efforts de leur peuple, il était trop douloureux de se l'avouer, mais l'un d'eux eut cette formule : « Ainsi, la guerre prit un peu plus de temps[54]. »

Un jour, les Espagnols décidèrent de construire une catapulte, pensant qu'elle pétrifierait de peur les Indiens. Cortés écrivit : « Quand elle n'aurait eu d'autre effet que de faire peur aux Mexicains, ce qu'elle fit, elle ne nous fut pas inutile ; nous pensions aussi qu'elle précipiterait la reddition de la place. Ce fut une double déception. Car les charpentiers ne réussirent pas à faire fonctionner leur machine, et l'ennemi, bien que très effrayé, ne fit aucun mouvement pour se rendre. Nous dissimulâmes notre déplaisir en disant que pris de compassion pour ces malheureux nous nous refusions à les massacrer[55]. » Cortés déforme quelque peu la réalité. Les Mexicas n'avaient pas cru une seule seconde qu'il avait agi par compassion ; et en réalité, l'incident frisait le ridicule :

> Et puis ces Espagnols ont installé sur une plateforme d'autel une sorte de fronde en bois avec laquelle ils voulaient lancer des pierres sur nous… Ils l'ont bandée, puis le bras de la fronde en bois s'est soulevé. Mais la pierre n'a pas atterri sur nous, elle est tombée [presque directement] derrière la place du marché de Xomolco. Les Espagnols se sont alors disputés à cause de leur échec. Ils se pointaient du doigt les uns les autres à hauteur du visage en vociférant beaucoup. Et [pendant ce temps] la catapulte n'arrêtait pas de faire des allers-retours, d'un côté puis de l'autre[56].

Mais les moments propices à la plaisanterie étaient rares. Les Mexicas savaient qu'ils étaient en train de perdre. Il est remarquable qu'ils aient gardé, malgré tout ce qu'ils enduraient, leur sens pratique et qu'ils aient pu identifier les causes de leur défaite. Loin de conférer à leurs ennemis un plus grand mérite ou une intelligence supérieure, les témoignages qu'ils ont laissés se concentrent sur deux éléments : l'utilisation du métal par les Espagnols et leur extraordinaire appareil de communication. Les hommes âgés qui consignaient leur expérience utilisaient le mot *tepoztli* (« métal », « fer ») plus que tout autre : « Leur équipement de guerre était tout en fer. Ils s'habillaient de fer. Ils mettaient du fer sur leur tête, leurs épées étaient en fer, leurs arcs étaient en fer, et leurs boucliers et lances étaient en fer. » Leur commentaire se faisait de plus en plus précis : « Leurs lances et hallebardes de fer semblaient scintiller, et leurs épées de fer étaient courbées comme un torrent d'eau. Leurs cuirasses et leurs casques de fer semblaient faire un bruit de claquement[57]. » Exprimant leur stupéfaction devant les événements, les orateurs se demandaient comment tant de gens de l'autre côté de l'océan avaient pu apprendre l'existence de leur merveilleux royaume[58]. Si les guerriers avaient vu les navires, ils ne savaient rien des boussoles, des équipements de navigation, des cartes techniques ni des presses à imprimer qui rendaient la conquête possible. Ce qui est frappant, c'est la rapidité avec laquelle ils avaient compris que ces questions étaient au cœur du problème.

*

Les combats durèrent trois mois, bien plus longtemps que les Espagnols ne s'y attendaient, d'autant plus que les Mexicas furent durement touchés par la variole et la famine. Un jour, après plus de quatre semaines de guerre, leurs guerriers crièrent aux Tlaxcaltèques qu'ils voulaient parler à la femme, celle qui faisait partie des gens d'ici. Lorsque Malintzin arriva, ils offrirent une paix totale et immédiate – à condition que les Espagnols regagnent leurs rivages. « Pendant que nous étions là, à discuter par le truchement de l'interprète, se souvient Cortés, avec rien de plus qu'un pont tombé entre nous et l'ennemi, un vieil homme, à la vue de tous, a très lentement extrait de son sac à dos certaines provisions et les a mangées, afin de nous faire croire qu'ils n'avaient pas besoin de provisions. » Les Mexicas définirent ensuite les conditions, précisant sans doute le tribut qu'ils allaient offrir, car ils sont restés en conversation pendant un certain temps sans que Malintzin marque la moindre pause. Il a été convenu qu'elle résumerait plus tard. « Nous ne nous sommes plus battus ce jour-là, car les seigneurs avaient dit à l'interprète de me transmettre leurs propositions », déclara Cortés. Il rejeta ces propositions dans la matinée[59].

Les efforts que déployaient les Mexicas pour faire croire qu'ils ne manquaient ni de guerriers courageux ni de vivres ne pouvaient durer. Le 13 août, le dernier quartier de la ville qu'ils contrôlaient était presque anéanti. « Sur les routes gisaient des os brisés et des cheveux éparpillés. Les maisons n'avaient plus de toit, elles étaient rouges [de sang]. Des vers rampaient sur les routes, et les murs des maisons étaient glissants de cervelle[60]. » Les survivants avaient mangé tout ce qu'ils avaient sous la main, des peaux de cerf aux minuscules insectes et lézards – et même des briques de pisé ramollies. La dysenterie s'était propagée. Cuauhtemoc alla en pirogue chez les Espagnols et se rendit, avec quelques conseillers proches et sa femme[61]. Les combats cessèrent, et les gens, disait-on, n'avaient d'autre choix que de partir retrouver leur famille dans d'autres altepetls, échanger des biens précieux contre de la nourriture, ou encore mendier.

Ceux qui étaient des enfants à l'époque devaient se souvenir du sentiment de libération, de la vague d'espoir et de joie qu'ils ressentirent en longeant les chaussées détruites ou en traversant le lac, avec les adultes survivants. Les jeunes entendirent au loin des cris de lamentation – des adultes hurlant leur chagrin –, et d'autres virent des Espagnols s'emparer de jeunes femmes en dépit des accords[62]. Ils ne comprenaient pas encore que leur monde tel qu'ils le connaissaient s'achevait. Tecuichpotzin, les yeux creusés, les regarda partir.

Chapitre 6

Les premiers temps de la colonisation
Années 1520 – années 1550

Un garçon fait avancer son acalli ou pirogue avec une pagaie. Bibliothèque bodléienne, université d'Oxford, Codex Mendoza, MS. Arch. Selden, A., folio 63r.

Les murs des maisons en pisé brûlaient lentement, à mesure que les flammes s'intensifiaient et s'approchaient des poutres. Mais, bien que fait de terre humide, ils ne pouvaient ralentir durablement la catastrophe : les toits de chaume s'élevèrent en un grand brasier, puis s'effondrèrent, détruisant tout ce qui se trouvait en dessous. Tandis que les Espagnols à cheval mettaient le feu au village, les habitants sortaient en poussant des cris. Ils regardèrent leurs possessions partir en fumée. Certains pleuraient, d'autres étaient trop stupéfaits pour réagir. Les cavaliers, dont tout le monde savait qu'ils avaient été envoyés par le prieur de la mission franciscaine voisine, partirent en trombe[1].

*

Cet événement eut lieu en 1559, dans une ville à l'est de Mexico. Les Espagnols étaient dans la région depuis plus de trente ans, mais sans grande conséquence jusqu'alors. Un des vieillards du voisinage avait beau être aveugle, il avait compris ce qu'il s'était passé aux sons et aux odeurs. C'était un chef, connu de son peuple sous le nom de Chimalpopoca (« Bouclier fumant », comme l'un des anciens rois mexicas), mais il fut rebaptisé don Alonso de Castañeda, d'après l'un des premiers conquistadors espagnols arrivés dans la région. Comme beaucoup de ses homologues, il avait fait tout son possible pour convaincre les villageois qu'il fallait obéir aux Espagnols lorsque ceux-ci leur ordonnèrent de quitter les hameaux et de s'installer dans la grande ville de Cuauhtinchan (kouow-tine-tchane), où ils seraient convertis au christianisme, taxés et mis sous contrôle. Ceux qui résistaient devaient être brûlés. C'est ce qui se passait maintenant dans le petit village d'Amozoc. En ce jour terrible, on peut supputer que Chimalpopoca aura fait défiler dans son esprit toutes les années de sa vie, avant et après l'arrivée des Espagnols. Ils étaient nombreux, parmi sa génération, à connaître des moments de crise comparables, bien sûr, mais Chimalpopoca est unique en ce qu'il nous a laissé trace de son histoire et même, en un certain sens, de ses pensées. Il existe d'autres témoignages d'avant la conquête, mais tous ont été rédigés *a posteriori* par des auteurs plus jeunes[2].

Chimalpopoca collabora de plus en plus étroitement avec les Espagnols, étant entendu que, s'il le faisait, les sempiternelles guerres locales prendraient fin, ainsi que les souffrances de son peuple. Malgré tout, il devait être en proie à une profonde angoisse. L'incendie d'Amozoc, il ne l'avait pas du tout anticipé. Il sut néanmoins garder son sang-froid. Il avait de l'expérience ; il savait que viendrait un jour nouveau. Il allait tout faire pour aider les siens – leurs enfants et les enfants de leurs enfants.

L'arrivée des Espagnols avait été précédée de crises politiques et de guerres ; ce n'était donc pas la première fois que don Alonso était confronté à une telle douleur. Parmi ses souvenirs les plus marquants, il y avait le meurtre de son père et de son oncle, bien avant l'arrivée des « étrangers à nous, les gens d'ici ». C'était une longue histoire, qu'il racontait volontiers lors des soirs étoilés[3]. Ses ancêtres étaient venus d'un endroit loin au nord à l'invitation de Nahuas alliés avec le peuple de Cholula, qui était établi là depuis longtemps. Ils avaient aidé celui-ci à vaincre leurs ennemis et, en récompense, avaient été autorisés à s'installer sur les terres encore sauvages à l'est, où les aigles étaient plus nombreux que les humains. Ils nommèrent d'ailleurs l'endroit Cuauhtinchan, qui signifie « maison des aigles ». Si la plupart des clans perpétuèrent la pratique des intermariages avec les Cholulans, quelques-uns, vivant aux confins de leurs nouveaux territoires, préférèrent tisser des liens avec les peuples plus à l'est, qui ne parlaient pas le nahuatl mais une langue appelée pinotl (ses locuteurs : les ***Pinomes***). Ces sous-altepetls, qui étaient déconsidérés par Cuauhtinchan, en eurent bientôt assez. Dans la seconde moitié du XVe siècle, un de leurs chefs conclut une alliance stratégique avec les Mexicas de Tlatelolco et demanda leur aide. Après avoir rapidement pris le dessus, il s'empara de terres ennemies et exigea le paiement d'un tribut (dont une partie devait être versée à leurs nouveaux parrains de Tlatelolco)[4].

Le père de Chimalpopoca, Cotatzin, était né dans une des familles de chefs de langue nahuatl encore étroitement alliées à Cholula, et qui avaient été affaiblies lorsque le parvenu de l'est avait fait alliance avec les Mexicas. En 1510, Cotatzin venait d'hériter de la chefferie de l'ensemble des villages de sa famille quand il fut invité chez Tozcocolli, le chef pinome qui dirigeait à présent tout Cuauhtinchan. Comme le messager lui avait parlé sur un ton d'extrême courtoisie, Cotatzin, optimiste, se rendit dans le village de Tozcocolli. Ce fut une erreur. « Les meurtriers étaient déjà là », se souviendra son fils, et ils l'étranglèrent. Un frère de Cotatzin – qui, cherchant à se venger, montra alors des intentions belliqueuses – connut un sort encore pire. On le plaça sur la pierre des sacrifices sans toutefois le traiter avec l'honneur dû en pareil cas. Chimalpopoca, encore enfant à l'époque, n'oublierait jamais la scène : « Quand ils lui ouvrirent la poitrine, ils ne lui arrachèrent pas le cœur d'un geste rapide. Ils s'interrompirent au milieu. Il fut donc pris de convulsions avant de mourir. » Un autre frère du chef assassiné, Tecuanitzin (« Mangeur d'Hommes »), l'oncle de Chimalpopoca, prit la direction du sous-altepetl et, avec sagesse, ne dit rien des meurtres ni des terres que Tozcocolli avait usurpées à son peuple. Il était très certainement né d'une mère différente de celle de Cotatzin, ce qui lui permit d'accepter plus facilement la situation. En fait, il aurait même pu être de mèche avec Tozcocolli[5].

Dix ans plus tard, Tecuanitzin mourut à son tour, mais non de trahison. Le dirigeant succomba des suites de la maladie qui s'était répandue peu de temps après l'arrivée des mystérieux étrangers[6]. À ce moment-là, personne dans l'entourage de Chimalpopoca n'avait encore vu les nouveaux venus, car la maladie se propageait plus vite que les étrangers. Cependant, les rumeurs à leur sujet étaient déjà légion. La première information concrète à leur être parvenue était que des étrangers s'étaient alliés aux habitants de Tlaxcala pour détruire leur bien-aimé Cholula, où vivaient les grands-mères de Chimalpopoca. Puis ils marchèrent sur Tenochtitlan, d'où ils furent finalement expulsés. La nouvelle fit le tour du monde. Les Cholulans célébrèrent l'événement, et Cuauhtinchan avec eux – bonheur de courte durée puisque déferla peu après la grande épidémie de variole, qui emporta des milliers de personnes à Cuauhtinchan. Chimalpopoca, qui était alors un jeune homme robuste, survécut à la maladie. En cette période de troubles, il prit la place de son oncle et s'imposa à la tête de l'ensemble des villages de sa famille, l'un des principaux sous-altepetls de Cuauhtinchan.

Moins d'un an plus tard, en 1521, on apprit que Tenochtitlan était tombé aux mains des Espagnols. Comme la majeure partie du Mexique central, les habitants de Cuauhtinchan attendaient avec inquiétude la suite des événements et se demandaient ce que la capitulation de la ville signifierait pour eux. Quelques mois plus tard, les Espagnols arrivèrent, accompagnés de leurs alliés tlaxcaltèques, aguerris au combat, qui leur montraient le chemin de tous les principaux altepetls[7]. Si certains chefs locaux avaient pu célébrer la chute des Mexicas, ils ne se réjouissaient certainement pas de l'arrivée des hommes de Tlaxcala, qui avaient engagé une guerre si brutale contre Cholula. Les hommes d'un certain nombre d'altepetls de la région se réunirent pour décider de la position à adopter. C'était un sujet sur lequel Chimalpopoca n'aimait guère s'attarder. « Nous fûmes défaits », disait-il d'un ton sec en utilisant une forme du verbe qui suggère une destruction absolue.

« Nous nous sommes tous repliés dans les marécages[8]. » Comme les Nahuas l'avaient si souvent fait par le passé après de grandes pertes – par exemple lorsque le père de Fleur de Bouclier avait été vaincu en 1299 –, la population partit se cacher dans les marais. Là, ils élurent des émissaires pour approcher les Tlaxcaltèques et les étrangers, afin d'engager des pourparlers de paix. Ils avaient entendu dire que leurs ennemis étaient accompagnés d'une femme des terres orientales qui, non seulement parlait leur langue à la perfection, mais pouvait aussi communiquer avec les étrangers. Cependant, ils n'en étaient pas pour autant rassurés ; car, selon leur expérience, le dialogue n'était pas toujours une méthode fructueuse. Parfois, les émissaires étaient mis à mort.

Caché parmi les roseaux avec ceux des siens qui avaient survécu, Chimalpopoca attendait. Les messagers réapparurent. Ils pouvaient tous rentrer chez eux, annoncèrent-ils, s'ils acceptaient de verser un tribut annuel à un seigneur, qui serait l'un de ces étrangers – venus d'un endroit appelé Castille. « Quel était le tribut ? » demandèrent-ils. Un certain nombre de couvertures tissées, des pièces d'or et des dindes, ainsi qu'une bonne quantité de maïs. « Bouclier fumant » soupesa ses options. Il renvoya les émissaires pour obtenir des chiffres plus précis et définir une unité de mesure exacte pour le maïs, soit une taille de panier que les deux parties reconnaîtraient comme étant la bonne quantité[9]. Quand ce point fut clarifié, il accepta l'accord. Le montant du tribut n'était pas démesuré. Les survivants rentrèrent chez eux. Ils espéraient qu'après avoir pleuré leurs morts, ils pourraient reprendre le cours de leur vie et aller de l'avant. Et pendant quelques années, comme dans la plus grande partie du Mexique, c'est ce qui se passa.

*

À ce moment-là, au début des années 1520, ce n'était pas l'arrière-pays rural qui était dans l'œil du cyclone, mais Tenochtitlan – ou Mexico, comme l'appelaient les Espagnols – et ses environs immédiats. Le camp espagnol se trouvait sur l'autre rive, dans la ville lacustre de Coyoacan, puisque Tenochtitlan était en ruine. « Nos seigneurs les chrétiens n'étaient pas encore venus s'installer ici », se souviendra un homme qui vivait près du marché de l'île. « Ils nous ont donné quelque réconfort en restant à Coyoacan[10]. » Les premiers mois de la domination étrangère furent marqués par un chaos effrayant. Les Espagnols ne pouvaient maintenir un semblant d'ordre qu'en gouvernant par l'intermédiaire des élites indigènes ; à Mexico, cela signifiait gouverner à travers Cuauhtemoc. Ce dernier était retenu enfermé ; et on lui appliquait des tiges de fer chauffées à blanc sur la plante de ses pieds lorsqu'il prétendait ne pas savoir où se trouvaient les réserves d'or de ses ancêtres. Si Tecuichpotzin – ou Isabel, encore une fillette, mais qui grandissait vite – avait jamais craint son mari, celui-ci ne pouvait désormais lui inspirer que de la pitié. Le bruit courait que, dans les belles villes de Texcoco et Xochimilco, les Espagnols lâchaient leurs molosses et les laissaient tuer tous ceux qui refusaient de se soumettre. Dans chaque altepetl, Malintzin, après être montée sur un parapet, ordonnait aux habitants de remettre leur trésor ; elle devait ensuite assister aux punitions infligées si les Espagnols jugeaient qu'on ne leur avait pas obéi[11].

Les conquérants semblaient pris d'une véritable frénésie à mesure qu'ils amassaient des richesses et se livraient à leurs divers plaisirs. Lorsque la quantité d'or et de bijoux disponible n'était pas suffisante, ils marquaient au fer rouge les prisonniers de guerre qu'ils avaient rassemblés – dont sans doute certains compatriotes de Bouclier fumant pris à l'occasion de la bataille de Cuauhtinchan – et les amenaient sur la côte pour les expédier dans les Caraïbes comme esclaves. En 1522, un cinquième des bénéfices de cette entreprise (5 397 pesos, comme le précisaient les méticuleux registres) fut mis de côté comme tribut pour le roi Charles Quint. Les Espagnols gardaient pour eux les plus jolies captives ; d'autres jeunes filles, orphelines et accablées par la faim, venaient de leur plein gré. Dans un cas au moins, plusieurs d'entre elles furent enfermées dans un bâtiment et soumises à la prostitution forcée. Des observateurs espagnols s'indignèrent du traitement infligé aux jeunes filles indigènes, si bien qu'en juin 1523 le roi exhorta ses hommes à mettre un terme à ces exactions[12].

À ce moment-là, la situation s'était quelque peu calmée ; le projet de Cortés visant à imposer l'ordre et construire un nouvel appareil politique commençait à porter ses fruits. Le marché de Tlatelolco avait rouvert, et la vie semblait avoir repris son cours. Des artisans espagnols formaient des indigènes à Tenochtitlan – Cuauhtemoc et les interprètes durent user de leur autorité morale pour que ceux-ci acceptent. Les ouvriers apprirent à une vitesse étonnante à construire de magnifiques édifices dans le style de la Renaissance. La grande place centrale de Tenochtitlan devint la Plaza Mayor, flanquée depuis peu d'une cathédrale, ainsi que d'un énorme bâtiment gouvernemental avec des tours crénelées à chaque extrémité. Le bruit des marteaux se faisait entendre du matin au soir. En 1524, les Espagnols étaient prêts à déplacer leur centre d'opérations de Coyoacan à la ville de Mexico[13].

Au moment même où les Mexicas construisaient, sous la contrainte, un grand centre-ville de style européen, Cortés distribuait les altepetls ruraux environnants entre ses partisans. Il ne reçut la permission officielle de le faire qu'à la fin de 1523, mais il avait lancé le processus bien avant[14]. Chaque conquistador se vit attribuer les villages d'un altepetl ou d'un sous-altepetl en tant qu'***encomienda***, ou « paquet », ce qui ne signifiait pas que les personnes qui y vivaient devenaient ses esclaves. En théorie, il devait veiller à leur bien-être spirituel et politique, et les habitants lui payer en échange un tribut en biens et en travail pendant une partie de l'année[15]. Cuauhtinchan, par exemple, fut assigné à Juan Pérez de Arteaga, un conquistador qui avait passé de longues heures à étudier le nahuatl avec Malintzin, qu'il avait assistée dans ses tâches d'interprète[16]. Malintzin avait en effet besoin d'aide lorsque les négociations auxquelles elle prenait part se révélaient plus compliquées que prévu. Tandis qu'elle exigeait auparavant des autochtones qu'ils se soumettent ou fournissent de la nourriture, elle devait à présent faire comprendre les divers impératifs politiques et économiques des Espagnols, puis essayer de communiquer à ceux-ci les diverses réalités politiques et économiques des indigènes. Il fallait souvent décider quelle lignée de chefs devait régner et lesquelles devaient être rétrogradées. Naturellement, seules les lignées favorables à la cause espagnole devaient être soutenues. À Texcoco, par exemple, la puissance d'Ixtlilxochitl fut maintenue, et celle des autres lignées familiales réduite[17].

Les Espagnols avaient certes le dessus, mais à aucun moment Cortés et ses pairs ne prirent la paix pour acquise. Il y avait en outre dans ce vaste pays un déséquilibre démographique entre les Européens et les Indiens, qui étaient par millions plus nombreux. Au début de 1524, Cortés publia un nouvel édit obligeant tous les Espagnols à garder leurs armes en permanence avec eux. Chacun devait posséder une dague, une épée et une lance, de même qu'un bouclier, un casque et une cuirasse. Tout homme qui n'acquérait pas cette panoplie dans un délai de six mois et ne se présentait pas ensuite au commandement lors des défilés militaires était soumis à des sanctions sévères. Ceux qui avaient reçu des encomiendas de moins de cinq cents Indiens devaient s'arranger pour se procurer une arbalète et des flèches ou, à défaut, un mousquet et assez de munitions pour tirer deux cents coups. Si une encomienda contenait entre cinq cents et mille Indiens, le bénéficiaire devait en outre faire l'achat d'un cheval. Ceux qui recevaient des encomiendas encore plus importantes devaient en acquérir davantage. Tout encomendero qui ne se conformait pas à ces exigences risquait de perdre sa concession dans sa totalité[18].

En 1524, peu de temps après la promulgation de cette ordonnance, les dirigeants indigènes locaux furent convoqués à Tenochtitlan pour rencontrer les « Douze Apôtres », douze missionnaires franciscains chargés de christianiser le Mexique. La façon dont les Indiens se représentaient les doctrines chrétiennes fit couler beaucoup d'encre. Les Européens ont émis tout un tas d'hypothèses sans disposer de beaucoup de preuves de ce qu'ils avançaient. Au début, les premiers missionnaires ont rapporté avec enthousiasme que, voyant les indigènes profondément émus, ils purent baptiser sur-le-champ plusieurs milliers de personnes. Par la suite, s'ils revinrent sur leurs premières affirmations, pleines d'optimisme, ils ne s'en montraient pas moins confiants dans leur projet. Ils convainquirent le monde entier qu'ils avaient réussi à convertir le Mexique au catholicisme en relativement peu de temps. Ce n'est que dans les années 1990 que cette idée fut définitivement rejetée du milieu académique ; en fait, les indigènes n'avaient pas abandonné leurs croyances ni accepté les enseignements chrétiens sans se poser des questions[19].

Dans ces études plus récentes, les universitaires, à défaut de disposer de preuves tangibles, se sont appuyés sur des preuves indirectes – par exemple, si les Nahuas n'avaient pas de mot pour dire « le diable », comment ont-ils pu se mettre à croire aussi immédiatement à son existence ? Dans leur zèle prosélyte, les missionnaires n'avaient trouvé mieux que le mot *tlacatecolotl* (tla-ca-té-kol-ote), qui avait été utilisé, avant la conquête, pour désigner une sorte de chaman malveillant. Le tlacatecolotl, qui pouvait prendre la forme d'un hibou à cornes et jeter des sorts, semait la terreur parmi les imprudents ; il sortait généralement la nuit, et il fallait à tout prix l'éviter. Ce genre de créature n'avait pas grand-chose de commun avec Lucifer, mais les missionnaires en décidèrent autrement, n'ayant trouvé de meilleur équivalent. Il existe d'innombrables exemples illustrant l'incommensurabilité des croyances culturelles[20]. Un historien a affirmé qu'Européens et Indigènes ont cru à tort se comprendre les uns les autres, si bien que la « double erreur d'identité » qui en a résulté a largement compromis la diffusion du christianisme, lequel ne s'est pas implanté aussi rapidement que les missionnaires l'avaient espéré[21]. Sans doute s'agit-il là d'une preuve indirecte de la résistance psychologique des indigènes face à la vision du monde que leur imposaient les Européens, mais elle n'en est pas moins réelle.

Pourtant, nous disposons d'un texte qui cite les paroles prononcées par des hommes mexicas profondément religieux lors de la réunion de 1524, et ainsi pouvons-nous nous faire une idée directe de ce qu'ils pensaient alors. Bernardino de Sahagún, le célèbre frère franciscain qui parlait le nahuatl et coordonna la production du *Codex de Florence*, a laissé une trace écrite de l'échange, qu'il a intitulée les « Colloques ». Cette source pose néanmoins problème ; et ce, à plusieurs égards. Tout d'abord, Sahagún n'assista pas en personne à cet échange ; il lui fallut travailler à partir des notes d'autrui. Ensuite, il n'y eut pas une mais plusieurs réunions. Enfin, les notes ont dû être prises en espagnol, et la traduction en nahuatl faite des années plus tard, car en 1524 personne n'aurait pu écrire dans cette langue avec une telle fluidité. En bref, les éditeurs européens ont eu de nombreuses occasions de modifier ce « procès-verbal ». Mais malgré tout, la source reste globalement crédible : les propos qu'elle cite coïncident avec les témoignages des protagonistes. Et ce qu'elle met dans la bouche des Indiens ne correspond en aucun cas à ce que les Espagnols auraient souhaité qu'ils disent[22].

L'interprète – très certainement Malintzin, ou sinon l'un de ses assistants – fit son possible pour traduire les commentaires que les frères faisaient, des heures durant, sur les principes fondamentaux de la foi chrétienne. Lorsqu'ils eurent fini, l'un des chefs indigènes présents s'avança et, dans le registre de discours le plus courtois qui soit en nahuatl, souhaita la bienvenue aux étrangers venus de loin ; il les remercia pour leurs paroles, aussi précieuses que des jades et des plumes, dit-il, en utilisant les comparaisons culturelles préférées des Mexicas. Puis, en guise de transition, il dit combien il regrettait que la plupart des sages qui avaient autrefois régné soient morts et que ceux qui avaient survécu leur soient inférieurs en matière de connaissances et d'expérience. Il déclara qu'il vaudrait mieux s'en remettre à l'avis des prêtres encore en vie[23].

Les nobles du gouvernement le firent le soir même, requérant leur aide. Alors qu'ils essayaient tant bien que mal de maintenir l'ordre, malgré les circonstances, ils ne voulaient prendre aucun risque. Si les Mexicas devaient défendre leur foi, il fallait que ce soit par le biais de quelqu'un qui, politiquement parlant, ne soit pas sur la sellette. C'est ainsi qu'au matin, un groupe de prêtres indigènes vint écouter les chrétiens parler de leurs croyances. Ils demandèrent à prendre connaissance de tout ce qui avait été exposé la veille, à la grande joie des franciscains. « Un des douze, par le truchement de l'interprète, répéta tout ce qu'ils avaient dit aux seigneurs la veille. » Si l'interprète était fatigué, personne n'en fit mention. À la fin, le grand prêtre nahua se leva et prit la parole. Il commença, comme à l'accoutumée, sur le ton le plus poli, en disant qu'il était accablé par l'honneur qui lui était fait de rencontrer les nouveaux venus. Mais son discours prit ensuite un tout autre tour :

> Vous nous avez dit que nous ne connaissions pas Celui qui nous donne la vie et l'existence, qui est le Seigneur des cieux et de la terre. Vous dites aussi que ceux que nous adorons ne sont pas des dieux. Cette façon de parler est tout à fait nouvelle pour nous, et très scandaleuse. Nous sommes effrayés par cette façon de parler, car nos ancêtres qui nous ont engendrés et gouvernés n'ont jamais rien dit de tel. Au contraire… ils nous ont appris à honorer les dieux… Et ils nous ont dit que c'est à travers nos dieux que nous vivons et existons, et que nous leur sommes redevables… Ces dieux que nous adorons nous donnent tout ce dont nous avons besoin pour notre existence physique, affirmaient-ils. Nous faisons appel à eux pour que la pluie fasse croître les choses de la terre[24].

Le prêtre exposa les innombrables raisons qu'ils avaient d'être reconnaissants envers leurs dieux et conclut : « Ce serait une chose insensée et inconsidérée de notre part de détruire les lois et coutumes séculaires, instaurées par les premiers habitants de cette terre. » Il ajouta que, si d'aventure les Espagnols exigeaient la destruction des anciens dieux, ils courraient à la catastrophe politique. Il parlait sur un ton amical, mais c'était bien une menace. « Prenez garde, dit-il, le peuple risque de se soulever contre nous si nous lui disons que ceux qu'ils ont toujours considérés comme des dieux ne sont rien de tel. » Puis ce fut l'apogée : « Nous pensons, tous autant que nous sommes, que c'est assez d'avoir perdu, assez que les tapis de roseaux, les trônes [le pouvoir politique, la juridiction royale] nous aient été arrachés. Quant à nos dieux, nous mourrons avant d'avoir renoncé à les servir et à les vénérer. Telle est notre volonté ; faites de nous ce que vous voulez. Que mes paroles servent à répondre à ce que vous avez dit, et pour le contredire. Nous n'avons plus rien à ajouter, seigneurs. » Ou, si l'on veut une traduction plus littérale de ces derniers mots : « C'est tout ce que nous vous retournons, tout ce que nous répondons à votre souffle, à vos paroles, ô nos seigneurs. » Formule typique, qui venait clore un discours qui l'était tout autant – l'ouverture courtoise préparant le déchaînement de colère. Quelques années plus tard, c'est sur la même note, bien qu'en des termes moins énergiques et dans le style d'un roturier, qu'un prisonnier mexica terminerait le discours qu'il avait tenu devant ses juges espagnols : « C'est tout ce que nous avons à dire[25] ! »

L'un des douze missionnaires murmura entre ses dents quelque chose comme quoi on ferait mieux d'attendre la mort de ces vieillards ; les jeunes seraient plus réceptifs[26]. Et c'est plus ou moins ce que firent les Espagnols. Ils n'avaient pas intérêt, se dirent-ils, à tourmenter ces païens récalcitrants ; et ce, d'autant plus que les Indiens ne rejetaient pas vraiment Jésus. Certains semblaient même tout à fait disposés à l'ajouter à leur panthéon ; mais le fait est qu'ils refusaient catégoriquement de remplacer leurs anciens dieux. Il était plus logique d'attendre, conclurent les missionnaires, et de poursuivre leurs enseignements et explications sur la même lancée. Les soi-disant douze apôtres allèrent établir des missions dans les quatre endroits où les Espagnols avaient le plus de contrôle : Tenochtitlan et la ville voisine de Texcoco, ainsi que Tlaxcala et sa voisine, Huexotzinco. Ils y initieraient un prosélytisme plus efficace auprès du peuple mexica, en travaillant notamment avec les jeunes.

*

Au milieu de l'année 1524, Malintzin s'apprêtait à partir en voyage, non pas pour accompagner les missionnaires mais Cortés, qui devait se rendre par voie terrestre au Honduras. Celui-ci avait entendu dire que l'un de ses capitaines, Cristóbal de Olid, qu'il avait envoyé en mission d'exploration, avait mis en place un gouvernement rival en Amérique centrale ; il était déterminé à le déloger. Il partit avec Cuauhtemoc et plusieurs autres seigneurs indigènes en otage, afin que leur peuple ne profite pas de leur absence pour se rebeller. Tecuichpotzin, cependant, devait rester à la maison et veiller sur les intérêts de la famille royale mexica. Si elle vit Malintzin pendant les semaines de préparation de l'expédition, elle dut avoir pitié de son aînée. Les deux jeunes femmes savaient que le voyage serait vain, voire potentiellement funeste.

D'habitude, Tecuichpotzin n'avait guère de compassion pour Malintzin. En effet, au cours des trois dernières années, tandis qu'elle dépérissait dans une quasi-incarcération aux côtés de son mari, l'autre femme qui était naguère son obligée était devenue très puissante. Et pas seulement en tant qu'interprète : Malintzin était au cœur des négociations. Dès que la guerre de conquête avait pris fin, elle avait eu un enfant de Cortés. C'était un garçon, le premier fils du conquistador, et on l'appela Martín, d'après le prénom du père de Cortés. Les lettres de ce dernier révèlent l'amour qu'il portait à l'enfant, et pendant un temps il voulut même en faire son héritier. Mais il ne vivait pas avec le garçon et sa mère. Aussitôt la paix conclue, l'épouse espagnole de Cortés partit de Cuba pour le rejoindre au Mexique. Ce n'était pas, semble-t-il, un mariage heureux. Cortés et doña Catalina se disputaient en public et en privé. Plus tard, après la mort soudaine de Catalina, certains dirent que Cortés en était le responsable, qu'il l'avait étranglée, mais il ne fut jamais inculpé pour ce crime, et sa culpabilité ne fut jamais prouvée.

Sans doute Malintzin ne savait-elle pas non plus ce qu'il en était, elle qui avait d'autres sujets de préoccupation, Elle officiait comme traductrice dans de nombreuses demeures, de la noblesse comme de la roture, tout en formant de futurs interprètes. Grâce à ses diverses prestations, elle faisait tourner sa maisonnée et pouvait subvenir aux besoins de son fils et aux siens. Elle portait un *huipilli*, ou « chemisier », richement brodé, une jolie jupe, ainsi que des sandales – contrairement aux autres femmes, qui se déplaçaient la plupart du temps pieds nus. Autant de marqueurs sociaux signifiant son haut statut ; mais elle ne tomba jamais dans la vaine suffisance. Elle ne renonça jamais à ses vêtements traditionnels pour s'habiller à la manière espagnole. Tous ceux qui avaient affaire à elle l'appréciaient, sauf peut-être Jerónimo de Aguilar, qui avait perdu sa place de traducteur attitré depuis que la jeune femme maîtrisait l'espagnol. Plus tard, il accusa amèrement Malintzin d'inconduite, mais personne ne soutenait cette opinion. D'autres se souvenaient d'elle comme d'une personne joyeuse, honnête et extraordinairement compétente, qui avait fait de son mieux pour aider à rétablir l'ordre après plusieurs mois de chaos. Ils se souvenaient que Cortés s'était mis en colère le jour où il avait imaginé Jerónimo de Aguilar poser les yeux sur Malintzin[27].

Lorsque Cortés vint voir Malintzin et lui enjoignit de laisser son fils et de l'accompagner comme traductrice dans une expédition terrestre d'envergure à travers les jungles et les montagnes du pays maya (où elle avait été faite esclave), sans doute fut-elle loin d'être ravie. Elle avait beaucoup à perdre et rien à gagner. Cortés aussi, d'ailleurs, mais il ne pouvait pas ou ne voulait pas l'admettre. Certains ont supposé que Malintzin était follement amoureuse du conquérant et se pliait à tous ses désirs. Cependant, les femmes indigènes savaient qu'il ne fallait pas s'attendre à un amour romantique et durable de la part de leurs maîtres. Et ces derniers mois, Cortés avait couché avec tant de femmes – et rendu furieux tant de mères et de maris – que Malintzin ne pouvait croire qu'il existât un lien spécial entre eux. Si, en lui rappelant leur fils, Malintzin lui avait jamais parlé de mariage, Cortés lui aurait fait comprendre qu'il était déterminé à épouser une Espagnole bien née, et non pas une esclave indigène ; c'était la seule façon d'être certain de maintenir son pouvoir et son influence. Et pour légitimer son fils, Martín, il lui suffisait de solliciter le pape[28].

On serait tenté de penser que Cortés fit venir Malintzin sous la contrainte, mais ce ne semble pas être le cas. Tous les documents de l'expédition indiquent que Malintzin ne s'est pas contentée de suivre le mouvement. Tout au long des deux années que dura leur périple, elle défendit activement, avec sa bonne humeur naturelle, les intérêts du groupe, si bien que Cortés, fait remarquable chez cet homme, témoigna par écrit d'une forme de reconnaissance voilée à son égard. Pourquoi se comporta-t-elle ainsi ? Que pouvait-elle espérer en répondant avec tant de zèle aux caprices d'un conquérant manifestement déboussolé ?

Malintzin, comme d'autres indigènes à l'époque de la conquête, ne laissa derrière elle aucun journal, aucune lettre, aucune trace écrite qui puisse expliquer ses motivations. Mais l'histoire nous montre qu'elle négocia avec sagacité et fermeté pour assurer sa protection, celle de ses enfants et de son peuple. L'expédition traversa d'abord Coatzacoalcos, sa terre natale. De manière significative, juste avant de traverser la rivière qui bordait ce territoire, l'énorme caravane s'arrêta pas moins d'une semaine. C'est là que Malintzin se maria avec un lieutenant de haut rang de Cortés, Juan Jaramillo. (Parmi les quelques hommes célibataires du cercle de Cortés, il n'y en avait que deux autres de rang égal ou supérieur, dont l'un préférait vivre avec un jeune homme qu'il appelait son « neveu ».) Elle bénéficiait désormais de la protection juridique d'une Espagnole. En outre, Cortés lui offrit pour l'occasion un cadeau important – geste qu'il n'aurait jamais fait de son propre chef ; elle dut en faire la demande elle-même. Malintzin se vit attribuer en encomienda son village natal d'Olutla. C'est elle qui le dirigerait, et non pas un Espagnol. Des documents juridiques furent signés, mais ils se perdirent au cours de la désastreuse expédition[29].

Dès que ces dispositions furent prises, le groupe se remit en marche. La rivière était plus haute qu'ils ne l'avaient anticipé, et une grande partie des bagages – mais aucun homme – s'abîma dans le courant. Quelques jours plus tard, Malintzin se retrouva parmi les siens. Les retrouvailles furent émouvantes, dira Bernal Díaz[30], mais les mots qu'elle prononça sont perdus à jamais. Cet épisode est loin d'être unique dans l'histoire des Amériques. Sacajawea, par exemple, une autre captive de guerre qui fut vendue aux nouveaux arrivants blancs, fut emmenée par Lewis et Clark dans une expédition au cours de laquelle elle retrouverait, elle aussi, sa famille natale. Personne n'a consigné ce qu'elle pensait alors. Des lettres et journaux intimes nous font revivre les moments importants, parfois touchants, de l'histoire de la conquête ; mais, s'agissant des pensées des moins puissants, elles sont couvertes d'un voile de silence.

Après toutes ces années de séparation, Malintzin ne passa qu'un temps très limité avec sa famille et ses amis, car elle avait une promesse à tenir envers Cortés ; pour son propre bien, celui de ses enfants et de son peuple, elle ne la romprait pas. Ils ne tardèrent pas à se remettre en route – direction le Honduras. Le voyage se révéla pénible, alors qu'ils s'enlisaient, plusieurs mois durant, dans les sombres forêts.

Dans une ville appelée Acalan (« terre des bateaux »), à environ trois kilomètres de la côte du Golfe, dans le cours supérieur de la rivière Candelaria, Cortés prit une décision qui demeure encore aujourd'hui un traumatisme pour les Mexicains : il fit exécuter Cuauhtemoc. Nous avons différentes versions des événements. D'après ce qu'il affirma par la suite, un informateur indigène lui aurait dit que le dirigeant mexica avait ourdi un complot contre lui : il aurait ordonné aux Indiens de se soulever contre les Espagnols au milieu de la jungle, puis de retourner en secret dans la vallée centrale pour fomenter, là-bas aussi, une rébellion. Pour d'autres, dont un certain nombre d'Espagnols, tout cela n'était qu'un malentendu. Cuauhtemoc et ses compagnons n'avaient fait que se réjouir d'une rumeur qui était arrivée à leurs oreilles, à savoir que Cortés avait enfin retrouvé la raison et était prêt à faire demi-tour. Ils plaisantèrent et dirent des choses qu'ils n'auraient peut-être pas dû dire, par exemple qu'ils préféreraient mourir immédiatement plutôt que de périr lentement de faim et de laisser leurs corps éparpillés le long de cette route maudite. Cortés soumit à la torture chacun des hommes impliqués. Malintzin dut traduire ce qu'ils dirent dans leur agonie. Lorsque Cortés obtint les aveux qu'il voulait entendre, il fit pendre Cuauhtemoc à un ceiba, ainsi qu'au moins un de ses cousins, le souverain de Tlatelolco, et probablement un autre noble. Cortés était-il vraiment en proie à la panique ? Et est-il vrai que, si Malintzin et d'autres interprètes n'avaient pas traduit ce qui n'était, à leur sens, que de légers sarcasmes, douze autres indigènes auraient péri ? Ou bien Cortés avait-il prévu de longue date de se débarrasser de ces deux dirigeants mexicas, dès lors qu'il serait loin de Tenochtitlan, sur des terres où leur mort ne pourrait pas provoquer d'émeutes et de troubles parmi la population ? Dans les deux cas, Malintzin et de nombreux indigènes furent non seulement spectateurs de la scène mais aussi acteurs. Il n'est pas surprenant que plusieurs textes indigènes produits par la suite fassent mention de l'événement, directement et indirectement. Cortés ne dit rien qui puisse éclairer la situation. En effet, aucun papier n'a survécu à l'expédition ; presque aucun bagage n'en est revenu. Une bonne partie de ceux qui y participaient furent laissés pour morts le long du parcours, comme Cuauhtemoc l'avait, semble-t-il, prédit[31].

Lorsque ce qui restait de la caravane sortit enfin de la forêt, aux abords de l'Atlantique, on découvrit que Cristóbal de Olid avait été tué, quelques mois auparavant, par des Espagnols fidèles à Cortés. En fin de compte, l'expédition se révéla complètement inutile. Pire encore, les Espagnols qui vivaient sur la côte étaient presque aussi affamés que ceux qui avaient survécu au voyage. Une fois de plus, Cortés se mit en tête de réclamer aux Indiens locaux un tribut sous forme de vivres et d'autres biens de valeur. Il envoya le seul bateau présent sur place aux Caraïbes pour solliciter de l'aide. Très vite, il apprit que son départ avait entraîné des luttes intestines entre les Espagnols et plongé la capitale dans le chaos, ce qui n'était pas pour déplaire aux Indiens. Des rumeurs disaient que Cortés était mort.

Cortés, qui avait désespérément besoin d'argent, chargea ses subordonnés de vendre des autochtones comme esclaves dans les Caraïbes. Pour éviter d'être poursuivi en justice, il leur enjoignit de ne vendre que ceux qui avaient été réduits en esclavage par d'autres peuples indigènes avant la conquête[32]. C'est à ce même moment que Malintzin donna naissance à l'enfant de Jaramillo, environ neuf mois après leur arrivée sur les côtes de l'Atlantique. Cette fois-ci, elle eut une fille, qu'elle nomma Marie (María), d'après la Vierge. Peu après, ils s'embarquèrent pour Veracruz, dans l'idée de gagner ensuite la capitale. D'autres bateaux en partance étaient chargés de cargaisons humaines qui avaient été marquées pour être vendues dans les Caraïbes. Tel aurait pu être le destin de Malintzin ou celui de sa fille – elle ne le savait que trop bien. Si tant qu'elle ait jamais douté d'elle, la vision de ces navires l'aurait convaincue qu'elle avait toujours fait le bon choix, compte tenu de ses options limitées. Sa fille, si elle vivait, ne serait jamais vendue comme esclave, ni par les Mexicas ni par les Européens.

*

Pendant ce temps, les tempêtes politiques de l'après-conquête avaient continué à faire rage à Tenochtitlan. Une fois de retour en ville, Cortés, que l'on croyait mort, dut se battre pour rétablir son ancien pouvoir, ainsi que pour récupérer ses terres et les Indiens de son encomienda. L'un de ses premiers actes fut d'informer officiellement Tecuichpotzin, devenue doña Isabel, de la mort de son mari, Cuauhtemoc. Il négocia ensuite son mariage avec Alonso de Grado, un autre conquistador. Il donna à celui-ci l'office de « protecteur des Indiens » – ce qui avait quelque chose d'ironique, étant donné les violences commises par ce dernier à l'égard des Indiens pendant la conquête – et il donna à Isabel la grande encomienda de Tlacopan, une des trois villes de ladite Triple Alliance aztèque, où elle avait des parents maternels. Le couple serait ainsi riche et puissant. Cortés pensait plaire à la fois à la noblesse indigène et à la couronne espagnole, et gagner en la personne de Grado un partisan loyal et riche. Mais un an et demi plus tard, au début de 1528, Grado, qui était très âgé, mourut[33].

Cortés se sentait de plus en plus assailli – par ses ennemis, d'une part, et ses détracteurs, de l'autre. Il ne savait pas si le roi se rangerait finalement de son côté ou l'accuserait – et le punirait – d'avoir semé le chaos actuel en partant au Honduras. « Je suis au purgatoire », écrivit-il, déchiré, à son père. « Et la seule raison pour laquelle ce n'est pas l'enfer, c'est que j'ai encore l'espoir d'obtenir réparation[34]. » Dans son désespoir, Cortés devint de plus en plus rebelle, voire irresponsable. Lorsque Alonso de Grado mourut, Cortés dit à la jolie fille de Moctezuma, âgée de dix-huit ans, que, vu qu'elle était une veuve riche et très désirable, il allait l'installer dans sa propre maison « pour pouvoir assurer sa protection ». Car, selon ses dires, Moctezuma, alors sur son lit de mort, lui aurait demandé en larmes de protéger ses filles[35].

Isabel n'avait pas le choix. Ses amis et sa famille dans le monde indigène ne pouvaient pas se permettre de tenir tête à Cortés. Peut-être ajouta-t-elle foi à ses promesses, espérant être en sécurité avec lui. Elle s'installa chez Cortés, avec ses quelques biens. Une fois sur place, elle se retrouva sans défense. Un ami proche de Cortés déclara un jour laconiquement qu'il « n'avait pas plus de conscience qu'un chien[36] ». Isabel tomba enceinte presque immédiatement[37].

Cortés décida de se rendre en personne en Espagne pour s'entretenir directement avec le roi. Il emmènerait le jeune Martín, le fils qu'il avait eu avec Malintzin, pour le faire légitimer par le pape, au cas où il ne devrait pas engendrer d'autres enfants mâles. Puis il laisserait

Martín en Espagne pour qu'il serve de page au jeune prince Philippe. Mais avant son départ, encore fallait-il qu'il résolve l'épineux problème de la grossesse d'Isabel. Il n'envisageait pas sérieusement de l'épouser, tout d'abord parce qu'il rêvait de se marier avec une femme de la noblesse espagnole; mais il y avait une autre raison. S'il épousait Isabel – ce qui était envisageable puisqu'elle était une indigène de haut rang –, il risquait d'alimenter les rumeurs selon lesquelles il essayait d'établir un fief au Mexique et, par là même, de s'aliéner le roi. Pedro Gallego de Andrade, un proche de Cortés, déclara qu'il n'avait aucune objection, quant à lui, à épouser Isabel, sous réserve qu'elle conserve la vaste encomienda de Tlacopan – condition *sine qua non* pour que la famille royale mexica soit reconnue comme telle par les Espagnols et qu'elle se soumette à leur juridiction. Cortés accepta. Il assista au mariage de Gallego et Isabel, avant de prendre la mer avec son jeune fils[38].

Quatre mois plus tard, Isabel dut braver l'épreuve de l'accouchement, qu'elle crut être son *nomiquizpan*, « moment de mort ». Parmi ses serviteurs, il y avait des femmes nahuas pour la soutenir dans ce moment de douleur et d'incertitude. « Fille bien-aimée, lui disaient-elles dans sa langue, fais un effort ! Qu'allons-nous faire de toi ? Voici tes vieilles mères. Il en va de ta responsabilité. Saisis le bouclier. Ma fille, ma jeune fille, sois courageuse. Fais face… sois courageuse. Imite la courageuse déesse Cihuacoatl[39]. » Isabel-Tecuichpotzin s'était toujours représenté une femme en couches comme une honorable guerrière et non comme une femme victime d'un châtiment divin et implorant la pitié, comme le faisaient les Espagnols. Mais son courage n'était en aucun cas de l'orgueil. Ce n'est pas comme si elle capturait un esprit pour le ramener à sa famille et perpétuer ses traditions. Lorsque l'enfant naquit – une fille –, on la lui retira pour la transporter chez un des cousins de Cortés, selon les instructions de celui-ci[40].

Dans son malheur, Isabel fut surprise que son mari, Pedro Gallego, lui témoignât de la gentillesse et de la sympathie, et elle en vint à l'apprécier. L'année suivante, elle lui donna un fils, qu'ils nommèrent Juan. Ils organisèrent une grande fête de baptême en l'honneur du premier petit-fils de Moctezuma né d'un mariage chrétien. Les cloches de l'église sonnèrent, et les gens allumèrent des feux de joie pour le célébrer. Deux mois plus tard, Pedro Gallego disparut d'une mort soudaine, au grand malheur d'Isabel. Elle se consacra encore plus que jamais à Juan, l'enfant qu'elle chérit le plus. Si son mariage suivant, avec un Espagnol du nom de Juan Cano, dura plus de vingt ans et semble avoir été heureux, ses autres enfants ne supplanteront jamais Juan dans son cœur[41].

Isabel – toujours connue sous le nom de Tecuichpotzin par les habitants indigènes de la ville[42] – était réputée pour sa discrétion. Elle ne fut jamais tout à fait à l'aise avec le statut que les Espagnols lui avaient assigné. Elle donna, autant que possible, les bénéfices de son encomienda à son couvent augustinien préféré. Quant à ses deux filles, elle les invita à entrer dans les ordres, plutôt que d'épouser des Espagnols ; et c'est ce qu'elles firent. Dans son testament, elle libéra tous les esclaves indiens qui servaient dans la maison de son mari[43]. Il nous est impossible de savoir si elle enviait sa sœur, baptisée « Francisca » – celle qui, au lieu d'être donnée en mariage aux Espagnols, fut envoyée sur le lieu de naissance de sa mère, dans la campagne d'Ecatepec, près d'Azcapotzalco. Les Espagnols n'ont jamais rien su de son existence, d'autant plus que, comme la majorité des indigènes, elle vécut en dehors de leur zone de contrôle. En effet, la plupart n'avaient pas été pris dans le maelström, à la différence de Malintzin et Tecuichpotzin.

Cela étant, les Espagnols étendaient leur domination. En 1529, alors que Malintzin succombait des suites d'une maladie européenne[44], et en 1530, alors qu'Isabel chantait des berceuses nahuatl à son nouveau-né, ce fut au tour de Cuauhtinchan de connaître une telle crise.

*

Durant les années 1520, Chimalpopoca « Bouclier fumant », gouverna son peuple sans incident majeur. Les Espagnols construisirent une petite église dans la ville voisine de Tepeaca, où un prêtre venait aussi souvent qu'il le pouvait. Il dit aux habitants de Cuauhtinchan qu'ils devaient assister à la messe, mais peu le firent, et personne ne vint leur causer des ennuis. Le tribut que les Espagnols levaient devenait un fardeau au fur et à mesure qu'il augmentait, mais Bouclier fumant, qui ne voulait pas s'attirer d'ennuis, le tenait pour une nécessité. À la fin de la période, Cuauhtinchan s'engagea à fournir 24 000 couvertures tissées tous les quatre ans, ainsi que 20 dindes, 6 000 boisseaux de maïs, 16 paniers de haricots, 80 paniers de piment, 16 de chia et 16 de sel[45].

En outre, trente Indiens devaient fournir des tâches domestiques à l'encomendero et à divers dignitaires espagnols : ils pouvaient alterner les uns les autres à leur guise, à condition qu'ils se présentent aux bonnes personnes au bon moment. Mais ces services dépassèrent bientôt ce que la ville pouvait supporter, surtout à la suite des nombreux décès provoqués par les nouvelles maladies. Il devenait de plus en plus difficile aux indigènes de planter et de récolter leurs propres cultures – indispensables pour que leurs enfants ne meurent pas de faim ou ne deviennent pas encore plus vulnérables aux maladies[46].

Au moment où, peut-on imaginer, Bouclier fumant se demandait s'il devait élever la voix ou non, des troupes espagnoles arrivèrent dans la région et y établirent un campement, coupant court à toute protestation possible. C'était en 1529, et Nuño Beltrán de Guzmán, qui allait bientôt lancer une guerre de conquête dans l'ouest du Mexique, venait d'être nommé à la tête de la Haute Cour de Tenochtitlan[47]. Cortés était en Espagne, et on ne savait pas encore qui serait nommé vice-roi, c'est-à-dire représentant du monarque. Entre-temps, c'était Guzmán qui gouvernait. Il prit la décision de faire arrêter Ixtlilxochitl, le noble de Texcoco dont la lignée familiale avait tiré grand bénéfice de l'arrivée des Espagnols – tout au long des années 1520, mettant à profit son alliance avec Cortés, il avait fait la guerre à ses voisins chaque fois qu'il l'avait jugé nécessaire. Ixtlilxochitl fut donc enfermé dans une cellule du donjon d'un monastère franciscain, où il s'étiola et mourut[48]. Par la suite, Guzmán envoya ses hommes de main dans la campagne à l'est de la ville avec l'ordre de recruter plusieurs milliers de guerriers indigènes pour la campagne militaire qu'il préparait.

À Cuauhtinchan, les Espagnols dirent explicitement aux nobles locaux, par l'intermédiaire d'un interprète, que seuls ceux qui se convertiraient immédiatement au christianisme et s'engageraient à coopérer pourraient conserver leur place. Bien que Bouclier fumant n'en fasse pas mention, d'autres sources nous apprennent, effectivement, que les chefs locaux se firent baptiser[49]. Il choisit pour parrain un Espagnol nommé Alonso de Castañeda. Chimalpopoca (devenu Alonso) inclina la tête ; un prêtre l'aspergea d'eau, ainsi que ses compagnons, tout en prononçant une prière. Bouclier fumant était vraisemblablement un bon interprète et un négociateur talentueux : lorsque les forces espagnoles avancèrent, il avait réussi à empêcher la plupart de ses hommes d'être recrutés. La population ne fut pas anéantie. Il encourageait son peuple à aller à l'église, en prenant un air concerné, afin que les Espagnols traitent son peuple avec un minimum de respect. « Mais personne ne savait encore ce qui se passait, si c'était "dimanche" ou un autre jour [dans le nouveau calendrier] », se souvint plus tard l'un de ses proches. « Nous étions vraiment novices dans ce domaine… Nous ne savions pas de quoi il était question[50]. »

Avec l'arrivée du christianisme, les nobles furent pressés de ne choisir qu'une seule épouse parmi les nombreuses femmes avec lesquelles ils s'étaient unis – quitte à faire mine de chasser celles qu'ils n'auraient pas retenues. Si au début ils feignaient de ne rien entendre, cette situation ne pouvait durer. Les auteurs des annales de la génération suivante n'abordèrent la question conjugale qu'avec beaucoup de précaution, sans jamais entrer dans les détails, tant le sujet était douloureux, non seulement pour les femmes qui risquaient d'être rejetées, mais aussi pour leurs enfants. À long terme, seul le changement de génération conduisit les nobles à adopter la monogamie. Entre-temps survinrent bien d'autres problèmes publics plus urgents à résoudre[51].

En 1531, on vit apparaître à Cuauhtinchan deux chefs épuisés vêtus de guenilles, qui appelaient à l'aide. Dix-neuf familles qui étaient auparavant sous leur autorité avaient pris la fuite ; apparemment, leurs chefs n'avaient pas aussi bien géré les relations avec les conquistadors que Bouclier fumant. Peut-être avaient-ils simplement manqué de chance. Ces gens venaient d'horizons différents – certains n'étaient même pas des Nahuas, mais des Otomís et des Pinomes – mais, poussés par un besoin commun, ils s'étaient réunis sous la direction de deux hommes charismatiques nommés Elohuehue (é-lo-oué-oué) et Apiancatl (a-pi-ane-cate), qui leur avaient promis de veiller sur eux. Le nom du premier signifiait « Vieil Homme comme un Épi de Maïs frais » ; le second désignait un titre, au sens aujourd'hui perdu, mais qui exprimait l'autorité. « C'étaient des gens en souffrance qui venaient de lointaines contrées », se souvenait Bouclier fumant[52]. Selon la coutume, tous les chefs de Cuauhtinchan se réunirent pour décider de ce qu'il fallait faire. Ils convinrent d'offrir aux arrivants des terres inoccupées au début de la route qui allait vers Tepeaca. Comme dans les jours anciens, ces accords furent rendus pérennes par des déclarations publiques officielles répétées par plusieurs parties ; une personne désignée peignit ensuite la scène, sans oublier de représenter les symboles que sont l'eau, les collines et les routes, qui indiquent les limites des terres. À cela s'ajoutait à présent autre chose : on amena un jeune homme qui avait appris l'alphabet romain, et il coucha par écrit leurs déclarations. Bouclier fumant l'appela par son nom nahuatl, puis «Alonso de Castañeda», auquel il accola le titre dont les Espagnols lui avaient dit qu'il indiquait une origine noble ; d'où : «don Alonso de Castañeda Chimalpopoca[53]».

Don Alonso et les autres chefs expliquèrent aux nouveaux arrivants que, pour rendre l'accord contraignant aux yeux des autorités chrétiennes, le peuple devait construire un temple au toit de chaume où ils honoreraient le dieu chrétien ; un prêtre viendrait bientôt de Tepeaca pour apporter sa bénédiction. Reconnaissants, les pionniers appelèrent leur nouveau village Amozoc et se promirent de ne jamais l'abandonner. Mais c'était sans compter sur les franciscains, qui ordonnèrent plus tard aux habitants des campagnes de s'installer dans la ville de Cuauhtinchan ; ceux d'Amozoc, profondément attachés à leur nouveau foyer, assistèrent en 1558 à l'incendie de leurs maisons et en furent chassés.

Mais bien avant ces événements, don Alonso avait déjà été confronté à une grave crise. Début 1532, Huilacapitzin (oui-la-ca-pi-tsine), ou Cœur de Coquille d'Escargot, un autre chef de Cuauhtinchan, fut accusé par les Espagnols d'avoir pratiqué un sacrifice humain. Il fut exécuté. Présent aux côtés de don Alonso à la réunion où les pionniers d'Amozoc avaient reçu leurs terres, Huilacapitzin y avait utilisé à la fois son nom nahuatl et son nouveau nom espagnol, «don Tomás». Il semblait s'adapter aux nouvelles façons, tout comme Bouclier fumant, mais seulement en surface. Héritier de la première dynastie pinome, c'est sa famille qui avait ourdi le meurtre du père de Bouclier fumant une vingtaine d'années plus tôt. Mais celui-ci ne semblait pas lui en vouloir, du moins depuis qu'ils avaient combattu ensemble pour défendre Cuauhtinchan contre les étrangers. Lorsqu'il parlait de Cœur de Coquille d'Escargot, il usait du suffixe *-tzin*, à valeur honorifique. Et pendant longtemps, il se refusa à évoquer sa mort tragique : ce n'est qu'à la fin de sa vie, alors qu'il dictait une histoire de son peuple, qu'il revint dessus. Il en parla alors très succinctement, disant seulement que don Tomás avait été pendu cette année-là[54]. Si ses enfants voulaient en savoir plus, ils n'avaient qu'à demander à un autre témoin. Il s'avère que les représentants de la nouvelle religion furent informés des agissements de Cœur de Coquille d'Escargot par un jeune Tlaxcaltèque qui assistait les frères espagnols. Les franciscains arrêtèrent Cœur de Coquille d'Escargot, qu'ils persistaient à appeler Tomás, le jugèrent et le condamnèrent à mort.

Les franciscains ordonnèrent à la noblesse de tous les sous-altepetls de Cuauhtinchan et des villes voisines d'assister à la pendaison, qui resta gravée dans leur mémoire. Les jambes de l'homme furent secouées de spasmes jusqu'à ce que la vie le quittât. Pourtant un être paraissait garder espoir : « Son chien, blanc avec des taches noires, resta allongé à côté de son maître pendu[55]. » Ensuite, deux autres hommes qui avaient été accusés d'avoir aidé Tomás – probablement des prêtres indigènes – furent également pendus puis descendus du gibet et écartelés. Enfin, ceux qui étaient soupçonnés d'avoir assisté à la cérémonie sacrificielle furent ligotés pour être humiliés sous le soleil brûlant.

Il est probable que même Bouclier fumant et d'autres voisins proches de don Tomás n'aient pas vraiment su ce qu'il s'est passé. Chaque village – ou ensemble de villages – s'efforça de faire sienne la nouvelle religion et de répondre aux attentes des autorités sans manquer de respect aux anciens dieux. Don Tomás Huilacapitzin n'était pas le seul seigneur indigène à avoir été condamné à mort pour hérésie. Ils étaient nombreux à continuer d'effectuer des rituels honorant les anciens dieux[56].

C'est dans ce contexte que Bouclier fumant reçut des instructions lui enjoignant de participer à la construction d'une église à Cuauhtinchan. Ils se lancèrent dans le projet avec enthousiasme, certains de ce que, s'ils le faisaient, leur altepetl en tirerait une grande fierté. Leur église rivaliserait avec celle de Tepeaca, ville voisine et rivale de longue date. Un moine du nom de Juan de Rivas leur expliqua que le bâtiment ne devait pas avoir la forme d'une montagne pyramidale comme les temples d'autrefois, mais plutôt celle d'un grand cube avec une tour. On peignit les murs intérieurs de fleurs tourbillonnantes, ainsi qu'un jaguar et un aigle à un endroit bien en vue. C'étaient les héros de l'ancienne histoire nahua – des animaux qui avaient courageusement sauté dans le feu lors de la création du Cinquième Soleil et qui symbolisaient depuis lors les valeurs guerrières[57].

Un dimanche de 1536, les habitants de Cuauhtinchan étaient encore tout à leur projet de construction quand un franciscain venu prêcher leur dit qu'il avait une annonce importante à leur faire[58]. Son ordre allait créer une école pour les fils de la noblesse indigène. Ce serait dans le pays des Mexicas, à Tlatelolco, où les franciscains avaient leur grand *convento*. Ils voulaient des garçons de dix à douze ans – suffisamment âgés pour ne pas avoir besoin d'une surveillance constante comme les petits, mais encore suffisamment jeunes pour pouvoir être éduqués selon les principes chrétiens. À l'école, ils étudieraient les préceptes religieux, la lecture et l'écriture, l'espagnol, le latin, la musique, ainsi que l'enluminure des manuscrits.

C'est ainsi que Cristóbal[59], un fils (ou peut-être un jeune cousin) de don Alonso, nommé d'après un saint du Vieux Monde – un Cananéen qui se convertit au christianisme et aidait les voyageurs à traverser une rivière – fut emmené, avec d'autres jeunes garçons, à l'établissement franciscain de Tlatelolco. Il emporta avec lui ses biens les plus précieux, qu'il avait rangés dans un coffre en bois fermé à clé, et un tapis enroulé pour dormir. À leur arrivée, on dit aux garçons de déposer leurs affaires dans un grand dortoir, puis on leur donna à manger dans le réfectoire[60].

Au cours des semaines et des mois qui suivirent, Cristóbal trouva, semble-t-il, les leçons fort à son goût. Les frères leur montrèrent une *cartilla* (un abécédaire), qu'ils avaient eux-mêmes copiée – plus tard, ils auraient des copies imprimées du petit manuel –, et les garçons apprirent rapidement les sons associés aux symboles. Certains n'eurent besoin que de quelques semaines pour pouvoir lire le nouveau code phonétique. Le professeur, fray Bernardino de Sahagún, leur dit que, s'ils continuaient sur leur lancée, ils pourraient bientôt se mettre à l'étude du latin, qui leur donnerait accès à toutes les connaissances du monde antique. Il leur montra les vénérables livres conservés dans la bibliothèque de l'école en leur promettant de leur livrer les clés de ce fabuleux royaume. Quant au maître de dessin, s'il heurta plus d'un élève avec ses remarques méprisantes sur les peintures indigènes, il se rattrapa aux yeux de certains lorsqu'il les introduisit à la perspective ; ils ne tardèrent pas à trouver fort divertissant de dessiner les animaux – chiens, oiseaux, chevaux – de façon réaliste. L'étude de la théologie chrétienne s'avéra pour Cristóbal beaucoup plus facile que ses aînés ne l'avaient imaginé. La ferveur qui brillait dans les yeux de ses professeurs le convainquit que la matière valait bien les leçons religieuses qu'il avait étudiées à la maison ; et, lorsque les garçons se réunirent pour rendre grâce à Dieu, il se sentit, pendant un long moment, transporté dans un autre monde ; il entendait la musique du divin[61].

Bien sûr, l'école n'était pas toujours aussi stimulante. Parfois les élèves se disputaient ou se racontaient des blagues croustillantes en nahuatl ; et, à leur grande surprise, certains professeurs les comprenaient et les punissaient[62]. Quand ils ne faisaient pas cours, il leur arrivait de se divertir en se racontant des ragots sur la politique européenne. Henry VIII, le roi d'Angleterre, avait perdu le contrôle de ses passions quelques années auparavant et avait annulé son mariage avec Catherine, fille des monarques espagnols Ferdinand et Isabelle, pour épouser une jeune anglaise, Anne Boleyn – que les missionnaires appelaient la dévergondée. Et maintenant on apprenait que Henry s'en était lassé et qu'il l'avait fait emprisonner puis décapiter – tout cela pour prouver qu'il pouvait s'affranchir de l'autorité catholique romaine du pape. En tant que roi, Henry avait donné un très mauvais exemple, qu'il ne fallait surtout pas imiter. Les élèves ne devraient jamais se comporter comme les monarques anglais quand ils deviendraient chefs – ni comme leurs propres ancêtres, ajoutaient parfois les professeurs. S'ils avaient honte ou étaient rassurés de voir que la politique européenne ressemblait parfois à la leur, leurs écrits ultérieurs ne le montrent pas clairement[63].

Lorsque Cristóbal rentra chez lui quelques années plus tard, il écrivait couramment, maîtrisait parfaitement la calligraphie et était devenu un expert en grammaire et en ponctuation[64]. Il priait le dieu chrétien et s'habillait comme un Espagnol. Comme on peut s'en douter, il fut au cœur des tensions opposant les familles qui avaient choisi de faire éduquer leurs fils par les missionnaires et celles qui en avaient décidé autrement. Un de ses parents écrivit un commentaire sournois en espagnol dans les marges d'un livre : « Les nobles bien nés qui ne connaissent pas l'alphabet n'ont pas d'entendement. Ce sont de “nobles bêtes”[65]. » On qualifiait souvent les animaux apprivoisés de « nobles bêtes », expression à valeur affective ; en revanche, quand celle-ci désignait des nobles indigènes, elle avait valeur d'insulte. C'était même pire que de les appeler des animaux, puisqu'il y avait un jeu de mots sur *bestia*, qui signifiait « bête » mais également « stupide ».

Parfois, ces tensions se faisaient sentir non seulement entre les familles, mais aussi au sein même des familles, d'une génération à une autre. Le jeune don Felipe de Mendoza, issu d'une des lignées pinomes, et qui avait donc un lien de parenté avec feu don Tomás, fut invité – mais sans son père respecté – dans la maison d'un autre noble, notamment parce qu'il avait été, comme son hôte, « élevé, éduqué à l'église[66] ». Le fait que lui et lui seul était le bienvenu, et non les anciens de sa famille, fit apparemment souffrir le jeune Felipe, puisqu'il se souvint de ces paroles et les répéta plus tard.

Mais les souffrances causées par ces fractures sociales furent éclipsées par une crise bien plus importante. Plus de vingt ans s'étaient écoulés depuis la terrible épidémie de 1520, si bien que les plus jeunes n'étaient pas immunisés. Par ailleurs, en 1544, après que la récolte de maïs fut ravagée par des vers, beaucoup de gens moururent de faim ; et l'année suivante, une nouvelle vague d'épidémie frappa le pays, la plus terrible connue jusqu'alors. Cristóbal et son père ont très certainement perdu des membres de leur famille – comme tout le monde –, mais nous n'en avons aucune trace[67].

De nombreuses terres à la périphérie de Cuauhtinchan se retrouvèrent en jachère, car les villageois chargés de les travailler étaient mourants ou déjà morts ; les habitants de Tepeaca, une ville très peuplée, décidèrent de partir s'y installer. Lorsqu'il apprit l'arrivée de ces vieux ennemis, Bouclier fumant bouillonna de colère. Une partie de lui voulait attaquer de nuit les intrus et les chasser comme il l'aurait fait autrefois, mais cette époque était révolue : il était maintenant don Alonso de Castañeda. En mars 1546, au lieu de déclencher une guerre, il décida avec d'autres chefs de tirer le parti de la récente alphabétisation de leurs fils. Ils poursuivraient les habitants de Tepeaca devant un tribunal espagnol – eux qui étaient familiers du concept de justice, étant donné que les seigneurs mexicas avaient arbitré les affaires locales pendant de nombreuses années[68].

Don Alonso et son entourage se rendirent à Mexico, qu'ils appelaient encore Tenochtitlan. La route, bien qu'elle leur fût familière, avait changé, semblait-il. Ils n'avaient plus à craindre d'être attaqués, n'étant plus considérés comme une possible menace par les populations alentour. Ils pouvaient croiser des voleurs, certes, mais personne n'irait imaginer qu'ils apporteraient la guerre. Ils gagnèrent le centre de la vallée et traversèrent le lac pour rejoindre la ville insulaire. Si les faubourgs de la cité appartenaient toujours à des pêcheurs indigènes et à des cultivateurs de chinampa, de nouveaux bâtiments de style espagnol s'élevaient partout dans le centre-ville. Don Alonso et les siens se rendirent à Tlatelolco, où vivaient certaines connaissances – des gens rencontrés du temps où leurs fils étaient à l'école, ici même. Ils trouvèrent des logements acceptables, mais ne tardèrent pas à se rendre compte qu'ils devraient dépenser des sommes exorbitantes pour la vie quotidienne. Ils ne se laisseraient pourtant pas abattre, déterminés à ne pas quitter la ville avant d'avoir pu amorcer les premières démarches de leur procès[69].

Entre mai et août 1546, ils firent régulièrement des allers-retours au tribunal. Au début, les grands murs de pierre et l'obscurité qui régnait à l'intérieur du bâtiment les intimidaient, mais ils s'y habituèrent. Le premier jour, le responsable du ***cabildo***, ou conseil, du gouvernement indigène de Cuauhtinchan parla au nom du groupe, jusqu'à ce que don Alonso, fort de son statut, prenne la relève. Dans leurs archives, les Espagnols se réfèrent seulement à « don Alonso et aux autres nobles ». C'est lui qui présenta les chefs d'accusation et exigea la comparution de gens de Tepeaca. Une fois transcrites les déclarations de chaque témoin, il demandait qu'elles lui soient relues par l'interprète du tribunal, puis acquiesçait de la tête[70].

Don Alonso s'imprégnait avec enthousiasme de tous les enseignements venant du monde européen. Mexico, au-delà de ses multiples beautés, était une grande métropole administrative et politique. C'est là, dans les salles de la Haute Cour, qu'il put découvrir la manière dont les Européens exerçaient le pouvoir : c'était, tout comme dans son monde à lui, par le biais de déclarations publiques, prononcées avec gravité dans un langage rituel, avant qu'elles ne soient consignées et conservées sur le papier – mais (différence significative) dans une écriture qui lui était inconnue. Ce n'était pas l'écriture pictographique, que, contrairement à ses jeunes compatriotes, il maîtrisait parfaitement. Il observa avec attention le mode de fonctionnement de l'écriture alphabétique : les signes codaient la voix humaine. Au tribunal, on lui relut ses paroles dans toute leur exactitude et sans la moindre difficulté. De jeunes hommes comme Cristóbal lui assuraient que n'importe qui pouvait apprendre à retranscrire les sons des lettres. Ce n'était pas l'apanage des prêtres, qui passaient des décennies à mémoriser des centaines de symboles pictographiques et à en créer d'autres, puis emportaient avec eux dans la tombe une grande partie de leur savoir. Même si une terrible épidémie devait frapper demain tous les hommes de la Haute Cour, d'autres seraient capables de lire les documents dans leur intégralité. Ses propos passeraient à la postérité. Cela valait la peine d'y réfléchir[71].

En août, don Alonso laissa le procès entre les mains d'un avocat et rentra chez lui avec ses compagnons. Il se tourna alors vers un nouveau projet : il avait décidé de coordonner la rédaction d'une grande œuvre consacrée à l'histoire de son peuple, qui utiliserait le nouveau système d'écriture. D'une certaine manière, le livre qu'il avait en tête s'inscrirait dans le sillage de l'ancien style en ce qu'il rassemblerait des dessins et glyphes représentant des moments historiques importants, ainsi que l'établissement des frontières entre les altepetls. Mais il serait en même temps très différent, car il relaterait, année après année, l'histoire de son peuple. Toutes les légendes que l'on racontait à voix haute autour du feu de la communauté seraient mises par écrit. Des hommes de sa génération, lui compris, fourniraient les informations, et les jeunes se chargeraient de les consigner. Quant aux éléments picturaux, ils pourraient travailler dessus ensemble. Cette histoire des Toltèques Chichimèques mettrait plus particulièrement en lumière ceux qui s'étaient finalement installés à Cuauhtinchan[72].

Don Alonso réfléchit aux utilisations concrètes que l'on pourrait faire du volume au fil des ans, par exemple comme document attestant des délimitations de propriétés dans les tribunaux espagnols ou comme gage d'authenticité lors de cérémonies traditionnelles. Mais si don Alonso avait soustrait à sa famille autant d'heures pour les consacrer à ce projet, c'était pour des raisons plus profondes. Il craignait qu'une fois que son peuple aurait effacé de sa mémoire la signification des glyphes et sombré, sous la pression des exigences espagnoles, dans la misère la plus totale, une grande amnésie sociale s'ensuive. Or s'ils ne pouvaient pas se souvenir de leur passé, comment pourraient-ils être à même de revendiquer quoi que ce soit pour leur avenir ?

Cristóbal prit la plume, prêt à écrire. Et don Alonso de Castañeda Chimalpopoca commença à parler. Il raconta une histoire ancienne, que son peuple se transmettait de génération en génération, depuis les débuts de leur migration, et qui marquait la fin d'une communauté heureuse. « Quand Huemac devint un jeune homme, il ordonna aux Nonohualcas de s'occuper de sa maison. "Ainsi soit-il, mon seigneur. Puissions-nous faire selon votre désir", lui répondirent-ils, avant de s'exécuter. Puis il leur fit une autre demande : "Vous allez me donner des femmes. J'ordonne que les fesses soient larges de quatre empans [*iztetl*]." » Don Alonso aura sûrement marqué ici une pause pour se moquer de l'arrogance absurde de l'homme. Le nahuatl du jeune Cristóbal était-il encore assez bon pour lui permettre de comprendre la plaisanterie ? Don Alonso devait-il tout expliquer au jeune homme ? Lui dit-il que l'anecdote était d'autant plus croustillante que « Huemac » signifiait « Gros Cadeau » ? Étant un enfant trouvé, Huemac était supposé être un don des dieux ! En réalité, il ne fut en aucun cas un « cadeau », même s'il avait le sens de la surprise – comme tant d'autres choses, dut se dire don Alonso, lui qui avait vu un monde céder à un autre et qui avait survécu sans que son sens de l'humour en soit affecté. Il était la preuve vivante que le Nouveau Monde dans lequel lui et son peuple étaient entrés n'effacerait pas l'ancien.

Plus tard, lorsque les maisons d'Amozoc seraient la proie des flammes, don Alonso de Castañeda Chimalpopoca serait là pour réconforter les affligés. Il incombait depuis longtemps aux chefs nahuas de protéger les leurs : il ne se déroberait pas à son devoir. Son peuple survivrait à ces temps de troubles, se dit-il, résolu.

Chapitre 7

Crise politique : les Indiens entre contestation et résignation Années 1560

Un tlacuiloc, ou scribe, écrit une histoire. Bibliothèque bodléienne, université d'Oxford, Codex Mendoza, MS. Arch. Selden, A., folio 70r.

Tard dans la soirée du 7 janvier 1568, les gardes vinrent chercher don Martín, le fils que Malinche avait eu avec Hernán Cortés. L'énorme clé métallique tourna dans la serrure ; la lourde porte grinça. La cellule se trouvait en sous-sol, sous la Haute Cour du Mexique, et don Martín savait pourquoi ils venaient le chercher. La décision du juge, le soumettant à la torture, lui avait été lue à haute voix plusieurs heures auparavant, conformément à la loi ; et il avait été tenu de répondre à ce moment-là qu'il avait compris la déclaration et qu'il l'acceptait. Oui, dit-il. Il avait été accusé, à tort, de trahison contre le roi et refusait encore de passer aux aveux. Il savait ce qui allait se passer ensuite[1].

*

Don Martín – on l'appelait « don » parce que son père avait été fait ***marquis*** par le roi – fut conduit sous escorte jusqu'à la chambre où se trouvait le râtelier. Les juges avaient pu constater qu'en général la simple vue de l'instrument avait sur l'accusé l'effet escompté. Un représentant de la cour demanda à nouveau à don Martín s'il voulait bien avouer qu'il avait comploté contre la Couronne, mais le fils de Cortés répondit : « J'ai déjà dit la vérité et je n'ai rien de plus à ajouter. » Un scribe enregistra consciencieusement chaque mot du prisonnier. Les seules choses qu'il avait pour consigne de ne pas retranscrire, c'étaient les cris, les gémissements ou tout autre témoignage de douleur. Les gardes déshabillèrent don Martín et attachèrent son corps nu aux deux extrémités du râtelier. Ils tournèrent les leviers et lui brisèrent les os des bras et des jambes.

Le juge de la Haute Cour, qui était présent, demanda à don Martín les noms de tous ceux qui avaient conspiré avec lui contre Sa Majesté le roi. D'après le compte rendu du scribe, le prisonnier affirma une fois de plus qu'il avait déjà dit la vérité et qu'il n'avait plus rien à ajouter. Le juge enjoignit aux gardiens de tourner à nouveau le râtelier, ce qu'ils firent. Le pauvre homme ne cessait de répéter qu'il avait dit tout ce qu'il avait à dire. Mais il en fallait plus pour décourager le juge. Tous ceux qui, accusés de rébellion, avaient été emmenés là finissaient toujours par passer aux aveux. Le moment était venu, décida-t-il, pour le supplice de l'eau. Les gardes mirent la tête de don Martín en arrière. L'un d'eux lui enfonça une sorte d'entonnoir au fond de la bouche, tout en lui maintenant le nez bouché. Puis l'autre, muni d'un sceau, versait de l'eau d'abord lentement, puis de plus en plus rapidement, sans laisser don Martín reprendre son souffle. Il existe des cas de prisonniers morts de cette façon, même si les juges étaient en général suffisamment avertis pour signaler au garde de s'arrêter juste avant qu'il ne soit trop tard.

C'est ce que fit le juge qui interrogeait don Martín. Celui-ci haletait, sans pouvoir articuler le moindre mot. Ils attendirent. Il finit par parler. « J'ai déjà dit la vérité et je n'ai plus rien à ajouter. » Deux autres fois, on versa de l'eau ; et deux autres fois, il répéta sa déclaration. Les gardes noyèrent sa gorge et ses poumons à nouveau, encore et encore. Le juge attendait. La torture se poursuivait. Et puis, elle prit fin. Don Martín affrontait à présent son moment de vérité.

Il aurait pu parler. Certes, il n'avait participé à aucun complot, mais il pouvait très bien en inventer un. Tous ceux qu'on avait amenés ici avaient agi de la sorte. Ces nobles espagnols, fiers de leur haute naissance, censés défendre leur honneur, tous avaient cédé. Eux qui avaient vécu dans la lumière de la gloire n'avaient jamais imaginé se retrouver un jour dans un tel endroit, seuls face à l'obscurité et des hommes prêts à les tuer.

Don Martín était différent. Il se rappelait sa mère, Malintzin, ou doña Marina comme l'appelaient les Espagnols ; deux fois prisonnière, elle était considérée comme la survivante par excellence, la plus courageuse des femmes. À huit ans, son père l'avait emmené en Espagne, où il devint l'un des pages du prince Philippe. Il était, aux yeux de la cour, un « Indien de sang mêlé ». Silencieux, discret, il survécut. Tous ceux qui l'ignoraient, le méprisaient ou l'avaient rabaissé de quelque façon que ce soit se raviseraient. Dans son monde, l'honneur dépend de la naissance, mais aussi du courage. Son honneur, c'était tout ce qui lui restait, et il avait la ferme intention de le garder intact. Il était le fils d'Hernán Cortés et de doña Marina. Et il avait foi dans le dieu du peuple de son père : l'histoire de Jésus l'avait touché au plus profond de son cœur. Il chuchota : « J'ai dit la vérité, et au nom de Dieu qui a souffert pour moi, je ne dirai plus rien jusqu'à ce que je meure. » Il allait donc mourir ; il était prêt. On versa encore de l'eau à deux reprises, avant que le juge ne décide que c'était désormais inutile. Il mit fin à la torture[2].

À l'aube, la nouvelle se répandit dans toute la ville. On parlait à voix basse du fils de Cortés. Pour certains Espagnols, il incarnait le mythe de l'Indien stoïque en toute circonstance, y compris aux mains de l'ennemi. Aux yeux des autres, il était tout simplement un homme courageux, honorable, comme tout homme aspire à l'être. Les Indiens eurent vent, eux aussi, des mésaventures de don Martín[3].

*

Malintzin avait fait tout ce qu'elle avait pu pour ses enfants et les avait éduqués en citoyens espagnols afin de leur donner les meilleures armes pour affronter l'avenir, mais don Martín, comme beaucoup de ***mestizos*** (« métisses ») de la première génération, avait eu une vie difficile. Quand il quitta le port de Veracruz avec son père pour l'Espagne, en mars 1528, il n'avait que sept ans. Il vécut toute sa jeunesse à la cour d'Espagne et, avec plusieurs autres jeunes nobles, prodigua compagnie et divertissement au jeune prince Philippe, l'héritier présomptif, qui était de cinq ans son cadet. Le père de don Martín, le plus célèbre des conquistadors, avait non seulement reçu le titre de marquis, mais avait également obtenu du pape une bulle donnant à son fils le statut d'enfant légitime[4]. Les papiers étaient en ordre, quoi qu'en dissent les rumeurs. Bientôt, peu après le retour au Mexique de son père et à peu près au moment où il apprit le décès de sa mère, il tomba malade. Il avait une infection des ganglions lymphatiques. On crut qu'il allait mourir, et pourtant il survécut. De temps à autre, Martín recevait des messages de son père qui, du Mexique où il vivait, l'assurait de son amour pour lui. Cortés écrivit à un cousin qui supervisait l'éducation de l'enfant : « Je vous dis que je ne l'aime pas moins que l'autre [garçon] que Dieu m'a donné avec la marquise, et c'est pourquoi je veux toujours avoir des nouvelles de lui[5]. » Pendant son séjour en Espagne, Cortés avait épousé la fille d'un duc, dont il eut un fils légitime, nommé également Martín. C'est lui qui hériterait : il deviendrait marquis après son père, comme le savait bien son demi-frère.

En 1539, don Martín fêta ses dix-huit ans. Cette même année, son père vint en Espagne avec le second Martín, alors âgé de huit ans. Celui-ci devait rejoindre, comme son frère, la famille du prince Philippe. Don Martín le prit sous son aile. Tous trois voyagèrent à travers l'Espagne, partout où le célèbre conquistador avait des affaires. Au début de l'année 1540, pour des raisons qui nous restent mystérieuses – probablement par nostalgie –, don Martín quitta son père et son frère pour se rendre au Mexique, sur les traces de son enfance. Il semble avoir rendu visite à sa demi-sœur María, la fille que Malintzin avait eue avec Juan Jaramillo, et avoir séjourné dans la propriété de son père à Cuernavaca. Puis, environ un an plus tard, il se rendit compte qu'il n'avait plus sa place au Mexique et qu'il n'appartenait plus au

Nouveau Monde. Il rentra en Espagne et reprit ses fonctions au palais. En tant que chevalier, il défendait la maison royale partout où il le fallait. Ainsi prit-il part aux guerres du Piémont en Italie, ainsi qu'aux campagnes d'Allemagne et de France[6].

Dans les années qui suivirent, ils furent auprès de leur père, sur son lit de mort. Leur relation fut quelque peu houleuse. Ils se prêtaient des sommes d'argent, tantôt se les remboursaient, tantôt non ; ils se disputèrent et se réconcilièrent plus d'une fois. Puis un jour, après une dispute spectaculaire, ils rompirent tout contact. L'aîné poursuivit son frère en justice pour obtenir son héritage sous la forme d'une somme forfaitaire plutôt que d'une rente. Il ne voulait plus avoir affaire à son cadet, déclara-t-il. En effet, ce dernier était, semble-t-il, quelqu'un de très difficile à vivre : au même moment, il fut poursuivi en justice par sa propre mère, qui demandait qu'il verse des dots à ses sœurs. Philippe, devenu roi en 1556, fut appelé à rétablir le dialogue entre les frères, qui avaient été ses compagnons d'enfance –, avec succès puisqu'ils se réconcilièrent et projetèrent de partir ensemble au Mexique, avec un autre de leurs demi-frères, Luis. Ils devaient s'installer dans les terres légendaires conquises par leur père et y vivre une vie d'hommes riches[7].

Don Martín avait récemment épousé Bernardina, une jeune fille qu'il aurait rencontrée, de façon on ne peut plus romantique, lors d'un pèlerinage au sanctuaire de Saint-Jacques-de-Compostelle. Ils accueillirent dans leur ménage le fils illégitime (nommé Hernán, d'après son célèbre grand-père) que don Martín avait eu avec une femme du peuple quelques années auparavant. Et bientôt Bernardina donna le jour à une fille. En 1562, Martín devait se rendre au Mexique, tandis que sa femme retournerait chez ses parents avec les deux enfants. Plus tard, si tout allait bien, il les ferait venir. Sage décision, car le navire qui transportait les trois frères Cortés fut gravement endommagé au large de la côte du Yucatán. Ils survécurent au naufrage, mais non sans peine. C'est dans un état d'épuisement qu'ils gagnèrent Mexico.

La ville accueillit en fanfare le fils légitime d'Hernán Cortés et ses deux demi-frères. Le jeune marquis, cependant, se lassa rapidement de la situation. Son comportement brutal et irresponsable, combiné à son arrogance, lui aliéna des alliés potentiels. Il eut une affaire plutôt sordide avec doña Marina Vázquez de Coronado, fille de l'homme qui avait lancé la conquête du Nouveau-Mexique et épouse d'un de ses bons amis. Un pamphlet humoristique, qui circulait alors, disait : « Un homme de bien gagna cette terre grâce à Marina, et maintenant un autre du même nom va la perdre à cause d'une femme du même nom[8]. » Entre-temps, don Martín partit de nouveau à la recherche de sa sœur María, la fille de Malintzin. La jeune femme qu'il avait vue en 1540 était maintenant entre deux âges, épuisée, affaiblie et démoralisée par d'innombrables grossesses dont il ne lui restait que deux enfants vivants. Malheureusement, elle mourut quelques mois après ses retrouvailles avec son frère. Et avec elle disparut une part de sa petite enfance – les comptines nahuatl ou les souvenirs communs qu'ils avaient de leur mère. La femme et les enfants de Martín n'étaient toujours pas arrivés. Il sombra dans une dépression profonde et évoqua auprès de quelques personnes la possibilité de rentrer en Espagne. Il se confessait souvent, car il se croyait proche de la mort[9].

Bernardina avait été retardée en Espagne parce qu'elle cherchait à obtenir des permis de voyage pour des jeunes femmes de sa ville natale, la fille d'un barbier et une jeune femme de naissance illégitime, entre autres. Elle souhaitait qu'elles l'accompagnent au Mexique pour y trouver des maris de meilleur rang que ceux qu'on leur proposerait en Espagne. En tant qu'épouse de l'ancien compagnon de jeu du roi, elle bénéficia de passe-droits et arriva à ses fins. En 1565, elle arriva à Mexico avec sa maisonnée et ses gens. Don Martín fut très heureux de les retrouver, elle et ses enfants, mais il était alors en proie à de grandes difficultés[10].

La ville de Mexico était devenue une poudrière. Tout d'abord, ses habitants avaient explosé de colère lorsqu'en 1564 on leur avait annoncé qu'ils allaient devoir payer un tribut comme tous les autres peuples indigènes du Mexique central. Depuis 1521, s'ils travaillaient gratuitement à la construction de divers bâtiments et autres projets d'urbanisation, ils ne dépendaient pas d'une encomienda et, à la différence des autochtones des campagnes, n'étaient pas sommés de payer un tribut en espèces. Comme don Martín avait été nommé chef de la police, c'était à lui de calmer la situation[11]. Dans le même temps, les encomenderos craignaient de plus en plus que le roi Philippe ne limite leur droit à prélever les richesses indigènes et à transmettre leur encomienda à leurs héritiers. Ce qui est certain, c'est qu'il ne voulait pas que se forme une classe noble toute-puissante au Mexique.

Malheureusement, le Martín légitime (le jeune) s'autorisa des commentaires maladroits, comme il en avait l'habitude, insistant sur le fait que, selon lui, la noblesse de la ***Nouvelle-Espagne*** devait se diriger par elle-même et n'avait pas d'ordre à recevoir. S'il appréciait le roi, son ami d'enfance, il lui plaisait encore davantage de prendre la tête des jeunes rebelles. Puis, en juillet 1564, don Luis de Velasco, qui exerçait de longue date les fonctions de vice-roi, mourut subitement. Le pouvoir étant vacant, l'agitation et les protestations explosèrent. Lorsque Bernardina arriva l'année suivante, son mari dut lui expliquer certaines des déclarations les plus déconcertantes de son jeune frère, tout en essayant de convaincre celui-ci d'aller informer ses compagnons que le roi Philippe répondrait bientôt à leurs griefs.

Malgré tous ses efforts et ses talents de diplomate, le fils de Malintzin ne put éviter le désastre. Un jour de juillet 1566, au milieu d'une joute célébrant la naissance de jumeaux nés dans le foyer du jeune marquis, les gardes de l'Audiencia, la Haute Cour du Mexique, vinrent arrêter don Martín. Ce même jour, ils saisirent également le marquis et Luis. Les trois frères Cortés furent accusés de conspiration, plus précisément de vouloir prendre d'assaut des chambres de l'Audiencia, rompre leur allégeance au roi d'Espagne et instituer le marquis comme dirigeant du Mexique. Au cours des semaines suivantes, chacun des trois fut interrogé. Don Martín avoua s'être entretenu avec de nombreuses personnes en colère, mais dont les propos, selon lui, n'étaient que des fanfaronnades juvéniles. Il fut ensuite formellement accusé non pas d'avoir participé à cette conspiration mais de ne rien avoir entrepris pour y mettre un terme.

En l'espace de quelques semaines, deux autres frères de noble lignée, Gil González et Alonso de Avila, furent désignés comme les instigateurs de la nébuleuse « conspiration ». Ils furent jugés, condamnés et aussitôt pendus, à la grande stupéfaction des habitants de Mexico. Jamais ils n'avaient pensé que des Espagnols de haute naissance connaîtraient pareil sort[12]. Les juges de l'Audiencia portèrent ensuite leur attention sur les frères Cortés. Ils hésitèrent dans le cas des deux Martín, mais condamnèrent Luis à mort. Il s'était comporté avec autant d'arrogance que le jeune marquis et s'était fait autant d'ennemis, mais lui n'avait pas la richesse et les relations nécessaires pour être protégé.

Puis l'arrivée d'un nouveau vice-roi, don Gastón de Peralta, marquis de Falces, marqua un moment de répit. C'était un homme cordial et pragmatique. Voulant se familiariser avec les dossiers en cours, il ordonna la suspension de tous les procès et exécutions. Il ne tarda pas à constater que les juges avaient exagéré le danger et renvoya le marquis et Luis en Espagne pour qu'ils soient jugés par le roi en personne. Le fils de Malintzin fut mis en résidence surveillée pendant que le vice-roi examinait son cas plus avant. Martín, qui avait toujours été parfaitement loyal, espérait que l'affaire se tasserait.

En novembre 1567, cependant, des juges vinrent spécialement d'Espagne pour rouvrir l'affaire. Certains avaient murmuré à l'oreille du roi que le nouveau vice-roi avait peut-être des raisons de dissimuler un complot contre l'autorité royale. Falces allait être renvoyé en Espagne. Et Martín fut de nouveau arrêté, le 15 novembre. Plusieurs personnes furent torturées et jugées. Deux furent exécutées. C'est ainsi qu'en janvier 1568, don Martín fut mis sur le râtelier et subit le supplice de l'eau, mais on ne lui soutira aucun aveu. Ses avocats plaidèrent la clémence au nom de sa mère avec succès. Martín fut condamné au bannissement à perpétuité. Il mourut peu de temps après dans le sud de l'Espagne, où le roi l'avait envoyé combattre les musulmans rebelles. À peu près au moment où il embarquait avec Bernardina et les enfants pour l'Europe, deux autres juges arrivèrent. Le roi, qui avait appris que la ville de Mexico était à nouveau à feu et à sang, voulait arrêter le carnage une fois pour toutes.

Il avait fallu beaucoup de temps aux Espagnols pour réagir. Que redoutaient-ils pour être paralysés au point de perdre la raison ? Si don Martín, dans sa cellule de prison, parla avec l'esprit de sa défunte mère, ils durent partager des rires amers. Sans doute connaissaient-ils la réponse à la question : ce dont les Espagnols avaient peur, c'était, ironie de l'histoire, des Indiens.

*

Les événements qui se déroulèrent à Mexico dans les années 1560 étaient beaucoup plus complexes que ce qu'il n'y paraît. C'était bien plus qu'un simple affrontement entre différentes factions espagnoles. Pour mieux comprendre cette période si chaotique, il faut s'appuyer sur les récits autochtones. À cette date, quarante ans s'étaient écoulés depuis la conquête. Ceux des Mexicas qui étaient alors enfants ou qui naquirent durant la décennie tumultueuse qui avait suivi – s'ils avaient survécu aux épidémies – étaient à présent à l'apogée de leur vie d'adulte. Bien qu'ayant été élevés dans un monde différent de celui de leurs parents, ils n'avaient pas pour autant oublié leurs traditions. Aussi étaient-ils tiraillés entre deux cultures.

La famille royale de Tenochtitlan avait survécu. La guerre, les épidémies et la monogamie imposée l'avaient considérablement affaiblie, mais les descendants d'Acamapichtli continuaient à porter la bannière de leurs ancêtres. À la fin des années 1520, après le meurtre de Cuauhtemoc, les Espagnols avaient confié le pouvoir à des Indiens qu'ils connaissaient et appréciaient. Les Nahuas les désignaient sous le terme de *quauhpilli*, ou « seigneur aigle », terme renvoyant historiquement aux roturiers ou étrangers qui accédaient à des postes de pouvoir par le mérite plutôt que par la naissance. Le prestige et les ressources matérielles des membres de la famille royale mexica s'amenuisaient, au point que le dénuement les guettait, sans parler du fait qu'ils se heurtaient parfois à l'opprobre du peuple pour avoir perdu la guerre[13]. Puis, au milieu des années 1530, un nouveau vice-roi nommé don Antonio de Mendoza arriva d'Espagne, investi de la pleine autorité de la Couronne pour prendre la tête de la Nouvelle-Espagne. Hernán Cortés, à sa grande déception, fut relégué à la condition de simple citoyen – mais avec une grande fortune. Don Antonio de Mendoza voulait choisir un ***gobernador*** parmi les membres de la famille régnante ; il dirigerait un cabildo indigène, collectif chargé de maintenir l'ordre et de superviser les divers travaux. Le but était d'établir dans chaque altepetl un corps analogue, avec Tenochtitlan comme modèle. Les Indiens, pensait-il, se gouverneraient plus efficacement eux-mêmes que si un étranger était à leur tête. En outre, offrir aux Indiens l'autonomie, comme ils le souhaitaient, lui permettait de faire montre de bonne volonté[14].

La seule question était de savoir qui choisir comme gobernador royal. Les fils de Moctezuma avaient presque tous été tués par Cuauhtemoc. Seuls les deux plus jeunes avaient survécu au massacre. L'un, Nezahualtecolotl (ne-za-oual-técol-ote, ou « Hibou affamé »), dont le nom rappelait Nezahualcoyotl et Nezahualpilli, était sans nul doute le fils que Moctezuma avait eu avec une femme de Texcoco. On peut supposer qu'il resta avec les Espagnols lors de la première occupation de la ville, et que c'est ainsi qu'il se fit connaître d'eux, car, juste après la conquête, Cortés le prit sous son aile. Le conquistador fit baptiser le garçon du même nom que celui qu'il avait donné à ses fils, « Martín Cortés », puis l'envoya en Espagne pour qu'il y reçoive une éducation chrétienne, comme il convenait au fils du défunt roi du Mexique. Nezahualtecolotl ou « Martín » fit l'aller-retour entre le Mexique et l'Espagne pendant une quinzaine d'années. En Espagne, il s'acclimata si bien qu'on ne le connut bientôt plus que sous son nom de baptême ; il finit même par épouser une Espagnole de haute naissance. Il mourut jeune ; certains disaient qu'il avait été empoisonné par des nobles locaux qui ne voulaient pas voir ce jeune homme, qui n'avait rien de mexica, prétendre au titre de gobernador – bien que cette histoire soit sans aucun doute apocryphe, car l'homme auquel les ragots imputaient sa disparition était en fait mort avant lui[15]. Le plus jeune fils de Moctezuma, don Pedro Tlacahuepantli (tla-ca-oué-pane-ti), dont la mère était originaire de Tula, avait sept ou huit ans au moment de la conquête. Il devait être un ami de don Martín, le fils de Malintzin, puisque les deux jeunes se retrouvèrent sur le même bateau en partance pour l'Espagne en 1528 ; le jeune prince devait servir de caution royale à la tournée que Cortés avait l'intention de réaliser en Espagne. Lorsque don Pedro rentra plus tard au Mexique, il était dépourvu de capital culturel, étant donné que le mariage dont il avait été le fruit n'avait guère été salué à Tula – sans doute parce qu'il avait été imposé par les Mexicas – et que sa mère n'était pas de haute extraction. Les pipiltin de Tula semblaient en effet le détester. « Retourne à Mexico », disaient-ils. « C'est ta terre. Laisse-nous Tula ; tu n'as rien à faire ici. » Don Pedro se battrait toute sa vie durant pour obtenir son héritage à Tula, et, bien qu'il ait finalement gagné devant les tribunaux espagnols, il ne put jamais, tant s'en faut, établir son autorité sur les Mexicas[16].

Heureusement, don Pedro n'était pas le seul gobernador royal possible, d'autant plus que, parmi les neveux de Moctezuma qui avaient survécu, certains étaient davantage en faveur auprès de la noblesse mexicaine. Celui qui était généralement le plus respecté était Huanitzin (houa-ni-tsine), que Moctezuma avait désigné autrefois comme tlatoani d'Ecatepec, ville tépanèque importante ; et ce, avant l'arrivée des Espagnols. Les Tépanèques constituaient un élément clé de la Triple Alliance aztèque. Comme on pouvait s'y attendre, il fit partie des proches alliés qui combattirent aux côtés de Cuauhtemoc pendant la guerre, à l'issue de laquelle il fut emprisonné avec ce dernier. Il fut également du nombre de ceux que Cortés emmena lors de son expédition au Honduras[17]. Il avait ensuite épousé sa cousine, doña Francisca, la fille de Moctezuma qui, au lieu d'être livrée aux Espagnols avec la très éprouvée Isabel, avait été envoyée chez les parents de sa mère à Ecatepec. (Avant cela, Huanitzin avait eu des enfants avec au moins une autre femme, mais qui ne pouvaient être considérés comme légitimes du point de vue des chrétiens[18].)

Le vice-roi espagnol vit en Huanitzin, qui était très estimé de son peuple, le candidat idéal pour diriger le cabildo indigène[19]. Il parlait un peu l'espagnol, auquel il avait dû être initié par le franciscain Pedro de Gante pendant son emprisonnement. Baptisé Diego de Alvarado, il accolait ses noms espagnol et indigène, et se faisait appeler « don Diego de Alvarado Huanitzin ». Après le rétablissement de la lignée royale en 1538[20], le nouveau tlatoani, avec l'appui de Pedro de Gante, ordonna aux plumassiers les plus talentueux de la ville, qui avaient autrefois fabriqué de magnifiques boucliers, de peindre la messe de saint Grégoire – épisode au cours duquel un pape des premiers temps de l'Église avait prouvé la transsubstantiation (le miracle par lequel le pain et le vin de la messe deviennent la chair et le sang du Christ) devant un public sceptique. Il y voyait une parabole de ce que les pères chrétiens avaient réalisé au Mexique. Puis, dans un grand geste public, Huanitzin envoya l'œuvre en présent au pape, avec le mot suivant : « Pour Paul III, le pape. Dans la grande ville des Indes, au Mexique, cette œuvre a été composée sous la direction de don Diego, gouverneur, sous les bons soins du franciscain Pedro de Gante, en l'an de grâce 1539[21]. »

Huanitzin ne régna que quelques années. Après sa mort en 1541, le conseil indigène fit en sorte que le pouvoir soit confié à la branche opposée de la famille, comme c'était la coutume dans le passé. Don Diego de San Francisco Tehuetzquititzin (té-houéts-qui-ti-tsine), petit-fils de Tizoc, succéda à Huanitzin et gouverna pendant près de quatorze ans, jusqu'en 1554. Il semble avoir été aimé de son peuple

– son nom nahuatl signifie « Il fait rire le peuple » – mais son règne, comme celui de tous les tlatoanis mexicas, fut marqué par des tensions. Ainsi, quand il revint de la guerre de Mixton, où il épaula les Espagnols, la terrible épidémie du milieu des années 1540 avait commencé à dévaster les villes et les campagnes. Il passa les années suivantes à défendre les ressources de son peuple contre la rapacité des Espagnols, ainsi qu'à empêcher l'érosion des richesses de sa propre famille ; sans elles, sa légitimité était menacée. Sa tendance à se jeter au cœur des événements lui attira quelques critiques. Mais il emporta également d'importants succès. Il s'échina à unir les familles nobles de Tenochtitlan et des environs, et y réussit en partie. Deux ans après sa mort en 1554, les chefs de famille se réunirent et signèrent une pétition demandant à la Couronne espagnole de nommer un protecteur des intérêts des Indiens ; les membres du groupe, éminemment instruits, suggérèrent Bartolomé de las Casas, qui écrivit à propos de la situation du Nouveau Monde[22]. De 1554 à 1557, les Espagnols reportèrent l'élection du nouveau gobernador royal, craignant peut-être une mauvaise réaction de la part des indigènes. Entre-temps, un noble respecté de Xochimilco (un autre *quauhpilli* ou « seigneur aigle ») fut mis aux commandes. Finalement, le fils aîné de Huanitzin, don Cristóbal Cecetzin, accepta de prendre la succession de son père. Lorsqu'il mourut subitement en 1562, le pendule du pouvoir balança à nouveau du côté de la famille d'Itzcoatl ; et en 1563 ce fut au tour de don Luis de Santa María Cipactzin, petit-fils d'Ahuitzotl, d'être élu.

Il arriva au pouvoir au pire moment. Depuis les années 1550, les Espagnols discutaient de l'éventualité de faire payer un tribut aux indigènes de Mexico, comme à tous les autres peuples indigènes, à ceci près que leur paiement serait versé à la Couronne plutôt qu'à un encomendero. Dans les années 1520, alors que l'appareil d'État espagnol commençait tout juste à s'organiser, les Mexicas avaient été dispensés de tribut, pour des raisons historiques, a-t-on pu affirmer : ils n'en payaient pas à l'arrivée des Espagnols. Mais il y avait aussi une raison pratique : les habitants ne pouvaient supporter de nouvelles contraintes. S'ils ne payaient aucune taxe en espèces, ils n'en devaient pas moins fournir de la nourriture, du fourrage et des services aux familles des grands bourgeois de la Couronne ainsi qu'aux religieux ; et ce, tout en se consacrant activement aux travaux de construction du centre-ville. Ils s'en acquittaient comme ils l'avaient toujours fait pour les tâches publiques : à tour de rôle entre les différents quartiers de la ville, qui correspondaient aux anciens calpolli. Mais à l'annonce de ce tribut, les gens protestèrent, arguant qu'en tant qu'artisans et commerçants ils n'avaient pas de terres agricoles et ne pouvaient donc pas subvenir à de pareilles demandes. Ils avaient quelques ardents défenseurs dans la population espagnole, parmi lesquels les frères franciscains ainsi que le vice-roi, don Luis de Velasco, qui estimaient que l'on ne pouvait pas exiger davantage des Indiens[23].

L'Espagne, cependant, avait accru sa mainmise sur les Indiens. Le roi Philippe n'avait aucunement l'intention de les ménager, d'autant plus qu'il était à court d'argent – et il finit, du reste, par faire banqueroute[24]. Selon une vieille tradition espagnole, il envoya un ***visitador***, ou inspecteur, doté des pleins pouvoirs pour enquêter sur la situation et les actions antérieures du vice-roi. Jerónimo de Valderrama arriva dans la ville de Mexico en septembre 1563. Il établit ses quartiers dans la demeure du jeune marquis Martín Cortés plutôt que dans les appartements du complexe gouvernemental, prenant ainsi ses distances avec le vice-roi. Il envoya immédiatement un rapport en Espagne imputant aux Indiens et aux religieux les problèmes de trésorerie du roi. Et s'ils avaient l'impression de vivre dans la pauvreté, affirma-t-il, c'était parce qu'ils versaient une quantité d'argent trop importante à leur noblesse et à leurs anges gardiens, les missionnaires. « Tout ce qui a été pris aux Indiens et qui revenait à Votre Majesté est parti dans les poches des gouverneurs, des nobles indigènes et des missionnaires. Les gouverneurs et les nobles ont dépensé leur part en boisson ; les missionnaires, j'en suis sûr, pour acheter de l'argenterie et des ornements destinés à leurs églises et à leurs monastères, mais ils ont tort de s'approprier les choses contre la volonté de leurs propriétaires[25]. » Valderrama affirma qu'il tenait de source sûre que le peuple serait ravi de payer une capitation au roi, si en échange il était libéré de ses diverses obligations.

L'inspecteur émit – toujours au nom du roi – des attaques si mordantes contre la politique actuelle du vice-roi Velasco qu'en janvier 1564 ce dernier n'eut d'autre choix que de céder. Tout en prédisant une crise, il signa l'édit que le roi souhaitait ardemment : les indigènes de la ville devraient à présent verser 14 000 pesos par an dans les caisses de la Couronne, ainsi qu'une certaine quantité de maïs. La loi entra en vigueur sur-le-champ ; le premier des trois paiements annuels devait être effectué en juillet[26]. Trois jours après la signature, une copie du document fut apportée au cabildo et présentée officiellement aux dirigeants de la ville. Le gobernador, don Luis Cipactzin, fit immédiatement appel, en vain. Il fut menacé d'être emprisonné s'il ne se conformait pas aux exigences du gouvernement royal. En février, il signa le document[27].

Valderrama et ses collègues s'efforçaient de détourner le mécontentement populaire dont ils étaient la cible vers la noblesse mexicaine. En mars, ils encouragèrent une action judiciaire à l'encontre de don Luis Cipactzin et de ses collègues conseillers municipaux. Il revint à un groupe d'artisans du quartier d'Atzacualco d'intenter la poursuite. Les chefs de file en étaient Juan Daniel, boulanger, et Pedro Macías, tailleur. La famille royale vivait quant à elle principalement dans le sous-altepetl de Moyotlan ; à première vue, donc, on pourrait supposer que le ressentiment de Juan Daniel et de Pedro Macías reposait sur un esprit de compétition inter-quartiers, ou éventuellement sur la colère que suscitaient les exigences de la noblesse envers le peuple. Aujourd'hui, cependant, nous pouvons percevoir, à travers leurs déclarations prises en note par les avocats espagnols, l'influence de ces derniers. En effet, ils auraient dit que les gouverneurs indigènes actuels ne devraient pas être habilités à gouverner, affirmation tout aussi étrange que les prétendus arguments qu'ils donnent, à savoir que leurs dirigeants ne savaient pas lire l'alphabet espagnol, qu'ils aimaient célébrer les fêtes où ils se livraient à des danses à l'ancienne en portant des coiffes à plumes, et qu'ils n'avaient aucun problème avec la polygamie. Or il était impossible que des gens d'aussi modeste condition formulent de telles plaintes. Ce n'est qu'à la toute fin de la déclaration qu'il est question des exigences exorbitantes de la noblesse envers les roturiers. Les deux hommes auraient en effet pu exprimer de tels ressentiments, accumulés peut-être depuis plusieurs décennies[28].

Don Luis Cipactzin ne se laissa pas abattre. Au tribunal, ses avocats réfutèrent les charges avec une grande créativité. Ainsi firent-ils remarquer sans perdre leur calme que, même en Espagne, les détenteurs d'offices municipaux n'étaient pas toujours parfaitement alphabétisés. Plus important encore, peut-être : en juin, don Luis Cipactzin épousa doña Magdalena Chichimecacihuatl (tchi-tchi-mé-ca-ci-ouate,

« Femme chichimèque »), qui était apparemment la pupille (la petite-nièce) de l'ancien gobernador, don Diego Tehuetzquititzin. La jeune fille était donc de la lignée de Tizoc. En contractant ce mariage, don Luis rappelait à la face du monde leur fière ascendance et perpétuait la lignée d'Itzcoatl, fils d'Acamapichtli, premier roi des Mexicas. Don Luis dansa devant la foule, vêtu des plumes traditionnelles et jouant d'un tambour peint en or, performance qui rappelait les cérémonies ancestrales telles que pratiquées par de nombreuses générations[29].

Quelques jours après son mariage, don Luis envoya des émissaires auprès de personnes d'importance. Les peintres d'église et les scribes indigènes qui travaillaient pour les franciscains les reçurent avec intérêt. Vinrent également deux anciens qui faisaient partie du cabildo. S'exprimant de manière poétique et formelle, tout comme leurs pères l'avaient fait en des temps politiques difficiles, les orateurs rappelèrent à leurs auditeurs qu'ils devaient rester dévoués à la cause mexica. « Tout ne vient-il pas d'ici, le souffle, les mots de l'altepetl, ses années de sacrifices sanglants[30] ? » Si les peintres d'église et les scribes – qui avaient étudié avec ces esprits sagaces qu'étaient les missionnaires – se rebellaient contre l'ordre établi, il n'y aurait plus d'altepetl. Il imploserait, puis les Espagnols écraseraient les organisations politiques restantes. Les émissaires rappelèrent que don Luis et ses pairs ne considéraient rien de tout cela à la légère. Ils prenaient leurs responsabilités au sérieux, comme l'avaient toujours fait les bons chefs. « Ils sont pris d'angoisse durant la nuit. Ils ne mangent pas tranquillement et s'inquiètent de savoir comment ils vont prendre soin des ailes, de la queue [les roturiers]. »

En ces derniers jours de juin 1564 et premiers jours de juillet, les Mexicas n'avaient guère d'autre sujet de conversation. Ils parlèrent aux missionnaires. Ils débattirent également entre eux, avec toujours plus de véhémence. Ils s'estimaient incapables de payer tous les quatre mois le nouvel impôt de capitation requis. La plupart n'imputaient pas à don Luis le changement de loi, comme l'aurait voulu Valderrama, mais n'en restaient pas moins convaincus que leur gouverneur aurait pu faire davantage pour l'éviter. Son nom nahuatl, Cipac, signifiait « Alligator », et ils se mirent à l'appeler Nanacacipac ou « Alligator champignon ». Il était un « tigre de papier[31] », aussi insignifiant qu'un champignon qui pousse du jour au lendemain. Souvent, ils l'appelaient simplement Cipac sans le suffixe honorifique *-tzin*, qu'ils appliquaient aux autres figures royales. Relativement peu de gens semblaient comprendre les pressions énormes qu'il subissait, de part et d'autre.

Le lundi 3 juillet, sept membres du conseil indigène furent arrêtés et tenus en otage tandis que les autorités espagnoles exigeaient, outre le tribut, que le peuple participe à certains projets de travaux publics. Le vendredi, on annonça que, si la communauté ne coopérait pas, trois cents personnes seraient arrêtées au hasard et vendues comme esclaves. Le lundi 10 juillet, des soldats espagnols allèrent de maison en maison pour recruter des « volontaires ». Voulant mettre fin à cette situation, don Luis Cipac convoqua une grande réunion publique le jeudi[32].

À deux heures de l'après-midi, les gens affluèrent au tecpan, le bâtiment du gouvernement indigène, et montèrent à l'étage. Don Luis Cipac et les autres membres du cabildo étaient assis au centre ; ceux en prison avaient été libérés pour l'occasion. Juan Cano, le mari espagnol d'Isabel Moctezuma, conférait à la réunion le poids de son autorité. Presque tous les chefs de communauté et les maîtres artisans étaient présents, ainsi que d'autres gens du peuple, dont des dizaines de femmes. Si l'impôt n'était pas abrogé, elles seraient les premières touchées : elles qui gagnaient de l'argent grâce à leur activité de filage et de tissage devraient vendre et produire davantage. Quant aux hommes, il était impossible de ponctionner davantage leurs revenus. Don Luis demanda au greffier du cabildo de lire à haute voix la déclaration qu'il avait préparée et dans laquelle il soulignait les vains efforts qu'il avait prodigués pour protester contre la nouvelle loi ; elle se terminait par un récapitulatif du nouveau tribut, dont le premier versement devait être perçu sans plus tarder.

À la fin du discours, les gens s'écrièrent : « Où trouverons-nous l'argent ?! » Une vieille femme exprima sa profonde détresse, avant de se mettre à pleurer. Pour les Mexicas, les larmes versées en public avaient une dimension politique et ne coulaient qu'à des moments significatifs[33]. La situation dégénéra en un désordre indescriptible. Un homme consigna par la suite ce qui s'était passé :

> Il y avait toujours plus de rage et de cris. Et ils insultèrent le gouverneur… Pedro Maceuhqui [un membre du conseil indigène] s'interposa pour séparer les gens. Il avait son bâton de fonction sur l'épaule. Soudain, ils le lui prirent dans l'intention de le tuer. Ils se

sont regroupés pour le tuer. Ils lui ôtèrent sa chemise. Tout nu, voilà comment ils le laissèrent. Ils firent sortir Juan Cano. Celui-ci dégaina son épée, et ils le laissèrent partir. Sinon, il serait mort entre leurs mains. Sous les clameurs et les cris, tout le monde se rassembla sur les terrasses, et les Espagnols sur leurs toits. Certains accoururent pour savoir ce qui se passait au tecpan, et d'autres s'enfuirent. Tous ceux qui étaient à leurs affaires au marché sont venus. Et toutes les personnes qui étaient dans leur maison sortirent, les vieux, les enfants, les gens de l'altepetl. Certains jetèrent des pierres sur l'étage supérieur du bâtiment. Ils détruisirent une frise florale en pierre qui faisait le tour du mur. Puis surgit un officier espagnol ; il sortit son épée et chassa les gens. Les Espagnols et certains des métis qui se trouvaient là sortirent la leur et dispersèrent les gens. Les femmes franchirent le mur du patio sur le côté gauche, par où l'on était en train de s'enfuir. Hommes et femmes grimpaient les uns sur les autres, si bien qu'ils retombaient, criaient et hurlaient. Beaucoup furent gravement blessés, notamment une vieille femme, dont le visage fut écrasé. Les gardes espagnols se rassemblèrent très vite, poursuivirent les gens et les dispersèrent. Ils firent des prisonniers. Ceux qu'ils ramassaient, ils les emmenaient à l'étage et les remettaient au gouverneur, qui les battait. Après quoi on leur liait les mains. Les Espagnols firent fermer toutes les routes. Des gens étaient arrêtés le long des routes. Ils s'étaient armés de lances, de boucliers et d'autres armes[34].

Le soir approchait. Le chroniqueur se souvint : « L'Ave Maria résonnait. » Le responsable espagnol chargé du maintien de l'ordre arriva sur les lieux. La foule poussa un grand cri. Peut-être savaient-ils qui il était – le fils qu'Hernán Cortés avait eu de son épouse indigène, la dame Malintzin. C'est en effet Don Martín qui vint ce jour-là, en 1564, peu après son arrivée dans la ville. Comme étape préliminaire à son enquête, Valderrama avait écarté les agents du vice-roi et les avait remplacés temporairement. Il avait nommé don Martín au poste d'*alguacil mayor* (chef de la police). À présent, le fils métis de Malintzin faisait face à une multitude de visages indigènes en colère. N'ayant guère eu l'occasion de parler nahuatl depuis qu'il avait fait ses adieux à sa mère, il s'exprimait par l'intermédiaire d'un interprète. Comme sa mère l'avait fait autrefois, il prôna la paix et supplia les gens de sauver leur vie et leurs biens. Il dit que, s'ils ne regagnaient pas leurs maisons, ils seraient arrêtés et vendus comme esclaves. « Tout le monde doit rentrer chez soi. Rentrez chez vous, Mexicas. » Même s'il ne parlait plus le nahuatl, don Martín comprit certainement les derniers mots de l'interprète. *Xicallaquican, mexicaye* (chical-a-qui-cane, mech-i-ca-yé). « Rentre chez toi, Mexica, va à l'intérieur. » Ils ne pouvaient pas changer le cours des choses, leur a-t-il rappelé ; ils devaient sauver ce qu'ils pouvaient[35].

Finalement, quarante-six hommes furent arrêtés – trente et un Tenochcas et quinze Tlatelolcas. Ils furent jugés dans les jours qui suivirent, et tous reconnus coupables. Le 21 juillet, on les fit défiler dans les rues, le crâne rasé pour marquer leur honte, et on leur donna deux cents coups de fouet en chemin. Puis ils furent vendus comme esclaves pour une période de deux ou cinq ans. Un crieur, posté à chaque coin de rue, était chargé d'annoncer leur châtiment aux habitants de la ville. L'indigène qui relata ces événements consigna soigneusement la liste de leurs noms, afin que la postérité n'oublie pas ce qu'ils avaient subi[36].

Le dimanche 23 juillet, écrit le chroniqueur, une représentation publique de la « Chanson de la femme de Chalco » fut donnée – cette même chanson par le biais de laquelle le musicien connu sous le nom de Serpent rutilant avait protesté, tout en subtilité, contre les mesures inutilement draconiennes que les Mexicas déployaient pour réprimer le peuple chalca. « J'ai le cœur brisé, déchiré, ici sur terre. Parfois, je m'inquiète et je prends peur. Je me consume de rage. Dans mon désespoir, je me dis soudain : "Hé, mon enfant, je voudrais mourir." » La mélodie, à laquelle les indigènes étaient familiers, résonnait dans les rues, ce qui n'était pas du goût des autorités. Le lundi matin, les Espagnols installèrent huit poteaux près du marché indigène ; ils annoncèrent qu'ils y attacheraient toute personne à qui viendrait l'idée de critiquer l'ordre établi[37].

Valderrama, l'inspecteur, était désemparé. Il pensait sincèrement que les indigènes voulaient verser leur impôt directement au roi plutôt que de continuer avec le *statu quo*. Dans la lettre qu'il écrivit à Philippe II, il rejetait la faute sur les missionnaires. « Il est impossible que ces quelques Indiens se soient rebellés sans y avoir été incités, car, outre le fait qu'ils sont naturellement si obéissants, la [nouvelle] taxe leur a été très bénéfique. Un animal sans raison comprend et reconnaît le bien qui lui est fait, plus qu'un homme, même s'il a un peu de raison. J'ai eu beaucoup de mal à les comprendre [les Mexicas], et la situation est confuse[38]. » Il ne lui était apparemment jamais venu à l'esprit que les enfants et petits-enfants des Aztèques qui avaient régné sur le monde méso-américain il y a encore quarante ans pouvaient être mécontents de leur situation actuelle.

Le vice-roi don Luis de Velasco, qui connaissait la situation, ne fut pas du tout surpris. Mais il n'était pas en mesure de recouvrer son autorité, car il était à l'article de la mort. Après une longue maladie, ses reins ne fonctionnaient plus. Il avait passé les quatorze dernières années à mettre de l'ordre dans la nouvelle colonie, et il la voyait à présent sombrer dans le chaos. Il était résigné. Le 28 juillet, il mourut[39]. Le juge principal de l'Audiencia, Francisco Ceynos, prit les rênes de la colonie par interim. C'était un homme extrêmement froid, qui dit un jour à un groupe de pétitionnaires indigènes qui se plaignaient de la politique espagnole : « Du temps de Moctezuma, les gens ne donnaient-ils pas leurs propres enfants pour qu'ils se fassent ouvrir la poitrine en l'honneur de leurs dieux diaboliques[40] ? » Il était par ailleurs un proche ami de l'inspecteur Valderrama, qu'il soutenait avec ferveur. Le fils de Malintzin, don Martín, démissionna de son poste de chef de police dès qu'il apprit la disparition de don Luis de Velasco. Selon toute vraisemblance, il ne pouvait pas supporter l'idée d'être sous les ordres de Ceynos et de Valderrama[41].

Ce fut là une sage décision. Car Ceynos et ses partisans conjuguèrent leurs efforts pour semer la discorde parmi les Indiens, cherchant à dresser le peuple en colère contre la noblesse. En août, Juan Ahuach, un peintre d'église qui travaillait pour les dominicains, fut arrêté pour avoir réclamé une enquête à l'encontre du gobernador don Luis Cipac après que celui-ci avait accepté la mise en place de nouvelles taxes. Ceynos le condamna à la pendaison, ainsi qu'un de ses compagnons. Don Luis Cipac mit de côté sa colère personnelle – même si Ahuach ne cessa de crier qu'il emporterait le gobernador dans sa chute – et, accompagné de l'ensemble des membres du cabildo et de nombreux missionnaires, il plaida en faveur des deux contestataires. À la fin de la journée, les avocats avaient obtenu gain de cause, et les deux hommes furent libérés. Mais leurs ennuis n'étaient pas pour autant terminés : le chef de l'Audiencia prit Ahuach à part au moment où il partait et l'encouragea à continuer de se plaindre des autorités indigènes ; il l'encouragea même à peindre un tableau qui montrât leurs abus[42].

En septembre, les avocats de Juan le boulanger et Pedro le tailleur, qui avaient porté plainte contre don Luis Cipac et le cabildo, furent sommés de se présenter devant les juges de l'Audiencia. Mais, au grand dam de Ceynos et Valderrama, leurs clients avaient disparu. Ils s'étaient enfuis à la campagne pendant les émeutes de juillet et n'étaient jamais réapparus, malgré les messages transmis à leurs proches ; ils semblaient ne plus vouloir être mêlés à cette affaire. Mais bientôt une nouvelle action fut engagée contre Cipac. Cette fois, le chef des pétitionnaires était Toribio Lucas Totococ, un rebelle qui avait fait partie des quarante-six émeutiers condamnés à la servitude. Puis il avait été soudain libéré, en échange de quoi, peut-on supposer, il devait participer au procès contre don Luis Cipac – des conditions qu'il n'aurait été que trop heureux d'accepter. Don Luis, qui le détestait, le qualifiait d'« étranger séditieux et grossier ». Toribio Lucas Totococ rassembla toutes les plaintes contre le cabildo qu'il avait accumulées au cours des années ; elles seraient enfin sérieusement prises en considération[43].

Pendant ce temps, certains continuèrent à protester contre la taxe, et non contre leur gobernador. Parmi eux figurait l'un des principaux peintres d'église, qui travaillaient pour les franciscains – un certain Marcos Tlacuiloc. C'était probablement lui qui s'était rendu célèbre pour sa représentation de la Vierge de Guadalupe dans une chapelle près d'un ancien sanctuaire situé à Tepeyac, juste au nord de la ville. Elle attirait tant de visiteurs que les franciscains craignaient qu'elle ne sème le désordre en leur sein[44]. (Plus tard, à partir du XVIIe siècle, on raconterait que le site était devenu célèbre parce qu'un Indien du nom de Juan Diego y avait vu une apparition de la Vierge de Guadalupe, quelques années seulement après la conquête[45].) Marcos, comme tant d'autres, refusa de payer les quatre pesos qui lui étaient demandés et fut jeté en prison. Il semble que les missionnaires aient payé pour lui, ou du moins soient intervenus en sa faveur, car ils s'inquiétèrent de son sort auprès des siens, et il fut libéré par la suite[46]. En prison, Marcos fut témoin d'une série d'échanges qu'il n'oublierait jamais. Ceynos vint en personne pour essayer de raisonner (et peut-être menacer) les manifestants détenus. L'un d'entre eux, Pedro Acaçayol, répondit à l'autorité coloniale.

Ceynos dit : « Il n'y a pour toi plus rien à espérer. Tu ne peux pas avoir le ***pulque*** que tu as déjà bu. Regarde autour de toi ! Tout devient plus clair. Tu es ici depuis trois dimanches. Ça ne te fait pas mal, tout ce qui t'est déjà arrivé ? Es-tu ici pour réclamer quelque chose de sensé ? » Puis il dit à Pedro Acaçayol : « Écoute, toi. Quatre pesos, voilà ce qu'on te réclame [comme impôt]. Pour participer un peu, mets un peso et trois tomines au lieu d'un panier de maïs. Trois tomines peuvent remplacer un panier de maïs, parce que tu n'as ni terres ni champs. C'est tout [le maïs] ce que tu devras donner en un an. » À cela, Pedro répondit. Il dit : « Ce ne sera pas possible, ô roi. Où vais-je le trouver ? Je n'ai économisé qu'un demi-peso et dix fèves de cacao. Écoute, ô roi, je t'en prie. Même si je suis payé quatre pesos [pour mon travail de peintre], cela ne suffit pas [pour tout couvrir]. Cette somme est nécessaire pour mes enfants. »

« Et tu ne t'occupes que de tes enfants ? »

« Qui d'autre, sinon mes enfants ? Notre Seigneur me les a donnés... Et si j'avais l'argent [que vous demandez] ? Oui, si je l'avais, je le donnerais. Mais tout cela, dans quel but ? Où vais-je le trouver ? »

Ceynos dit : « Très bien, tu seras vendu pour travailler dans le travail du métal. »

« Très bien, tu sais quoi faire, car tu es le roi[47]. »

Les derniers mots de Pedro Acaçayol étaient sans conteste empreints d'ironie. Pour les Nahuas, un roi savait par définition ce qui était le mieux pour son peuple et veillait à son avenir. Pourtant, Ceynos ne comprenait rien à la communauté dont il avait le gouvernement provisoire et s'obstinait à imposer des exigences inconsidérées ; c'était donc lui la cause des troubles et de la paupérisation de la ville. Bien que les paroles d'Acaçayol soient restées gravées dans les mémoires, elles ne lui furent d'aucune utilité, au-delà de la satisfaction immédiate qu'elles lui avaient probablement procurée, à lui comme à d'autres. Il fut condamné à travailler le métal, tout comme l'Espagnol l'en avait menacé[48].

Un ardent protestataire qui n'avait pas encore été emprisonné demanda à rencontrer don Luis Cipac et les autres membres du cabildo. Il avait conçu ce qui était à ses yeux une idée brillante, à savoir rassembler nobles et roturiers derrière une même cause. Ces derniers s'indignaient du fait que les nobles ne les aient pas protégés et que l'impôt ne frappait pas, selon eux, les riches familles aussi durement que les gens ordinaires. Quant aux nobles, ils pestaient contre les roturiers, leur reprochant de ne pas comprendre les terribles difficultés auxquelles ils étaient confrontés en tant qu'intermédiaires entre les masses et le gouvernement. Mais à présent, un homme proposait que deux Mexicas, un *pilli* et un *macehualli* (un noble et un roturier), se sacrifient ensemble pour leur communauté. Ils se présenteraient côte à côte et refuseraient d'une seule voix de payer la taxe. Ils seraient probablement exécutés, mais ils auraient fait comprendre aux autorités espagnoles que les Mexicas n'avaient pas perdu leur fierté. Il leur fallait faire attention et réajuster leurs exigences. Le gobernador et ses collègues écoutèrent jusqu'au bout. Puis ils se regardèrent, stupéfaits de la naïveté de l'homme, car ils connaissaient bien les Européens. Et ils lui rirent au nez. « Tu proposes que [seulement] deux personnes meurent ? Quand ils seront morts, alors tu mourras[49]. »

Fin septembre, don Luis Cipac fut arrêté à son tour et emprisonné pour ne pas avoir fait entendre raison à son peuple. Il demeura trois jours en prison, avant d'être libéré le 30 du même mois, avec l'ordre de commencer immédiatement la collecte de l'impôt. La pression exercée sur lui affectait grandement son état mental. Le jour de sa libération, il entendit la voix d'une vieille femme qui protestait dehors à grands cris contre l'injustice de la taxe. Il se pencha par la fenêtre et hurla : « Faites-la entrer ! Attachez-la ! » Puis il la fit battre, ainsi qu'une autre femme, si ce n'est plus. Un observateur décrivit avec dégoût le sang qui s'écoulait de leurs corps lacérés[50]. La nouvelle s'était répandue dans toute la ville. Au cours de la première semaine d'octobre, les fonctionnaires indigènes commencèrent la collecte, allant d'un quartier à un autre, d'une maison à une autre. Les femmes de la ville travaillaient désormais la nuit à la fabrication du textile. Ce travail qui avait été un loisir et une distinction honorifique à l'époque où leur ville était toute-puissante était maintenant devenu une nécessité impérieuse.

Le dimanche 14 octobre, les membres du cabildo firent un décompte de tout ce qui avait été collecté en public : 3 360 pesos. Ce n'était pas le tiers de la somme requise, à savoir 14 000 pesos, mais c'était un bon début, du moins cela permettait-il de gagner du temps. Les fonctionnaires, à force de trier les pièces, de les empiler, de les compter et les recompter pour enregistrer les résultats devant tout le monde, étaient si épuisés qu'il était difficile de les blâmer. « Pourquoi nous étonner ? demandèrent les gens. Ne sommes-nous pas un peuple conquis[51] ? » Alors les membres du cabildo partirent en procession pour livrer les fonds au Trésor royal. À leur retour au tecpan, ils se rassemblèrent. Un représentant de chacun des quatre quartiers de la ville prit la parole. Deux d'entre eux étaient en larmes, marquant ainsi l'importance politique du moment. Don Martín Ezmallin de Moyotlan, un petit-fils d'Ahuitzotl (et d'une des filles du tlatoani), qui était assez âgé pour se souvenir des jours précédant la conquête, sanglotait. Il était injuste, selon lui, d'exiger davantage d'hommes dépourvus de terre, ainsi que de demander aux femmes de gagner de l'argent en filant. Mais il parla ensuite avec colère de ceux qui s'étaient rebellés. « Vous, les anciens, les hommes d'expérience, vous avez fait du tort à l'altepetl en vous soulevant contre lui. Est-ce quelqu'un de chez nous qui nous a commandé de payer ? L'ordre venait d'Espagne[52]. » Les personnes âgées, pensait-il, ne devraient pas se comporter avec la naïveté de jeunes têtes brûlées qui n'y connaissent rien. Il leur rappela que, l'impôt étant une demande de la puissante Espagne, personne ne pouvait rien faire pour en empêcher la collecte. Il conclut en prédisant une catastrophe politique s'ils ne trouvaient pas un moyen de lever le reste des 14 000 pesos nécessaires, pour cette année puis les suivantes.

*

Pendant ce temps, un jeune indigène avait écouté tout ce qui se disait, avec fascination et horreur. Il s'appelait Paquiquineo, bien qu'il fût plus souvent désigné par son nom espagnol, « don Luis de Velasco » – du nom de son parrain, l'ancien vice-roi. C'était un Indien de la baie de Chesapeake, tout au nord. Il vivait maintenant avec les artisans qui travaillaient pour les dominicains, dont Juan Ahuach, le peintre en colère. En 1560, il avait été enlevé à son pays natal un jour où il était monté, avec un de ses compagnons, à bord d'un navire espagnol qui explorait les côtes de l'Amérique du Nord. Comme il était le fils d'un chef, c'est avec enthousiasme que le capitaine du navire le prit à ses côtés ; et ce, afin de le présenter à la cour dès son retour en Espagne. Il pensait que le garçon pourrait éventuellement servir d'intermédiaire – comme Malinche – dans les terres sauvages et hostiles du Nord. En Espagne, le roi Philippe s'entretint avec le jeune homme, qui avait appris les rudiments de l'espagnol. Cela étant, il était encore un païen impénitent, et non pas un intermédiaire enthousiaste ; et tout ce qu'il demanda, c'est qu'on le renvoie dans sa patrie. Espérant faire de lui un allié et croyant qu'il avait quelque devoir vis-à-vis d'un autre prince, aussi sauvage soit-il, Philippe accepta. Il fit le nécessaire pour que Paquiquineo monte à bord de la prochaine flotte en partance pour le Mexique, puis rentre chez lui lors du voyage de retour[53].

Paquiquineo, qui voyageait dans la même flotte que les frères Cortés, arriva dans un piètre état après une rude traversée. C'était en 1562. En attendant son départ pour les côtes d'Amérique du Nord, il fut déposé au monastère dominicain de Mexico. Quoiqu'il ait pu penser le contraire, il ne vivait pas dans un isolement complet, car non seulement il avait appris un peu d'espagnol, mais il avait aussi acquis des rudiments de nahuatl auprès d'un Indien mexica nommé Alonso, qui se trouvait à bord du premier navire. En outre, il avait toujours à ses côtés son compagnon – celui qui avait été kidnappé en même temps que lui. À peine arrivés dans la métropole grouillante, ils tombèrent gravement malades. « Ils étaient si malades, écrivit le chef de l'ordre des dominicains, et arrivèrent dans une telle faiblesse qu'on ne pensait pas qu'ils s'en sortiraient[54]. » C'est alors que Paquiquineo se fit baptiser ; et il prit le nom chrétien de son noble protecteur, le vice-roi, don Luis de Velasco. On lui prodigua des soins attentifs, et il se rétablit.

Ce n'est qu'alors que Paquiquineo se rendit compte que la forte impression qu'il avait faite, par son courage et son intelligence, sur le dominicain fray Pedro de Feria allait bien mal le servir. Soudain, celui-ci vit en lui l'avenir de son ordre. Les franciscains, proches des Nahuas, étaient devenus l'ordre le plus influent du Mexique. Mais les dominicains pourraient s'appuyer sur ce jeune homme pour s'imposer dans les terres encore indomptées d'Amérique du Nord. Fray Pedro de Feria s'entretint avec l'archevêque – qui était lui-même dominicain – et obtint un document interdisant à Paquiquineo de rentrer chez lui. Le raisonnement fut certainement le suivant : maintenant qu'il était chrétien, le roi ne voudrait pas le voir retourner seul dans sa patrie, de peur qu'il ne renie sa nouvelle foi et que son âme aille en enfer. Paquiquineo, décidèrent-ils, devait attendre que les dominicains partent en mission dans le Nord ; il pourrait alors servir d'interprète et de guide. Paquiquineo fit part de ses objections, en vain. Fray Pedro de Feria lui dit avec douceur que, si la situation le jetait dans une telle détresse, il pourrait repartir pour l'Espagne et parler à nouveau au roi. Mais le jeune homme n'en avait guère envie ; s'il n'avait pas d'autre choix, il préférait rester au Mexique. Au moins, il était sur le bon continent[55].

C'est ainsi que le jeune Indien de Chesapeake se retrouva au cœur des protestations de 1564 à Mexico, ainsi que de toutes les souffrances qu'enduraient les Nahuas. Il entendit parler des diverses propositions et stratégies pour faire changer d'avis les chefs suprêmes espagnols, dont aucune n'aboutit. Au début de 1566, le roi l'envoya à Cuba, où se préparait une expédition pour sa patrie ; et il finit par quitter le Mexique. Il lui faudrait encore quatre ans avant de toucher terre dans la région de Chesapeake, près de son village natal, en compagnie d'une mission jésuite[56]. Là-bas, au-dessus du fleuve James en Virginie, il fut accueilli par les siens. Peu après le départ des bateaux, il fit tuer tous les Espagnols présents, à l'exception d'un jeune garçon qui raconta plus tard l'histoire. Les Espagnols en conclurent que, si même leur protégé pouvait se livrer à de telles représailles, alors les Indiens du Nord devaient être intrinsèquement barbares ; ils se tinrent durablement éloignés de ces terres, laissant les Anglais débarquer à l'endroit qu'ils appelèrent Jamestown. Or, une fois que les Européens s'établissent quelque part, toute rébellion se révèle vaine – peut-être Paquiquineo le savait-il depuis son séjour parmi les Mexicas.

*

Malgré leur pouvoir, ou peut-être à cause de lui, les autorités espagnoles de l'Audiencia mexicaine craignaient que de nouveaux troubles se déclenchent en 1565. Des rapports sur l'ampleur des émeutes étaient arrivés entre les mains du roi – sans doute par l'intermédiaire des franciscains qui soutenaient leur cause –, ce qui mettait Valderrama dans une situation délicate. Dans ses lettres au roi, il se lamentait : « J'ai dit la vérité dans tout ce que j'ai écrit. Votre Majesté a été mal servie ici avant mon arrivée[57]. » Dans l'espoir de retrouver son autorité et son influence, il tenta de prendre l'offensive. Alliés avec l'archevêque dominicain, Valderrama et l'Audiencia annoncèrent que les *doctrinas*, « paroisses » alors desservies par les franciscains, seraient remises au clergé séculier.

Dans l'espoir de plaire au monarque, Valderrama et l'Audiencia envisagèrent la possibilité de faire don des encomiendas sans héritier à la Couronne, provoquant la colère des encomenderos, qui se rendirent auprès du jeune don Martín, le fils de Cortés ; ils espéraient qu'il prendrait la tête de leur contestation. Toute leur vie, les encomenderos avaient eu un pouvoir presque illimité sur les Indiens, et l'océan les séparait des autorités espagnoles. Certains commençaient à dire qu'ils devaient songer à la sécession, que la Nouvelle-Espagne n'avait plus besoin de la mère patrie. Don Martín, le fils de Malintzin, connaissait bien ces jeunes gens ; il disait donc probablement la vérité lorsqu'il affirmait qu'aucun d'entre eux n'était capable d'exécuter ni même de planifier un tel coup d'État, qu'ils ne faisaient que piailler comme des enfants. Quoi qu'il en soit, la discussion se calma aussitôt qu'on abandonna les mesures visant à limiter le pouvoir des encomenderos.

En mars 1566, Valderrama, qui avait perdu la confiance du roi, fut contraint de repartir dans le convoi qui avait amené Paquiquineo. L'inspecteur avait toujours apprécié don Martín. Mais maintenant qu'il n'était plus là, Ceynos, principal juge de l'Audiencia, avait tout pouvoir, et il ne portait pas le jeune marquis dans son cœur. Après quelques semaines, il s'en prit aux frères Cortés, les accusant d'avoir commis une trahison un an plus tôt, au milieu de l'année 1565. Il allégua qu'ils avaient planifié un soulèvement, avec l'appui des frères franciscains et des Indiens. « Et, lorsqu'ils furent arrêtés, rapporta un commentateur indigène, on fit apporter des mousquets au tecpan, dans le patio central du bâtiment, et préparer une garde militaire espagnole, dont chaque membre était armé[58]. » Ceynos ne voulait pas courir le risque que les Indiens se révoltent pour défendre les accusés.

Puis commencèrent les procès sommaires, les séances de torture et les exécutions. La violence avec laquelle Ceynos traita les accusés, issus de la noblesse espagnole – parmi lesquels d'anciens compagnons de jeu du roi –, aurait pu surprendre dans un autre contexte. Mais toute la Nouvelle-Espagne avait en tête l'insurrection populaire de l'année précédente et frémissait à la seule pensée de ce jeudi terrifiant de juillet

1564, lorsque les Mexicas avaient déferlé dans les rues en masse, armés de tout ce qui leur tombait sous la main.

Pourtant, rien n'indique que les prétendus rebelles espagnols aient parlé de leurs plans aux Indiens ; il ne s'agit que de rumeurs[59]. Il est fort peu probable qu'ils aient discuté de cela avec don Luis Cipac, qui, d'après les récits indigènes, était alors écrasé par l'angoisse. Depuis avril 1565, il était en proie à des hallucinations ; et, en mai, son état se dégrada : il monta sur le toit en plein milieu de la nuit et se battit à l'épée contre un ennemi imaginaire. Il chuta. À la suite de cet accident, il eut plusieurs os brisés et le cerveau endommagé[60]. En août, dès qu'il fut remis, Ceynos l'arrêta pour défaut de paiement – équivalent à la somme de 170 pesos[61]. Don Luis affirma d'abord qu'il s'agissait d'une erreur, mais, plusieurs semaines plus tard, afin d'obtenir sa libération, il fit verser l'argent. Il sortit de prison profondément affaibli. En décembre, les poursuites lancées contre lui et le cabildo furent abandonnées, mais c'était trop tard : il mourut à la fin du mois. Longtemps, l'office de gobernador resta vacant. Avec don Luis s'éteignit la lignée des rois mexicas descendants d'Acamapichtli ; les indigènes consignèrent l'événement dans leurs annales. Pendant la période critique allant de 1565 à 1567, le peuple de don Luis semble avoir concentré son énergie non pas à fomenter une nouvelle rébellion mais à gérer, autant que faire se peut, les retombées des nouvelles politiques fiscales. Certains allèrent jusqu'à organiser un nouveau recensement pour démontrer que l'impôt, censé être proportionnel au nombre d'habitants, était trop élevé et ne tenait pas compte des décès entraînés par les dernières épidémies. D'autres s'efforcèrent de surmonter les distinctions de classe qui s'étaient révélées au grand jour lors de la crise de 1564 : certaines personnes appartenant aux familles dirigeantes traditionnelles cédèrent la place à d'autres au cabildo[62]. La noblesse, incapable de se mettre d'accord sur celui qui, dans ses rangs, devait gouverner, accepta le nouveau « seigneur aigle » avec résignation. Les gobernadors de Tenochtitlan seraient désormais des étrangers : des nobles d'autres altepetls, nommés par les Espagnols[63].

Certains se mirent à écrire une histoire aussi complète que possible des événements désastreux qu'ils avaient traversés. Tout comme dans les performances du ***xiuhpohualli*** (« compte d'années »), ils veillaient à faire alterner différents points de vue, les uns après les autres, bien que cette fois le récit en fût écrit. Ils retranscrivirent soigneusement les déclarations de personnes issues de différents quartiers. En effet, pour eux, la vérité était nécessairement multiple ; ils savaient qu'aucune personne ne pouvait rendre compte à elle seule d'un événement important. Et ils voulaient faire comprendre à la postérité ce à quoi ils avaient dû faire face et les raisons pour lesquelles ils s'étaient finalement soumis. Ils remplirent des douzaines de pages de dialogues, entre colère et espoir[64]. Les Espagnols redoutaient toujours les puissants Aztèques, mais les Mexicas, eux, sentaient monter en eux, dans la nuit, de tout autres craintes. Après avoir perdu le pouvoir, ils craignaient à présent de perdre les connaissances qu'ils avaient accumulées sur leur monde. C'est la peur de l'oubli qui les hantait.

Chapitre 8

Les petits-enfants
Années 1570 – années 1620

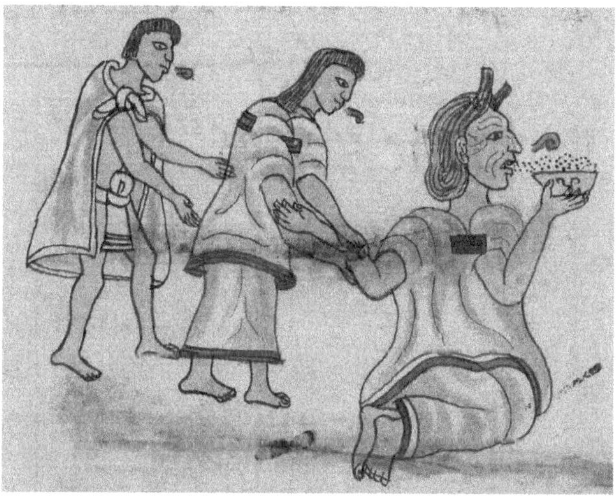

Une grand-mère parle à ses petits-enfants. Bibliothèque bodléienne, université d'Oxford, Codex Mendoza, MS. Arch. Selden, A., folio 71r.

Jeudi 3 mai 1612. Les cloches sonnaient les six heures du soir quand les gens commencèrent à se rassembler devant le bâtiment du Trésor royal[1]. Les portes furent déverrouillées. Dans la grande chambre de pierre du premier étage, vingt-neuf corps noirs décapités étaient empilés. Les proches des morts avaient été autorisés à étendre des vêtements sur eux, quelques heures plus tôt dans la journée, après que les corps eurent été descendus de la potence à laquelle ils avaient été pendus, et leurs têtes disposées sur des piques, mais les mouches continuaient à grouiller autour. Ceux qui, alertés par les rumeurs, s'étaient rendus sur place – des hommes et femmes noirs, des missionnaires espagnols, ainsi que des Indiens, tous venus pour apporter leur aide –, se trouvèrent d'abord en état de choc. Ils ne soufflaient mot. Don Domingo, ou Chimalpahin, un Indien qui travaillait dans une église voisine, vit qu'ils n'avaient pas assez de civières, mais les familles avaient apporté des nattes de paille, prises sur les lits, les planchers et les murs, pour transporter les corps[2]. Ils se mirent en marche vers l'hôpital de Notre-Dame de la Miséricorde, où ils étaient autorisés, leur avait-on dit, à enterrer les morts. Soit pour exprimer leurs sentiments soit pour empêcher des Espagnols hostiles de les arrêter, les missionnaires se mirent à chanter. Les hymnes chrétiennes montaient dans l'air du soir.

*

Pour être de tempérament réservé, Chimalpahin n'en était pas moins un observateur avisé. Il descendait de gens qui n'hésitaient pas à critiquer la société. Quecholcohuatzin, ou « Serpent rutilant », qui, plus d'un siècle auparavant, avait protesté contre le traitement que les Mexicas réservaient au peuple chalca, était un parent d'un de ses ancêtres[3]. Les Chalcas, bien qu'habitants de la vallée centrale, avaient alors été traités comme de vulgaires prisonniers de guerre et sacrifiés avec peu d'honneur. À présent, les Espagnols se comportaient de manière comparable : ils abusaient sans vergogne du pouvoir que le destin leur avait donné. Une fois de plus, c'est une chanson qui servit de protestation : « Nous savons que c'est mal, et vous aussi. »

Ce n'était pas la première fois que Chimalpahin marchait aux côtés d'un Noir. Dès les années 1570, la décennie de sa naissance, la traite des esclaves était devenue un phénomène majeur. Au fil des ans, de plus en plus d'Africains réduits en esclavage furent conduits au Mexique. (Cet amoureux des livres qu'était Chimalpahin s'informa sur l'Afrique dans un almanach populaire[4].) En fait, jusqu'en 1600 environ, il y eut plus d'Africains au Mexique que partout ailleurs dans le Nouveau Monde[5]. Ils étaient vendus aux enchères dans le port de Veracruz. La plupart étaient envoyés dans les mines d'argent ou les plantations de sucre, mais certains furent vendus à l'élite de la ville de Mexico ou à la ville voisine de Puebla de los Angeles. Au début des années 1600, Mexico était devenue l'une des métropoles les plus riches et les plus impressionnantes du monde, et tous les dignitaires espagnols souhaitaient être accompagnés d'une ribambelle de serviteurs noirs en livrée. Pire encore, alors que la population indigène déclinait et luttait pour sa survie, des hommes d'affaires utilisaient la main-d'œuvre esclave dans les ateliers de cordonnerie et de textile, ainsi que dans les fonderies de fer et les métiers de la construction (y compris la fabrication de briques, de tuiles, et la maçonnerie) qui étaient alors en plein essor[6]. Cette ville baroque, aussi énorme qu'élégante, qu'était alors Mexico avait besoin de toujours plus de main-d'œuvre, et la population indienne ne suffisait plus. Dans les années 1570, la capitale comptait à peu près autant d'hommes africains et de descendance africaine que d'hommes espagnols – environ 8000[7]. Sans doute la proportion de colons espagnols augmenta-t-elle avec le temps, mais l'ampleur de la traite était telle que le pourcentage de Noirs resta néanmoins important. Au début du XVIIe siècle, il y avait au moins 12000 Africains et mulâtres, et peut-être trois fois plus d'Espagnols[8].

Entre les années 1570 et le début des années 1600, la population indigène de la ville de Mexico, comme celle de l'ensemble de la Nouvelle-Espagne, avait chuté vertigineusement. En 1570, il pouvait y avoir encore jusqu'à 60000 Indiens dans la ville, mais les nouvelles normes fiscales des années 1560 avaient épuisé leurs ressources, les laissant plus vulnérables qu'ils ne l'avaient jamais été. Puis, en 1576-1577, une horrible épidémie de variole hémorragique les frappa. Les personnes atteintes saignaient par tous les orifices, y compris les yeux. À cela s'ajoutèrent bientôt d'autres maladies, qui se répandirent d'autant plus vite que la population était affaiblie. « Il y eut des morts dans toute la Nouvelle-Espagne », devait écrire plus tard Chimalpahin. « Nous les Indiens, nous mourions, tout comme les Noirs, mais seuls quelques Espagnols y ont laissé leur vie[9]. » En 1610, il ne restait plus que 20 à 25000 indigènes dans ce qui avait jadis été Tenochtitlan[10]. En bref, la majorité des habitants de la ville n'était plus indigène.

Au quotidien, la population mexica interagissait probablement davantage avec les esclaves africains, que ce soit dans la rue ou au travail, qu'avec les Espagnols, bien que ces derniers soient plus nombreux. Les Africains semblaient, à leurs yeux, s'en sortir mieux. Tout d'abord, c'étaient des travailleurs qualifiés. En outre, ils pratiquaient leur culte dans des églises où ils avaient fondé leurs propres confréries – associations au sein desquelles ils se rassemblaient et se cotisaient pour célébrer les jours de fête ou payer les funérailles de camarades indigents[11]. Enfin, la condition d'esclave n'affectait pas tous les Africains ou descendants d'Africains. Dans cette grande ville cosmopolite, certains pouvaient, s'ils travaillaient dur, racheter leur liberté ; d'autres choisissaient d'avoir des enfants avec des femmes indigènes libres afin de les sauver de l'esclavage[12]. Après une première période de confusion, il fut décidé que les enfants hériteraient de la condition de la mère. Pour Chimalpahin et les autres Indiens, il s'agissait d'une nouvelle forme d'esclavage : le désastre qui s'abattait sur la mère, lorsqu'elle était esclave, serait transmis à ses descendants pour toujours. Avant la conquête, une telle chose aurait été impensable pour eux. Mais à présent, ils s'étaient habitués à l'idée que *in tliltique* (« ceux qui étaient noirs ») étaient assignés à la condition d'esclave s'ils naissaient d'une mère esclave. Si les Mexicas pouvaient tantôt nourrir du ressentiment à leur égard, pour des raisons personnelles, tantôt les respecter, tantôt les plaindre, tantôt les aimer, ils ne remettaient probablement presque jamais en question le nouvel ordre qui les tenait tous sous son emprise[13].

Ce que Chimalpahin avait appris quelques années plus tôt, c'est que la vitalité de la culture noire était à double tranchant. La veille de Noël 1608, plusieurs dizaines d'habitants noirs de la ville participèrent à un simulacre de « couronnement » : ils affublèrent un homme et une femme de couronnes en papier et les installèrent sur des trônes décorés, et la fête se prolongea toute la nuit – une pratique conforme aux traditions de l'Afrique de l'Ouest ainsi qu'à celle du carnaval, très répandu en Europe. Les Blancs, qui s'inquiétaient depuis longtemps de l'augmentation du nombre d'Africains, regardèrent le spectacle d'un mauvais œil. On lança une enquête, mais personne ne put prouver que les Africains voulaient instaurer une *monarquía Africana*, si ce n'est pour s'amuser[14].

Cependant, les Espagnols ne laissèrent pas tomber l'affaire. Ce n'est pas un hasard si, quelques mois plus tard, les autorités se mirent à traquer les « marrons » (de l'espagnol *cimarrón*, mot qui désignait autrefois le bétail en fuite). Au fil des ans, des dizaines puis des centaines d'esclaves s'enfuirent des plantations de sucre pour rejoindre d'autres fugitifs dans des terres relativement inconnues, en particulier dans les plaines de l'Est. Ils gagnaient leur vie en détroussant des voyageurs ; ils se nourrissaient de bêtes qu'ils chassaient, ainsi que de fruits et légumes qu'ils faisaient pousser sur de minuscules parcelles cachées dans la nature. Au cours des premiers mois de 1609, les autorités espagnoles envoyèrent une troupe de soldats à la recherche des marrons qui vivaient à proximité de Puebla. Celle-ci était composée de plusieurs centaines d'hommes, dont des Indiens de la campagne, toujours pourvus de leurs arcs traditionnels – ceux-là mêmes que les Espagnols enrôlaient lorsqu'ils partaient à la conquête de nouveaux territoires. Néanmoins, l'expédition fut un échec. On accorda donc aux marrons le droit d'établir une petite ville permanente, à condition qu'ils n'accueillent pas de nouveaux fugitifs. Telle était la méthode des Européens dans ce genre de situations[15].

À la toute fin de 1611, une esclave africaine, qui avait été battue par son propriétaire pendant des années, mourut assassinée entre ses mains. Aujourd'hui, nous connaissons le nom du propriétaire, issu d'une famille riche : Luis Moreno de Monroy; mais non pas celui de sa victime. Néanmoins, les habitants de Mexico la connaissaient à l'époque. La population noire – parmi laquelle certains avaient déjà atteint des postes d'autorité tels que surveillants et contremaîtres – se souleva le jour de ses funérailles, à l'initiative, semble-t-il de membres d'une confrérie noire de l'église de Nuestra Señora. Des centaines de personnes défilèrent jusqu'au palais royal pour exiger du maître de la femme assassinée qu'il rende compte de ses actes, puis marchèrent jusqu'à la maison de Moreno de Monroy et l'invectivèrent pendant plusieurs heures, mais sans blesser personne. La Haute Cour n'ouvrit pas d'enquête comme le réclamait le peuple. Au lieu de cela, les autorités firent fouetter les meneurs de la manifestation, afin d'apaiser les craintes des Blancs. Heureusement pour eux, leurs puissants propriétaires intervinrent pour empêcher l'exécution du châtiment[16].

Mais les inquiétudes des Espagnols de Mexico ne diminuaient pas pour autant. Il y avait des Noirs en colère dans les campagnes comme dans les villes. Puis, le 22 février, le vice-roi don fray García Guerra mourut des suites d'une infection[17]. La ville était à la merci d'hommes avides de pouvoir, tout comme elle l'avait été au milieu des années 1560, après la mort inattendue de don Luis de Velasco. Des Blancs dirent aux membres de l'Audiencia, qui détenait le pouvoir suprême en l'absence de vice-roi, qu'ils avaient entendu parler d'une possible insurrection parmi les Noirs, notamment des négriers portugais qui prétendaient comprendre la langue angolaise[18]. Le dimanche 1er avril, le conseil envoya des gardes à l'église de Notre-Dame de la Miséricorde, où ils arrêtèrent un certain nombre de fidèles noirs au motif qu'ils auraient fomenté une rébellion contre leurs maîtres espagnols. Chimalpahin apprit tous les détails de la bouche d'une personne qui se trouvait là. « Le sermon était en train d'être prêché quand les gardes arrivèrent[19] », commenta-t-il. Deux semaines plus tard, plusieurs édits furent lus à haute voix dans toute la ville par des crieurs. Désormais, plus aucun homme noir n'avait le droit de porter une épée ou un collier à l'espagnole ; plus aucune femme noire n'avait le droit de porter de voile. Et les Espagnols possédant plus de deux esclaves noirs devaient en vendre, de façon qu'aucun foyer n'ait plus de deux Noirs à demeure. Aucun vice-roi ne se serait permis de s'aliéner ainsi les hommes blancs les plus riches, mais le pouvoir était désormais aux mains d'hommes de moindre importance, et en colère qui plus est. Enfin, le conseil posta des gardes à toutes les entrées principales de la ville, de peur que les marrons vivant à l'est ou à l'ouest ne viennent libérer leur famille. De là où il vivait, Chimalpahin pouvait voir les gardes postés sur la route du sud[20].

Deux jours plus tard, le lundi de la semaine sainte, une autre annonce fut proclamée : il n'y aurait pas de nouvelles processions ou célébrations pour Pâques. Si de telles précautions furent prises, c'est parce qu'une rumeur circulait selon laquelle les Noirs se soulèvent le jeudi saint. Chimalpahin fut très très irrité de cette décision. Un de ses amis proches avait récemment constitué une nouvelle organisation ecclésiale, une confrérie indigène regroupant des Mexicas vivant à Tlatelolco ; et ils avaient passé de nombreuses heures à planifier une grande procession. « Mais c'était fichu », déclara Chimalpahin[21]. C'était un gaspillage d'énergie. (Peu après, Chimalpahin devait remarquer que les Indiens – ceux de Mexico – étaient les seuls dans la ville à avoir gardé la foi, les seuls à avoir descendu la statue de Jésus en papier mâché de sa petite croix en bois pour l'enterrer, selon la coutume. Ils durent le faire en secret dans le jardin, à l'intérieur de l'enceinte qui entourait leur chapelle[22].)

Le mercredi, les Espagnols étaient transis de peur. Chimalpahin s'en souvint : « Il faisait très sombre à cause des nuages, et il pleuvait, et on ne pouvait identifier celui qui s'en alla crier tout autour de la ville de Mexico – n'étaient-ce pas quelques jeunes farceurs espagnols ? –, apostrophant les gens et clamant partout, à chaque coin de rue, que les Noirs étaient arrivés, qu'ils n'étaient pas loin, que tout le monde devait se préparer pour le combat… Les Espagnols passèrent toute la nuit sans dormir[23]. » Des années plus tard, un Espagnol dit que c'étaient des cochons errants qui avaient déclenché l'alarme et semé la terreur[24]. Quoi qu'il en soit, Chimalpahin ne put s'empêcher de laisser échapper un rire : « Nous, les indigènes, n'étions pas du tout effrayés, nous ne faisions que regarder et écouter, en nous émerveillant de la façon dont les Espagnols se laissaient envahir par la peur et ne se montraient pas si valeureux [après tout]. »

Mais il n'aurait probablement pas trouvé la situation si drôle s'il avait su tout ce qui se passait. Dans le sous-sol de l'Audience royale, les dizaines de Noirs qui avaient été arrêtés pendant la semaine de Pâques étaient torturés sur le râtelier avant d'être soumis au supplice de l'eau, tout comme le fils de Malintzin. Cependant, celui-ci y était mieux préparé ; et mû par un haut sens de l'honneur, il réussit à garder le silence. Cette fois-ci, de nombreuses victimes avouèrent, semble-t-il, tout ce dont on les accusait pour mettre fin à leurs souffrances, à savoir qu'il y avait eu un complot. Aucune trace de ces séances menées tambour battant ne nous est parvenue ; probablement rien n'en fut conservé. Mais nous savons comment elles se déroulaient en général : les victimes n'avaient qu'à répondre « oui » à chacune des questions que leur posaient les tortionnaires. Dans un dernier rapport, le juge de la Haute Cour écrivit que les Noirs, esclaves et affranchis compris, projetaient d'élever certains d'entre eux aux titres de « duc » et « marquis », et de leur distribuer les encomiendas. Une femme du nom d'Isabel devait être couronnée reine. (La femme accusée était peut-être une guérisseuse, car les Espagnols dirent plus tard que l'affaire recelait une part de sorcellerie.) Tous les hommes espagnols devaient être exécutés, et leurs femmes et leurs filles réparties parmi les hommes noirs – ce renversement que les esclavagistes blancs de toute l'Amérique redoutaient tant[25].

Se rappelant peut-être les divisions politiques de la période d'avant la conquête, les rebelles avaient imaginé des crises futures impliquant des questions relatives à la maternité et au respect de la lignée. Les jeunes femmes espagnoles devaient être partagées entre les hommes noirs victorieux, et les femmes espagnoles plus âgées exécutées ou envoyées dans des couvents. Si elles enfantaient un garçon, celui-ci devait être mis à mort. Car « lorsque les *moriscos* [les enfants d'ascendance mixte] augmenteraient en nombre, peut-être se souviendraient-ils que leurs mères espagnoles venaient de lignées illustres, plus illustres que leurs pères noirs, raison pour laquelle il n'était pas à exclure qu'ils fassent la guerre à ceux-ci, qu'ils les tuent ». Il est intéressant de noter que les racontars qui circulaient parmi les indigènes insistaient également sur le fait que les Noirs allaient épargner les membres de trois ordres religieux : les humbles carmélites et franciscains ***déchaux*** (pieds nus), ainsi que les savants jésuites ; et ce, par parce qu'ils étaient des enseignants. Mais même eux, disaient les alarmistes, devaient être castrés[26].

Mais Chimalpahin ne semble pas avoir ajouté foi à ces rumeurs. Sans doute pensait-il les Noirs capables de se révolter – il comprenait leur colère. Ce qui lui semblait toutefois totalement inconcevable, c'est que tant de personnes soient impliquées dans un complot aussi farfelu, et qu'elles aient voulu déclencher une guerre impossible à gagner[27]. Au lieu de cela, il les considérait comme des victimes, raison pour laquelle il les désignait par un terme qu'il semble le seul à avoir utilisé, *in tliltzitzin*, quelque chose comme les « pauvres Noirs ». Dans la vie quotidienne, le suffixe *-tzin* était moins une marque honorifique qu'une expression d'empathie ou d'affection. Techniquement, il aurait dû dire *in tlilticatzitzin*, mais comme il était l'auteur du néologisme, il pouvait dire ce qu'il voulait. Le mercredi 2 mai, après seulement quelques semaines d'enquête, vingt-huit hommes et sept femmes furent pendus en l'espace d'une journée seulement. « Il fallut trois heures entières pour les pendre[28] », dit-il. Huit nouvelles potences avaient été dressées pour l'occasion. Il remarqua que, lorsque les condamnés se retrouvaient face à la mort, même au dernier moment, alors qu'ils auraient pu maudire le monde qui avait été pour eux si cruel ou, si ce qu'on racontait était vrai, obtenir un billet pour le paradis en se confessant, ils ne faisaient ni l'un ni l'autre. Ils niaient catégoriquement avoir participé à un complot. « Nous ne savons pas de quoi nous sommes accusés, ni pour quelle raison nous sommes punis », criaient-ils. En mourant, ils « appelaient leur rédempteur, Notre Seigneur Dieu[29] ». D'après Chimalpahin, les autorités voulaient les faire écarteler et exposer leurs membres déchiquetés sur les routes à l'entrée de la ville, mais un groupe de prêtres et de médecins se rendit auprès des juges de la

Haute Cour pour protester, leur rappelant qu'une telle mesure comportait un risque de santé publique. C'est la seule et unique raison, supputa Chimalpahin, pour laquelle ils décidèrent le lendemain de réduire à six le nombre d'écartelés. Les corps décapités des vingt-neuf autres furent transportés non loin dans les salles du Trésor royal[30].

Le jeudi soir, Chimalpahin aida aux funérailles à l'hôpital de Notre-Dame de la Miséricorde. Puis il regagna sa chambre à l'église de San Antonio Abad, à la porte sud de la ville. Il voulait croire, au plus profond de lui-même, en la bonté du monde dans lequel il vivait – il avait tourné la page de la conquête et, avec pragmatisme, regardait vers l'avenir. Mais ce jour-là, après avoir été témoin d'une atrocité commise au nom de la loi, du roi et de Dieu, il douta de l'idée de justice, ainsi que de la moralité des hommes qui l'appliquaient. Il s'abstint de toute déclaration passionnée, mais ses écrits font subtilement comprendre à la postérité qu'il mettait une limite à l'autorité morale des Européens.

*

Pour comprendre la réaction de ce fin observateur qu'est Chimalpahin, sa capacité de critiquer les Espagnols sans jamais s'emporter contre eux, encore faut-il retracer son histoire depuis son enfance. Il naquit à la campagne le 26 mai 1579[31] à Amaquemecan, ville qui faisait partie depuis plusieurs générations du grand altepetl de Chalco, fondé bien avant que les Mexicas ne s'établissent sur leur île aux roseaux. Comme ces derniers, le peuple de Chimalpahin était composé d'émigrants nahuas venus du nord et avaient donc en partage une même langue, une même religion et de nombreuses sensibilités culturelles. Cependant, ils habitaient la vallée centrale depuis plus longtemps ; et à l'époque de Chimalpahin, ils se souvenaient encore de leur antériorité.

Dans les années 1200, ils partirent à la conquête de ce qui allait devenir leur royaume, sur le côté sud du grand lac au centre de la vallée ; puis ils le défendirent avec succès contre les divers envahisseurs jusqu'aux années 1460, lorsqu'ils furent défaits par les Mexicas. Dans les années 1580, le jeune Domingo – nom de baptême du garçon – fut marqué par l'invasion mexica, tout autant, sinon plus, qu'il ne le sera par la conquête espagnole. Durant son enfance, il fut bercé avec des histoires d'autrefois, du passé lointain comme du passé récent, car sa famille qui était fière de sa noble lignée ne comptait pas moins de neuf générations avant son arrivée dans la région. Le père de Domingo avait vu le jour en 1550, et sa grand-mère bien-aimée en 1535[32], au moment où s'établissait le gouvernement espagnol. Sa grand-mère connaissait – ils avaient très certainement un lien de parenté – le musicien d'Amaquemecan nommé « don Jerónimo », mais connu autrefois sous le nom de Quecholcohuatzin, « Serpent rutilant[33] ». Chimalpahin aimait entendre des détails de la vie de cet homme qui avait été un tambour, chanteur et danseur de renom ; il avait aidé Chalco à s'opposer au pouvoir mexica lors du règne d'Axayacatl. Certaines histoires des temps passés se révélaient tragiques, comme celle relatant le sort de ces adolescents qui, après avoir quitté leurs foyers pendant la grande famine des années 1450, moururent sur le bord de la route, avant d'être dépecés par les vautours. Elles restèrent gravées dans la mémoire de Chimalpahin. Durant sa jeunesse, il apprit la tradition du *xiuhpohualli* ; et, dans sa tête, il commença à bâtir une chronologie[34].

Domingo grandit dans une ***doctrina*** (ou « paroisse ») dirigée par les dominicains, dont l'un d'entre eux fut probablement son professeur. Ou bien il reçut l'enseignement d'un indigène qui avait lui-même été instruit par des missionnaires, ce qui est également possible étant donné que l'alphabet romain circulait désormais parmi les indigènes indépendamment des Européens. L'élite espagnole instruite et la noblesse indigène ne vivaient pas dans des mondes hermétiquement séparés : en fait, un homme à peine plus jeune que Chimalpahin, qui avait choisi de devenir dominicain, avait pour parents un Espagnol et la petite-fille d'un notable d'Amaquemecan[35]. Quelle que soit l'éducation reçue par Domingo, il apprenait vite et impressionnait tous ceux qui le connaissaient. À l'âge de onze ans, il fut envoyé à Mexico, possiblement chez des parents ou des religieux, afin de poursuivre ses études et son enseignement religieux[36]. À en juger par les notes qu'il prenait à l'époque – moins un journal intime qu'un xiuhpohualli –, il vivait alors près du centre-ville. Il se rendait fréquemment à la chapelle indigène de San Josef de los Naturales, près de l'église San Francisco, ainsi qu'au zoo du centre communautaire indigène. Il rapporta, à la date du dimanche 26 avril 1592, que deux jaguars furent envoyés en

Espagne, et un autre jour qu'une horde de sauterelles déferla à quatre heures précises[37].

Entre-temps, en 1591, alors que Mexico était en plein développement, une nouvelle église fut achevée au sud de l'ancienne Tenochtitlan, dans le quartier de Xoloco, au début de la route allant à Itztapalapan puis à Chalco[38]. Le site choisi correspondait exactement à l'endroit où Moctezuma avait marché à la rencontre d'Hernán Cortés. L'église portait le nom de San Antonio Abad (saint Antoine d'Égypte, qui erra dans le désert) et avait pour patron don Sancho Sánchez de Muñón, éminent religieux qui, dans les années 1580, avait même été brièvement archevêque par intérim. Ayant entendu le plus grand bien du jeune Chimalpahin, il eut une idée : celui-ci pourrait l'aider à faire face à l'afflux de fidèles. C'est ainsi que, deux ans après la consécration de l'église, Domingo, alors âgé de quatorze ans, « entra dans l'église de San Antonio Abad », comme il le dit lui-même. Il devait y vivre et y travailler pendant de nombreuses années. Environ deux ans plus tard, il fut nommé *mayoral*, c'est-à-dire responsable des questions relatives à la congrégation indigène et probablement aussi des bâtiments et installations. L'Église faisait confiance à ce garçon, qui se comportait déjà comme un homme. Il était connu sous le nom de don Domingo de San Antón. Plus tard, les historiens l'appelleraient Chimalpahin, un des noms de famille qu'il ajouta à son nom d'usage.

À peine Domingo s'était-il installé à Mexico qu'il fut confronté à un premier fléau. En effet, en 1595, une épidémie de rougeole se déclara; elle disparut, puis réapparut sporadiquement. En 1597, elle explosa de façon encore plus virulente. « La terrible épidémie faisait rage, il y eut beaucoup de morts. Aussi bien des nourrissons en âge de marcher à quatre pattes, des enfants, des adultes, des vieux, tous mouraient[39]. » En ces temps de tristesse, le langage de Chimalpahin faisait écho aux prières que son peuple avait prononcées de génération en génération. Ses mots rappelaient ceux adressés jadis à Tlaloc en temps de famine : « Avec des yeux pâles vivent les nourrissons, les enfants [de tous âges] – ceux qui chancellent, ceux qui rampent, ceux qui passent leur temps à retourner la terre et les tessons, ceux qui vivent assis sur le sol[40]. » Chimalpahin, heureusement pour lui, faisait partie d'une communauté ecclésiale bien dotée; il reçut de bons soins et une nourriture abondante. Il survécut à l'épidémie, comme à de nombreuses autres.

Le jeune homme devait se sentir vulnérable, non seulement devant la maladie et la mort, mais aussi face au rythme effréné de Mexico, où il vivait loin de sa famille. Cependant, il avait gagné en autonomie. Il croyait profondément au christianisme, à l'égalité de toutes les âmes devant Dieu, sans exception, et il était fier de faire partie du Nouveau Monde – fusion de son peuple avec le royaume universel du Christ. Il se reconnaissait dans ces chrétiens qui n'hésitaient pas à quitter leur foyer et à parcourir des milliers de kilomètres pour œuvrer au salut des âmes de tous les peuples de la terre. C'est ce qu'il dit en 1591, lorsque des centaines de Tlaxcaltèques – qui, depuis la conquête, faisaient tout ce que les Espagnols leur demandaient de faire – partirent pour les terres sauvages du nord dans le but d'aider plus tard à la conquête du Nouveau-Mexique. Ils ne voulaient pas y aller, comme en témoignent leurs écrits, dans lesquels ils font part de leur souffrance[41], mais Chimalpahin écrivait avec optimisme : « Les Tlaxcaltèques sont partis pour le Nouveau-Mexique… Les gens allaient à leur rencontre, les fêtaient et les encourageaient en leur offrant de bonnes nourritures[42]. » Il laissa également exploser sa joie en 1598, lorsqu'on annonça la fondation de Santa Fe comme un succès. En effet, il connaissait personnellement trois des Indiens partis au nord, deux musiciens et un frère laïc. Ce dernier était originaire de sa ville natale, Amaquemecan[43]. Quelques mois plus tard, il rapporta sur un ton plein de déférence la mort de martyrs au Japon :

> Le dimanche 6 décembre 1598, dans l'après-midi, nous furent retournés les ossements des pères déchaux morts au Japon, en terre de Chine. C'était l'après-midi quand les frères arrivèrent ; ils portaient des coffres avec les corps à l'intérieur. Tous les religieux du Mexique sont allés à leur rencontre ; quand ils sont arrivés à San Diego, des salves d'artillerie ont retenti. On fit peindre les circonstances de leur mort, et de tout ce qui s'était passé là-bas, sur quatre toiles, que l'on accrocha à l'église [indigène] de San Josef ; tout le monde les contempla avec admiration, les Espagnols et nous, les indigènes[44].

Dans les années qui suivirent, Chimalpahin mentionna avec enthousiasme les contacts que les Espagnols avaient établis avec le Japon et les Philippines, lesquels augmentaient à mesure que le commerce se développait dans le Pacifique. Il avait même connaissance de certains aspects de l'Asie. À un moment donné, il fait référence aux « indigènes » des Philippines, en utilisant le mot qu'il employait pour son propre peuple[45]. Il les appelait les *macehualtin*, ce qui signifiait d'abord « roturiers » mais pouvait aussi, à présent, distinguer ceux qui se tenaient loin des plus hautes responsabilités politiques de ceux qui les exerçaient, ainsi que les lignées natives d'une terre donnée des puissants envahisseurs. Outre ce qu'il entendait dans les milieux ecclésiastiques espagnols, peut-être Chimalpahin devait-il ses connaissances sur l'Asie à des rencontres faites avec des personnes originaires de là-bas : à cette époque, il n'était pas rare de croiser des âmes malheureuses venues d'Inde et des Philippines, qui étaient enlevées, vendues au marché aux esclaves de Manille, puis amenées au port d'Acapulco, dans l'ouest du Mexique. On les appelait *chinos*, et plusieurs centaines d'entre eux travaillaient à Mexico comme domestiques. Certains composaient même le personnel d'un monastère appartenant à l'ordre dominicain[46].

À l'évidence, Chimalpahin ne croyait pas au bien-fondé de tout ce que les chrétiens faisaient au fur et à mesure qu'ils étendaient leur influence. Mais il croyait à la parole de Dieu et était convaincu que celle-ci devait être entendue. Il était fier de tous les chrétiens qui, quelle que soit leur couleur, contribuaient à la diffuser. Il n'avait jamais considéré les Espagnols et les autres peuples européens comme les seuls détenteurs de la vérité divine ; au contraire, c'est l'universalité de l'âme humaine qui semble l'avoir attiré. Il insista à plusieurs reprises sur le fait que tous les humains descendaient d'Adam et Ève ; que tous avaient été créés par Dieu et étaient égaux devant lui. L'un de ses livres préférés était les *Confessions* de saint Augustin, plus particulièrement le livre 1, qui se clôt par ces mots : « Il est donc bon celui qui m'a fait, et lui-même est mon bien, et je saute devant lui de joie, pour tous ces biens qui, enfant, me permettaient d'exister[47]. »

Il peut paraître surprenant qu'un indigène sage et pondéré vivant environ un siècle après la conquête ait trouvé sa vie satisfaisante, voire stimulante et excitante. Mais y a-t-il au monde des peuples qui ne se soient relevés d'une crise ? Certainement pas les Amérindiens. Dans la ville de Mexico, Chimalpahin était entouré de Mexicas – et d'autres Indiens qui, comme lui, avaient migré de la campagne –, qui passaient leurs journées à travailler, à rire et à se disputer, comme ils l'avaient toujours fait. Ils étaient moins nombreux qu'autrefois (à cause notamment des épidémies dévastatrices) et beaucoup vivaient au jour le jour (à cause des politiques extractivistes de l'Espagne), mais ni les années 1520 ni les années 1560, aussi dures qu'elles aient été, ne signèrent leur fin. Les gens étaient toujours là, et ils continuaient de chercher le bonheur. Ils appréciaient même certains éléments de leur nouvelle vie, notamment les œufs de poule, le lait de vache, les bougies de cire et les boîtes avec des serrures, comme ils le disaient parfois[48] ; ou encore les nouvelles musiques d'Afrique et d'Europe jouées dans les rues, ainsi que les couleurs extraordinaires des soies apportées d'Asie par les galions de Manille[49]. Enfin, la ville de Mexico, en tant que métropole internationale, ne manquait pas d'avantages.

Pourtant, Chimalpahin et ses compagnons étaient en proie à une certaine nostalgie, à un sentiment de perte. Au début de l'année 1600, Chimalpahin fut confronté au passé de son peuple. Juan Cano de Moctezuma décida d'organiser pour l'occasion un grand spectacle historique. Il était le petit-fils, indien pour un quart, de la fille de Moctezuma, Tecuichpotzin, comme les gens continuaient à l'appeler[50], ou Isabel, pour reprendre le nom que lui donnaient les Espagnols. Ces derniers voulaient marquer l'ouverture du nouveau siècle par une grande fête, et Juan Cano le Jeune voulait mettre à l'honneur son illustre famille, plus précisément son ancêtre Moctezuma, qui avait été au pouvoir un siècle plus tôt. Pour le rôle clé, il se tourna vers les membres survivants de la famille royale. Qui pouvait incarner un tel personnage[51] ?

Depuis la chute de don Luis Cipac, aucun membre de la famille royale n'avait été autorisé à prendre les fonctions de tlatoani, mais la lignée n'était pas éteinte. En 1566, au milieu de la crise politique qui déchirait les Espagnols, un fils de feu le gouverneur don Diego Tehuetzquititzin, don Pedro Dionisio, ne cacha pas ses ambitions, mais il fut immédiatement accusé d'avoir abusé de femmes à son service[52]. Au milieu du chaos, les habitants de la ville acceptèrent d'être gouvernés par un *quauhtlatoani*, un étranger, en l'occurrence un noble de la ville de Tecamachalco nommé don Francisco Jiménez.

Certains descendants de la famille royale avaient pour ancêtre don Diego de Alvarado Huanitzin. Premier de la lignée à avoir été fait gobernador et neveu de Moctezuma, celui-ci avait été marié à doña

Francisca d'Ecatepec – la fille de Moctezuma qui avait été soustraite aux regards des Espagnols. À sa mort, en 1541, Huanitzin laissait derrière lui beaucoup d'enfants. Son fils cadet ne devait pas avoir plus de quelques années à l'époque[53]. Il s'appelait Hernando (probablement en référence à Cortés) Alvarado (en référence à son père) Tezozomoc (en référence au père de son père, le frère de Moctezuma, qui s'appelait lui-même comme son grand-père, le fils d'Itzcoatl). En 1600, Tezozomoc le Jeune avait soixante ans passés. Il était célèbre en son temps pour être le petit-fils de Moctezuma par sa mère et son petit-neveu par son père. C'est lui que Juan Cano choisit pour le rôle du Moctezuma, et il accepta. Vêtu du costume traditionnel, on l'installa sur une natte de roseau protégée par un dais et le transporta dans les rues de la ville. Devant lui défilait une troupe de musiciens et de danseurs. Ils n'exécutaient pas les danses traditionnelles avec autant de grâce qu'on ne le faisait dans les années 1560, par exemple pour le mariage de don Luis Cipac, mais ils mirent leur talent et leur ingéniosité au service de l'improvisation ; et ils impressionnèrent Chimalpahin et tous les autres spectateurs[54].

Dans le public, beaucoup se dirent, comme on peut l'imaginer, qu'il ne restait presque plus personne en vie qui puisse se souvenir avec clarté d'une célébration de ce type remontant à avant 1519, date de la chute de Tenochtitlan, ou qui en ait entendu parler par ses parents. Même la première génération de jeunes gens qui avaient travaillé avec les missionnaires et guidé leur peuple depuis lors était décédée. Ainsi l'une des plus jeunes filles de Huanitzin, Isabel, avait-elle épousé un noble d'Azcapotzalco nommé Antonio Valeriano, dont les divers travaux en espagnol, nahuatl et latin, ainsi que les compositions musicales, lui avaient conféré un certain renom. Il avait travaillé à l'école de Tlatelolco, puis était devenu gobernador de la ville de Mexico après le départ de don Francisco Jiménez – un arrangement qui satisfait tout le monde, car il était le quauhpilli parfait, le « seigneur aigle », si tant est qu'il y en ait eu un. Un étranger, certes, mais un noble provenant du giron de la Triple Alliance, marié à une fille de Huanitzin, et un érudit aimé des Espagnols. Devenu à moitié sourd et quelque peu sénile, il devait à présent se faire aider pour chacune de ses tâches quotidiennes[55].

La vie de Chimalpahin poursuivit son cours. Puis, en 1606-1607, il se produisit une série d'événements qui semblent l'avoir convaincu de se lancer dans l'écriture de l'histoire des peuples nahuas. Tout d'abord, en 1606, le typhus ravagea la vallée centrale, causant des milliers de morts. En juillet, la maladie emporta son père et, en octobre, sa grand-mère[56]. Pendant la saison des pluies de 1607, il y eut une gigantesque inondation. Ce n'était pas la première fois que la ville était confrontée à ce problème, mais on n'en avait jamais connu de cette ampleur. Dans le centre-ville, la montée des eaux, qui s'élevaient d'environ trente centimètres au-dessus du niveau de la rue, rendait presque impossibles le transport des marchandises et l'évacuation des déchets. Mais ce sont les habitants de la périphérie qui furent le plus affectés. « Les maisons en pisé étaient trempées à leur base, de sorte qu'elles s'écroulaient sur elles-mêmes[57] », explique Chimalpahin. Contraints de quitter leur foyer, les gens erraient sans but en pataugeant parmi les immondices.

Le gouvernement espagnol lança des travaux en urgence pour drainer le bassin central – projet titanesque bientôt connu sous le nom de « *Desagüe* (drainage) de Huehuetoca[58] ». Pour ce faire, ils réquisitionnèrent une vaste main-d'œuvre indigène. Chaque altepetl était soumis à contribution et requis de fournir des hommes ou bien des matériaux et de la nourriture. Ainsi força-t-on des milliers de personnes à travailler au percement d'un grand canal pour faire dériver loin de la ville les eaux en provenance des sommets environnants et issues de la fonte des neiges. Mais il apparut très vite que le projet était inefficace, et il fut abandonné. Les ingénieurs mirent au point un plan, consistant à creuser un énorme fossé en V qui, le cas échéant, se remplirait de l'eau en excès. Comme le décrit Chimalpahin, « on fit une excavation telle que la montagne fut ouverte, découpée, et qu'un trou y fut creusé. Et on retirait de là les os des morts ; certains de leurs os ressemblaient à ceux qui vivaient autrefois ici sur terre… Nombre d'indigènes sont morts là-bas [aux travaux de drainage], et une partie tomba malade ou fut blessé[59] ». Des milliers de personnes mouraient à la tâche, disait la rumeur. Une fois de plus, il semblait que, pour les peuples indigènes du Mexique, leur dernière heure avait sonné.

En parallèle, alors que Chimalpahin poursuivait son travail dans l'église, il lisait régulièrement. À partir de 1539, les livres publiés par les missionnaires étaient généralement en rapport avec leurs besoins sur le terrain : des dictionnaires et des grammaires en langues indigènes, ainsi que des textes religieux, comprenant non seulement des catéchismes en langues indigènes mais aussi des manuels de confession et des recueils de sermons[60]. Ils avaient écrit et édité ces ouvrages avec l'aide d'assistants nahuas qui restèrent souvent anonymes. Cette activité connut un léger ralentissement par la suite, quand les idées de la Contre-Réforme prirent de l'ampleur, et que les pères de l'Église désapprouvèrent l'utilisation de la langue vernaculaire, qu'ils trouvaient trop dangereuse pour les âmes ignorantes. Mais au début du XVIIe, ces mises en garde ne semblaient pas avoir atteint le Mexique. Alors que la première colonie anglophone, loin au nord, à Jamestown, n'était encore qu'un fort aux installations primitives, les colons de l'Amérique espagnole étaient en pleine effervescence culturelle[61].

Deux ouvrages, publiés en 1606, firent une forte impression sur don Domingo[62]. Le premier, fort différent de ceux qu'il avait l'habitude de lire, était l'œuvre d'un cosmographe récemment arrivé en Nouvelle-Espagne, Enrico Martínez, qui s'inspira des encyclopédies et almanachs européens – *Reportorio de los tiempos e historia natural de esta Nueva España* (« Rapport sur l'histoire et l'histoire naturelle de la Nouvelle-Espagne »). Il y incluait un peu de tout, même si ses connaissances de l'histoire des Amériques étaient relativement limitées par rapport à celles de Chimalpahin. Si l'ouvrage se présentait comme une somme des différents savoirs sur le Nouveau Monde, il était dépourvu de toute perspective indigène. Le second livre qui marqua Chimalpahin était l'œuvre du prolifique frère franciscain Juan Bautista Viseo (qu'il connaissait bien) et s'intitulait *Sermonario en lengua Mexicana* (« Sermons en langue mexicaine »). Dans l'introduction, écrite en nahuatl, Juan rendait hommage aux huit Nahuas qui avaient travaillé avec lui, parmi lesquels don Antonio Valeriano[63].

En 1608, Chimalpahin précisa son projet de livre, à savoir un vaste panorama historique des Nahuas[64]. Ce serait un xiuhpohualli, ou un recueil de multiples xiuhpohualli, suivant l'ancienne tradition. Il consignerait l'histoire des Mexicas, du peuple chalca, et de toute autre population pour laquelle il pourrait trouver des sources, Azcapotzalco, Texcoco, entre autres. Il fallait le faire avant qu'il ne soit trop tard.

Chimalpahin méditait ce projet depuis longtemps. Il s'était toujours intéressé au passé de son peuple, à propos duquel il échangeait souvent avec ses amis et connaissances. Tout d'abord, il dut mettre à profit sa connaissance des neuf générations qui l'avaient précédé. Lorsqu'il commença à écrire, il se présenta comme « don Domingo de San Antón Muñón Chimalpahin Cuauhtlehuanitzin » – « San Antón » et « Muñón » en hommage à son église et son patron, tandis que les deux derniers noms commémoraient les lignées familiales dont il était issu. « Chimalpahin » signifie « Celui qui court avec un Bouclier », et c'était le nom d'un de ses trisaïeux du côté de son père, frère cadet d'un tlatoani. Cuauhtlehuanitzin, ou « S'élève comme un Aigle », était le nom du frère aîné du roi, duquel don Domingo descendait par sa mère.

Cela faisait des années que Chimalpahin prêtait l'oreille aux histoires que les membres vieillissants de sa famille pouvaient lui raconter, mais il recherchait également des documents écrits. Dans la dernière partie de son grand œuvre, il donna de nombreuses informations sur la manière dont il les avait obtenues, car en érudit qu'il était il était conscient que ses futurs lecteurs voudraient peut-être en savoir davantage[65]. Un certain nombre d'amis et de parents parmi la noblesse d'Amaquemecan mirent à sa disposition d'anciens folios, souvent en mauvais état, qui dataient du début de la colonisation, lorsque les jeunes indigènes fraîchement alphabétisés s'empressaient de transcrire tout ce que leurs aînés leur disaient. Parmi ces documents, l'un se révéla particulièrement intéressant. Il lui venait de don Vicente de la Anunciación, un cousin de son grand-père maternel. Ce dernier avait recopié un livre qui avait été en possession de son beau-père, don Rodrigo de Rosas Huecatzin. Celui-ci avait été parmi les premiers à apprendre l'alphabet, et dans les années 1540, alors jeune adulte, il était devenu le scribe d'Amaquemecan. Fait important, car les cinq subdivisions de l'altepetl se disputaient pour savoir laquelle d'entre elles, dans le Nouveau Monde d'après la conquête, devait fournir le tlatoani. En 1547, le vice-roi, don Antonio de Mendoza, envoya un juge indigène de Xochimilco pour régler le litige. Le peuple tint une grande réunion publique sur la question.

> Afin que le juge puisse enquêter sur toutes les performances passées des cinq parties de l'altepetl, les nobles les plus âgés délibérèrent lors d'une grande assemblée, puis en présentèrent quelques-unes. Et ils couchèrent par écrit, dans un livre, comment les cinq quartiers avaient été organisés, afin de pouvoir le présenter au juge. Ce que les anciens cherchaient à faire était une description fidèle des choses comme elles avaient été, car il était impossible de mentir devant les autres[66].

Don Rodrigo avait été le scribe de ce grand événement. Grâce à lui, Chimalpahin avait un accès direct à la langue riche et détaillée qui caractérise les performances des temps passés. Chaque section de l'altepetl dut faire le récit de son histoire ; et ce, l'une après l'autre, comme c'était la tradition ; mais cette fois, les déclarations furent transcrites phonétiquement et conservées dans un livre. Ainsi Chimalpahin put-il remonter dans le temps jusqu'aux années 1540, à l'époque où sa grand-mère n'était encore qu'une enfant.

Don Vicente n'avait copié qu'une partie du livre. S'étant rendu compte de sa valeur après avoir parlé avec Chimalpahin, il retourna dans la maison de son beau-père, où le livre avait été rangé dans le grenier. Mais malheureusement, quelqu'un s'en était débarrassé – peut-être parce qu'il était mangé par les vers. N'avait été sauvée que la partie qu'il avait copiée et que Chimalpahin avait maintenant entre les mains[67].

Comme il le fit à Amaquemecan, Chimalpahin fit savoir à ses nombreux amis mexicas de Mexico qu'il travaillait sur un grand livre d'histoire et qu'il leur serait reconnaissant de lui permettre d'emprunter et copier les écrits dont ils pouvaient disposer. Il eut accès à de nombreux documents, qu'il recopia, inlassablement. Dès 1609, il rendit visite à Tezozomoc, ce descendant de la lignée royale, qui avait joué le rôle de Moctezuma lors de la célébration de 1600[68]. Tezozomoc, qui était également un érudit, était un puits de science. Il avait enregistré dans sa tête, ainsi que dans des rouleaux de papier qu'il conservait dans des boîtes et paniers, des dizaines de généalogies mexicaines, comprenant des informations très précises sur des personnes du XVIe siècle, d'avant et d'après la conquête. Il savait distinguer les informations fiables de celles qui ne l'étaient pas. Lorsqu'il avait oublié, par exemple, le nom de la troisième fille d'untel, ou de celui qu'elle avait épousé, il le disait clairement, plutôt que d'inventer n'importe quoi. Il connaissait aussi bien l'histoire de son peuple que ses contes et légendes, qui, malgré leur inexactitude scientifique, recèlent une forme de vérité sur les croyances populaires. Il avait déjà mis par écrit une partie de ses connaissances : « Moi, don Hernando de Alvarado Tezozomoc, j'écris ceci en ce jour », notait-il de temps en temps. Tezozomoc, qui avait alors soixante-dix ans passés, savait que ces papiers devaient être conservés en lieu sûr, en attendant d'être exploités. Tout son savoir n'était pas couché sur le papier ; aussi avait-il besoin d'un secrétaire[69].

Lorsque Chimalpahin et Tezozomoc se rencontrèrent, les deux hommes durent se dévisager longuement. L'un descendait de la famille royale mexicaine et était à la tête d'une importante fortune personnelle, tandis que l'autre était un petit noble de l'État – autrefois vassal – de Chalco et mayoral d'une église locale. Leurs arrière-grands-pères s'étaient jadis fait la guerre. Quecholcohuatl d'Amaquemecan s'était agenouillé devant Axayacatl, la peur au ventre. Mais cette époque était révolue, et les deux hommes travaillèrent de concert. Aucun des deux ne voulait voir sombrer dans l'oubli – être « effacé », pour reprendre le mot de leurs grands-pères – le monde complexe des Nahuas de la vallée centrale, tel qu'il existait avant l'arrivée des Européens. Ils le disent d'ailleurs eux-mêmes, reprenant mot pour mot les formules en usage durant les performances, avec ses traditionnelles métaphores. « Personne n'oubliera, écrivit Chimalpahin. Ce sera toujours préservé. Nous le préserverons, nous qui sommes les jeunes frères, les enfants, les petits-enfants, les arrière-petits-enfants et les arrière-arrière-petits-enfants, nous qui sommes les [extensions de la famille] – les cheveux, les sourcils, les ongles –, la couleur et le sang, nous qui sommes les descendants… nous qui sommes nés et avons vécu là où vivaient et gouvernaient tous les vénérables rois chichimèques[70]. » Tezozomoc, dans un murmure, disait à peu près la même chose. « Ce que les ancêtres sont venus faire, ce qu'ils sont venus établir, leurs écrits, leur renommée, cette histoire, leur mémoire, ne périra jamais, ne sera jamais oublié dans les temps à venir… Nous les garderons toujours, nous, fils, petits-fils, jeunes frères, arrière-arrière-petits-enfants, arrière-petits-enfants, nous, leurs descendants… et ceux encore en vie, ceux qui ne sont même pas encore nés, continueront à les raconter, continueront à les célébrer[71]. »

La religion des grands-parents des deux hommes était fondée sur ce même principe, puisqu'elle nécessitait de répertorier soigneusement l'alternance entre mondes en implosion et en renouveau, dont aucun ne devait jamais être totalement oublié. Ils vivaient alors à l'ère du Cinquième Soleil. Depuis les premiers commencements du cinquième monde, les Nahuas se souvenaient de leur histoire et faisaient face aux changements en réitérant ce qu'ils avaient fait par le passé. Pour ce faire, ils s'appuyaient sur des histoires transmises oralement, parfois avec l'aide de supports écrits. « Ici seront racontées les histoires à propos des anciennes mœurs, les mots peints à propos des anciennes royautés. » Si cette tradition venait à être rompue, c'était une trahison envers les générations passées. « Ils ont laissé, au travers de paroles et de peintures, leurs anciennes paroles, les hommes et les femmes les plus âgés, les rois et les nobles, nos grands-pères et nos grands-mères, nos arrière-grands-pères et nos arrière-grands-mères, nos ancêtres qui sont venus vivre ici. Telle est l'histoire qu'ils ont établie, qu'ils ont laissée pour nous. L'histoire de l'altepetl et des lignées royales de l'altepetl, peintes et écrites sur le papier en rouge et noir, ne se perdra jamais, ne sera jamais oubliée. Elle sera préservée à jamais[72]. »

Peut-être les deux hommes ont-ils prié en ce sens. Ou peut-être étaient-ils trop occupés et trop pragmatiques. Il n'en reste pas moins qu'ils se comprenaient.

*

Assis à sa table de travail pour écrire son grand œuvre, Chimalpahin imaginait son public composé non pas d'Espagnols ou d'autres Européens mais d'Amérindiens. Il faisait comme s'il s'adressait à des lecteurs indigènes sur le point de perdre tout lien avec leurs ancêtres. Il savait qu'ils étaient devenus chrétiens, et il reconnaissait que les chrétiens avaient apporté quantité de connaissances scientifiques et technologiques (il mentionnait les éclipses, par exemple). Mais leur peuple possédait aussi une culture d'une grande richesse, que ses ancêtres avaient préservée du mieux qu'ils pouvaient dans les premiers temps ; d'où son désir d'écrire son histoire : « Afin que toi, lecteur, qui es chrétien, ne puisses pas douter ni hésiter[73]. » Au fur et à mesure qu'il avançait, il lui arrivait d'expliquer tel ou tel terme. Par exemple, lorsqu'il mentionnait un dieu nommé Ome ***Tochtli*** (« Deux Lapins »), il savait qu'un lecteur du XVIIe siècle, même indigène, pourrait ignorer de qui il s'agissait. Il demandait alors à ses lecteurs de se souvenir de leurs années d'école et comparait Ome Tochtli au dieu romain Bacchus[74]. Grâce à ces points de repère, il espérait rendre ses écrits plus accessibles. Il n'écrirait que très peu en espagnol ; la plupart des travaux seraient en nahuatl, la langue de son peuple.

Dans sa dernière compilation, il commençait par le commencement, avec Adam et Ève. Il devait se douter que certains de ses auditeurs trouveraient cela inapproprié, mais il était convaincu que c'était là le point de départ :

> Même s'il ne semble pas pertinent de traiter le sujet ici, il faut que nous – les indigènes de la Nouvelle-Espagne – sachions tous que le premier homme a été créé à partir de la terre, du limon, et n'a été créé qu'une seule fois. C'est de là que nous venons et que nous naissons. Nous en descendons tous, nous les gens de la terre, même s'il y a eu [deux groupes], les gentils et les idolâtres – [y compris] ceux qui nous ont engendrés, nous habitants de Mexico-Tenochtitlan et des autres altepetls de la Nouvelle-Espagne[75].

Dans la section suivante, Chimalpahin donne un aperçu de l'histoire de l'Ancien Monde, en s'inspirant librement de Platon, de la Bible, de saint Thomas d'Aquin, de saint Augustin et d'autres textes fondateurs occidentaux. Il affirme que les Nahuas descendent peut-être des peuples de la Baltique, aux confins de l'Europe, qui avaient donné tant de fil à retordre aux chrétiens médiévaux dans leur entreprise d'évangélisation[76]. Quelqu'un de l'Ancien Monde, il en était sûr, avait construit des bateaux et s'était rendu d'une manière ou d'une autre au Nouveau Monde (alors inconnu). Quoi qu'il en soit, ses ancêtres se retrouvèrent à un moment à Aztlan, dans les Sept Cavernes, avant de migrer vers le sud.

Chimalpahin pouvait à présent commencer à consigner les histoires qu'il connaissait si bien, notamment celle de Fleur de Bouclier invectivant ses ravisseurs et les mettant au défi de la tuer. Son peuple, y compris ceux qui n'étaient pas encore nés, ne faiblirait jamais, les avertissait-elle. Certains périraient, mais jamais l'âme de son peuple. Ils subiraient des pertes, mais jamais de manière irréversible. Si la vie n'était pas facile, elle était profondément bonne.

*

Pourtant, un soir de mai 1612, la détermination de Chimalpahin et son éternel optimisme vacillèrent. À cette époque, la chapelle indigène de San Josef avait pour aumônier un homme vicieux et corrompu, frère Gerónimo de Zárate, qui semait la terreur parmi la population autochtone depuis des années. Un jour de janvier 1612, il extorqua de l'argent au chef d'une des confréries, un certain Juan Pérez. « Il le mit debout contre un pilier, nu et très malade ; puis, sur ordre du prêtre, on lui donna le fouet. On le laissa pour mort, après qu'il eut perdu connaissance sous les coups. [Le chapelain] prêcha à son sujet, disant qu'il avait dissipé une large part de l'argent qui avait été donné à la confrérie. Puis il ordonna à ses gens de le mettre en prison, où il resterait enfermé jusqu'à ce qu'il rembourse[77]. » Lorsque la femme de Juan apprit ce qui s'était passé, elle entra dans une fureur telle qu'elle alla plaider sa cause auprès du vice-roi. Plusieurs autres personnes l'imitèrent et se plaignirent des agissements de Zárate. Voici ce que Chimalpahin savait de cet homme : « [Zárate] ne se souciait pas des Mexicas. Il ne se souciait pas non plus des Espagnols qui l'imploraient. » Chimalpahin témoignait la plus grande admiration pour la femme de Juan. « Tout le monde considérait [Zárate] comme un grand mal, mais malgré la colère que leur inspirait le prêtre, les Mexicas le supportaient, ils faisaient preuve de patience, ils gardaient cela pour eux, et personne n'osait rendre ses griefs publics et se plaindre auprès de l'Audience royale. » C'est quelque chose de tout à fait inédit, pour le XVIIe siècle, que cette référence à des sentiments cachés : *ils gardaient cela pour eux, et personne n'osait rendre ses griefs publics.* Et Chimalpahin d'ajouter que les choses seraient restées ainsi, « n'eût été María López, qui eut le courage de l'accuser devant les juges ». Il fallut des mois avant que l'aumônier ne soit définitivement évincé ; et quand il le fut enfin, la ville était en proie au chaos : le vice-roi était mort, et les arrestations dirigées contre la population noire de la ville avaient commencé. Son renvoi eut donc peu de retentissement.

Selon Chimalpahin le monde était globalement bon, puisqu'il était l'œuvre d'un Dieu bienveillant, même s'il pouvait contenir des individus mauvais. C'est ainsi qu'il envisageait Zárate. « Laissez-le rendre compte [de ses actions] à notre seigneur Dieu. » Et d'ajouter : « Qu'on ne parle pas de lui[78]. » Par cette expression, « parler de quelqu'un », il signifiait « honorer, reconnaître ». Il voulait que Zárate soit effacé de la mémoire collective ; il comptait sur Dieu pour le punir dans l'au-delà.

Mais mai 1612 marque un tournant pour Chimalpahin. Il ne se contenta pas de balayer d'un revers de la main les juges de la Haute Cour comme des personnes qu'il valait mieux oublier. Chose unique pour lui, il consigna avec beaucoup de soin les noms de chacun des quatorze officiers royaux espagnols qui avaient condamné à mort les trente-cinq Noirs, comme s'il voulait que justice soit faite à l'avenir, devant Dieu sinon devant les hommes. Il terminait cette longue liste ainsi : « Voici les noms de ceux qui jugèrent les trente-cinq Noirs, de sorte qu'ils furent pendus en ce jour[79]. » Chimalpahin, dont l'imagination était imprégnée d'imagerie biblique, dut se souvenir ici du livre de l'Apocalypse : « Et je vis les morts, petits et grands, debout devant Dieu ; et les livres furent ouverts, et un autre livre fut ouvert, celui de la vie ; et les morts furent jugés d'après ce qui était écrit dans les livres, selon leurs œuvres. Et la mer donna les morts qu'elle avait, et la Mort et le séjour des morts donnèrent les morts qu'ils avaient, et chacun fut jugé selon ses œuvres[80]. »

*

Pourtant, Chimalpahin ne trouva pas, semble-t-il, la consolation qu'il recherchait dans la rédaction de son livre, car, quelques années plus tard seulement, il cessa d'y travailler. Certes, il y avait des individus malfaisants, mais il y avait autre chose. Le fond du problème, c'était le régime inégalitaire instauré depuis la conquête. Dans leur vie quotidienne, les Indiens, les Noirs libres, les métis et même les esclaves pouvaient connaître le bonheur – s'aimer, se disputer, se raconter des histoires, rire d'une bonne blague. Mais dès qu'un Européen se mettait en travers de leur route, ils n'avaient pratiquement aucun recours. Ils pouvaient être battus à tout moment, et riposter ne faisait qu'aggraver la situation. C'est la raison pour laquelle « ils gardaient les choses pour eux », selon le commentaire que fit Chimalpahin à propos des événements consécutifs aux exactions de l'aumônier Zárate. Les sacrifices humains avaient été interdits, mais la violence n'avait jamais été aussi présente, insidieuse même, car elle était légitimée par le droit – né de la force.

Nous ne savons pas si Chimalpahin voyait les choses ainsi, mais c'était le cas de certains autochtones de Tenochtitlan. Lorsque Chimalpahin était enfant, probablement à l'époque où il devait rejoindre la capitale, les derniers étudiants indigènes de l'école de Tlatelolco montèrent une pièce de théâtre. Ils étaient peu nombreux, car l'établissement était impopulaire et manquait désespérément de fonds[81]. Un des personnages disait : « Selon une opinion largement répandue, nous, les Indiens de Nouvelle-Espagne, sommes des imposteurs, comme les pies et perroquets, oiseaux qui apprennent à parler avec beaucoup d'aisance et oublient aussitôt ce qu'on leur a enseigné[82]. » Le jeune dramaturge n'a pas « gardé pour lui » sa colère. Rares étaient, cependant, ceux qui osaient exprimer pleinement leur rage. Il était plus prudent de se taire. Ainsi Chimalpahin ne laisse-t-il éclater sa colère qu'à un endroit et à l'encontre de certains métis : « Ils essaient juste d'être des Espagnols, en nous rabaissant et en se moquant de nous, comme le font quelques Espagnols[83]. » Puis il rappelle que, quoi que ces personnes arrogantes puissent penser ou faire, Adam était le père, et Ève la mère de tous les vivants.

En 1624, Chimalpahin quitta San Antonio Abad après trente ans de bons et loyaux services. L'église avait été fermée. Son patron était mort, et s'ensuivit une âpre bataille juridique pour l'héritage[84]. À la même époque, la ville sombra dans ce que l'on appelle aujourd'hui « le tumulte de 1624 ». Outre des mauvaises récoltes, elle fut ravagée par une terrible épidémie de coqueluche, qui fit beaucoup de morts, en particulier parmi les enfants. La crise causa des fractures politiques au plus haut niveau ; le vice-roi et l'archevêque furent tout près d'entrer en guerre l'un contre l'autre[85]. À ces difficultés majeures s'ajouta une grave pénurie alimentaire. Un écrivain indigène commenta avec ironie : « le vice-roi est devenu un poisson », car il devait se déplacer en bateau[86]. Nous ne savons pas ce que Chimalpahin pensait de ces événements, il avait cessé de tenir ses chroniques sur le temps présent. Des commentaires écrits çà et là dans ses annales indiquent qu'il travaillait encore sur ce projet dans les années 1620 – son dernier commentaire daté remonte même à 1631 –, mais il semble y avoir renoncé en 1615[87]. Peut-être n'avait-il pas le temps et l'énergie nécessaires pour mener de front ces deux œuvres. Peut-être préférait-il le passé des Nahuas au temps présent, moins glorieux.

Comme nombre de ses prédécesseurs, il craignait l'amnésie collective – non seulement la perte des connaissances culturelles nahuas, mais aussi et surtout de son histoire, avec sa complexité inhérente. C'est pour remédier à cela qu'il prit la plume.

*

À la mort de Chimalpahin, ses écrits passèrent entre les mains d'un descendant direct du roi Nezahualpilli de Texcoco, dont le règne fut marqué par de grands morceaux de poésie. Il s'agissait de don Fernando de Alva Ixtlilxochitl, dont le nom fait référence à une vigne à fleurs d'orchidée. Comme Chimalpahin, il avait ajouté le nom d'un ancêtre aztèque au nom chrétien qu'il avait reçu enfant. Sa mère était l'arrière-petite-fille d'un autre Ixtlilxochitl, évoqué précédemment. Fils de Nezahualpilli, celui-ci refusa de se laisser corrompre par l'héritier préféré de Tenochtitlan et se joignit aux Espagnols par opportunisme. Le père de notre Ixtlilxochitl, un Espagnol, avait été pendant un temps le superviseur municipal des projets de construction de la ville de Mexico. Ainsi son fils grandit-il dans un environnement largement espagnol, mais il était fier des ancêtres de sa mère. Comme Chimalpahin, il écrivit un livre d'histoire, mais en espagnol et pour un public espagnol. « Dès mon adolescence, je désirais connaître l'histoire du Nouveau Monde, qui n'est pas moins importante que celle des Romains, Grecs, Mèdes et autres républiques païennes célèbres dans le monde[88]. » Pour s'instruire, Ixtlilxochitl se mit en quête des textes d'intellectuels nahuas, parmi lesquels Chimalpahin était le plus prolifique, mais il n'était pas le seul. Ixtlilxochitl collecta tous les textes qu'il put ; il puisa dedans pour son propre travail[89].

Ixtlilxochitl et Chimalpahin – qui avaient presque exactement le même âge – se seraient connus personnellement, bien qu'ils ne se mentionnent jamais dans leurs écrits ; et que le second soit indigène et perçu comme tel, tandis que le premier a vécu la vie d'un Espagnol. Chimalpahin dit qu'il connaissait et aimait le grand-père espagnol d'Ixtlilxochitl. En outre, ils étaient tous deux de proches amis de l'érudit franciscain Juan de Torquemada, et les enfants d'Ixtlilxochitl appelaient Chimalpahin « le bon don Domingo ». Le fait qu'Ixtlilxochitl a hérité des papiers de Chimalpahin à sa mort témoigne d'une certaine proximité entre eux[90].

À la mort du fils d'Ixtlilxochitl, don Juan, ses effets personnels furent remis à son compagnon de longue date, l'intellectuel espagnol Carlos Sigüenza y Góngora. C'est grâce à lui que l'œuvre de Chimalpahin accéda à la postérité. Les chercheurs européens, qui ne tardèrent pas à se piquer d'intérêt pour tout ce qui touchait de près ou de loin aux Aztèques, commencèrent à travailler dessus même s'ils n'y comprenaient pas grand-chose. Ils prélevèrent d'abord les fragments qui les intéressaient – dans les textes de Chimalpahin comme dans ceux d'Ixtlilxochitl. Ils s'en servirent pour appuyer leurs propres théories, si bien qu'ils donnèrent une représentation faussée du Mexique précolonial[91]. Ce sont eux, par exemple, qui diffusèrent cette idée selon laquelle Cortés avait été pris pour Quetzalcoatl. Chimalpahin, s'il avait su, aurait peut-être fait un de ces commentaires ironiques dont il était coutumier. Ou bien il serait resté imperturbable, se disant que le principal était que ses œuvres soient à l'abri. Un jour viendra où l'on sera prêt à entendre ce que les anciens Nahuas avaient à dire sur le monde qu'ils avaient habité jadis.

Rejailliront alors les cris de Fleur de Bouclier sur son bûcher, les stratégies politiques d'Itzcoatl, la performance de Serpent rutilant face au roi Axayacatl. Mais aussi : Moctezuma se dirigeant, le dos raide, vers la pyramide où se prépare une cérémonie macabre, tandis que Malintzin lui lance un avertissement à distance. Les efforts extraordinaires des Mexicas pour défendre leur royaume face aux Espagnols même s'ils se révélèrent finalement vains; les pleurs de Tecuichpotzin, la fille de Moctezuma, qui maudit son sort, ainsi que celui de ses compatriotes pris dans les flammes, ou encore celui des Africains fraîchement débarqués. La génération suivante œuvrerait pour la postérité, bataillant contre les tristes conséquences de la conquête, notamment la pauvreté. Don Luis Cipac, le dernier tlatoani, et don Martín Cortés, le fils de la brillante esclave Malintzin, connaîtraient tous deux une fin tragique, mais leurs histoires survivraient et seraient transmises, fût-ce sous forme de fragments. Enfin, Tezozomoc et Chimalpahin se rassembleraient autour d'un projet commun : écrire l'histoire de leur peuple, celle du Cinquième Soleil.

Épilogue

Au début du XVIIe siècle, Tezozomoc et Chimalpahin craignaient que la culture aztèque ne tombe dans l'oubli. À l'époque, ils avaient raison d'être inquiets. Nombre de jeunes gens qu'ils croisaient ne savaient plus lire les glyphes et ne connaissaient pas davantage l'histoire de leur peuple. La situation s'aggrava encore après la mort de Tezozomoc et de Chimalpahin. À la fin du XVIIe siècle, seuls les habitants de Tlaxcala savaient précisément comment écrire un xiuhpohualli en nahuatl, ce qui s'explique par le fait que, en récompense de leur ralliement précoce à Hernán Cortés, la Couronne avait ordonné qu'ils ne soient pas donnés en encomienda, et relativement peu d'Espagnols vivaient parmi eux. Plusieurs dizaines de personnes conservèrent des annales traditionnelles, et un auteur, don Juan Buenaventura Zapata y Mendoza, consacra une grande partie de sa vie à écrire. Mais en la matière ils furent les derniers. Dans la seconde moitié du XVIIIe siècle, pratiquement personne ne se souvenait de la façon d'écrire (ou même de lire) un xiuhpohualli. Lorsqu'une communauté indigène avait besoin de papiers concernant « *ye olden tyme* », « les temps anciens » afin de protéger ses terres, elle devait souvent faire appel à un tiers. Ces documents étaient très beaux, et très certainement indigènes, mais ils ne ressemblaient presque en rien aux histoires qui avaient été écrites autrefois[1].

Mais après tout, était-ce si grave ? Les autres peuples qui vivaient dans les Amériques avaient dû traverser l'océan, par choix ou sous la contrainte. Dans les deux cas, leurs arrière-petits-enfants ne savaient pas grand-chose de leurs ancêtres tout en étant fiers des origines de leur peuple.

Il en allait de même pour les Mexicains. La suite de l'histoire prouva que Chimalpahin et Tezozomoc n'avaient aucune crainte à avoir. Les indigènes n'ont jamais renié leur identité. Bien au contraire, tout au long de l'ère coloniale, leur conscience de soi s'est épanouie. La Couronne espagnole avait établi un système de « deux républiques », composé de deux entités autonomes, celle des Espagnols créoles et celle des indigènes. Ceux-ci devaient, en théorie, rester dans leur communauté et verser aux colons une partie du fruit de leur travail, par le biais de l'encomienda, puis d'autres institutions. Parfois, quand des familles ne pouvaient répondre à ces obligations, elles prenaient la route, malgré les éventuels dangers ; et ce, dans l'espoir de trouver un endroit où leurs enfants pourraient vivre en paix et où leur dur labeur serait enfin récompensé. Ils arrivaient soit dans une ville, soit dans une hacienda privée ; dans les deux cas, s'ils restaient, ils s'hispanisaient progressivement. Quant à ces quelques millions de gens restés dans leurs villages, ils ne cessèrent de parler les langues de leurs ancêtres et de perpétuer leurs traditions[2].

Si dans la ville de Mexico, autrefois Tenochtitlan, la plupart des habitants s'éloignèrent de leur identité mexica, le sentiment d'être issu d'un grand empire, lui, ne vacilla pas, même après que de nombreuses cultures venues d'ailleurs s'installèrent. La population indigène resta nombreuse et importante. Au fil des intermariages avec les Amérindiens, le phénotype des Africains s'est estompé ; leurs descendants se sont considérés, eux aussi, comme des Indiens. Les indigènes aisés vivaient dans les beaux quartiers aux côtés des Espagnols. Ils envoyaient certains de leurs fils à l'université pour que ceux-ci deviennent prêtres et fondent des couvents pour leurs filles[3].

Dans le même temps, les populations métisses ainsi que les créoles espagnols se plurent à imaginer que leur ville était l'héritière de la tradition aztèque. Au milieu du XVIIe siècle, les pèlerinages à la Vierge de Guadalupe devinrent un véritable phénomène, et les gens se racontaient qu'elle était apparue pour la première fois à un Indien aztèque du nom de Juan Diego en 1528 dans les faubourgs de la ville. Que cette histoire fût une invention relativement récente importait peu ; l'essentiel était que tout le monde, riches et pauvres, veuille qu'elle soit vraie. À la fin du XVIIe siècle, la nonne Sor Juana Inés de la Cruz, l'un des plus brillants esprits mexicains de l'époque, était fière d'écrire certains de ses poèmes en nahuatl. Sa grammaire était épouvantable, et il est certain qu'elle ne le parla jamais correctement, mais sa détermination est fascinante, tout comme le plaisir que ses lecteurs hispanophones prenaient à lire un tel ouvrage[4].

Ce n'est qu'au lendemain de la guerre d'indépendance (1810-1821) que l'identité indigène fut véritablement malmenée. Par l'une des plus grandes ironies de l'histoire, ce sont les libéraux progressistes qui en sont responsables. Tous les peuples étant à présent égaux aux yeux de la loi, les autorités incitaient les indigènes à abandonner leur langue pour rationaliser et faciliter les démarches administratives. Les autochtones ne pouvaient plus bénéficier d'un interprète au tribunal : ils devaient parler espagnol. L'éducation ne pouvait plus être dispensée par les parents de façon traditionnelle : ils devaient apprendre l'espagnol. Ils ne pouvaient plus disposer de leurs terres en commun et laisser les chefs décider de leur répartition : ils devaient posséder chacun leur exploitation. S'ils avaient besoin de prouver leur titre de propriété, ils pouvaient aller au tribunal – mais là encore il fallait parler espagnol[5].

C'est ainsi que la pauvreté des indigènes s'accrut au XIXe siècle. Pour finir arriva au pouvoir un dictateur qui ne prétendait même plus se soucier du peuple : Porfirio Díaz. Lorsque le ressentiment contre lui se répandit dans tout le pays, de nombreux indigènes se joignirent à la lutte et contribuèrent à le renverser. L'un des grands héros de la révolution mexicaine, Emiliano Zapata, parlait nahuatl. Des photos de lui menant ses hommes à la victoire ou convoquant un conseil avec les siens pour voter des lois ornent encore les pages des manuels scolaires, ainsi que les murs des bars et restaurants. Dans les décennies qui suivirent la révolution, des progrès ont été faits – en dents de scie, certes, mais non moins importants; et souvent, les peuples indigènes étaient à l'avant-garde. Les Mayas qui sont sortis de la forêt pour protester contre l'ALENA dans les années 1990 se sont donné le nom de zapatistes d'après le révolutionnaire Emiliano Zapata. Au tournant du XXIe siècle, les peuples indigènes du Mexique sont entrés en lutte pour défendre leur histoire et protéger leur héritage ancestral, tout comme les peuples qui, partout dans le monde, se retrouvent privés de tout pouvoir.

Aujourd'hui, plus d'un million de Mexicains parlent encore le nahuatl. Parmi eux, certains encouragent les travaux de recherche dans cette langue; ainsi un dictionnaire du nahuatl a-t-il été publié. En reprenant la langue de leurs ancêtres, ils tentent d'élaborer une réflexion créative et critique, comme le font par ailleurs certains écrivains. Ils ont publié des pièces de théâtre, des récits et autres livres, certains écrits entièrement dans leur langue, d'autres avec la traduction espagnole. Ils écrivent dans des ateliers d'écriture ou bien seuls; ils peignent sur du papier d'agave traditionnel ou tapent sur un clavier d'ordinateur. Peut-être, disent les poètes, qu'avec l'entrée dans la modernité, nous vivons désormais sous le Sixième Soleil[6].

Et pourtant, pour chaque indigène écrivant des poèmes nahuatl, il y en a un autre qui vit dans une telle pauvreté qu'aucune poésie n'est même possible; pour chaque indigène assistant à une conférence internationale, il y en a un autre dont le seul espoir est de partir de chez lui pour tout recommencer ailleurs. S'installer dans une des grandes villes du Mexique, où jadis les Mexicas avaient fondé un comptoir commercial; ou se rendre au nord, sur la terre de ses lointains aïeux, les ancêtres de Fleur de Bouclier et d'Itzcoatl; et espérer ne pas être rejeté. Quoi qu'il en soit, pour toutes ces personnes comme pour tous ceux qui voudraient les connaître, il est bon de redécouvrir la profondeur de leur passé, qui les rend humaines et leur donne leur place dans l'histoire du monde.

Annexe

Comment les universitaires étudient les Aztèques

Pendant de nombreuses années, les chercheurs ont tenu pour acquis que les sources disponibles pour l'étude des anciens Amérindiens étaient très limitées. Ils examinaient les bâtiments et les objets découverts lors de fouilles archéologiques[1], ainsi que les propos des Européens qui avaient écrit sur les autochtones. Christophe Colomb, par exemple, consigna mille détails dans son journal de bord dès le jour où il rencontra des Tainos dans les Caraïbes, en octobre 1492, et il fallut peu de temps à Hernán Cortés, au Mexique, avant qu'il ne commence à envoyer des lettres en Espagne[2]. Si ces sources étaient loin d'être suffisantes, les chercheurs ont fait avec en pensant qu'ils n'avaient pas le choix.

Au fil des ans, deux groupes de chercheurs ont essayé d'appréhender ce que les anciens autochtones avaient à dire, du moins en Méso-Amérique. Les épigraphistes mayas ont travaillé sans relâche à déchiffrer les glyphes gravés sur les stèles et bâtiments. Ils finirent par se rendre compte que certains éléments étaient phonétiques et qu'il leur faudrait apprendre les langues mayas pour donner un sens à ces écrits[3]. Ce que l'on pensait naguère être des considérations d'ordre spirituel d'artistes et de prêtres était en fait des récits politiques sur les naissances, mariages et décès des rois et des reines. Par exemple, une longue déclaration commençait ainsi : « À 29 jours, 14 yaxkin [le 7 juillet 674], elle est née, Dame Katun Ahau, noble femme du lieu appelé Homme[4]. » Pendant ce temps, les historiens de l'art et les anthropologues étudiaient attentivement les codex peints par les Aztèques (et d'autres peuples mésoaméricains) au XVIe siècle, souvent à la demande d'Européens curieux, et généralement accompagnés d'un texte écrit en espagnol[5]. Ils ont également trouvé des récits à propos de rois et de conquêtes, des descriptions détaillées de pérégrinations passées, ainsi que des représentations de vêtements et objets traditionnels. Les nouveaux arrivants y apparaissent. « Qui avez-vous sacrifié et quand l'avez-vous fait ? » demandaient les Espagnols. Et les Nahuas répondaient : « Ce chapitre raconte les fêtes et les sacrifices de sang qu'ils faisaient le premier jour du premier mois » ou « Ce chapitre raconte les honneurs rendus et les sacrifices de sang faits le deuxième mois[6] ».

Ni les sculptures anciennes, hautement contrôlées, ni les codex du XVIe siècle écrits en collaboration avec les Espagnols ne donnaient accès à un langage exhaustif, authentique ou spontané. Ils ne contenaient pas de vérités cachées, et peu de poèmes, blagues, craintes ou élans de colère. Les textes racontaient en grande partie ce que les rois mayas voulaient que la postérité sût de leurs lignées et ce que les Espagnols du XVIe siècle voulaient croire sur le peuple qu'ils avaient conquis. Néanmoins, tout cela constituait un matériau abondant sur lequel pouvaient travailler des chercheurs de talent. Outre leur connaissance des codex, ils s'appuyèrent sur des études archéologiques et des documents comptables espagnols. Nombre de leurs travaux sont vivement recommandés[7].

Cependant, les Aztèques écrivirent bien davantage au XVIe siècle, lorsqu'ils eurent appris l'alphabet romain des Espagnols ; et, enfin, à partir des années 1950 et 1960, un certain nombre d'universitaires commencèrent à prendre ces écrits au sérieux[8]. Tout d'abord, on s'intéressa aux propos que tenaient les étudiants indigènes sur leur religion, à ce qu'ils disaient aux missionnaires en quête de phrases nahuatl pour l'enseignement du christianisme (ainsi désignaient-ils la Vierge Marie comme « une fille à jamais non mariée ») ou pour leurs manuels de confession et pièces de théâtre religieuses. Il ne fallut pas beaucoup de temps aux chercheurs pour se rendre compte que les écrivains autochtones aidaient également leur peuple dans des tâches plus banales, notamment à transcrire les cérémonies publiques qui se déroulaient au moment des transferts de terres, ou à rédiger le testament d'un mourant. Les historiens et anthropologues qui apprirent la langue nahuatl purent lire ces sources ; dans les années 1980 et 1990, ils commencèrent à publier des études novatrices sur les interactions entre les populations indigènes et les nouveaux arrivants, que ce soit à travers la religion chrétienne[9] ou à travers le système politique espagnol[10]. On pensait auparavant que ces deux aspects avaient mis à mal, voire dévasté, les populations indigènes; une fois que les chercheurs eurent traduit les textes autochtones de l'époque, ils apprirent que les indigènes envisageaient ces bouleversements avec un certain pragmatisme.

Pourtant, dans le cadre de cette réévaluation historique, rares étaient ceux qui s'interrogeaient sur ce que les Aztèques disaient en privé – ce qu'ils pensaient de leur propre histoire ou osaient espérer de l'avenir. Qui étaient-ils, en somme, lorsqu'il n'y avait pas d'interlocuteur espagnol ? Cette question demeurait sans réponse. Ce n'était pas faute de sources, car le *xiuhpohualli*, ou « compte annuel », qui remontait à plusieurs générations, avait été consigné par certains jeunes Nahuas lettrés. Des dizaines de transcriptions ont traversé les siècles et ont fini par entrer dans les collections de livres rares des bibliothèques, où elles ont été progressivement découvertes aux XVIIIe, XIXe et XXe siècles. Dès le début, les spécialistes ont qualifié ces textes d'« annales historiques », par analogie avec un genre européen médiéval. Ils étaient difficiles à comprendre et n'étaient pas toujours en lien avec les questions qui intéressaient les étrangers, de sorte que les chercheurs travaillaient rarement dessus. Dans le monde multiculturel de la fin des années 1990 et du début des années 2000, on aurait pu s'attendre à ce que de telles sources suscitent un fort intérêt, à ce qu'elles soient traduites et donc à ce qu'elles livrent leurs secrets au reste du monde. Mais cela ne pouvait pas se faire en un claquement de doigts. Encore fallait-il comprendre la syntaxe du nahuatl, encore très peu connue, et notamment la relation entre les propositions[11]. Ensuite, il a fallu apprendre à lire le nahuatl de manière suffisamment fluide pour pouvoir traduire des propos divers et variés (différents des testaments ou des textes chrétiens, très codifiés) ; puis se familiariser avec les histoires – au style très éloigné des conventions occidentales – pour être enfin capable de comprendre de quoi il retournait. Tout cela prit du temps[12].

Mais il y avait un autre problème : nombre d'universitaires pensaient qu'il ne valait pas la peine d'étudier le nahuatl ; que le peu que nous en savions était suffisant. Ils justifièrent cela en disant qu'il serait irrespectueux, voire impérialiste, de travailler avec les quelques survivances de ce qui était autrefois une tradition orale vivante. Mais la véritable raison, c'est que l'on ne voulait pas remettre en question tout ce que l'on pensait savoir[13].

*

Tout cela montre bien comme les universitaires peuvent être en désaccord sur la méthodologie à adopter. Chacun met en avant son propre sujet de recherche et sa propre lecture des sources existantes. L'étude d'une histoire, quelle qu'elle soit, est sujette à de multiples tensions. « Le passé est un pays étranger », tel est le titre que l'historien David Lowenthal donna à son livre devenu un classique[14]. Lorsque nous remontons dans le temps, tout comme lorsque nous voyageons dans des contrées lointaines, nous nous heurtons à de multiples barrières culturelles, dont certaines nous sont bien connues, mais d'autres non, ce qui rend la tâche d'autant plus difficile. Nous sommes tous des produits de la ou des cultures au sein desquelles nous avons grandi, et nous peinons à envisager d'autres modes de pensée. Pour quelle raison ? C'est une question sujette à débat. Certains historiens affirment que les peuples qui nous sont étrangers dans l'espace et le temps nous sont absolument inconnus, et doivent le rester. Nous aurions beau nous échiner à les comprendre selon leurs propres termes, nous serions à jamais prisonniers de notre vision du monde et incapables de saisir la leur. D'autres chercheurs diront que, au-delà des différences entre les cultures, nous sommes tous humains. Ce qui nous fait nous sentir aimés, par exemple, est variable, mais pas le désir d'être aimés ; de même, ce qui nous fait peur est variable, mais le besoin de sécurité est une constante. Dans ce livre, je me suis inspirée de ces deux écoles de pensée, aussi contradictoires soient-elles, car, selon moi, la recherche en histoire explore cette tension. Les Aztèques, que j'ai appris à connaître, nous sont profondément étrangers, et en même temps ils nous sont profondément semblables[15].

Dans cette perspective, les historiens se doivent de rappeler au lecteur l'écart qui les sépare de leur objet. Si j'écrivais sur les Pères fondateurs des États-Unis, je préciserais qu'ils ont vécu et pensé dans un cadre totalement différent du nôtre. Cependant, ce n'est pas sur un sujet avec lequel nous avons quelque familiarité que j'écris, mais sur Moctezuma et son peuple. Nous sommes habitués à avoir peur des Aztèques, voire à ce qu'ils nous fassent horreur, plutôt que de nous identifier à eux. Peut-être devons-nous donc nous rappeler de temps en temps qu'ils aimaient bien rire, tout comme nous[16].

D'une certaine manière, il est aussi complexe d'écrire l'histoire que de l'étudier. D'une part, dans les revues spécialisées et monographies, les historiens échangent à propos de leurs sources – où ils les ont trouvées, comment ils les interprètent et comment les interprétations passées desdites sources reposaient sur des présupposés contestables. Ainsi les chercheurs produisent-ils non seulement un discours (qui présente des connaissances sur un sujet donné) mais aussi un grand nombre de métadiscours (qui présentent la façon dont ils savent tout ce qu'ils savent). D'autre part, dans le cas de la plupart des manuels scolaires et des livres de vulgarisation, les historiens imposent leur vision sans aucun « métadiscours », comme si l'état actuel des connaissances valait pour l'éternité. Chacune de ces façons d'écrire l'histoire a ses avantages et ses inconvénients. Dans ce livre, j'ai essayé – comme beaucoup d'historiens – de trouver un équilibre entre les deux.

Paradoxalement, j'ai constaté qu'on s'offusque d'autant moins de l'absence de métadiscours que l'on connaît peu le sujet. Car lorsque nous n'avons pas suffisamment de compétences pour juger le discours par nous-mêmes, nous avons besoin de repères, sans quoi nous peinons à suivre la démonstration et à faire confiance à l'auteur. En écrivant ce livre, je suis partie du principe que l'on connaissait mal l'histoire des Aztèques et donc qu'il fallait que je rassemble suffisamment d'informations sur ma démarche pour que l'on me croie.

Mais en même temps, je me suis efforcée de ne pas m'attarder sur ces questions, au risque de submerger le lecteur. Ceux qui souhaitent savoir exactement d'où je tire les affirmations d'un paragraphe particulier peuvent consulter les notes. À la fin de cet essai se trouve une bibliographie annotée des annales existantes. Ces textes, fussent-ils entourés d'une aura de mystère, ne sont pas inaccessibles. Écrits en nahuatl et conservés dans des bibliothèques ou archives particulières, ils ont presque tous été traduits dans une langue européenne. Certaines éditions sont meilleures que d'autres ; ce sont celles que j'ai listées.

Je voudrais parler à présent du débat qui traverse l'étude des Aztèques, car je prends parti sur la question à presque chaque page. Alors que les études s'appuyaient autrefois sur les seules fouilles archéologiques et sources européennes, un certain nombre de travaux, surtout dans la seconde moitié du XXe siècle, ont inclus, de façon fragmentaire et ponctuelle, des histoires nahuatl – partiellement incomprises. Ainsi l'utilisation des annales en langue nahuatl a-t-elle une histoire qui lui est propre. En premier lieu, les chercheurs, ravis d'y avoir accès, les citaient à foison en les traitant comme des documents à prendre au pied de la lettre, alors même que les annales relataient des événements qui s'étaient produits plusieurs centaines d'années auparavant, et que certaines histoires étaient manifestement apocryphes. Dans un second temps, après avoir abandonné toute lecture littérale, les spécialistes ont étudié ces textes indigènes dans une perspective uniquement culturelle[17]. S'imposa alors l'idée que nous n'avions aucun moyen de savoir ce qui s'était réellement passé sous le règne des Aztèques, en dehors de ce que l'on peut glaner dans l'étude de l'archéologie.

Aujourd'hui, cependant, certains historiens affirment que les annales nahuatl contiennent beaucoup d'informations sur la centaine d'années qui a précédé la conquête[18]. Chose amusante, d'autres chercheurs, qui refusaient de prendre les annales nahuatl pour des récits historiques, ont continué inconsciemment à citer des textes espagnols (en particulier le frère Diego Durán) et des textes influencés par l'Espagne (par exemple, le *Codex de Florence*, le *Codex Mendoza*). Pourtant, ce sont ces sources d'origine espagnole qui sont culturellement dissonantes et donc suspectes. Pourtant, nous en avons tiré des conclusions sur les modèles politiques et croyances culturelles des Nahuas d'avant la conquête, pour lesquels il n'existe que peu ou pas de documents en langue nahuatl[19]. En outre, lorsque l'on repérait des contradictions entre une source comme Diego Durán et un extrait des annales, on suspendait le jugement, comme si les deux se valaient. Or si nous ne considérons que les annales indigènes du XVIe siècle sans nous laisser distraire par les sources espagnoles, nous nous apercevons qu'elles concordent sur les points essentiels.

Certains détails peuvent nous déconcerter. Ainsi, lorsque les annales évoquent Acamapichtli, le premier souverain des Aztèques, elles l'associent à une femme nommée Ilancueitl. Certains disaient qu'elle était sa mère, d'autres sa femme, d'autres qu'elle était la mère de ses enfants, d'autres encore qu'elle était stérile. Mais il ne faut pas s'arrêter à cela : ce sur quoi toutes les sources s'accordent, c'est qu'elle venait de la ville la plus puissante de la région, celle qui devait donner son accord pour permettre aux Aztèques errants de s'établir. Nous touchons donc du doigt quelque chose du processus politique en jeu : une alliance était en train de se conclure par le biais d'un mariage. Si nous plaçons cette pièce du puzzle à côté d'une autre, alors nous commençons à comprendre de quoi il retourne. Au fil des ans, il m'est apparu que nous pouvons raconter une version relativement exacte de l'histoire aztèque à partir de quelques générations avant la conquête, et c'est ce que j'ai voulu faire ici. Pour les temps plus anciens, je crains que ce soit impossible, si ce n'est à partir de l'archéologie.

À chaque fois, j'ai comparé les différentes annales qui traitent de cette époque ; et, dès lors qu'elles concordaient sur tel point, j'en ai déduit que c'était un *fait*[20]. Je ne prends pas parti si l'une insiste sur une bataille ou un mariage particulier et d'autres non, et même je pointe cette contradiction si elle a un intérêt. Pour la période précédant la conquête, j'ai soigneusement exclu les sources espagnoles, car elles introduisent presque systématiquement une vision biaisée. Pour les années suivantes, il m'arrive de m'appuyer dessus, mais uniquement pour éclairer des événements. Pour rendre compte des pensées indigènes, je me limite aux sources nahuatl.

Ces nombreuses années passées à lire patiemment m'ont été extraordinairement fécondes. Étudier toutes les annales qui sont parvenues jusqu'à nous – du moins celles connues – m'a permis de comprendre bien des aspects de la culture aztèque, ce qui m'a aidée, parfois, à donner un sens à tel ou tel détail mentionné dans des annales. Il ne faut pas minimiser ces sources ; elles méritent d'être étudiées de près. La bibliographie annotée qui suit vise à guider les lecteurs dans leur propre enquête.

Notes

Note sur la terminologie, la traduction et la prononciation

1. En termes géologiques, un bassin est entouré par un cirque montagneux, sans sortie d'eau. Cependant, de nombreuses sources parlent de la région comme d'une vallée, et je les suivrai parfois.

2. Pour une brève introduction au nahuatl de l'époque coloniale, voir l'ouvrage de James Lockhart, *Nahuatl as Written* (Stanford, Stanford University Press, 2001). Pour faire vos premiers pas en vue d'une étude sérieuse de la langue, consultez John Sullivan et son école de langues, El Instituto de Docencia e Investigación Etnológica de Zacatecas (IDIEZ), qui propose des cours aux États-Unis, au Mexique et en ligne (http://www.macehualli.org).

Introduction

1. Film de 2006 de Mel Gibson, qui reconstitue la période de déclin de la civilisation maya ; quoique documenté, il a été accusé de proposer une vision raciste et tendancieuse. (*N.d.T.*)

2. Sahagún, Bernardino de (fray), *The Florentine Codex : General History of the Things of New Spain*, dir. Anderson, Arthur J. O., et Dibble, Charles (Salt Lake City, School of American Research and University of Utah Press, 1950-1982), 7, p. 4-7.

3. Pour un ouvrage consacré à l'étude de ces sources remarquables, voir Townsend, Camilla, *Annals of Native America : How the Nahuas of Colonial Mexico Kept Their History Alive* (New York, Oxford University Press, 2016).

4. L'annexe « Comment les universitaires étudient les Aztèques » donne une idée de l'étendue et de la profondeur des travaux universitaires précédents et se veut un guide de la littérature secondaire. Les lecteurs pourront

faire le tour des types d'études qui ont été réalisées, à partir des titres spécifiques énumérés dans les notes.

1. Le sentier des Sept Cavernes

1. L'histoire figure dans presque toutes les annales mexicaines du XVIe siècle qui couvrent cette période. L'interprétation la plus détaillée se trouve dans ce qui est probablement l'ensemble le plus ancien, les *Annales de Tlatelolco* (fol. 8 et 8v), dans *Unos annales [sic] de la nación Mexicana*, éd. Mengin, Ernst (Copenhague, Einar Munksgaard, 1945). D'autres versions figurent dans le *Codex Aubin*, éd. Dibble, Charles, *Historia de la Nación Mexicana* (Madrid, Porrúa, 1963), p. 32 ; et dans le *Codex Chimalpahin*, éd. Anderson, Arthur J. O. et Schroeder, Susan (Norman, University of Oklahoma Press, 1997), 2, p. 76. Ces deux derniers ont en commun, mot pour mot, certains éléments. Pour plus d'informations sur ces trois textes, voir en annexe la bibliographie annotée des annales qui ont survécu.

2. Des éléments présents dans les annales font penser qu'il s'agissait d'une très ancienne association. Cependant, il est également possible qu'elle ait été appliquée rétroactivement, car une grave sécheresse au milieu du XVe siècle semble avoir débuté en une année de ce nom. Il est certain que les différents conteurs ont ajusté l'année où ils supposaient que certains événements avaient eu lieu afin de mieux répondre aux attentes de leur public.

3. Cette histoire apparaît dans le texte espagnol de *fray* Diego Durán. Durán parlait le nahuatl mais n'était pas un Nahua, et certains de ses propos n'ont que peu de rapport avec les attentes culturelles des Nahuas. Voir Durán, Diego (fray), *The History of the Indies of New Spain*, éd. Heyden, Doris (Norman, University of Oklahoma Press, 1964), p. 37.

4. Pour une introduction aux connaissances universitaires en la matière, voir Prem, Hanns, *The Ancient Americas : A Brief History and Guide to Research* [1989] (Salt Lake City, University of Utah Press, 1997). Le lecteur trouvera une excellente synthèse de l'état des connaissances archéologiques sur le sujet dans Toby Evans, Susan, *Ancient Mexico and Central America* (New York, Thames and Hudson, 2013).

5. Le site de Monte Verde a suscité un vaste débat entre les archéologues, mais presque tous pensent aujourd'hui que la datation ancienne est exacte et que certaines populations de pêcheurs se sont déplacées le long de la côte du continent avant l'existence du pont terrestre. Voir Metzer, David, *First*

Peoples in a New World : Colonizing Ice Age America (Berkeley, University of California Press, 2009).

6. On ne savait rien, à l'époque, des cellules ou des acides aminés qui formaient leurs composants, mais il n'est pas nécessaire de connaître la biologie pour suivre un régime alimentaire équilibré.

7. Ces arguments sont présentés pour le profane dans Diamond, Jared, *De l'inégalité parmi les sociétés* [1997], Gallimard, 2000. Certains aspects du travail de Diamond ont fait l'objet de nombreux débats parmi les historiens. Diamond est un biologiste qui a examiné la datation au radiocarbone des plantes alimentaires et qui en a tiré des conclusions importantes ; je présente ici ce que je crois être scientifiquement incontestable.

8. On ne savait pas, alors, qu'il manque au maïs deux des acides aminés essentiels pour former une protéine complète et que les haricots contiennent les acides aminés manquants.

9. Evans, *Ancient Mexico.* Pour une bonne introduction à l'agriculture méso-américaine durant la période précédant la conquête, commencez par West, Robert, et Augelli, John, *Middle America : Its Land and Peoples* (New Jersey, Prentice Hall, 1989 [1966]).

10. Voir Diehl, Richard, *The Olmecs : America's First Civilization* (New York, Thames and Hudson, 2004). Sur le travail important qui a été fait sur les écrits des cultures des descendants des Olmèques, voir Justeson, John, et Kaufman, Terrence, « A Decipherment of Epi-Olmec Hieroglyphic Writing », *Science* 259 (1993), p. 1703-1711.

11. Certains universitaires ont commencé à douter de l'importance de l'influence olmèque et ont souligné la créativité et la verve des motifs culturels provenant d'autres peuples. Cependant, Susan Toby Evans et d'autres soulignent qu'il existe d'innombrables exemples d'influences olmèques à l'est et à l'ouest, et relativement peu de cas de zones environnantes influençant la région olmèque. Dans l'ensemble, il me semble que les Olmèques doivent rester au centre de notre compréhension de l'histoire méso-américaine.

12. Tedlock, Dennis, *2000 Years of Mayan Literature* (Berkeley, University of California Press, 2010). Tedlock plaide avec éloquence pour l'emploi du terme « traduire » plutôt que « déchiffrer » lorsque nous parlons des glyphes mayas. Cependant, pour l'étape préliminaire nécessaire de ce qui était en fait un déchiffrage, voir Coe, Michael, *Breaking the Maya Code* (New York, Thames and Hudson, 1992).

13. Voir Evans, *Ancient Mexico.* Des lecteurs pourront être intéressés par un ouvrage fondamental, un livre plus technique rédigé par une équipe d'archéologues : Sanders, William, Parsons, Jeffrey, et Santley, Robert, *The Basin*

of Mexico : Ecological Processes in the Evolution of a Civilization (New York, Academic Press, 1979).

14. L'étymologie des noms de lieux est souvent incertaine, et ce cas ne fait pas exception. « Teotihuacan » est souvent interprété comme la construction passive de *teoti* (« devenir un dieu ») et donc « le lieu où les gens deviennent des dieux » ou « le lieu où les dieux sont faits ». Cependant, un nom de lieu provenant d'un verbe impersonnel doit se terminer par *yan* et non pas *can*. Je crois qu'il faut le traduire par « le lieu de ceux qui ont eu de grands dieux ». Le nom intégré est *teotiuhtli* (dieu ancien, ou grand dieu), puis nous voyons le *hua* possessif et le suffixe *can* « lieu de ». Pour un exposé détaillé de la formation des mots et des erreurs les plus courantes, voir Andrews, Richard, *Introduction to Classical Nahuatl* (Norman, University of Oklahoma Press, 2003), p. 498.

15. Sahagún, Bernardino de (fray), *The Florentine Codex*, *op. cit.*, 7, p. 4. Une version plus succincte de l'histoire se trouve dans « Légende des soleils » (voir annexe), publiée dans *Códice Chimalpopoca*, éd. Velázquez, Primo Feliciano (Mexico, Imprenta Universitaria, 1945).

16. Voir Pasztory, Esther, *Teotihuacan : An Experiment in Living* (Norman, University of Oklahoma Press, 1997) ; et Braswell, Geofrey, *The Maya and Teotihuacan : Reinterpreting Early Classic Interaction* (Austin, University of Texas Press, 2003).

17. Voir Foster, Michael, et Gorenstein, Shirley, dir., *Greater Mesoamerica : The Archaeology of West and Northwest Mexico* (Salt Lake City, University of Utah, 2000). Dans ce volume, le chapitre de Michael Spence, « From Tzintzuntzan to Paquime : Peers or Peripheries in Greater Mesoamerica ? », souligne la réticence de certains archéologues de la région à accepter l'influence du Mexique central. Ils affirment, par exemple, que les réfugiés de Teotihuacan pourraient être à l'origine des similitudes architecturales que nous observons. Cela semble toutefois infondé ; des fugitifs impuissants sont rarement à même de façonner une culture, comme le reconnaît Spence.

18. L'extraordinaire influence à plusieurs niveaux de Teotihuacan, même après la dissolution de son régime politique, est attestée dans Carrasco, David, Jones, Lindsay, et Sessions, Scott, dir., *Mesoamerica's Classic Heritage : From Teotihuacan to the Aztecs* (Boulder, University of Colorado Press, 2000).

19. Pour un article clé sur ce sujet, voir Blitz, John, « Adoption of the Bow in Prehistoric North America », *North American Archaeologist* 9 (1988), p. 123-145.

20. Des annales de l'époque de la conquête de Tlaxcala ont été constituées dès le XVIe siècle, puis copiées au XVIIe siècle par l'historien indigène

don Juan Buenaventura Zapata y Mendoza ; voir *Historia cronológica de la noble ciudad de Tlaxcala*, éd. Reyes García, Luis, et Martínez Baracs, Andrea (Tlaxcala, Universidad Autónoma de Tlaxcala, 1995), p. 84-85.

21. Les descendants de Xolotl ont colonisé la région de Texcoco. Certaines de leurs histoires ont été écrites en espagnol par don Fernando de Alva Ixtlilxochitl, un érudit métis qui s'est identifié à ses ancêtres maternels. Pour une introduction à la littérature substantielle sur cet écrivain colonial, voir le numéro spécial de *Colonial Latin American Review* 23, n° 1 (2014).

22. Les lecteurs pourront trouver les dernières recherches sur les ruines les plus impressionnantes d'Amérique du Nord dans Heitman, Carrie, et Plog, Stephen, *Chaco Revisited : New Research on the Prehistory of Chaco Canyon, New Mexico* (Tucson, University of Arizona Press, 2015) ; pour avoir la meilleure vue d'ensemble de ce que l'on sait jusqu'à présent, voir Lekson, Stephen, éd., *The Archaeology of Chaco Canyon : An Eleventh-Century Pueblo Regional Center* (Santa Fe, School of American Research, 2006). Dans ce volume, voir en particulier Nelson, Ben, « Mesoamerican Objects and Symbols in Chaco Canyon Contexts », pour une analyse réfléchie et subtile de la question de l'influence.

23. Les points communs fondamentaux ainsi que les différences subtiles constatées d'une région à l'autre sont examinés dans Edmonson, Munro, *The Book of the Year : Middle American Calendrical Systems* (Salt Lake City, University of Utah Press, 1988).

24. La culture du maïs et des haricots mexicains s'est répandue dans le Mississippi, en même temps que l'architecture. Cependant, certains chercheurs soutiennent que les jeux rituels pratiqués alors dans la région se sont développés indépendamment. Il va sans dire que nous ne pourrons jamais en être certains.

25. Ceux qui souhaitent avoir un aperçu sous forme de tableaux du contenu des annales survivantes, y compris ses variations, peuvent consulter Navarrete Linares, Federico, *Los orígenes de los pueblos indígenas del valle de México : Los altepetl y sus historias* (Mexico, Universidad Autónoma de México, 2015). Pour une étude en anglais mais partielle, voir Boone, Elizabeth Hill, *Stories in Red and Black : Pictorial Histories of the Aztecs and Mixtecs* (Austin, University of Texas Press, 2000).

26. Les lecteurs trouveront peut-être les études en linguistique très techniques. Une bonne initiation serait Kaufman, Terrence, « Native Languages of Mesoamerica », in *Atlas of the World's Languages* (New York, Routledge, 1994).

27. Pour une bonne étude sur les complications entourant l'utilisation des termes « Tula » et « Toltec », voir Prem, Hanns, *The Ancient Americas*, *op. cit.*

28. *Historia Tolteca Chichimeca*, folio 2, in *Historia Tolteca Chichimecca*, dir. Kirchoff, Paul, Odena Güemes, Lina et Reyes García, Luis (Mexico, Instituto Nacional de Historia e Antropología, 1976). Pour en savoir plus sur cette source, voir en annexe la bibliographie annotée des annales existantes.

29. *Annales de Tlatelolco*, fol. 8 et 9, in Mengin, *Unos annales*, *op. cit.* (Des versions plus succinctes de l'histoire se trouvent également dans d'autres séries d'annales du XVIe siècle.)

30. La racine est probablement *nochtli*, le fruit du figuier de Barbarie, quoique *tenochtic* signifie « un peu peint », « coloré ». Les deux étymologies comportent des problèmes grammaticaux, de sorte que nous ne pouvons pas être certains de la provenance du terme. D'autres théories ont été avancées, mais tout aussi incertaines.

2. Le peuple de la vallée

1. L'événement décrit dans ce paragraphe pourrait en fait s'être produit entre 1428 et 1432. Les histoires racontées dans les annales n'obéissent pas à une chronologie absolument rigoureuse, variant en fonction de la date à laquelle les villages ont commencé à tenir leur calendrier (dans l'un, un roseau pourrait être notre année 1424, et dans un autre notre année 1425), mais aussi parfois en fonction des erreurs éventuellement commises par les conteurs d'histoire. Néanmoins, les histoires sont généralement cohérentes entre elles. Dans le cas de la série d'événements évoquée ci-après, par exemple, on pense qu'ils ont eu lieu quatre ans après la mort de Tezozomoc d'Azcapotalco (dont l'histoire sera racontée dans ce chapitre). Comme la plupart des sources situent la mort de Tezozomoc en notre année 1426, j'ai fait de même. Peu importe qu'elle soit survenue un an plus tôt ou plus tard dans notre calendrier : ce qui est important, c'est que la destruction du livre par le feu a eu lieu quelques années après.

2. Sahagún, Bernardino de (fray), *The Florentine Codex*, *op. cit.*, 10, p. 191. Le codex ne fait que mentionner l'événement. Il faut en savoir davantage sur l'histoire d'Itzcoatl et celle du Mexique pour comprendre pourquoi il a fait cela ; ce chapitre en fournit une explication claire.

3. Voir Boone, Elizabeth Hill, « The Physicality of the Painted Books », in *Stories in Red and Black : Pictorial Histories of the Aztecs and Mixtecs* (Austin, University of Texas Press, 2000), p. 23-24.

4. *The Florentine Codex*, *op. cit.*, 6, p. 239.

5. Cette perspective se retrouve dans les déclarations d'un auteur de l'époque coloniale, Tezozomoc, un descendant de la branche de la famille

royale de Tlacaelel. Voir Chimalpahin, Domingo (don), *Codex Chimalpahin, op. cit.*, par exemple, 1, p. 40-47, et 2, p. 36-37. Pour l'histoire complète de Tlacaelel, voir Schroeder, Susan, *Tlacaelel Remembered : Mastermind of the Aztec Empire* (Norman, University of Oklahoma Press, 2016).

6. *Codex Chimalpahin, op. cit.*, 1, p. 36-37, p. 112-117, p. 206-209 ; 2, p. 90-91, p. 82-83. L'histoire est relatée avec de légères variations concernant les dates dans d'autres annales, mais toutes suivent ce même fil rouge. Dans les *Annales de Cuauhtitlan*, l'histoire est évoquée comme ayant eu lieu dans les années 1370.

7. Chant XXXIII, in *Cantares Mexicanos*, éd. Bierhorst, John (Stanford, Stanford University Press, 1985), p. 202-203. Traduction amendée. Cela pourrait signifier que l'oiseau a survolé un champ dans un endroit inconnu. Dans les deux cas, le « lieu inconnu » fait référence au pays des morts.

8. Toby Evans, Susan, *Ancient Mexico and Central America* (New York, Thames & Hudson, 2013), p. 464, présente sous forme de tableaux et de graphiques les phases de construction de ce qui allait devenir le grandiose Templo Mayor.

9. Les sources marquées par l'influence occidentale ont traditionnellement décrit les Aztèques comme ayant organisé des « élections » pour choisir le prochain chef après la mort de l'ancien. Il y a là une part de vérité. Les annales nahuatl font référence à une période allant de quelques jours à (dans le pire des cas) quelques années, pendant laquelle se multipliaient négociations et querelles avant qu'un consensus ne soit trouvé. Mais nous devons comprendre que bien avant la mort d'un vieux chef, on aurait généralement eu une idée de qui serait le candidat le plus probable.

10. Toutes les sources semblent suggérer qu'Itzcoatl était ce qu'on appellerait « illégitime » en termes occidentaux. Chimalpahin est explicite : *Codex Chimalpahin, op. cit.*, 1, p. 36-37. Les Nahuas n'avaient pas d'adjectif équivalent à « illégitime » mais disposaient de divers mots pour qualifier des relations conjugales et sexuelles et exprimer des différences concernant le sort de la progéniture.

11. Voir Townsend, Camilla, « Slavery in Pre-Columbian America », in *The Cambridge World History of Slavery*, vol. 2, dir. Perry, Craig, Eltis, David *et al.* (Cambridge, Cambridge University Press, août 2021).

12. Sur les complexités politiques des relations matrimoniales, voir Carrasco, Pedro, « Royal Marriages in Ancient Mexico », in *Explorations in Ethnohistory : The Indians of Central Mexico in the Sixteenth Century*, dir. Harvey, H. R. et Prem, H. (Albuquerque, University of New Mexico Press, 1984) ; et Townsend, Camilla, « "What in the World Have You Done to Me, My

Lover ?" : Sex, Servitude, and Politics among the Pre-Conquest Nahuas as Seen in the *Cantares Mexicanos*», *Americas* 62 (2006), p. 349-389.

13. L'image centrale d'un tel bouclier apparaît sur la couverture de ce livre. Voir Riedler, Renée, « Materials and Technique of the Feather Shield Preserved in Vienna », in *Images Take Flight : Feather Art in Mexico and Europe, 1400-1700* (Florence, Italie, Kunsthistorisches Institut in Florenz, 2015). Il y a un brin d'humour ou d'ironie dans bon nombre d'œuvres précolombiennes.

14. *Codex Chimalpahin*, *op. cit.*, 1, p. 118-125.

15. D'autres parties des annales de Chimalpahin, et d'ailleurs presque toutes les annales ainsi que des sources espagnoles, mentionnent une longue guerre contre Cuernavaca, le pays du coton. Elle avait commencé avant même le règne de Huitzilihuitl.

16. Le trope d'une pierre avalée menant à la grossesse apparaît également dans d'autres histoires méso-américaines. Voir, par exemple, les *Annales de Cuauhtitlan*, éd. Tena, Rafael (Mexico, Cien de México, 2011), p. 36-37. L'idée d'un puits ou d'une pierre magique fécondant une fille se retrouve jusque dans le sud du Pérou, dans un document connu sous le nom de « Manuscrit de Huarochirí ».

17. Le nom nahuatl est en fait Moteuczoma, ou « Fronce – les sourcils – comme un seigneur », mais j'emploie la transcription espagnole, devenue presque universelle. (Les Anglais ont même adapté ce nom par la suite, le simplifiant en Montezuma.)

18. Susan Schroeder analyse magnifiquement l'histoire de cette manière dans son article « The First American Valentine : Nahua Courtship and Other Aspects of Family Structuring in Mesoamerica », *Journal of Family History* 23 (1998).

19. La domination de la ville tépanèque d'Azcapotzalco est mise en évidence par un grand nombre de sources. Les histoires les plus intéressantes portant sur ce peuple se trouvent dans les *Annales de Cuauhtitlan*, *op. cit.*

20. *Codex Chimalpahin*, *op. cit.*, 1, p. 118-119, 122-123 ; 2, p. 44-45, 82-85.

21. *The Florentine Codex*, *op. cit.*, 8, p. 64. *Les Dialogues de Bancroft* font état d'un rassemblement comparable organisé par un noble en tant que *gobernador*, dans un langage analogue, après la conquête (voir la bibliographie annotée des annales existantes).

22. Townsend, Camilla, « What in the World Have You Done to Me, My Lover ? », art. cité, p. 385.

23. Pour une étude détaillée de ce sujet, voir Townsend, Camilla, « Polygyny and the Divided Altepetl : The Tetzcocan Key to Pre-conquest Nahua Politics »,

in *Texcoco : Prehispanic and Colonial Perspectives*, éd. Lee, Jongsoo, et Brokaw, Galen (Boulder, University Press of Colorado, 2014), p. 93-116.

24. Toutes les annales font directement ou indirectement référence à l'idée que Maxtla avait été chargé de diriger Coyoacan, mais qu'il avait ensuite choisi de retourner à Azcapotzalco et d'usurper la place de son frère.

25. *Codex Chimalpahin, op. cit.*, 1, p. 128-131. Dans une autre version, Chimalpopoca n'a pas été trompé mais a essayé de défendre la noblesse tlacopane d'Azcapotzalco. Voir *Annales de Cuauhtitlan, op. cit.*, p. 136-139.

26. *Codex Chimalpahin, op. cit.*, 1, p. 128-129 ; 2, p. 94-95.

27. Voir Schroeder, *Tlacaelel Remembered, op. cit.*, pour une biographie complète.

28. Don Fernando de Alva Ixtlilxochitl, historien parlant le nahuatl, nous fournit un récit détaillé de l'histoire de Texcoco. Ixtlilxochitl a écrit en espagnol, pour un public majoritairement espagnol, de sorte qu'il amalgame parfois les sujets. Néanmoins, il a travaillé avec de nombreuses sources nahuatl. Voir Brian, Amber, *Alva Ixtlilxochitl's Native Archive and the Circulation of Knowledge in Colonial Mexico* (Nashville, Vanderbilt University Press, 2016). Lorsqu'il est judicieusement juxtaposé aux annales du nahuatl, comme nous le ferons tout au long de ce document, son travail peut nous être très utile.

29. Alva Ixtlilxochitl, Fernando de, *Obras completas*, éd. O'Gorman, Edmundo (Mexico, Universidad Nacional Autónoma de México, 1975-1977), 2, p. 326, 371. Ixtlilxochitl possédait une source visuelle, le *Codex Xolotl*, qui dépeint la situation de manière graphique : deux lignes de filiation s'étendent à partir de l'image du roi Huehue Ixtlilxochitl.

30. *Annales de Cuauhtitlan, op. cit.*, p. 140-143.

31. *Ibid.*, p. 142-143.

32. *Ibid.*, p. 134-135.

33. *Codex Chimalpahin, op. cit.*, 2, p. 92-93.

34. Ixtlilxochitl, *Obras, op. cit.*, 2, p. 332-333. La bataille est représentée graphiquement dans le *Codex Xolotl*. De nombreuses sources picturales, ainsi que les *Annales de Juan Bautista*, nous rappellent l'importance de l'art des boucliers, y compris la scène décrite ici.

35. Des éléments de cette histoire sont relatés par Ixtlilxochitl, souvent de manière embellie. Les *Annales de Cuauhtitlan* en contiennent suffisamment pour que nous en connaissions l'essentiel. Pendant les années d'errance de Nezahualcoyotl, il maintient des liens avec Maxtla et son peuple, bien que comme un suppliant ridicule. Cette partie de l'histoire est probablement apocryphe.

36. Ixtlilxochitl, *Obras, op. cit.*, 2, p. 343. Cette histoire, que l'on ne trouve nulle part ailleurs, semble suspecte au premier abord, au point que l'on peut se demander si elle ne provient pas de la littérature classique, que le très cultivé Ixtlilxochitl connaissait très bien. Cependant, les chercheurs spécialisés n'ayant pas trouvé de source en la matière, il est donc probable qu'Ixtlilxochitl dise vrai.

37. *Annales de Cuauhtitlan, op. cit.*, p. 164-171. Chimalpahin, « J'unifie sur plus bas : Troisième relation », in *Las Ocho Relaciones y el Memorial de Colhuacan*, éd. Tena, Rafael (Mexico, Conaculta, 1998), 1, p. 241-244.

38. Récemment, certains chercheurs ont critiqué l'utilisation traditionnelle du terme « empire » pour décrire l'État aztèque et ont remarqué que personne ne parlait alors de « Triple Alliance », mais nous ne devons pas pour autant tout rejeter en bloc. Pedro Carrasco explique dans un excellent travail la nature réelle du pouvoir des Mexicas, dans son *Tenochca Empire of Ancient Mexico : The Triple Alliance of Tenochtitlan, Tetzcoco, and Tlacopan* (Norman, University of Oklahoma Press, 1999). Pour une étude actualisée, permettant une critique des sources coloniales sans écarter l'idée de l'existence d'une alliance majeure, voir Lee, Jongsoo, « The Aztec Triple Alliance : A Colonial Transformation of the Prehispanic Political and Tributary System », in *Texcoco : Prehispanic and Colonial Perspectives*, dir. Lee, Jongsoo, et Brokaw, Galen (Boulder, University Press of Colorado, 2014).

39. La meilleure vue d'ensemble de la politique locale nahua telle qu'elle existait au début de la période coloniale, et qui remontait à des temps immémoriaux, se trouve dans Lockhart, James, *The Nahuas After the Conquest* (Stanford, Stanford University Press, 1992), en particulier chap. 2, « Altepetl ».

40. Clendinnen, Inga, *Aztecs : An Interpretation* (Cambridge, Cambridge University Press, 1992), p. 25. À cet égard, des sources espagnoles ont entretenu des informations erronées concernant les relations entre les pouvoirs asservis et Tenochtitlan ; nombre de leurs auteurs étaient tentés de faire une comparaison implicite avec Rome, un sujet qu'ils connaissaient bien en raison de leur éducation classique. Il semble qu'à cette époque, peu d'efforts avaient été faits pour intégrer les populations conquises dans une plus vaste communauté politique ; mais, comme nous le verrons au chapitre 3, cela a commencé à changer avec le temps.

41. Pour de plus amples développements sur la question, voir Hassig, Ross, *Time, History, and Belief in Aztec and Colonial Mexico* (Austin, University of Texas Press, 2001).

42. Presque toutes les annales font référence, à un moment ou à un autre, à l'idée qu'un chef responsable est celui qui prend soin de son peuple, afin

que la vie de l'altepetl continue; il ne saurait être imprudent ou négligent. Ce sujet est traité dans Townsend, Camilla, *Malintzin's Choices : An Indian Woman in the Conquest of Mexico* (Albuquerque, University of New Mexico Press, 2006), p. 102-106. À titre d'exemple, un chef est explicitement qualifié d'« enfant » dans les *Annales de Tlatelolco*.

43. Durán, Diego (fray), *History of the Indies of New Spain*, éd. Heyden, Doris (Norman, University of Oklahoma Press, 1994 [1964]), p. 165. Durán parle explicitement de ces violences, à la différence des auteurs des annales, qui n'ont pas trouvé cela nécessaire; c'est la raison pour laquelle j'ai choisi cette source, ici. Pour les historiens nahuas, le simple fait d'utiliser le verbe *polihui*, par exemple, impliquait une destruction totale (Stephanie Wood, communication personnelle). Ou alors, ils disaient souvent de manière laconique : « Personne n'a été laissé en vie. »

44. Pour une vue d'ensemble de l'économie et de la structure des ménages, voir aussi Lockhart, James, *The Nahuas After the Conquest*, *op. cit.*, en particulier chap. 3 (« Household ») et 5 (« Land and Living »).

45. Les chroniques des conquistadors nous racontent comment l'environnement bâti s'intensifiait à mesure qu'ils approchaient de Tenochtitlan.

46. Voir Townsend, Camilla, « Slavery », art. cité.

47. Hutton, Ronald, *Blood and Mistletoe : The History of the Druids in Britain* (New Haven, Yale University Press, 2009).

48. *The Florentine Codex*, *op. cit.*, 2, p. 129 et 132; et 9, p. 67 et *passim*. Cet ouvrage décrit les cérémonies telles qu'elles se déroulaient à la veille de la conquête. Bien qu'elles soient probablement très anciennes dans leur essence (par exemple le fait qu'on les contemplait avec gravité, des fleurs dans les mains), je suppose qu'elles variaient en intensité selon les époques (par exemple que les Aztèques n'auraient certainement pas pu sacrifier autant qu'on a pu le croire à leurs débuts, alors qu'ils étaient encore loin d'être le groupe le plus puissant de la vallée). David Carrasco explore les implications morales de cette partie de la vie des Aztèques dans *City of Sacrifice* (Boston, Beacon Press, 1999). Voir chap. 3 pour une étude du sacrifice humain à l'apogée de la puissance aztèque.

49. León-Portilla, Miguel, éd., *Coloquios y doctrina Cristiana* (Mexico, Universidad Nacional Autónoma de México, 1986).

50. Pour une minutieuse exploration de la nature d'un dieu aztèque, voir Olivier, Guilhem, *Mockeries and Metamorphoses of an Aztec God : Tezcatlipoca, « Lord of the Smoking Mirror »* (Boulder, University Press of Colorado, 2003). En général, il est extrêmement difficile pour nous aujourd'hui d'accéder à une pleine compréhension de ces dieux : les Espagnols désapprouvaient

toute discussion à leur sujet, sauf sous leurs auspices. Ainsi, la connaissance de l'ancienne religion a été progressivement supprimée, alors même qu'un panthéon occidental était créé. Voir Colmenares, David, « How the Aztecs Got a Pantheon : The Creation of Ancient Religion in New Spain », thèse de doctorat, Columbia University, 2019. Les Nahuas instruits par les Occidentaux n'étaient que trop heureux d'y participer. Aujourd'hui, ceux qui souhaitent explorer la question de la divinité chez les Aztèques doivent se concentrer sur des textes archéologiques, plutôt qu'alphabétiques ; ainsi, nous pouvons rarement entendre les dieux eux-mêmes parler. Pour un lecteur qui souhaite commencer une étude, je suggère Tena, Rafael, *La Religión Mexica* (Mexico, INAH, 1993) ; Miller, Mary, et Taube, Karl, *An Illustrated Dictionary of the Gods and Symbols of Ancient Mexico and the Maya* (Londres, Thames & Hudson, 1993) ; et López Luján, Leonardo, *The Offerings of the Templo Mayor of Tenochtitlan* (Boulder, University Press of Colorado, 1994). Il est encore plus difficile de saisir les concepts relatifs à la spiritualité dans le monde nahua en raison de la nature limitée des témoignages. Beaucoup de choses ont été affirmées, mais des travaux récents montrent à quel point de telles suppositions sont souvent dangereuses. Voir Olko, Justyna, et Madajczak, Julia, « An Animating Principle in Confrontation with Christianity? De(Re)constructing the Nahua "Soul" », *Ancient Mesoamerica* 30 (2019), p. 1-14.

51. 1 Rois 16:34 et *Monmouth's History of the Kings of Britain*, éd. Thorpe, Lewis (Londres, Folio Society, 1969). Pour une étude de ce thème, voir Brewster, Paul G., « The Foundation Sacrifice Motif in Legend, Folksong, Game, and Dance », *Zeitschrif für Ethnologie*, 96 (1971), p. 71-89. Pour une étude de l'influence que le texte de Geofrey de Monmouth (ou un texte comparable) semble avoir eue sur Ixtlilxochitl, voir García Loaeza, Pablo, « Deeds to be Praised for All Time : Alva Ixtlilxochitl's *Historia de la nación chichimeca* and Geofrey of Monmouth's *History of the Kings of Britain* », *Colonial Latin American Review* 23 (2014), p. 53-69.

52. Voir Guilliem Arroyo, Salvador, « The Discovery of the Caja de Agua of Tlatelolco : Mural Painting from the Dawn of New Spain », *Colonial Latin American Review* 22 (2013), p. 19-38. Pour une sélection de poèmes, voir León-Portilla, Miguel, éd., *Fifteen Poets of the Aztec World* (Norman, University of Oklahoma Press, 1992). Pour de plus amples développements sur ces thèmes, voir chap. 3.

53. Paul Veyne, *Les Grecs ont-ils cru à leurs mythes ? Essai sur l'imagination constituante*, Paris, Seuil, « Des travaux », 1983 ; rééd. Points, « Histoire », 1992.

54. *The Florentine Codex, op. cit.*, 6, p. 101. Dans *Les Dialogues de Bancroft*, nous trouvons des admonestations tout aussi strictes adressées aux jeunes lors d'une cérémonie familiale (période d'après la conquête).

55. Ces images abondent dans le corpus nahuatl. On en trouve d'excellents exemples dans le *Florentine Codex*, vol. 6, ainsi que dans *Les Dialogues de Bancroft*.

56. Il existe une littérature importante sur ce thème. Les lecteurs pourront commencer par Burkhart, Louise, « Mexica Women on the Home Front : Housework and Religion in Aztec Mexico », in *Indian Women of Early Mexico*, dir. Schroeder, Susan, Wood, Stephanie, et Haskett, Robert (Norman, University of Oklahoma Press, 1997) ; et Clendinnen, Inga, *Aztecs, op. cit.*, chap. 4-8. Citons cet autre ouvrage important qu'est Sousa, Lisa, *The Woman Who Turned into a Jaguar, and Other Narratives of Native Women in Archives of Colonial Mexico* (Stanford, Stanford University Press, 2017).

57. Gibson, Charles, *Tlaxcala in the Sixteenth Century* (New Haven, CT, Yale University Press, 1954). La question des « guerres fleuries » a été longuement traitée. Il faudrait peut-être l'étudier sous un nouveau jour, cette fois à partir de sources purement nahuatl. Celles-ci évoquent le *xochiyaoyotl*, forme de guerre pratiquée lorsqu'aucun des deux groupes ne voulait réellement s'engager dans la destruction de l'autre. Voir, par exemple, l'escarmouche entre les Mexicas et les Chalcas dans les *Annales de Cuauhtitlan, op. cit.*, p. 118-119.

58. Un excellent résumé du « système mondial » méso-américain se trouve dans Carmack, Robert, « The Mesoamerican World at Spanish Contact », in *The Legacy of Mesoamerica : History and Culture of a Native American Civilization*, dir. Carmack, Robert, *et al.*, Albany, Institute for Mesoamerian Studies, 1996.

59. Presque toutes les annales font référence à Tlacaelel. Voir Schroeder, Susan, *Tlacaelel Remembered, op. cit.* Cependant, seuls les récits qui nous parviennent du descendant de Huitzilihuitl, Tezozomoc, via Chimalpahin, insistent sur sa place prépondérante. Sur la question de la signification des titres des conseillers, on sait malheureusement peu de choses, si ce n'est qu'elle était connue de tous – fait dont témoignent non seulement les annales des Mexicas mais aussi celles des autres Nahuas.

60. Les annales ne disent pas tout cela de manière explicite. Mais la connaissance de l'arbre généalogique des descendants d'Acamapichtli, combinée à la connaissance des événements qui ont eu lieu, nous dit ce que nous devons savoir. María Castañeda de Paz a été la première à repérer le pendule du pouvoir qui oscille entre les deux branches de la famille. Voir son article

« Historia de una casa real. Origen y ocaso del linaje gobernante en México Tenochtitlan », *Nuevo Mundo Mundos Nuevos* (2011), p. 1-20.

61. *The Florentine Codex*, *op. cit.*, 6, p. 35-36 (traduction modifiée). Michel Launey m'a d'abord alertée sur le fait que la traduction de ce passage par Dibble et Anderson manque d'éléments clés (communication personnelle, 1998) ; plus récemment, Louise Burkhart a amélioré ma traduction de manière significative et m'a montré que le paragraphe reflète la représentation que se font les Nahuas des trois étapes de la petite enfance : d'abord piégés dans des berceaux, ils peuvent ensuite jouer par terre, avant de devenir, enfin, des êtres mobiles (communication personnelle, 2018).

62. Chimalpahin, « Troisième relation », in *Las Ocho Relaciones*, *op. cit.* Presque toutes les annales font référence à la famine des années 1450.

63. Chimalpahin, issu de cette cité, explique que le nom vient d'une version tronquée du mot *chalchihuitl* (« jade », désignant les eaux bleu-vert).

64. *Annales de Cuauhtitlan*, *op. cit.*, p. 186-187 (« *onca onpeuh ynic quauhtlatolloc chalco çenpohualxihuitl ozçe yn quauhtlatolloya* »). Il s'agit en fait de la domination des seigneurs « aigles », ou de ceux qui n'étaient pas de la lignée royale de Chalco, qui sont soit des Mexicas, soit des roturiers imposés par les Mexicas. (Pour plus d'informations sur les seigneurs aigles, voir les chapitres suivants de ce livre, en particulier le chap. 7.) Naturellement, les annales et les récits de Chimalpahin racontent ces événements de façon beaucoup plus détaillée.

3. La ville sur le lac

1. Cette section est issue du travail de Chimalpahin, qui ouvre l'introduction. Elle se trouve dans sa « Septième relation », folios 175-176, dans ses *Ocho Relaciones*, *op. cit.* (voir en annexe la bibliographie annotée des annales existantes). Cette histoire est transcrite et traduite en anglais dans Townsend, Camilla, *Annals of Native America*, *op. cit.*, p. 141-143.

2. Sur le symbolisme associé aux costumes aztèques, voir Olko, Justyna, *Insignia of Rank in the Nahua World : From the Fifeenth to the Seventeenth Century* (Boulder, University Press of Colorado, 2014).

3. Chimalpahin, « Septième relation », *Las Ocho Relaciones*, *op. cit.*, folio 176. Pour plus d'informations sur Chimalpahin et don Jerónimo, voir chap. 8. La grand-mère de Chimalpahin et don Jerónimo étaient tous deux de la classe noble et appartenaient à Amaquemecan, un sous-altepetl du Chalco. Il n'y a donc aucun doute sur le fait qu'ils se soient connus. En

outre, le texte de Chimalpahin indique, par ses nombreux détails, qu'il avait accès aux coulisses de l'histoire.

4. *The Florentine Codex, op. cit.*, 8, p. 55.

5. Pour de plus amples développements sur cette histoire de Chalco, voir Schroeder, Susan, *Chimalpahin and the Kingdoms of Chalco* (Tucson, University of Arizona Press, 1991).

6. Au moins deux versions de la chanson ont été transcrites au milieu du XVIe siècle. Une transcription, une traduction et une analyse se trouvent dans Townsend, Camilla, « What in the World Have You Done to Me, My Lover? », art. cité, p. 349-389. Nous savons que la chanson était populaire et l'est restée, car dans les *Annales de Juan Bautista* il est fait référence au fait qu'elle a été chantée lors des bouleversements politiques des années 1560.

7. Townsend, Camilla, « What in the World Have You Done to Me, My Lover? », art. cité, p. 384.

8. *Ibid.*, p. 385.

9. L'idée que les tambours « parlaient » ou « appelaient » se retrouve à plusieurs reprises dans les annales et les *Cantares*. Pour en savoir plus sur la musique aztèque, voir Tomlinson, Gary, *The Singing of the New World : Indigenous Voice in the Era of European Contact* (New York, Cambridge University Press, 2007).

10. Cet épisode, raconté par Chimalpahin, est tout à fait plausible; en effet, le *Florentine Codex* suggère à de nombreuses reprises l'importance que représente le fait que le roi se joigne à une danse, signe de faveur ou d'accord. Voir, par exemple, *The Florentine Codex, op. cit.*, 2, p. 95, ou 8, p. 27. C'est également le cas dans les *Cantares Mexicanos, op. cit.*

11. Là encore, je m'en réfère à Chimalpahin, mais les détails de ce que portait exactement la noblesse féminine en de telles occasions proviennent du *Florentine Codex, op. cit.*, 8, p. 47.

12. De Chimalpahin, mais le geste de « manger la terre » est mentionné dans diverses annales et plusieurs chroniques de conquistadors, dont les lettres d'Hernán Cortés.

13. Pour des exemples fascinants de ce type d'autodénigrement datant de la fin de la période tardive de la préconquête, voir Kartunnen, Frances, et Lockhart, James, dir., *The Art of Nahuatl Speech : The Bancroft Dialogues* (Los Angeles, UCLA Latin American Center Publications, 1987).

14. Chimalpahin, « Septième relation », *Las Ocho Relaciones, op. cit.*, folio 175.

15. Voir Sigal, Peter, « Queer Nahuatl : Sahagún's Faggots and Sodomites, Lesbians and Hermaphrodites », *Ethnohistory* 54 (2007), p. 9-34; et « The Cuiloni, the Patlache and the Abominable Sin : Homosexualities in Early

Colonial Nahua Society», *Hispanic American Historical Review* 85 (2005), p. 555-594. Sur les pratiques étudiées par les Espagnols à Morelia dans les premières années après la conquête, voir Tortorici, Zeb, « "Heran Todos Putos", Sodomitical Subcultures and Disordered Desire in Early Colonial Mexico», *Ethnohistory* 54 (2007), p. 35-67.

16. *Annales de Puebla*, entrée pour 1689, in *Here in This Year : Seventeenth-Century Nahuatl Annals of the Tlaxcala-Puebla Valley*, éd. Townsend, Camilla (Stanford, Stanford University Press, 2010), p. 144-145. Il existe plusieurs cas comparables d'hommes punis pour des relations homosexuelles dans les annales issues de la région de Puebla.

17. Le *Florentine Codex* démontre qu'un certain nombre de rituels religieux se terminaient par des rapports sexuels. Il est sous-entendu au moins à deux reprises que les hommes avaient occasionnellement des relations sexuelles entre eux (*The Florentine Codex*, *op. cit.*, 2, p. 14 et 103), mais le codex n'aborde pas le sujet explicitement. Sigal dans «Queer Nahuatl», art. cité, raconte le choc qu'il a eu lorsqu'il s'est rendu compte que même dans cette source espagnole les informateurs qualifiaient parfois une puissante divinité de *cuiloni*, c'est-à-dire «pédé», manifestement sans penser à mal. Même si les orateurs avaient été libres d'exprimer tout ce qu'ils ressentaient ou expérimentaient, on n'aurait pu percer à jour la complexité de la vie sexuelle des Nahuas.

18. *Annales de Cuauhtitlan*, *op. cit.*, p. 146-147. L'importance du don (surtout de la part des chefs) est omniprésente dans les sources indigènes.

19. Le texte dit qu'ils ont échangé des salutations bruyantes avec ceux qui avaient eu le plus peur.

20. *The Florentine Codex*, *op. cit.*, 8, p. 44.

21. Pour une étude approfondie de Tenochtitlan dans la période tardive de la préconquête (ainsi que de son évolution après la conquête), voir Mundy, Barbara, *The Death of Aztec Tenochtitlan, the Life of Mexico City* (Austin, University of Texas Press, 2015).

22. *The Florentine Codex*, *op. cit.*, 8, p. 44. Pour en savoir plus sur les vestiges architecturaux laissés par chaque monarque, voir Hassig, Ross, *Time, History, and Belief in Aztec and Colonial Mexico*, *op. cit.*

23. Matthew Restall a analysé les collections d'animaux, d'oiseaux et même de personnes rassemblées par Moctezuma comme une démonstration de son pouvoir politique dans *When Montezuma Met Cortés : The True Story of the Meeting that Changed History* (New York, Harper Collins, 2018).

24. *The Florentine Codex*, *op. cit.*, 5, p. 151, 161-63. Raison pour laquelle, dans les *Cantares Mexicanos*, les animaux prennent la parole à des moments importants.

25. *The Florentine Codex, op. cit.*, 8, p. 37-40. Certains de ces plats ont ensuite été commentés par les Espagnols.

26. Il est fait référence aux jardins d'oiseaux dans le *Florentine Codex, op. cit.*, 8, p. 46 et possiblement 9, p. 83, où il est mentionné que l'artisanat usant des plumes s'est accru sous Moctezuma le Jeune – période marquée par un arrivage important d'oiseaux vivants, via les tributs ou le commerce. Chimalpahin, don Domingo, *Codex Chimalpahin, op. cit.*, 2, p. 54-55, témoigne du lien entre oiseaux et magie dans l'imaginaire chalca. « Ils sont arrivés à l'orée de la forêt et ont regardé derrière eux comme si des sorciers vivaient dans la lumière... C'était l'aube, les oiseaux criaient déjà. » Dans le ciel nocturne, comparé à du maïs soufflé, voir *The Florentine Codex, op. cit.*, 6, p. 237. Ce sont les conquistadors, comme Bernal Díaz, qui nous racontent l'effet global que la ville a eu sur ceux qui l'ont vue pour la première fois.

27. Au fil des ans, la population de Tenochtitlan a fait l'objet de nombreuses exagérations, beaucoup affirmant qu'elle était de 250 000 habitants. Sur cette question, l'archéologue Susan Toby Evans offre une excellente analyse dans son ouvrage intitulé *Ancient Mexico and Central America*, « How Many People Lived in Tenochtitlan ? » (New York, Thames & Hudson, 2014), p. 549. La superficie de la ville à cette époque était environ de 14 kilomètres carrés. Pour contenir 250 000 personnes, il aurait fallu près de 18 000 habitants au kilomètre carré, ce qui est impossible quand on pense que la densité de population actuelle de Manhattan s'élève à environ 26 000 habitants au kilomètre carré. 50 000 personnes, c'est le maximum de ce que les 14 kilomètres carrés pouvaient contenir, en sachant que la plupart des maisons n'avaient qu'un seul étage.

28. Voir Burkhart, Louise, « Mexica Women on the Home Front : Housework and Religion in Aztec Mexico », in *Indian Women of Early Mexico, op. cit.* ; et Kellogg, Susan, « The Woman's Room : Some Aspects of Gender Relations in Tenochtitlan in the Late Pre-Hispanic Period », *Ethnohistory* 42 (1995), p. 563-576.

29. Evans, *Ancient Mexico, op. cit.*, discute de l'évolution de la ville en relation avec les éléments que fournit le grand temple (p. 462-465), et Frances Berdan rassemble tout le matériel sur l'aqueduc et les autres projets hydrologiques, in *Aztec Archaeology and Ethnohistory* (Cambridge, Cambridge University Press, 2014), p. 76-80.

30. *Codex Chimalpahin, op. cit.*, 1, p. 136-137. Bien sûr, il est possible que ce commentaire résume une campagne de rumeurs, plutôt qu'il ne reflète ce que les deux ont réellement dit en public.

31. Les sources espagnoles affirment toutes que les rois étaient choisis lors d'un conseil réunissant la noblesse mexicaine, ce qui est en grande partie vrai. Ce qu'elles ne disent pas, c'est que ce n'est pas seulement le charisme ou les talents politiques qui permettaient d'accéder à ce haut statut. Seuls les fils de certaines épouses royales étaient en lice (sauf dans les moments de crise, comme pour Itzcoatl), et il était généralement admis que le pendule du pouvoir devait osciller entre les lignées familiales afin de maintenir une stabilité générale. L'élection d'Axayacatl au détriment de ses frères est probablement le résultat de longues discussions autant que d'attributs personnels. Les annales nahuatl abordent cette question de manière implicite. Elles nous disent, dans chaque cas, s'il y a eu des désaccords, et combien de temps il a fallu au groupe pour arriver à un consensus ; le contexte permet généralement d'expliquer les tensions. L'arbre généalogique des rois illustre les nombreux allers-retours d'une lignée à une autre. Et tout cela est en parfaite adéquation avec les analyses de James Lockhart sur le début de la période post-conquête, où le pouvoir tournait entre les « cellules » du corps politique entier selon des modes très traditionnels. En ce qui concerne la succession mentionnée dans ce paragraphe, il faut laisser de côté les sources espagnoles, car elles supposent que les trois frères avaient la même mère. Le *Codex Chimalpahin*, *op. cit.*, 1, p. 135-137 ; 2, p. 97 et d'autres sources portent à croire qu'ils n'ont pas eu la même mère et qu'il y avait eu une autre femme principale au début, ce qui a créé de fortes tensions entre les frères et sœurs aînés et les plus jeunes. Les *Annales de Tlatelolco* nous disent que la première femme était tlatelolquoise, ce qui est parfaitement logique, étant donné le contexte politique de la jeunesse de Tezozomoc et les événements ultérieurs.

32. En effet, la scission s'explique peut-être par un rejet de l'autorité : des Mexicas « purs et durs » auraient refusé de faire venir un tlatoani de Culhuacan, contrairement à la plupart des habitants de Tenochtitlan, prêts à agir de la sorte pour être reconnus comme un royaume. Ou bien les Tlatelolcans souhaitaient faire venir un tlatoani étranger, parent d'un des leurs. Les archives n'en disent mot, mais ce genre de désaccords étaient monnaie courante.

33. Les *Annales de Cuauhtitlan* et les *Annales de Tlatelolco* concordent sur tout cela. Chimalpahin fait également référence à la scission, mais comme ses sources sont tenochcas, il présente les Tlatelolcans sous un jour négatif, comme d'éternels fauteurs de troubles. Sur la relation de Tlatelolco avec la vallée de Toluca, voir García Castro, René, *Indios, territorio y poder en la provincia Matlatzinca* (Toluca, Colegio Mexiquense, 1999). Sur la relation de Tlatelolco avec cuauhtinchan, voir Reyes García, Luis, *Cuauhtinchan del Siglo XII al XVI* (Wiesbaden, Franz Steiner, 1977).

34. Dans leurs annales, les Tlatelolcans en disent le moins possible sur cette guerre qui a été, pour eux, désastreuse. Cependant, Chimalpahin, se basant sur ses sources tenochcas, raconte l'histoire de diverses manières avec beaucoup de verve et de nombreux dialogues. Voir *Codex Chimalpahin, op. cit.*, 1, p. 137-139 ; 2, p. 43-51 et 93-95, ainsi que la « Troisième relation » et la « Septième relation », in Chimalpahin, don Domingo, *Las Ocho Relaciones, op. cit.*

35. *Codex Chimalpahin, op. cit.*, 2, p. 45.

36. Cela nous vient d'une source espagnole : Durán, Diego (fray), *The History of the Indies of New Spain* [1964], éd. Heyden, Doris (Norman, University of Oklahoma Press, 1994), p. 260. Cet incident semblait peu caractéristique et donc douteux, jusqu'à ce que je trouve une référence similaire dans les *Annales de Tlatelolco* au moment de la conquête espagnole. Lisa Sousa traite ce sujet de manière approfondie dans *The Woman Who Turned Into a Jaguar, op. cit.*, p. 264-265.

37. *Codex Chimalpahin, op. cit.*, 2, p. 93, et des références moins claires ailleurs. Cet aspect est également développé dans les textes espagnols (comme celui de Diego Durán).

38. *Codex Mendoza*, entrée pour 1473.

39. *Codex Aubin, op. cit.*, entrée pour 1473.

40. C'est fray Juan de Torquemada qui raconte cela. Pour une étude détaillée de ces événements et des sources qui nous aident à démêler la vérité des récits espagnols, voir Townsend, Camilla, « Polygyny and the Divided Altepetl », art. cité, p. 93-116.

41. Townsend, Camilla, « Polygyny and the Divided Altepetl », art. cité. Le matériel provient d'une lecture judicieuse des œuvres d'Ixtlilxochitl en parallèle avec les *Annales de Cuauhtitlan.*

42. Chimalpahin, « Septième relation », in *Las Ocho Relaciones, op. cit.* Chimalpahin semble avoir obtenu ce matériel à partir d'histoires racontées par des personnes de la génération de sa grand-mère.

43. Toutes les annales s'accordent sur ces faits.

44. Dans *The Bancroft Dialogues, op. cit.*, p. 155, une narratrice âgée mentionne les maisons communales où vivaient des représentants d'autres altepetls. (Elle dit que les habitants se sont rassemblés sur le toit des Cholulans pour assister à une exécution macabre.) Inversement, au XVIe siècle, l'*Historia Tolteca Chichimeca* indique que des Mexicas étaient venus vivre dans la région de Cholula. De nombreux habitants de la vallée de Toluca mentionnent une expérience similaire. Voir García Castro, Leopoldo Rene, *Matlatzinca, op. cit.* L'exemple des quartiers cités ici vient de Tepemaxalco,

près de Toluca. Au XVIIe siècle, les descendants suppposés des colons parlant le nahuatl y vivaient encore ; les membres d'une famille importante ont d'ailleurs abondamment écrit. Pizzigoni, Caterina, et Townsend, Camilla, « Indian Life After the Conquest : The De la Cruz Family Papers from Colonial Mexico », manuscrit non publié.

45. Le *Florentine Codex* nous apprend beaucoup sur les systèmes de communication de Moctezuma, tant dans le commerce marchand que dans l'appareil militaire ; la plupart des images qui subsistent du XVIe siècle représentent les frontières des royaumes.

46. L'archéologue Michael Smith a rendu un grand service à la recherche de terrain en choisissant d'enquêter sur les villages et les villes rurales ordinaires plutôt que sur les grands centres urbains et les temples. Voir Smith, Michael, *The Aztecs* (Londres, Blackwell, 1996), et, plus récemment, *At Home with the Aztecs : An Archaeologist Uncovers Their Daily Life* (New York, Routledge, 2016).

47. Voir Hassig, Ross, *Time, History and Belief in Aztec and Colonial Mexico, op. cit.*, et, pour des exemples de listes de tribut, le *Codex Mendoza.*

48. Clendinnen, Inga, *Aztecs, op. cit.,* s'articule en sections significatives autour des expériences de marchands ambulants, qui ont raconté leur histoire aux créateurs du *Florentine Codex* (notamment dans le livre 9). Les arts du luxe de l'époque aztèque sont traités dans l'extraordinaire catalogue d'exposition : Pillsbury, Joanne, Potts, Timothy, et Richter, Kim, dir., *Golden Kingdoms : Luxury Arts in the Ancient Americas* (Los Angeles, Getty Publications, 2017).

49. Toutes ces questions ont été étudiées de façon approfondie. Nous disposons de sources utiles : les premiers conquérants et explorateurs espagnols, intéressés par l'établissement d'un contrôle gouvernemental et d'une fiscalité, ont écrit à ce sujet, et les premières transactions juridiques entre les Nahuas illustrent certains des principes traditionnellement à l'œuvre.

50. Lockhart, James, *The Nahuas After the Conquest, op. cit.*

51. *Codex Chimalpahin, op. cit.*, 1, p. 134-135.

52. *The Bancroft Dialogues, op. cit.*, p. 147.

53. Chimalpahin, « Huitième relation », in *Las Ocho Relaciones, op. cit.*, 2, p. 331-349. Fray Diego Durán parle longuement d'un phénomène qu'il ne comprend pas vraiment, soutenant que Moctezuma a tenté une sorte de « révolution aristocratique » pour exclure les roturiers du privilège aristocratique. Il a sans doute mal apprécié la vraie nature du problème, à savoir distinguer les personnes nobles dans une population proliférante de *pipiltin* potentiels. Dans les *Annales de Juan Bautista,* créées au milieu du XVIe siècle

par des hommes qui étaient enfants au moment de l'arrivée des Espagnols, on trouve de nombreuses références aux tensions entre *pipiltin* et *macehualtin.*

54. *The Florentine Codex, op. cit.*, 8, p. 41-43, 54-55. On y apprend comment le tribunal fonctionnait, et non pas les principes de droit ou le rapport entre le bien et le mal. Nous pouvons connaître ceux-ci grâce aux histoires racontées dans les annales (par exemple, qu'un homme n'était pas adultère à moins qu'il n'ait eu des relations avec une femme mariée). Pour une étude des principes juridiques qui semblent avoir eu cours au Texcoco (basée sur des sources espagnoles), voir Offner, Jerome, *Law and Politics in Aztec Texcoco* (New York, Cambridge University Press, 1983).

55. *The Florentine Codex, op. cit.*, 8, p. 63-65.

56. Díaz, Bernal, *The Conquest of New Spain*, Londres, Penguin, 1963, p. 232.

57. Ce sont les produits non alimentaires qui ont le plus impressionné les Espagnols. Bernal Díaz et Hernán Cortés ont tous deux décrit ce qui était vendu dans des témoignages que corroborent le *Florentine Codex* et d'autres sources indigènes.

58. C'est l'abondance de nourriture qui a le plus intéressé les Nahuas lorsqu'ils décrivirent le marché des années plus tard ; *The Florentine Codex, op. cit.,* 8, p. 68-69.

59. Le *Florentine Codex* est une excellente source sur les activités du *ticitl*, le médecin, pour autant que l'on aborde le texte avec prudence. On y fait quelques distinctions qui ont été évidemment introduites par le frère-éditeur européen – par exemple, que les « bons » médecins s'occupaient de la remise en place des os, de l'extraction des dents et d'autres activités « légitimes », et que les « mauvais » médecins s'occupaient de potions et de sorts.

60. Díaz, Bernal, *The Conquest of New Spain, op. cit.*, p. 233.

61. *The Florentine Codex, op. cit.*, 6, p. 93-103, 209-218 et 8, p. 71-77. *Les Dialogues de Bancroft* comprennent également beaucoup de documents sur la façon dont les étudiants et les enseignants s'adressent les uns aux autres, ainsi que sur le contenu des cours. De nombreux travaux ont été réalisés sur le système éducatif des Aztèques en s'appuyant principalement sur le *Florentine Codex* et le *Codex Mendoza* ; certaines de ces études présentent la vision charmante et idéalisée que les informateurs nahuas étaient ravis d'offrir aux Espagnols. La période qui suit la conquête a fait l'objet d'une attention un peu plus soutenue. Voir, par exemple, Gonzalbo Aizpuru, Pilar, *Historia de la educación en la época colonial : El mundo indígena* (Mexico, El Colegio de México, 1990).

62. *The Florentine Codex, op. cit.*, 6, p. 93-103, 209-218 et 8, p. 71-77.

63. Nous ne savons pas vraiment avec précision comment le système fonctionnait. Plusieurs sources dénigrent les porteurs de charges, les taxant de lâches, mais peut-être parce que cette tâche est associée avec l'esclavage, statut déshonorant. Il semble très peu probable qu'un jeune artisan de talent issu d'une famille de lapidaires ait réellement dû passer sa vie avec un lourd fardeau attaché au dos pour la seule raison qu'il était mauvais au combat; cela l'est davantage pour un fils de collecteur d'algues.

64. L'idée du *quauhpilli* imprègne à la fois les annales et les *cantares*; il semble que c'était un grand compliment pour un guerrier d'être décrit comme tel. Des années plus tard, Chimalpahin et don Juan Zapata (à Tlaxcala) y allaient d'un commentaire lorsque quelqu'un n'était «pas un pilli» mais occupait néanmoins une position d'autorité.

65. *The Florentine Codex*, *op. cit.*, 7, p. 17-18. Il y a plus d'informations sur le *calmecac* dans 3, p. 49-56.

66. Les chercheurs s'appuient principalement sur le *Florentine Codex*, *op. cit.*, livre 2 («Les cérémonies»), pour leurs discussions sur les sacrifices humains aztèques. Les informateurs du *Florentine Codex* décrivent cependant la situation à la veille de la conquête espagnole, lorsque le pouvoir mexica était à son apogée. Comme les témoignages ont pu contenir des récits exagérés, il est également important de prendre en compte les preuves archéologiques. Récemment, une découverte majeure a été faite à Mexico, celle du plus grand porte-crânes jamais mis au jour, avec ses deux tours de crânes associées. Il n'a pas été possible jusqu'à présent de déterminer combien de temps il a fallu pour remplir les tours, mais probablement plusieurs décennies. La mise au point de la datation restera difficile. Jusqu'à présent, la présentation la plus claire des résultats se trouve dans Wade, Lizzie, «Feeding the Gods : Hundreds of Skulls Testify to the Monumental Scale of Human Sacrifce in the Aztec Capital», *Science* 360 (2018), p. 1288-1292. Pour une réflexion approfondie sur ces questions, voir Clendinnen, Inga, *Aztecs*, *op. cit.*, et Carrasco, David, *City of Sacrifice*, *op. cit.*

67. *The Florentine Codex*, *op. cit.*, 2, p. 53.

68. *The Bancroft Dialogues*, *op. cit.*, p. 154-155. Il est également fait état de ces événements dans Ixtlilxochitl et les *Annales de Cuauhtitlan*. Le premier exagère nettement; mais lorsque l'on croise les sources, il apparaît que les exécutions ont bien eu lieu, et qu'une épouse particulière et sa cohorte ont perdu le pouvoir. Pour en savoir plus, voir Townsend, Camilla, «Polygyny and the Divided Altepetl», art. cité. Pour la sanction dans le cadre d'autres incidents comparables, voir Sousa, Lisa, *Woman Who Turned Into a Jaguar*, *op. cit.*, p. 158-163, où se trouve un tableau très éclairant.

69. Je ne me contente pas de deviner cela à partir du contexte. Le métis Juan Pomar l'a dit explicitement. Voir « Relación de Tetzcoco », in *Relaciones de Nueva España*, éd. Vázquez Germán (Madrid, Historia 16), p. 91.

70. Ixtlilxochitl dit une chose et son contraire sur cette dame, ne sachant pas si elle était d'Azcapotzalco ou d'Atzacualco, ou bien si elle s'appelait Azcaxochitzin. On peut supposer qu'Ixtlilxochitl ou son informateur ne pouvaient pas lire les glyphes, ce dont témoignent ailleurs ses écrits (Gordan Whittaker, communication personnelle) ; mais son informateur pouvait nommer les onze enfants de manière précise. Ils étaient probablement vivants quand il était enfant. Voir Ixtlilxochitl, *Obras*, *op. cit.*, 2, p. 408, 449, 549. En outre, dans les documents juridiques créés à Texcoco dans les années 1560 par un descendant de l'un des frères, Cuauhtliztactzin, il est précisé sans équivoque qu'elle était une Tenochca d'Atzacualco, ce qui est parfaitement logique : une jeune femme tenochca pouvait prétendre au statut de reine mère, surtout avec une telle couvée de fils. Voir la lettre de Juan de San Antonio dans *Codex Chimalpahin*, *op. cit.*, 2, p. 209-217 et 235.

71. *The Bancroft Dialogues*, *op. cit.*, p. 157 ; Pomar, Juan, « Relación de Tetzcoco », art. cité, p. 58, Ixtlilxochitl in « Historia de la Nación », p. 186, 200. Sur les femmes qui parlent ou chantent en public, voir Szoblik, Katarzyna, *Entre los papeles de ocelote entono mi canto, yo Quetzalpetlatzin : El lugar de la mujer dentro de lo oralidad nahua* (Mexico, Centro de Estudios de Antropología de la Mujer, 2016) ; Wood, Stephanie, « Nahua Women Writing and Speaking » (papier présenté au Northeastern Nahuatl Studies Group, Yale University, New Haven, mai 2016).

72. Sur la multiplicité des voix lors des représentations, voir Townsend, Camilla, « Glimpsing Native American Historiography : The Cellular Principle in Sixteenth-Century Nahuatl Annals », *Ethnohistory* 56 (2009), p. 625-650. Aucune des sources disponibles ne parle explicitement de la rupture avec la tradition. Cependant, si cela n'avait pas été le cas, les événements qui suivirent ne se seraient pas produits.

73. Chimalpahin est explicite, dans la section de sa « Septième relation », sur le fait que les chanteurs ont modifié les chansons à leur guise. Nous faisons le même constat, étant donné les transcriptions de nombreuses chansons qui ont survécu : la même chanson (ou partie de chanson) apparaît plusieurs fois, avec quelques changements spécifiques.

74. Chant XI, in *Cantares Mexicanos*, *op. cit.*, p. 148-149.

75. Chant XXXIII, in Bierhorst, John, *Cantares Mexicanos*, *op. cit.*, p. 202-203. Traduction amendée.

76. *The Telleriano-Remensis*, folio 17, in *Codex Telleriano-Remensis*, éd. Quiñones Keber, Eloise (Austin, University of Texas Press, 1995), p. 37.

77. *The Bancroft Dialogues*, *op. cit.*, p. 157. Sur l'amertume laissée par ces événements, voir la lettre de Juan de San Antonio, dans les *Texcoco Accounts of Conquest*, in *Codex Chimalpahin*, *op. cit.*, 2, p. 209-217 et 235. Un frère, nommé Ixtlilxochitl, choisira rapidement de se ranger du côté des Espagnols et s'arrangera pour faire évincer Cacama. Pour une étude complète, voir Townsend, Camilla, « Polygyny and the Divided Altepetl », art. cité.

78. *The Florentine Codex*, *op. cit.*, 8, p. 56-57. Cela vient d'une longue et remarquable section, qui va à l'encontre de la représentation commune qu'on a de Moctezuma (concoctée vers la fin du siècle), à savoir comme un être insensé et insensible. Une image du même ordre que ce chef responsable « s'inquiétant dans la nuit » se trouve dans les *Annales de Juan Bautista*.

79. *The Florentine Codex*, *op. cit.*, livre 12, et les récits d'Hernán Cortés et de Bernal Díaz se corroborent sur ces interactions très précoces. Sur les mots et concepts indigènes utilisés pour désigner les introductions européennes (comme *mazatl* ou « cerf » pour « cheval »), voir Lockhart, James, *The Nahuas After the Conquest*, chap. 7.

4. Les étrangers

1. Ce paragraphe capture un épisode de la vie de celle que nous connaissons aujourd'hui sous le nom de Malinche, ou doña Marina, une esclave qui a été donnée à Cortés, avant de devenir sa traductrice et sa maîtresse. Comme elle n'a laissé ni lettres ni journal, il est difficile de reconstituer sa biographie ; il a fallu croiser ses faits et gestes, les archives espagnoles et les commentaires d'autres Nahuas. Pour lire l'intégralité de l'histoire, ainsi que pour discuter des sources limitées dont nous disposons, voir Townsend, Camilla, *Malintzin's Choices*, *op. cit.*

2. Pour une série de noms trouvés dans des sources relatant des aspects ordinaires de la vie dans les premières années après la conquête, voir Lockhart, James, *The Nahuas Afer the Conquest*, *op. cit.*, p. 118-122. « Petite Vieille Femme », par exemple, était le nom d'une enfant de cinq ans dans un document. La fille de Coatzacoalcos aurait également pu recevoir un nom de calendrier lié à sa naissance, mais cela était rare dans cette région. Voir Scholes, France V., et Roys, Ralph L., *The Maya Chontal Indians of Acalan-Tixchel : A Contribution to the History and Ethnography of the Yucatan Peninsula* (Norman, University of Oklahoma, 1968 [1948]), p. 61-63.

3. *The Florentine Codex, op. cit.*, 6, p. 172. Cet élément provient d'une source mexica mais est typique des Nahuas en général. Sur les points communs des aspects fondamentaux des constructions de genre du Mexique central, voir Sousa, Lisa, *The Woman Who Turned Into a Jaguar, op. cit.* Sur l'importance de l'association métaphorique des femmes avec le foyer, voir Burkhart, Louise, « Mexica Women on the Home Front : Housework and Religion in Aztec Mexico », in *Indian Women of Early Mexico, op. cit.*

4. Sur l'expérience de l'esclavage des femmes par la guerre ou les processus d'apaisement, voir Townsend, Camilla, « What Have You Done to Me, My Lover ? », art. cité, p. 349-389. Sur l'achat annuel des enfants qui seront sacrifiés à Tlaloc, voir *The Florentine Codex, op. cit.*, 2, p. 42. L'archéologie nous apprend que ces enfants étaient probablement soit des esclaves captifs, soit des enfants d'esclaves maltraités, car leurs restes montrent qu'ils ont souffert de malnutrition. Voir Chávez Balderas, Ximena, « Sacrifice at the Templo Mayor of Tenochtitlan and Its Role in Regard to Warfare », in *Embattled Bodies, Embattled Places : War in Pre-Columbian Mesoamerica and the Andes*, dir. Scherer, Andrew, et Verano, John (Washington, DC, Dumbarton Oaks, 2014).

5. Scholes, France V., et Roys, Ralph L., *Maya Chontal Indians, op. cit.*, p. 27-35 ; et Chapman, « Port of Trade Enclaves in Aztec and Maya Civilizations », in *Trade and Market in the Early Empires*, dir. Polyani, Karl, Arensberg, Conrad, et Pearson, Harry (Glencoe, IL, Free Press, 1957), p. 129-142.

6. Le *Florentine Codex* fait allusion au commerce des femmes et des enfants envoyés vers l'est à partir des zones de guerre où ils ont été capturés. Voir *The Florentine Codex, op. cit.*, 9, p. 17-18. Les universitaires qui ont étudié ce commerce sont notamment Scholes, France V., et Roys, Ralph L., *Maya Chontal Indians, op. cit.*, p. 28-30, 56-59 ; Chapman, Anne, « Port of Trade Enclaves », p. 125-126 ; et Berdan, Frances, « Economic Alternatives under Imperial Rule : The Eastern Aztec Empire », in *Economies and Polities of the Aztec Realm*, dir. Hodge, Mary G., et Smith, Michael E. (Albany, State University of New York Press, 1994). Les archéologues ont révélé que de fortes concentrations de fusaïoles se sont déplacées vers l'est à mesure que la puissance des Mexicas augmentait et que les activités de filage et de tissage à forte main-d'œuvre étaient repoussées vers l'extérieur. Voir Brumfiel, Elizabeth, « Weaving and Cooking : Women's Production in Aztec Mexico », in *Engendering Archaeology : Women and Prehistory*, dir. Gero, J. M., et Conkey, M. W., New York, Cambridge University Press, 1991, p. 232-233.

7. Il existe une importante littérature sur les femmes méso-américaines et le tissage. Voir Vail, Gabrielle, et Stone, Andrea, « Representations of Women

in Postclassic and Colonial Maya Literature and Art»; Beaudry-Corbett, Marilyn, et McCaferty, Sharisse, «Spindle Whorls : Household Specialization at Ceren»; l'un et l'autre in *Ancient Maya Women*, éd. Ardren Traci, Lanham, MD, Rowman & Littlefeld, 2002.

8. Voir le récit du religieux embarqué, Juan Díaz, in *The Conquistadors : First Person Accounts of the Conquest of Mexico*, éd. Fuentes, Patricia de (Norman, University of Oklahoma Press, 1993), et de Díaz, Bernal, *The Conquest of New Spain, op. cit.* Fray Juan a rédigé un rapport immédiatement après le retour de l'expédition, tandis que Bernal Díaz, qui a attendu les années 1580, a inclus beaucoup moins de détails. (En effet, certains universitaires pensent qu'il ne faisait pas vraiment partie de cette expédition et qu'il a écrit son rapport en se basant sur des histoires entendues par d'autres.) Les chroniqueurs espagnols sont rarement tout à fait d'accord, chacun ayant sa propre vision, ses propres trous de mémoire et ses propres interprétations. Cependant, croiser leurs sources permet de se faire une idée de ce qui s'est passé. Je mentionne certains des détails que les chroniqueurs ont inclus, afin de donner au lecteur un aperçu de ce que les indigènes ont vu et vécu. Mais je me garde d'en faire trop, au risque de transformer le récit en fiction.

9. Nous ne pouvons pas vraiment savoir ce que les indigènes pensaient. Je suppose que l'échange s'appuie sur les commentaires faits par les Espagnols à propos des préoccupations et questions des Indiens (telles qu'articulées par l'interprète captif), ainsi que des actions menées par ceux-ci, à l'époque et plus tard.

10. Ce sont les Espagnols qui nous répètent sans cesse que, dans leurs expéditions le long de la côte, les Indiens étaient toujours au courant de leur arrivée. Cela n'a rien d'étonnant quand on sait la rapidité avec laquelle les Chontales se déplaçaient sur leurs pirogues.

11. Díaz, Bernal, *The Conquest of New Spain, op. cit.*, p. 70. Traduction française par D. Jourdanet sous le titre *Histoire véridique de la conquête de la Nouvelle-Espagne, précédée d'une préface nouvelle et suivie d'une étude sur les sacrifices humains et l'anthropophagie chez les Aztèques*, 2e édition corrigée, BNF, 1877, p. 68.

12. Sur cette bataille, Hernán Cortés raconte dans les grandes lignes la même histoire que Díaz – quoique de façon moins colorée – dans sa première lettre. Voir Cortés, Hernán, *Letters from Mexico*, éd. Pagden, Anthony, New Haven, CT, Yale University Press, 1986, p. 19-23.

13. Il ne s'agit pas seulement de ma propre déduction. Le secrétaire de Cortés a déclaré plus tard que les Contales lui avaient dit que leur puissance dépendait de la manière dont elle était perçue par les peuples voisins. López

de Gómara, Francisco, *Cortés : The Life of the Conqueror by His Secretary*, éd. Simpson, Lesley Byrd, Berkeley, University of California Press, 1965, p. 50. Cortés a d'abord mentionné (dans la première lettre) que le nombre de corps indigènes qu'ils pouvaient voir sur le terrain était d'environ 220. Plus tard, son secrétaire a indiqué un nombre supérieur, et Díaz également (en en mentionnant 800). Je pense que nous devrions nous en tenir à l'estimation initiale, qui semble déjà très élevée.

14. Toutes les sources, indigènes et espagnoles, s'accordent à dire que c'est à ce moment que la future traductrice a été envoyée auprès des autorités espagnoles. Quelques sources disent qu'elle figurait parmi un groupe de quelques femmes seulement, mais il semble plutôt qu'elles étaient vingt – un nombre important d'un point de vue symbolique pour les Chontales, comme pour les Nahuas. C'était donc une manière de signifier leur soumission.

15. Certains auteurs modernes ont aimé penser que « Marina » aurait été la transcription de « Malinalli », son nom indigène, mais il n'y a aucune preuve de cela. Les Espagnols n'ont jamais demandé aux captifs quels étaient leurs « vrais » noms avant de leur choisir un nom chrétien, et les Nahuas n'ont jamais appelé quiconque « Malinalli », mot qui portait malheur.

16. Pour en savoir plus sur la relation entre Cortés et Puertocarrero, voir Herren, Ricardo, *Doña Marina, la Malinche* (Mexico, Planeta, 1992), p. 26-27, ou n'importe laquelle des principales biographies de Cortés.

17. Frances Kartunnen parle de l'effet de choc pour nous, hommes modernes, lorsque nous apprenons que des femmes étaient distribuées comme concubines juste après avoir été baptisées. Voir son « Rethinking Malinche » in *Indian Women in Early Mexico*, *op. cit.*

18. Il y a beaucoup d'informations erronées sur ce personnage important. Sur Jerónimo de Aguilar et les études qui lui sont consacrées, voir Townsend, Camilla, *Malintzin's Choices*, *op. cit.*, p. 37 et 239.

19. Nous n'avons aucune trace de ce qu'Aguilar a transmis à Malintzin, mais au vu de ses prises de position ultérieures, elle avait été informée relativement tôt du contexte politique général.

20. Burkhart, Louise, *Before Guadalupe : The Virgin Mary in Early Colonial Nahuatl Literature* (Albany, NY, Institute for Mesoamerican Studies, 2001), p. 3, 17. Burkhart traduit ici une partie du texte nahuatl de Pedro de Gante, *Doctrina cristiana en lengua Mexicana* (1553).

21. Díaz et Cortés mentionnent tous deux l'extraordinaire rapidité avec laquelle les émissaires ont fait leur apparition, et le *Florentine Codex*, *op. cit.*, livre 12, nous dit que Moctezuma avait fait surveiller certains endroits de la côte pendant un an ; ainsi, les sources espagnoles et indigènes se confondent.

Pour une étude passionnante de la manière dont les sources d'un peuple « analphabète » et les sources laissées par les colonisateurs européens peuvent parfois s'éclairer mutuellement, voir Price, Richard, *Alabi's World* (Baltimore, Johns Hopkins University Press, 1991).

22. Dans ses premières lettres au roi, Cortés mentionne à peine Marina, ne voulant pas lui accorder le crédit de l'entreprise. Lorsque son secrétaire écrit sa biographie, il ne peut éviter la question car le public veut savoir comment il a pu se procurer leur célèbre traductrice. C'est lui qui raconte l'histoire (et qui suppose que Marina a agi comme elle l'a fait pour devenir riche) ; López de Gómara, Francisco, *Cortés : The Life*, *op. cit.*, p. 56.

23. James Lockhart explore l'utilisation de cette phrase dans l'introduction de *We People Here : Nahuatl Accounts of the Conquest of Mexico* (Stanford, Stanford University Press, 1993).

24. Une fois de plus, les chroniqueurs espagnols et le *Florentine Codex* se rejoignent.

25. Pour une étude scientifique complète sur ce sujet, voir Townsend, Camilla, « Burying the White Gods : New Perspectives on the Conquest of Mexico », *American Historical Review* 108 (2003), p. 659-687.

26. *Florentine Codex*, livre 12, in Lockhart, James, *We People Here*, *op. cit.*, p. 94.

27. Díaz, Bernal, *The Conquest of New Spain*, *op. cit.*, p. 222.

28. Benavente, Toribio de (fray), également connu sous le nom de Motolinía, *Historia de los Indios de la Nueva España* (Madrid, Alianza, 1988), p. 107-108.

29. Pour une étude détaillée, voir Townsend, Camilla, *Pocahontas and the Powhatan Dilemma* (New York, Hill & Wang, 2004).

30. Fernández Armesto, Felipe, « Aztec Auguries and Memories of the Conquest of Mexico », *Renaissance Studies* 6 (1992). Voir aussi Colston, Stephen, « "No Longer Will There Be a Mexico" : Omens, Prophecies and the Conquest of the Aztec Empire », *American Indian Quarterly* 5 (1985).

31. *Florentine Codex*, livre 12, in Lockhart, James, *We People Here*, *op. cit.*, p. 188.

32. *Ibid.*, p. 59.

33. C'est l'un des aspects majeurs du travail de Gillespie, Susan, *Aztec Kings : The Construction of Rulership in Mexica History* (Tucson, University of Arizona Press, 1989). J'ai étudié l'évolution du traitement du sujet dans les travaux de certains historiens indigènes influencés par les Européens ; voir, par exemple, Townsend, Camilla, « The Evolution of Alva Ixtlilxochitl's Scholarly Life », *Colonial Latin American Review* 23 (2014), p. 1-17.

34. Ce document est disponible en version imprimée : Martínez, José Luis, éd., *Documentos cortesianos* (Mexico, Fondo de Cultura Económica, 1990), 1, p. 265-271. Une partie de l'original est conservée aux Archives générales des Indes à Séville (Archivo General de Indias).

35. Pour d'autres précisions, voir Lockhart, James, introduction à *We People Here, op. cit.*, et Townsend, Camilla, « Burying the White Gods », art. cité.

36. Pedro de San Buenaventura, ancien élève de Bernardino de Sahagún à l'école de Tlatelolco, a écrit ou fortement influencé l'écriture des *Annales de Cuauhtitlan* dans les années 1570, et il a partiellement embrassé cette version de l'histoire, bien qu'avec certaines réserves. Plus tard, Chimalpahin l'a également faite sienne au début des années 1600, mais après avoir lu l'œuvre d'Ixtlilxochitl, qui était lui-même influencé par le franciscain Juan de Torquemada. Voir Townsend, Camilla, *Annals of Native America, op. cit.*, chap. 3 et 4.

37. C'est Bernal Díaz qui nous dit que les Indiens ont commencé à appeler Cortés Malinchi ou Malinche. Les locuteurs nahuatl intéressés par la forme inhabituelle du vocatif sont invités à consulter Carochi, Horacio, *Grammar of the Mexican Language*, éd. Lockhart, James (Stanford, Stanford University Press, 2001 [1645]), p. 44-45. L'usage (« Malintze ») est attesté à plusieurs reprises dans les *Annales de Tlatelolco*.

38. Des affaires judiciaires ultérieures portant sur d'autres sujets révèlent indirectement ces faits. Pour leur énumération et leur analyse, voir Townsend, Camilla, *Malintzin's Choices, op. cit.*, p. 243 (n. 11).

39. L'analyse la plus aboutie des actions menées par Cortés à ce moment-là reste l'introduction de J. H. Elliott à Cortés, Hernán, *Letters from Mexico, op. cit.*

40. On a coutume de dire que Cortés avait « brûlé ses navires » pour empêcher leur retour. Les historiens sérieux savaient que c'était faux ; nous pensons plutôt qu'il les laissa volontairement s'échouer sur le rivage. Matthew Restall a récemment prouvé qu'en fait les navires, alors en mauvais état, avaient simplement été laissés sur la plage en attendant d'être réparés. Voir Restall, Matthew, *When Montezuma Met Cortés, op. cit.*

41. L'histoire qui va suivre, dans laquelle les Tlaxcaltèques ont lutté contre les Espagnols avec une extraordinaire détermination, n'est pas souvent racontée dans les récits de la conquête, qui ont tendance à se concentrer sur l'alliance que les Tlaxcaltèques ont proposée par la suite. Mais il est important de comprendre que les ennemis des Mexicas ne se sont pas immédiatement ralliés aux Européens. Ils ne l'ont fait que lorsqu'il est devenu évident

que c'était leur meilleure option au sens militaire du terme. Les détails de toutes les chroniques espagnoles disponibles le corroborent. Pour les guerres fleuries, voir aussi chap. 2, n. 57.

42. Cortés, « Second Letter », in *Letters from Mexico, op. cit.*, p. 60. (Cette partie du rapport de Cortés est extrêmement détaillée et se poursuit sur de nombreuses pages.) Traduction prise de Cortés, Hernán, *Lettres de Fernand Cortès à Charles-Quint sur la découverte et la conquête du Mexique*, trad. par Désiré Charnay, Librairie Hachette et Cie, 1896, p. 40.

43. Díaz, Bernal, *The Conquest of New Spain, op. cit.*, p. 149.

44. Cortés, « Second Letter », in *Letters from Mexico, op. cit.*, p. 61. Cortés dit qu'il leur a « coupé les mains ». Matthew Restall, dans *When Montezuma Met Cortés, op. cit.*, explique que les Européens ont voulu dire qu'ils leur ont coupé les doigts ; sinon, les victimes seraient mortes immédiatement.

45. Cortés, « Second Letter », in *Letters from Mexico, op. cit.*, p. 62. (Traduction française citée p. 42-43.) C'est Díaz qui nous dit ensuite qu'ils ont amené l'interprète avec eux en plein milieu des batailles.

46. *Annales de Tlaxcala*, telles que consignées dans Zapata y Mendoza, don Juan Buenaventura, *Historia cronológica de la Noble Ciudad de Tlaxcala, op. cit.*, p. 94-95. La meilleure étude de Tlaxcala dans la période qui précède la conquête reste Gibson, Charles, *Tlaxcala in the Sixteenth Century* (Stanford, Stanford University Press, 1967 [1952]), chap. 1.

47. Pour ma propre analyse des images de la conquête de Tlaxcala, voir Townsend, Camilla, *Malintzin's Choices, op. cit.*, p. 63-76. Pour une étude complète, voir Kranz, Travis, « The Tlaxcalan Conquest Pictorials », thèse de doctorat, UCLA, département d'histoire de l'art, 2001.

48. Pour une étude des bouleversements consécutifs aux alliances avec les indigènes, voir Oudijk, Michel, et Restall, Matthew, « Mesoamerican Conquistadors in the Sixteenth Century », in *Indian Conquistadors : Indigenous Allies in the Conquest of Mesoamerica*, dir. Matthew, Laura, et Oudijk, Michel (Norman, University of Oklahoma Press, 2007).

49. Pour plus de détails, voir Townsend, Camilla, « Burying the White Gods », art. cité, ainsi que Restall, Matthew, *Seven Myths of the Spanish Conquest* (New York, Oxford University Press, 2003). Inga Clendinnen a mis en avant l'idée que les Aztèques n'aimaient pas se battre jusqu'à la mort, dans son article « "Fierce and Unnatural Cruelty" : Cortés and the Conquest of Mexico », *Representations* 33 (1991), p. 65-100 ; Tzvetan Todorov, celle que les indigènes participaient essentiellement à la communication homme/dieu dans son ouvrage *Conquest of America : The Question of the Other* (New York, Harper, 1984).

50. Ce sont les paroles d'Andrés de Tapia, publiées dans Fuentes, Patricia de, *The Conquistadors, op. cit.*, p. 36. Pour un récit de la bataille de Cholula, voir Hassig, Ross, « The Maid of the Myth : La Malinche and the History of Mexico », *Indiana Journal of Hispanic Literatures* 12 (1998), p. 101-133. C'est le plus exact.

51. Díaz del Castillo, Bernal, *Histoire véridique de la conquête de la Nouvelle-Espagne. Précédée d'une préface nouvelle et suivie d'une Étude sur les sacrifices humains et l'anthropophagie chez les Aztèques* (2e édition corrigée), traduction par D. Jourdanet, 1877, p. 225-226.

52. Cortés, « Second Letter », in *Letters from Mexico, op. cit.*, p. 84-85.

53. Cortés parle peu de ce que portaient le monarque et ses serviteurs ; Díaz nous en dit davantage lorsqu'il décrit le baldaquin, évoquant l'or, l'argent, les perles et le jade suspendus à un éventail de plumes vertes. « C'était un spectacle merveilleux », s'extasiait-il (*The Conquest of New Spain, op. cit.*, p. 217). Je ne prends pas pour argent comptant tout ce qu'il dit ; retenons simplement que le monarque a marché sous une construction hautement symbolique. Voir Olkov, *Insignia of Rank in the Nahua World, op. cit.* Il est possible que Díaz, soit parce qu'il était trop loin soit parce que sa mémoire lui jouait des tours, ait vu en fait une coiffe fixée à une grande structure, comme suspendue au-dessus de Moctezuma – une telle disposition était très typique.

5. Une guerre pour mettre fin à toutes les guerres

1. *Florentine Codex*, livre 12 (la meilleure traduction est dans Lockhart, James, *We People Here, op. cit.*, p. 181-182), décrit l'épidémie de variole qui a frappé la ville peu de temps après que les Espagnols furent partis. Les auteurs évoquent des personnes immobilisées sur des matelas souillés, dont beaucoup périront parce qu'il n'y avait pas assez de personnes en bonne santé pour s'occuper d'elles. « La famine régnait, et personne ne prenait plus soin des autres. » Le mot *miccatzintli*, qui désigne le cadavre d'un proche, apparaît dans d'autres annales. Nous avons relativement peu de témoignages mexicas sur l'expérience de la maladie. Cependant, des historiens ont étudié d'autres épidémies de variole pour faire des comparaisons sur une base empirique. Voir, par exemple, Fenn, Elizabeth, *Pox Americans : The Great Smallpox Epidemic of 1775-82* (New York, Hill & Wang, 2001). Des sources indigènes et espagnoles (voir les notes 2 et 3 de ce chapitre) s'accordent à dire que trois filles de Moctezuma, qui ont reçu des noms de baptême espagnols, sont restées à Tenochtitlan lorsque les Espagnols se sont retirés, et ont survécu à l'épidémie qui s'est ensuivie. Deux

d'entre elles se sont mariées avec des Espagnols et l'autre mourut peu après la guerre. (Cortés a cessé de faire référence à celle appelée Maria entre 1522 et 1526, et la source indigène dit que Maria est morte « comme une fille non mariée ».) Le verbe nahuatl *polihui* signifie périr ou disparaître.

2. Les enfants de Moctezuma ont été relativement épargnés par la première grande épidémie de variole, comme en témoigne une liste généalogique très précise. Elle n'indique même aucun décès lors de cette période ; mais c'est parce qu'ils ont été oubliés. En fait, la liste ne comprend que les enfants qui étaient en âge de se marier au moment de la conquête, comme si Moctezuma n'en avait pas eu de plus jeunes, ce qui semble très peu probable dans un contexte polygyne. Ces enfants sont sans doute morts durant l'épidémie. Voir Chimalpahin, don Domingo, *Codex Chimalpahin*, *op. cit.*, 1, p. 158-165.

3. Les archives des Mexicas indiquent que deux fils ont été tués au canal de Tolteca après avoir été pris en otage par les Espagnols (*Codex Chimalpahin, op. cit.*, p. 158-159 ; et *Florentine Codex*, livre 12, in Lockhart, James, *We People Here*, *op. cit.*, p. 156). Dans son premier rapport, Cortés affirme qu'un seul a été tué. (Il supposait, au moment de la rédaction de ce rapport, que les filles avaient connu le même sort ; mais elles avaient été sauvées par leur peuple, comme il l'a appris plus tard.) Il a peut-être sous-estimé les effectifs à dessein, afin de ne pas contrarier son roi ; outre qu'il n'a fait référence qu'à un seul fils, Cortés a mentionné deux filles, alors qu'il savait très bien qu'elles étaient au nombre de trois. (Voir « Second Letter » in Cortés, Hernán, *Letters fom Mexico*, *op. cit.*, p. 138-139.) Des documents juridiques ultérieurs, conformes au récit des autochtones, en révèlent davantage sur ses relations avec elles. Voir Chipman, Donald, *Moctezuma's Children* (Austin, University of Texas Press, 2005), p. 75-76.

4. Les annales indigènes concordent sur ce point ; les récits espagnols rapportent quant à eux que Moctezuma s'est fait agresser par les siens à coups de jets de pierres lorsqu'il a refusé de se battre contre les étrangers. La première option est beaucoup plus probable ; quoi qu'il en soit, c'est certainement ce qu'on aurait dit à Tecuichpotzin, la fille de Moctezuma.

5. Son âge nous vient de documents espagnols (voir Chipman, Donald, *Moctezuma's Children*, *op cit.*), qui semblent tout à fait crédibles sur ce point. Si elle avait été plus âgée, elle aurait été mariée avant l'arrivée des Espagnols ; et si elle avait été plus jeune, elle n'aurait pas été considérée comme une femme à marier.

6. Sur le balayage, voir Burkhart, Louise, « Mexica Women on the Home Front : Housework and Religion in Aztec Mexico », in *Indian Women of Early*

Mexico, op. cit. Le *Florentine Codex*, livre 12, décrit le grand nettoyage et les travaux de réparation qui suivirent le départ des Espagnols.

7. La rencontre sur la chaussée est décrite dans la lettre de Cortés et dans le *Florentine Codex* (ainsi que dans de nombreux autres récits qui en sont tirés). Pour une analyse, voir Restall, Matthew, *Seven Myths of the Spanish Conquest, op. cit.*, p. 95-99.

8. Voir l'introduction de J. H. Elliott à Cortés, Hernán, *Letters from Mexico, op. cit.*

9. Cortés, « Second Letter », *Letters from Mexico, op. cit.*, p. 107 (traduction française p. 84) ; Díaz, *The Conquest of New Spain, op. cit.*, p. 276 (traduction française p. 298).

10. Fray Francisco de Aguilar, in Fuentes, Patricia de, éd., *The Conquistadors, op. cit.*, p. 148. D'autres chroniqueurs livrent des témoignages tout aussi étranges, comme s'ils essayaient de faire tenir debout leur histoire.

11. Restall, Matthew, *Seven Myths of the Spanish Conquest, op. cit.*, p. 97-98. Le discours qui lui est attribué se trouve dans le *Florentine Codex*, livre 12, in Lockhart, James, *We People Here, op. cit.*, p. 116. Restall discute également les nombreux mythes qui entourent cette fameuse réunion dans *When Montezuma Met Cortés, op. cit.*

12. Francis Brooks a écrit un article essentiel sur ce sujet. Voir son « Motecuzoma Xocoyotl, Hernán Cortés, and Bernal Díaz del Castillo : The Construction of an Arrest », *Hispanic American Historical Review* 75 (1995). Les *Annales de Tlatelolco*, la première série d'annales couvrant cette période, indiquent que les peuples indigènes fournissaient de la nourriture à leurs invités.

13. Une scène comparable s'était déroulée à Tlaxcala lorsque les Espagnols y étaient, et les indigènes l'ont immortalisée dans un texte pictural appelé aujourd'hui « The Texas Fragment » (en espagnol *Lienzo de Tlaxcala*), conservé à la bibliothèque Nettie Lee Benson Collection (Université du Texas, Austin). Pour une analyse, voir Townsend, Camilla, *Malintzin's Choices, op. cit.*, p. 68-74.

14. *Codex Chimalpahin, op. cit.*, 1, p. 142-143, p. 162-163 ; 2, p. 108-109.

15. L'identité de la mère de Tecuichpotzin (la future « Isabel ») a été sujette à confusion : des documents espagnols ont d'abord affirmé qu'elle s'appelait Teotlalco (ce qui ne serait pas un nom de personne en nahuatl) et qu'elle venait « de Tecalco » ; ce n'est que plus tard qu'elle a été donnée pour la fille d'Ahuitzotl (voir Chipman, Donald, *Moctezuma's Children, op. cit.*). Il n'y a cependant pas lieu de s'interroger sur ce point. Le terme *teccalco* pourrait simplement signifier qu'elle habitait aux alentours d'une maison royale, « le lieu où vivent les rois ». Les généalogies nahuatl s'accordent toutes à dire

qu'elle était la fille d'Ahuitzotl et d'une femme tépanèque, ce qui expliquerait certainement son statut. (Voir *Codex Chimalpahin, op. cit.*, 1, p. 52-53, 154-155, 163 ; 2, p. 86-87.)

16. La jeune fille était doña Francisca d'Ecatepec (voir chap. 8). Telles sont les raisons du silence qui l'entoure, selon moi ; ce sont les mêmes qui entourent celle d'un de ses demi-frères plus jeunes. Voir Kalyuta, Anastasia, « El arte de acomodarse a dos mundos : la vida de don Pedro de Moctezuma Tlacahuepantli según los documentos del Archivo General de la Nación (México) y al Archivo General de Indias (Sevilla) », *Revista Española de Antropología Americana* 41, n° 2 (2010), p. 471-500.

17. Cette dernière est en fait passée à la postérité sous le nom de « Leonor » à la fin des années 1520. Elle a d'abord épousé Juan Paz, puis Cristóbal de Valderrama.

18. Restall, Matthew, *When Montezuma Met Cortés, op. cit.*, p. 286-287.

19. Cortés, Díaz et Andrés de Tapia mentionnent cet épisode. En effet, Cortés n'aurait pas pu apprendre la nouvelle autrement (dans sa lettre, Cortés prétend qu'il l'a également appris par ses propres messagers, ce qui supposerait que ses hommes ont parcouru la campagne en toute liberté et en toute connaissance de cause, bien que nous sachions que ce n'est pas le cas).

20. Ces questions ont été largement traitées dans les biographies d'Hernán Cortés. Le journal de Dürer est cité dans Keen, Benjamin, *The Aztec Image in Western Thought* (New Brunswick, Rutgers University Press, 1971), p. 69. Sur la rapidité remarquable avec laquelle les nouvelles sur les peuples indigènes du Nouveau Monde ont voyagé via les textes imprimés européens, voir Pollack, John, « Native American Words, Early American Texts », thèse de doctorat., University of Pennsylvania, département d'anglais, 2014.

21. Presque tous les récits espagnols sont d'accord sur ce point, excepté celui de Cortés. Dans sa lettre, il raconte avoir eu une conversation intime avec Moctezuma, qui se serait confié à lui. Mais, dans sa biographie, Gómara écrit que Moctezuma s'était fait plus hostile envers les étrangers à ce même moment. López de Gómara, Francisco, *Cortés : The Life, op. cit.* Il est intéressant de comparer Cortés, « Second Letter », p. 119, avec Gómara, *Cortés : The Life*, p. 188-189.

22. Voir Brooks, Francis, « The Construction of an Arrest », p. 181. Nous ne pouvons pas savoir exactement quand Moctezuma a été placé en résidence surveillée, étant donné les déclarations contradictoires à ce sujet.

23. Les tactiques de la conquête sont mises en perspective dans Lockhart, James, et Schwartz, Stuart, *Early Latin America* (New York, Cambridge University Press, 1983), p. 80-83.

24. Tous les chroniqueurs s'accordent pour dire qu'ils l'ont capturé lors d'une attaque surprise, avant de le ligoter. Mais contrairement à ce qu'ils disent, ils ne l'ont fait qu'à l'arrivée d'autres Espagnols, comme le montre Francis Brooks (voir n. 22, chap. 5).

25. Cortés, « Second Letter », in *Letters from Mexico, op. cit.*, p. 128 (traduction française p. 103). Les historiens ont beaucoup écrit sur cette période de la campagne, prenant parfois les chroniqueurs trop à la lettre, plutôt que de chercher des points communs dans leurs déclarations et de considérer ce qui a le plus de sens dans le contexte. Pour un résumé de mon examen des témoignages, voir *Malintzin's Choices, op. cit.*, p. 99-101.

26. Cortés, « Second Letter », in *Letters from Mexico, op. cit.*, p. 128-129 (traduction française p. 103).

27. À l'époque, le lieu où ces personnes ont été capturées s'appelait Zoltepec (« vieille colline ») ; le site abritait un ancien temple dédié à Ehecatl, dieu du vent. Il a ensuite été connu sous le nom de Tecoaque (« les gens étaient mangés »), qu'il a conservé depuis lors. D'après une fouille archéologique menée sous les auspices de l'Instituto Nacional de Antropología e Historia, les prisonniers ont été sacrifiés par petits groupes, y compris les enfants. Il s'agit de la seule trace d'interactions entre Européens, Africains et indigènes pendant les années de la guerre de conquête. Le site a été classé au patrimoine mondial de l'UNESCO en 2004.

28. Nous pouvons nous faire une idée de cette période à partir d'une enquête de 1529 portant sur la conduite de Pedro de Alvarado. Elle existe sous forme imprimée : López Rayón, Ignacio, éd., *Proceso de residencia instruida contra Pedro de Alvarado y Nuño de Guzman* (Mexico, Valdes y Redondas, 1847). Le livre 12 du *Florentine Codex* (in Lockhart, James, *We People Here, op. cit.*, p. 140-142) révèle que ceux qui faisaient affaire avec les Espagnols, ou qui étaient soupçonnés de le faire, ont été tués. Parmi eux, malheureusement, de nombreux serviteurs du palais.

29. *Ibid.*, p. 132-134.

30. *Ibid.*, p. 142.

31. *Ibid.*, p. 138-139. Les Annales de Tlatelolco présentent également Moctezuma comme cherchant à calmer la situation. Cortés, de même.

32. Voir Townsend, Camilla, *Malintzin's Choices, op. cit.*, p. 104-105. Voir aussi chap. 4.

33. Cortés, « Second Letter », in *Letters from Mexico, op. cit.*, p. 134-135 (traduction française p. 109).

34. Celui qui racontait a d'abord dit *çan tlacapan* (« juste au-dessus des gens »), puis il est devenu plus précis en disant *çan nacapan* (« juste au-dessus

de la chair, des corps»); voir le livre 12 du *Florentine Codex* in Lockhart, James, *We People Here*, *op. cit.*, p. 156. Cristobal Castillo partage un souvenir similaire, se concentrant sur les corps des femmes indigènes de haute naissance qui ont été noyées.

35. Cortés, «Second Letter», in *Letters from Mexico*, *op. cit.*, p. 139 (traduction française p. 114). Cortés a également affirmé, à tort, que seuls 150 Espagnols étaient morts, chiffre que les historiens ont pu rectifier grâce à d'autres documents espagnols. Nous ne pouvons pas faire de même pour les Indiens. Si nous supposons qu'il a utilisé le même multiplicateur, alors environ 8 000 Tlaxcaltèques périrent. Cependant, ce chiffre me semble peu plausible. La cité n'aurait pas pu subsister si longtemps après de telles pertes, et Tenochtitlan n'aurait pu nourrir autant de bouches pendant six mois.

36. Díaz, Bernal, *The Conquest of New Spain*, *op. cit.*, p. 299 (traduction française p. 368).

37. *Florentine Codex*, livre 12, in Lockhart, James, *We People Here*, *op. cit.*, p. 156. Pour en savoir plus, voir n. 3, chap. 5.

38. Il existe une littérature foisonnante sur la question de la maladie dans la conquête du Nouveau Monde. Un livre fait une très bonne synthèse : Alchon, Suzanne, *A Pest in the Land : New World Epidemics in a Global Perspective* (Albuquerque, University of New Mexico Press, 2003).

39. Voir Gibson, Charles, *Tlaxcala in the Sixteenth Century* (New Haven, CT, Yale University Press, 1952).

40. Cortés, «Second Letter», in *Letters from Mexico*, *op. cit.*, p. 154-158 (traduction française p. 129).

41. Cortés, «Third Letter», *ibid.*, p. 207 (traduction française p. 177).

42. *Ibid.*, p. 207, 221, 247. *Annales de Tlatelolco*, in Lockhart, James, *We People Here*, *op. cit.*, p. 268-269.

43. Cortés, «Third Letter», in *Letters from Mexico*, *op. cit.*, p. 220-221 (traduction française p. 177). Pour comprendre les motivations d'Ixtlilxochitl, voir la discussion du chapitre 2 sur les dissensions induites par la polygynie. Bradley Benton a rédigé un chapitre sur les événements des années 1510 dans *The Lords of Tetzcoco : The Transformation of Indigenous Rule in Postconquest Central Mexico* (New York, Cambridge University Press, 2017).

44. Voir Zapata y Mendoza, Don Juan Buenaventura, *Historia chronológica de la Noble y Leal Ciudad de Tlaxcala*, dir. Reyes García, Luis, et Martínez Baracs, Andrea (Tlaxcala, Universidad Autónoma de Tlaxcala, 1995).

45. Plusieurs listes de rois existantes mentionnent son court règne. Le *Codex Chimalpahin* (*op. cit.*, 1, p. 165) et le *Codex Aubin* disent explicitement qu'il est mort «couvert de cloques», donc de la variole.

46. Les *Annales de Tlatelolco* mentionnent cette parenté; mais elles ne sauraient constituer une preuve à elles seules, les auteurs ayant pu prendre leurs désirs pour des réalités. Cependant, la source généalogique la plus précise des Mexicas corrobore cette information (*Codex Chimalpahin*, *op. cit.*, 2, p. 79, 99). Les événements ultérieurs, au cours desquels le peuple de Tlatelolca a accordé à Cuauhtemoc une loyauté sans partage, constituent une autre preuve.

47. Toutes les annales indigènes s'accordent à dire que ces événements ont bien eu lieu. Seuls les gens de Tlatelolco semblaient considérer Cuauhtemoc comme irréprochable. Voir *Codex Chimalpahin*, *op. cit.*, 1, p. 159, 167 (sur les noms des frères assassinés) ; *Codex Aubin* in Lockhart, James, *We People Here*, *op. cit.*, p. 277 (sur l'histoire de Cuauhtemoc ayant tué son propre demi-frère) ; *Annales de Tlatelolco* in Lockhart, James, *We People Here*, *op. cit.*, p. 261 (pour la citation sur la nécessité des actions). Voir aussi Kalyuta, Anastasia, « El arte de acomodarse a dos mundos : la vida de don Pedro », art. cité.

48. Sur l'importance symbolique de l'épouse pour légitimer le souverain, voir Gillespie, Susan, *Aztec King : The Construction of Rulership in Mexica History* (Tucson, University of Arizona Press, 1989) ; et plus particulièrement, pour ce qui est de Malintzin et d'Isabel considérées comme reines consorts aux côtés de Cortés, voir Townsend, Camilla, *Malintzin's Choices*, *op. cit.*, p. 77-78. Pour une étude exhaustive de l'importance de la femme relativement à la légitimité dans la mythologie occidentale, voir Carrillo Castro, Alejandro, *The Dragon and the Unicorn* (Mexico, 2014 [1996]).

49. Il existe un sous-genre de ces chansons dans les *Cantares Mexicanos*, *op. cit.*, dont certains traitent spécifiquement de la guerre avec les Espagnols.

50. *Florentine Codex*, livre 12, in Lockhart, James, *We People Here*, *op. cit.*, p. 186. Les *Annales de Tlatelolco* racontent à peu près la même chose.

51. *Ibid.*, p. 218.

52. *Ibid.*, p. 222. De tels moments se retrouvent également dans les *Cantares Mexicanos*, *op. cit.*

53. Lockhart, James, *We People Here*, *op. cit.*, p. 146.

54. *Ibid.*, p. 224.

55. Cortés, « Third Letter », in *Letters from Mexico*, *op. cit.*, p. 257.

56. *Florentine Codex*, livre 12, *in* Lockhart, James, *We People Here*, *op. cit.*, p. 230.

57. *Ibid.*, p. 80, 90, 96, 110, et ailleurs.

58. *Ibid.*, p. 74, 86, 98, 116, et ailleurs.

59. Cortés, « Third Letter », in *Letters from Mexico*, *op. cit.*, p. 246-247.

60. *Annales de Tlatelolco* in Lockhart, James, *We People Here*, *op. cit.*, p. 267 et 313. Ce passage a été partiellement mal traduit par Angel Garibay, puis par

Miguel León-Portilla – et finalement modifié une nouvelle fois dans la traduction de l'espagnol à l'anglais, ce qui a donné le célèbre titre du livre, *The Broken Spears*, qui n'existe nulle part dans le passage original –, comme l'explique bien Schwaller, John, « Broken Spears or Broken Bones ? The Evolution of the Most Famous Line in Nahuatl », *Americas* 16, 2 (2009), p. 241-252.

61. Cortés dit qu'il l'avait pris par surprise, mais les annales indigènes disent toutes qu'il alla se rendre. En effet, il serait difficile d'imaginer que les Espagnols capturèrent le tlatoani des Mexicas par surprise dans sa propre ville.

62. *Florentine Codex*, livre 12, in Lockhart, James, *We People Here*, *op. cit.*, p. 246-248.

6. Les premiers temps de la colonisation

1. Ces événements sont mentionnés dans une série d'annales du XVIe siècle de Cuauhtinchan publiées sous le titre *Libro de los guardianes y gobernadores de Cuauhtinchan*, éd. Medina Lima, Constantino (Mexico, Centro de Investigaciones y Estudios Superiores en Antropología Social [CIESAS], 1995), p. 50. Les chroniques espagnoles confirment que les franciscains ont pris l'initiative d'organiser la *congregación*, ou repeuplement.

2. Une étude approfondie de Chimalpopoca, ou don Alonso de Castañeda, figure dans Townsend, Camilla, *Annals of Native America*, *op. cit.*, chap. 1. Avec les membres de sa famille, il a écrit deux séries d'annales et a participé à plusieurs procès, ce qui confère à son témoignage une valeur particulière : il retrace la vie d'un homme avant et après la conquête. Dans d'autres annales du XVIe siècle, des hommes plus âgés nés avant la conquête sont parfois cités, mais n'en sont pas les auteurs.

3. Chimalpopoca a été l'un des narrateurs de ce qui est probablement la plus ancienne et la plus belle série d'annales existantes, la *Historia Tolteca Chichimeca*. Voir la bibliographie annotée des annales existantes en annexe pour un commentaire de cette source. Elle sera traitée en profondeur plus loin dans ce chapitre.

4. Grâce à l'existence de plusieurs séries d'annales et d'une importante affaire judiciaire, les chercheurs ont pu reconstituer l'histoire de Cuauhtinchan avant la conquête. Pour l'histoire en détail, voir Reyes García, Luis, *Cuauhtinchan del Siglo XII al XVI* (Wiesbaden, Franz Steiner, 1977).

5. *Historia Tolteca Chichimeca*, éd. Kirchof, Paul, Odena Güemes, Lina, et Reyes García, Luis (Mexico, Instituto Nacional de Historia e Antropología, 1976), p. 228-229.

6. *Ibid.*, p. 230. La chronique indique seulement qu'il est mort. Comme c'était à l'époque de l'épidémie de variole et que Cuauhtinchan n'était pas encore en guerre, on peut supposer que c'est bien la maladie qui a tué Tecuanitzin. Cependant, on ne peut pas rejeter complètement l'hypothèse selon laquelle il serait mort au combat contre les Espagnols.

7. Oudijk, Michel, et Restall, Matthew, « Mesoamerican Conquistadors in the Sixteenth Century », in *Indian Conquistadors : Indigenous Allies in the Conquest of Mexico*, dir. Matthew, Laura, et Oudijk, Michel (Norman, University of Oklahoma Press, 2007).

8. *Historia Tolteca Chichimeca, op. cit.*, p. 230. L'auteur ne fait référence qu'à l'Atoyac. Avant de devenir une rivière, il s'agissait à l'époque comme l'a montré un historien de l'environnement, d'une zone humide, contenant des ruisseaux discontinus ; d'où cette affirmation. Voir Skopyk, Bradly, « Undercurrents of Conquest : The Shifting Terrain of Agriculture in Colonial Tlaxala » (thèse de doctorat, York University, département d'histoire, 2010). Sur le choix du mot *polihui*, voir Wood, Stephanie, « Nahuatl Terms Relating to Conquest », papier présenté à l'American Historical Association, New York City, janvier 2015.

9. *Historia Tolteca Chichimeca, op. cit.*, p. 230. La chronique ne mentionne pas explicitement des négociations intensives, mais le degré élevé de précision semble le suggérer.

10. *Annales de Tlatelolco* in Lockhart, James, *We People Here, op. cit.*, p. 272-273.

11. *Ibid.*, p. 271-273. Sur la participation de Malinche, voir livre 12 du *Florentine Codex* in Lockhart, James, *We People Here, op. cit.* On trouvera une étude approfondie dans Wood, Stephanie, *Transcending Conquest : Nahua Views of Spanish Colonial Mexico* (Norman, University of Oklahoma Press, 2003), chap. 3. Sur un dessin indigène, Malintzin semble regarder les Espagnols déchaîner leurs molosses sur des autochtones sans défense.

12. Les annales indigènes (aussi bien le livre 12 du *Florentine Codex* que les *Annales de Tlatelolco*) attestent le marquage de prisonniers pour l'esclavage, ainsi que les violences sexuelles à l'encontre des femmes. Cependant, l'ampleur de ces deux phénomènes apparaît plus clairement dans les registres espagnols, qui énumèrent les marchandises envoyées en Espagne, et dans la correspondance du roi, comme les « Instrucciones de Carlos V a Hernando Cortés sobre Tratamiento de los Indios, Valladolid, 26 junio 1523 ». Ces documents se trouvent actuellement à l'Archivo General de Indios, à Séville, en Espagne. Pour de plus amples informations à ce sujet, voir Townsend, Camilla, *Malintzin's Choices, op. cit.*, p. 254-255 (notes 3 et 4). Pour une

étude plus approfondie de cette douloureuse question, voir Restall, Matthew, *When Montezuma Met Cortés*, *op. cit.*

13. Sur la transformation de la ville, voir Mundy, Barbara, *The Death of Aztec Tenochtitlan*, *op. cit.*

14. *Annales de Tlatelolco*, in Lockhart, James, *We People Here*, *op. cit.*, p. 273.

15. Pour en savoir plus sur l'organisation politique et économique de la colonie, voir Lockhart, James, et Schwartz, Stuart, *Early Latin America* (New York, Cambridge University Press, 1983).

16. Sur Juan Pérez de Arteaga, voir Townsend, Camilla, *Malintzin's Choices*, *op. cit.*, p. 141, 184-185. Pour une étude sur les conquistadors et leur histoire personnelle, voir Himmerich y Valencia, Robert, *The Encomenderos of New Spain* (Austin, University of Texas Press, 1991).

17. Voir Townsend, Camilla, *Malintzin's Choices*, *op. cit.*, p. 129-132, ainsi que « Polygyny and the Divided Altepetl », art. cité. Pour en savoir plus sur Texcoco à cette époque, voir Benton, Bradley, *The Lords of Tetzcoco*, *op. cit.*

18. « Ordenanzas de Buen Gobierno Dadas por Hernando Cortés », 20 mars 1524, in *Colección de documentos inéditos relativos al descubrimiento, conquista y colonización de las posesiones españoles en América y Oceania*, éd. Pacheco, Joaquín, 42 vol. (Madrid, Manuel Bernaldos de Quirós, 1864-1884), 26, p. 135-145.

19. En 1933, Robert Ricard publie en France *La Conquête spirituelle du Mexique* ; après la Seconde Guerre mondiale, ses idées se sont répandues dans les milieux universitaires, et l'ouvrage a finalement été publié en anglais sous le titre de *The Spiritual Conquest of Mexico* (Berkeley, University of California Press, 1966). Des décennies plus tard, c'est le travail de Louise Burkhart et de James Lockhart (voir notes 20 et 21), puis celui de leurs étudiants, qui a définitivement mis un terme à l'idée que les indigènes avaient radicalement changé de point de vue religieux.

20. Burkhart, Louise, *The Slippery Earth : Nahua-Christian Moral Dialogue in Sixteenth Century Mexico* (Tucson, University of Arizona Press, 1989), p. 40-42. Les travaux récents consacrés à ces questions comprennent, par exemple, Boone, Elizabeth Hill, Burkhart, Louise, et Tavárez, David, dir., *Painted Words : Nahuatl Catholicism, Politics and Memory in the Atzacualco Pictorial Catechism* (Washington, Dumbarton Oaks, 2017).

21. Lockhart, James, « Some Nahua Concepts in Postconquest Guise », *History of European Ideas* 6 (1985), p. 465-482.

22. C'est le document connu sous le nom de *Coloquios* (colloques) de fray Bernardino de Sahagún. Les textes en espagnol et en nahuatl sont

publiés dans León-Portilla, Miguel, éd., *Coloquios y doctrina christiana* (Mexico, Universidad Nacional Autónoma de México, 1986). Pour le débat académique sur la création du document, voir Lockhart, James, *The Nahuas After the Conquest*, p. 205-206 ; et Klor de Alva, Jorge, « La historicidad de los coloquios de Sahagún », *Estudios de Cultura Náhuatl* 15, 1982, p. 147-184.

23. Les *Coloquios*, traduits en anglais dans Mills, Kenneth, Taylor, William B., et Lauderdale Graham, Sandra, dir., *Colonial Latin America : A Documentary History* (Wilmington, Scholarly Resources, 2002), p. 20-22.

24. *Ibid.*

25. Reyes García, Luis, éd., *Anales de Juan Bautista* (Mexico, CIESAS, 2001), p. 280-281.

26. Fray Toribio de Benavente Motolinía, qui était présent, écrivit cela plus tard dans *Historia de los Indios de la Nueva España* (Madrid, Alianza, 1988), p. 66.

27. Townsend, Camilla, *Malintzin's Choices, op. cit.*, en particulier chap. 6. Ce sont les témoignages d'affaires judiciaires ultérieures qui nous donnent ces détails, jusqu'à la façon dont elle s'habillait à cette époque.

28. *Ibid.*, en particulier chap. 7.

29. *Ibid.*, p. 150-157. Traditionnellement, on suppose que Cortés a jeté Malinche dans les bras de l'un de ses assistants parce qu'il en avait assez d'elle. Cette interprétation n'a guère de sens, puisque dans ce cas il se serait débarrassé d'elle bien avant, ayant couché avec plus d'une femme ; et que lorsque le mariage eut lieu il était encore désespérément dépendant d'elle. *Malintzin's Choices*, qui étudie la question, confirme ce que des dizaines de témoins ont juré plus tard au tribunal : Malinche a épousé Jaramillo de son propre chef et a reçu son village natal d'Olutla en cadeau de mariage.

30. Díaz del Castillo, Bernal, *Historia Verdadera de la conquista de la Nueva España* (Mexico, Porrúa, 1960), p. 460. D'après Díaz, Malinche a dit à sa famille qu'elle leur pardonnait, mais comme une grande partie de ce qu'il a rapportée la concernant a manifestement été inventée, il est possible que cet épisode le soit également ; je ne le cite donc pas ici. (L'édition anglaise du texte de Díaz ne retient pas cette section. Les lecteurs intéressés consulteront l'édition espagnole de Porrúa.)

31. Les récits de ces événements laissés par les Nahuas, les Mayas et les Espagnols ne concordent pas : par exemple, on ne sait pas exactement combien de personnes ont connu le même destin que Cuauhtemoc. Pour une étude approfondie, voir Restall, Matthew, *Seven Myths of the Spanish Conquest, op. cit.*, p. 147-157. C'est la meilleure analyse comparative sur la question.

32. Ces événements sont relatés dans la « Fifth Letter » de Cortés, publiée dans *Letters from Mexico, op. cit.* Cependant, Cortés ne dit rien au roi des centaines de personnes qu'il a asservies pour son propre compte. Nous nous appuyons ici sur les documents d'archives actuellement conservés à l'Archivo General de Indias de Séville et au département des manuscrits de la bibliothèque de l'université de Yale. Voir Townsend, Camilla, *Malintzin's Choices, op. cit.*, p. 261 (notes 22-24), et Restall, Matthew, *When Montezuma Met Cortés, op. cit.*

33. Un certain nombre d'historiens ont écrit sur Isabel de Moctezuma. L'ouvrage le plus complet sur elle est Chipman, Donald, *Moctezuma's Children, op. cit.*

34. Lettre de Cortés à son père, Martín Cortés, 26 septembre 1526, publiée dans *Cartas y otros documentos de Hernán Cortés*, éd. Cuevas, Mariano (Séville, F. Díaz, 1915), p. 29.

35. Cortés affirme cela dans le document concédant une encomienda à doña Isabel. Ce document est conservé aux Archives générales des Indes et a été publié dans López de Meneses, Amada, « Techuichpotzin, hija de Moteczuma », in *Estudios cortesianos* (Madrid, Consejo Superior de Investigaciones Científcas, 1948).

36. Ordás to Francisco Verdugo, 2 juin 1530, in Otte, Enrique, « Nueve Cartas de Diego de Ordás », *Historia Mexicana* 14 (1964), p. 328.

37. En témoignent la datation du décès du mari et de la naissance de l'enfant, Leonor. Nous avons la certitude que l'enfant était bien celui de Cortés grâce à des documents espagnols (tels que les testaments de Cortés et de doña Isabel) et aux généalogies nahuatl qui incluaient l'enfant comme le premier-né de Tecuichpotzin et désignaient le conquérant comme le père. (Voir *Codex Chimalpahin, op. cit.*, 1, p. 163 et 2, p. 87.)

38. Townsend, Camilla, *Malintzin's Choices, op. cit.*, en particulier chap. 9.

39. *The Florentine Codex, op. cit.*, 6, p. 160. (Voir aussi p. 161-167.) Sur l'art mexica d'être mère, voir Clendinnen, Inga, *Aztecs, op. cit.*

40. Leonor Cortés Moctezuma épousa plus tard Juan de Tolosa, gouverneur de Zacatecas, où furent découvertes des mines d'argent fabuleusement riches. Ses enfants faisaient partie des personnalités de haut rang de la société mexicaine. Pour en savoir plus sur elle, voir Chipman, Donald, *Moctezuma's Children, op. cit.*

41. La préférence d'Isabel pour Juan par rapport à ceux qu'elle a eus de son second mari apparaît nettement dans son testament. *Ibid.*, p. 65-70. Après sa mort, un long procès s'ensuivit.

42. Chimalpahin l'appelle ainsi dans *Annals of His Time*, dir. Lockhart, James, Schroeder, Susan et Namala, Doris (Stanford, Stanford University Press, 2006).

43. Chipman, Donald, « Isabel Moctezuma », in *Struggle and Survival in Colonial America*, éd. Sweet, David, et Nash, Gary (Berkeley, University of California Press, 1981).

44. Sur la datation de la mort de Malintzin à partir de documents d'archives espagnols, voir Townsend, Camilla, *Malintzin's Choices*, *op. cit.*, p. 263, n. 40. Les *Actas de Cabildo* de Mexico la désignent comme étant décédée en janvier 1529. Dans sa « Septième relation », *Las Ocho Relaciones*, *op. cit.*, Chimalpahin écrit à tort qu'elle décéda à Chalco vers 1530, mais ce fut avant. À la mort de Malintzin, son fils était en Espagne. Sa petite fille fut élevée par son père, Juan Jaramillo, qui épousa une Espagnole de « bonne famille ». Plus tard, la belle-mère tenta de la déshériter, et un long procès s'ensuivit.

45. *Historia Tolteca Chichimeca*, *op. cit.*, p. 231.

46. Sur la malnutrition comme facteur de vulnérabilité des indigènes aux maladies, voir Alchon, Suzanne, *A Pest in the Land* (Albuquerque, University of New Mexico Press, 2003).

47. Voir Altman, Ida, *The War for Mexico's West : Indians and Spaniards in New Galicia, 1524-1550* (Albuquerque, University of New Mexico Press, 2010).

48. Benton, Bradley, *The Lords of Tetzcoco*, *op. cit.*, p. 35.

49. Un noble parent et ami de Chimalpopoca jura plus tard qu'il avait lui-même reçu le baptême en 1529. Voir le témoignage de don Diego Ceynos dans « Manuscrito de 1553 », in *Documentos sobre tierras y señoríos en Cuauhtinchan*, éd. Reyes García, Luis (Mexico, Instituto Nacional de Antropología e Historia, 1978), p. 80. Chimalpopoca se désignait par un nom chrétien (don Alonso) en 1532 (voir « Donación de Tierras », in *Documentos sobre tierras*, *op. cit.*, p. 101).

50. *Libro de Guardianes*, *op. cit.*, p. 36.

51. *Ibid.*, p. 34 et 38. Un recensement datant des années 1540 et provenant d'une autre région démontre que même les principaux nobles chrétiens avaient gardé leurs multiples épouses. Voir Cline, S. L. éd., *The Book of Tributes : Early Sixteenth-Century Nahuatl Censuses from Morelos* (Los Angeles, UCLA Latin American Center Publications, 1993).

52. « Donación de Tierras », in *Documentos sobre tierras*, *op. cit.*, p. 101-102. Ce document, daté de 1532, est un exemple remarquablement précoce de l'utilisation de l'alphabet romain par les Nahuas dans leurs écrits officiels. Il n'a survécu que parce que quelqu'un l'a soumis en 1554 comme preuve dans une affaire judiciaire se déroulant à Mexico.

53. *Documentos sobre tierras, op. cit.*, p. 101-102. Le scribe se donnait à lui-même le nom de « Simón Buenaventura ». Il apparaît dans d'autres documents dans les années 1550. En 1532, il aurait été encore jeune, probablement un tout nouvel étudiant des frères de Tepeaca.

54. *Ibid.*, p. 231.

55. *Libro de Guardianes, op. cit.*, p. 36. Ce récit indigène s'accorde bien avec celui qui se trouve dans les *Annales de Tecamachalco*, publiées dans *Los Anales de Tecamachalco, 1398-1590*, éd. Celestino Solís, Eustaquio, et Reyes García, Luis (Mexico, CIESAS, 1992), p. 21-22. Les franciscains, notamment Gerónimo de Mendieta, se concentrent sur d'autres éléments dans leur traitement du sujet.

56. Il existe une abondante littérature sur la persistance des croyances religieuses indigènes. Voir, par exemple, Don, Patricia Lopes, *Bonfires of Culture : Franciscans, Indigenous Leaders, and Inquisition in Early Mexico, 1524-1540* (Norman, University of Oklahoma Press, 2010) ; Tavárez, David, *The Invisible War : Indigenous Devotions, Discipline, and Dissent in Colonial Mexico* (Stanford, CA, Stanford University, 2011) ; et Wake, Eleanor, *Framing the Sacred : The Indian Churches of Colonial Mexico* (Norman, University of Oklahoma Press, 2010).

57. *Historia Tolteca Chichimeca, op. cit.*, p. 232. Pour une analyse de la structure qui lui a succédé, construite dans les années 1550, et dans laquelle des peintures indigènes ont survécu, voir Escalante Gonzalbo, Pablo, « El Patrocinio del arte indocristiano en el siglo XVI. La iniciativa de las autoridades indígenas en Tlaxcala y Cuauhtinchan », in *Patrocinio, colección y circulación de las artes*, éd. Curiel, Gustavo (Mexico, UNAM, 1997). Sur la concurrence inter-altepetl à l'époque coloniale, voir Lockhart, James, *The Nahuas After the Conquest, op. cit.*

58. *Libro de Guardianes, op. cit.*, p. 40.

59. C'est le seul passage du livre où j'utilise la licence poétique. Voici les faits dont je peux être absolument certaine : (1) dans les années 1580, un lettré nommé Cristóbal de Castañeda apparaît dans les annales comme greffier du cabildo indigène ; (2) un testament existant prouve que ce Cristóbal était un descendant de don Alonso, mais il pourrait s'agir d'un petit-fils ou d'un autre parent, plutôt que d'un fils ; et (3) des preuves incontestables indiquent qu'un jeune membre de la famille de don Alonso a fréquenté l'école de Tlatelolco ; même s'il était très probablement le fils de don Alonso, il aurait pu être un jeune cousin ou un autre parent. (Voir Townsend, Camilla, *Annals of Native America, op. cit.*, chap. 1.) Ainsi, en écrivant sur le membre de la famille Castañeda qui était étudiant à l'école (de Tlatelolco), je devrais

techniquement faire référence au « garçon qui était probablement un fils et qui s'appelait probablement Cristóbal, mais qui pouvait être un autre jeune parent et/ou qui pouvait avoir un autre nom de baptême chrétien ». J'espère que les lecteurs me pardonneront d'avoir simplement parlé de « Cristóbal » et d'inclure cette note en guise de complète transparence.

60. Sur l'accueil des garçons et les objets qu'ils ont apportés, voir Torquemada, Juan de (fray), *Mo narquía Indiana* (Mexico, Porrúa, 1969), 3, p. 113.

61. Nous ne savons pas grand-chose sur la façon dont les jeunes étudiants indigènes ont perçu leur éducation ou leurs éducateurs, car aucun ne nous a laissé de commentaire. Il est clair, cependant, que les élèves n'ont en aucun cas été déracinés ou rabaissés comme l'ont été les élèves indigènes nord-américains dans les pensionnats des XIXe et XXe siècles. Au vu des activités ultérieures de certains d'entre eux, on peut affirmer sans crainte de se tromper qu'ils étaient stimulés par leurs cours et qu'ils espéraient (et l'ont souvent fait) utiliser ce qu'ils avaient appris pour aider leur peuple. Voir la discussion des « trilingues » (parlant espagnol, latin et nahuatl) et de leur plus grand professeur dans Leó-Portilla, Miguel, *Bernardino de Sahagún : First Anthropologist* (Norman, University of Oklahoma Press, 2002). Le premier abécédaire alphabétique imprimé par les missionnaires est disponible en fac-similé : Valton, Emilio, éd., *El Primer Libro de alfabetización en América* (Mexico, Robedo, 1949 [1569]). Les textes inspirants de la bibliothèque scolaire de Tlatelolco – tels que les œuvres de Cicéron et d'Érasme – ont été listés dans García Icazbalceta, Joaquín, éd., *Nueva colección de documentos para la historia de México*, vol. 3 (Liechtenstein, Kraus Reprints, 1971 [1886]). Pour avoir un aperçu des commentaires condescendants des enseignants à l'égard des élèves et en même temps de la fierté qu'ils pouvaient tirer de certaines de leurs réalisations, voir Motolinía, *Historia de los Indios, op. cit.*, p. 273.

62. Sahagún parlait bien le nahuatl et déplorait ce que les jeunes se disaient parfois entre eux. Voir *The Florentine Codex, op. cit.*, vol. 1, commentaire sur les livres 2 et 5.

63. *Libro de Guardianes, op. cit.*, p. 40-42. L'auteur a également commenté la rébellion de la ville (nouvellement protestante) de Genève. Il ne dit mot du « mauvais comportement » de ses ancêtres polygames, mais les missionnaires en parlent tellement dans leurs écrits que nous pouvons être certains que leurs étudiants partageaient ce point de vue.

64. Voir le fac-similé de la *Historia Tolteca Chichimeca.*

65. *Libro de Guardianes, op. cit.*, p. 28.

66. « Manuscrito de 1553 », in *Documentos sobre tierras, op. cit.*, p. 94.

67. Plusieurs séries d'annales estiment le nombre de décès à 800 000. C'est ce qu'affirme également le *Libro de Guardianes*. Plusieurs maladies sont en cause, dont probablement la variole, même si nous ne disposons pas de preuves certaines à ce sujet.

68. Cette affaire est reproduite intégralement dans « Cuauhtinchan contra Tepeaca por los linderos establecidos en el año de 1467, 1546-47 », in *Documentos sobre tierras, op. cit.*

69. *Documentos sobre tierras, op. cit.*, p. 13 et 28. Ils se sont plaints du coût du logement dans la ville.

70. *Ibid.*, p. 11-14. Le greffier du tribunal dit expressément que don Alonso a fait un signe de tête pour exprimer son accord.

71. En effet, don Alonso a été confronté au même dilemme que celui auquel les peuples méditerranéens usant du cunéiforme, largement pictographique, avaient été confrontés, jadis, lorsqu'ils découvrirent pour la première fois l'alphabet des Phéniciens, basé sur la phonétique. Devaient-ils abandonner leur système d'écriture pictographique au profit de cette méthode très efficace de transcription des sons ? Au fil du temps, beaucoup décidèrent – consciemment ou non – de le faire. L'encyclopédie la plus complète des différents systèmes d'écriture est Daniels, Peter, et Bright, William, éd., *The World's Writing Systems* (New York, Oxford University Press, 1996). Pour une étude fascinante des débuts de l'écriture dans l'ancien monde méditerranéen, voir deux ouvrages de Denise Schmandt-Besserat : *How Writing Came About* (Austin, University of Texas Press, 1996) et *When Writing Met Art : From Symbol to Story* (Austin, University of Texas Press, 2007). Pour comprendre le déclin du cunéiforme dans un contexte de bouleversement linguistique, voir Houston, Stephen, Baines, John, et Cooper, Jerrold, « Last Writing : Script Obsolescence in Egypt, Mesopotamia and Mesoamerica », *Comparative Studies in Society and History* 45, 3 (2003), p. 430-479. Le cunéiforme était en fait partiellement phonétique – comme tous les systèmes d'écriture méso-américains – mais pas autant que l'alphabet phénicien ou ceux qui lui ont succédé.

72. Le manuscrit extraordinaire appelé aujourd'hui *Historia Tolteca Chichimeca* présente toutes ces caractéristiques. Don Alonso a chapeauté le projet, avec l'aide de jeunes membres de sa famille, comme l'indiquent divers passages. Pour une étude complète, voir Townsend, Camilla, *Annals of Native America, op. cit.*, chap. 1. Pour un examen approfondi des dessins et de leurs significations, voir Leibsohn, Dana, *Script and Glyph : Pre-Hispanic History, Colonial Bookmaking and the Historia Tolteca Chichimeca* (Washington, DC, Dumbarton Oaks, 2009).

7. Crise politique : les Indiens entre contestation et résignation

1. Des documents relatifs à l'enquête sur don Martín Cortés et son demi-frère, le marquis del Valle, sont conservés dans l'*Archivo General de Indias* à Séville, Espagne. Nombre d'entre eux ont été imprimés dans Orozco y Berra, Manuel, éd., *Noticia histórica de la conjuración del Marqués del Valle, años 1565-1568* (Mexico, R. Rafael, 1853). Pour le récit de la séance de torture, voir p. 228-233.

2. Pour en savoir plus sur sa vie et son caractère, voir Lanyon, Ana, *The New World of Martín Cortés* (New York, Da Capo, 2003), ainsi que Townsend, Camilla, *Malintzin's Choices, op. cit.*, en particulier chap. 9.

3. Les événements sont décrits ou évoqués dans plusieurs histoires nahuatl : *Annales de Juan Bautista*, *Codex Aubin* et *Annales de Tecamachalco*.

4. La bulle de Clément VII est datée du 16 avril 1529. Une copie a été faite lorsque Cortés a demandé que son fils nouvellement légitimé soit reçu dans l'ordre des Chevaliers de Saint-Jacques. Ces documents sont conservés dans les archives historiques nationales de Madrid et ont été publiés sous le titre « Expediente de Martín Cortés, niño de siete años, hijo de Hernando Cortés y la India Marina, Toledo, 19 Julio 1529 », in *Boletín de la Real Academia de Historia* 21 (1892), p. 199-202.

5. Hernán Cortés à Francisco Nuñez, 20 juin 1533, in Sánchez Barba, Mario Hernández, dir., *Hernando Cortés : cartas y documentos* (Mexico, Porrúa, 1963), p. 514-523.

6. Pendant de nombreuses années, les historiens (moi compris) ont cru que don Martín n'était pas revenu au Mexique avant d'avoir atteint la quarantaine. Récemment, les recherches minutieuses de María del Carmen Martínez Martínez ont mis au jour une visite antérieure. Voir Martínez Martínez, María del Carmen, *Martín Cortés : Pasos recuperados (1532-1562)* (León, Espagne, Universidad de León, 2018), p. 33-40. (Il s'agit d'une étude biographique du second Martín, mais les recherches de l'auteur concernent le premier.) Le fils de don Martín, Fernando, fait un résumé des dernières années de sa vie dans un texte conservé à l'Archivo General de Indias, Patronato 17, R.13.

7. Sur les relations entre les frères, voir Townsend, Camilla, *Malintzin's Choices, op. cit.*, chap. 9. María del Carmen Martínez Martínez porte un regard plus favorable à l'égard de l'héritier, qu'elle a longuement étudié. Selon elle, les litiges étaient monnaie courante pour des gens de cette classe et ne nuisaient pas nécessairement à leurs relations mutuelles. Elle note que l'héritier Martín avait de nombreuses et lourdes responsabilités, et que Martín le métis était parfaitement capable de faire preuve de sang-froid. Voir son *Martín Cortés, op. cit.*,

p. 77-79, 121, 141, 167-182. Difficile de savoir ce qu'il en était vraiment. À mon avis, cependant, la relation qu'entretenait le second Martín avec sa mère règle la question de son caractère, sans parler des événements ultérieurs.

8. « *Por Marina, soy testigo / ganó esta tierra un hombre, / y por otra deste nombre / la perderá quien yo digo* », tiré d'un texte de 1589 de Suárez de la Peralta, Juan, *Tratado del descubrimiento de las Indias y su conquista*, éd. Perissinotto, Giorgio (Madrid, Alianza, 1990), p. 195.

9. De tels détails sont révélés dans l'enquête sur la conduite de don Martín dans les années précédant la prétendue conspiration (voir n. 1, chap. 7). Des documents concernant María Jaramillo se trouvent dans les procédures judiciaires (Archivo General de Indias, Justicia 168, Autos entre partes) qu'elle et son fils ont menées pour défendre leur héritage contre sa belle-mère. Pour en savoir plus sur ce sujet, voir Townsend, Camilla, *Malintzin's Choices*, *op. cit.*, chap. 8.

10. Archivo General de Indias, Pasajeros, L.4, E 3955, Bernardina de Porres.

11. Les annales espagnoles et indigènes concordent. Voir Reyes García, Luis, éd., *Anales de Juan Bautista*, *op. cit.*, p. 218-219, et Scholes, France, et Adams, Eleanor, dir., *Cartas de Valderrama* (Mexico, Porrúa, 1961), p. 11 et 338.

12. On peut se faire une idée des réactions suscitées par ces événements dans Suárez de la Perralta, *Tratado del descubrimiento de las Indias y su conquista*, *op. cit.*

13. C'est ce qui ressort d'une pétition de 1532 en espagnol présentée par cinq nobles mexicains, dont les fils et neveu de Moctezuma, Nezahualtecolotl et Huanitzin. Voir « Una petición de varios principales de la Ciudad de México al emperador Carlos V », in *La Nobleza Indígena del centro de México después de la conquista*, dir. Pérez-Rocha, Emma, et Tena, Rafael (Mexico, Instituto Nacional de Antropología e Historia, 2000), p. 99-102. Bien sûr, les pétitionnaires ont pu exagérer les difficultés auxquelles ils étaient confrontés pour appuyer leur demande d'encomiendas ou d'autres sources de richesse, mais ce qu'ils disent est effectivement crédible, compte tenu de ce que nous savons du contexte. À la fin du document, plusieurs juges de l'Audiencia ont ajouté que ces hommes perdraient leur statut si rien n'était fait. Les pétitionnaires n'ont pas explicité « *el oprobio en que estamos de nuestros naturales* » (« l'opprobre que nous subissons de la part des nôtres »), mais d'après les *Annales de Juan Bautista*, on leur attribuait parfois la responsabilité de la guerre avec les Espagnols, encore à l'époque.

14. Pour la réorganisation de l'altepetl au XVIe siècle sous la domination espagnole, voir Lockhart, James, *The Nahuas After the Conquest*, *op. cit.*, surtout p. 28-44.

15. Sur les ragots concernant la cause du décès de ce fils de Moctezuma, voir Chimalpahin, don Domingo, *Codex Chimalpahin*, *op. cit.*, 1, p. 160-161. Pour une liste détaillée des documents connus en rapport avec Nezahualtecolotl, voir Pérez Rocha, Emma, et Tena, Rafael, introduction à *La Nobleza Indígena*, *op. cit.*, p. 38-39. Selon Pérez et Tena, l'histoire est une invention, étant donné la date de décès du *quauhtlatoani* accusé. Nezahualtecolotl est mentionné pour la dernière fois dans les archives en 1536, date à laquelle il a reçu un blason. Il est vraisemblablement mort à peu près à cette époque.

16. Cette déclaration a été faite plus tard dans le cadre d'une affaire judiciaire menée dans les années 1560 et est citée dans un article complet et très éclairant : Kalyuta, Anastasia, « El arte de acomodarse a dos mundos : la vida de don Pedro de Moctezuma Tlacahuepantli », *Revista Española de Antropología Americana* 41, n° 2 (2011), p. 478.

17. Voir Chimalpahin Quauhtlehuanitzin, don Domingo de San Antón Muñón, *Annals of His Time*, *op. cit.*, p. 132-133 et 136-137. Chimalpahin a consulté Tezozomoc, le fils de Huanitzin, à l'époque où il a écrit que ce dernier avait été détenu à Coyoacan et torturé ; il répétait donc probablement une histoire de famille. Compte tenu du contexte, celle-ci est crédible. Dans sa pétition au monarque espagnol (voir n. 13, chap. 7), Huanitzin n'a évidemment pas mentionné ces éléments, mais seulement le voyage au Honduras.

18. Sur les enfants « engendrés ailleurs » de Huanitzin, voir *Codex Chimalpahin*, *op. cit.*, 2, p. 101 ; et sur son mariage avec doña Francisca, 1, p. 165.

19. Dans la pétition de 1532 adressée à la Couronne, figure la déclaration du fils de Moctezuma, don Martín Nezahualtecolotl, alors vivant, puis – mêlant les deux lignées familiales, conformément à la tradition – celle du représentant de la lignée d'Itzcoatl, celle de Huanitizin, celle d'un *quauhtlatoani* dont le père avait été gouverneur intérimaire, et enfin celle d'un autre parent. Bien que les Espagnols n'en aient pas eu conscience, l'ordre des déclarations ou des contributions était extrêmement important.

20. La date exacte de l'intronisation de Huanitzin varie selon les passages des annales nahuatl. Voir l'étude approfondie de la famille royale par María Castañeda de la Paz dans « Historia de una casa real : Origen y ocaso del linage gobernante en México Tenochtitlan », *Nuevo Mundo Mundos Nuevos* 20 (2011), http://nuevomundo.revues.org.

21. La meilleure analyse du règne de Huanitzin se trouve dans Mundy, Barbara, *The Death of Aztec Tenochtitlan*, *op. cit.*, chap. 5. Elle comprend une fine description du travail de la plume dont témoigne le cadeau que Huanitzin fait au pape. Sur l'intérêt que les Européens ont développé pour cet art indigène, voir Russo, Alessandra, Wolf, Gerhard, et Fane, Diana, dir., *Images*

Take Flight : Feather Art in Mexico and Europe, 1400-1700 (Florence, Italie, Kunsthistorisches Institut in Florenz, 2015).

22. Mundy, Barbara, *The Death of Aztec Tenochtitlan*, *op. cit.*, p. 156-160. Sont évoquées dans cet ouvrage les preuves documentaires attestant les efforts déployés par le tlatoani pour protéger les ressources de son peuple et de sa famille. Voir aussi le commentaire bref mais éclairant de Castañeda de Paz, « Historia de una casa real », art. cité, p. 6.

23. Des documents relatant les débats entre Espagnols sur cette question sont rassemblés dans Scholes, France, et Adams, Eleanor, dir., *Sobre el modo de tributar los indios de Nueva España a Su Majestad, 1561-64* (Mexico, Porrúa, 1958).

24. Ulloa, Modesto, *La hacienda real de Castilla en el reinado de Felipe II* (Madrid, Seminario Cisneros, 1986).

25. *Cartas de Valderrama*, *op. cit.*, p. 65-66.

26. « Auto proveido por el virrey », in *Sobre el modo de tributar los indios*, *op. cit.*, p. 116-118.

27. *Annales de Juan Bautista*, *op. cit.*, p. 184-185.

28. Les détails de prodédure de l'affaire ont été publiés dans *Códice Osuna accompañado de 158 páginas inéditas encontradas in el Archivo General de la Nación*, éd. Chávez Orozco, Luis (Mexico, Instituto Indigenista Interamericano, 1947), p. 13-16 (ci-après *Codex Osuna*).

29. *Annales de Juan Bautista*, *op. cit.*, p. 196-197, et *Codex Chimalpahin*, *op. cit.*, 2, p. 119. Castañeda de Paz, « Historia de una casa real », art. cité, p. 6, affirme que nous ne pouvons pas savoir qui est cette jeune femme, décrite dans les annales comme « la fille de feu don Diego » ; or il existe deux don Diego. Cependant, il est fort probable que le don Diego en question soit le tlatoani récemment décédé. En examinant sa généalogie dans le *Codex Chimalpahin*, on trouve une certaine Magdalena, qui, vu son âge, pourrait être l'épouse de Luis Cipactzin. Elle était une petite-nièce, pas une fille ; mais une toute jeune femme rattachée au foyer aurait pu être désignée comme une « fille ». Cette Magdalena n'est pas répertoriée comme ayant elle-même des enfants, de même que la jeune femme en question, décédée peu après son mariage.

30. *Annales de Juan Bautista*, *op. cit.*, p. 198-199. J'avais interprété autrefois ce passage comme signifiant uniquement que l'altepetl avait dépensé beaucoup d'énergie pour survivre. Je remercie Celso Mendoza pour m'avoir fait percevoir un autre sens, à savoir la référence à la tradition du sacrifice.

31. Lockhart, James, *The Nahuas After the Conquest*, *op. cit.*, p. 118.

32. Cette section des *Annales de Juan Bautista* est transcrite et traduite en anglais dans Townsend, Camilla, *Annals of Native*, *op. cit.*, chap. 2.

33. La tradition des pleurs lors d'une déclaration publique est évoquée dans de nombreux textes. Voir par exemple le document publié par James Lockhart en annexe de *The Nahuas After the Conquest* : « Grant of a house site, San Miguel Tocuillen, Tetzcoco region, 1583 ». Miguel León-Portilla a réimprimé le document avec le titre approprié, « And Ana Wept », in *In the Languages of Kings : An Anthology of Mesoamerican Literature*, dir. León-Portilla, Miguel, et Shorris, Earl (New York, Norton, 2001), p. 366-367.

34. *Annales de Juan Bautista, op. cit.*, p. 214-215.

35. *Ibid.*, p. 218-219.

36. *Ibid.*, p. 220-223.

37. *Ibid.*, p. 220-221. Pour le texte complet de la chanson, voir Townsend, Camilla, « What in the World Have You Done to Me, My Lover ? », art. cité, p. 349-389.

38. *Cartas de Valderrama, op. cit.*, p. 160-161.

39. Sarabia Viejo, María Justina, *Don Luis de Velasco, Virrey de Nueva España* (Séville, Escuela de Estudios Hispano-Americanos, 1978), p. 470-471.

40. *Annales de Juan Bautista, op. cit.*, p. 238-239.

41. *Ibid.*, p. 222-223.

42. *Ibid.*, p. 230-231 et 278-281.

43. *Códice Osuna, op. cit.*, p. 32-38.

44. Sur les anciennes associations spirituelles avec Tepeyac, voir Martínez Baracs, Rodrigo, « De Tepeaquilla a Tepeaca, 1528-1555 », *Andes* 17 (2006). Sur le nouveau tableau de Marcos à Tepeyac, et la décision ultérieure de l'archevêque d'ouvrir une enquête sur une possible idolâtrie, voir O'Gorman, Edmundo, *Destierro de Sombras : Luz en el orígen de la imagen y culta de Nuestra Señora de Guadalupe* (Mexico, Universidad Nacional Autónoma de México, 1986). Les lecteurs peuvent trouver le témoignage de 1556 relatif à Marcos dans de la Torre Villar, Ernesto, et Navarra de Anda, Ramiro, dir., *Testimonios Históricos Guadalupanos* (Mexico, Fondo de Cultura Económica, 1982), p. 63. Sur la question de savoir si le Marcos qui a fait la peinture est le même que celui qui a été trouvé dans les *Annales de Juan Bautista*, voir Townsend, Camilla, *Annals of Native America, op. cit.*, chap. 2. Celles-ci énumèrent tous les peintres qui ont travaillé pour les franciscains au milieu des années 1560, et un seul est nommé « Marcos ». Figure de proue parmi les peintres, il joue un rôle de premier plan dans le texte ; on peut donc supposer qu'il est l'auteur de l'extraordinaire peinture.

45. Il n'existe aucune preuve de l'existence de Juan Diego au XVIe siècle. Voir Poole, Staford, *The Guadalupan Controversies in Mexico* (Stanford, Stanford University Press, 2006).

46. *Annales de Juan Bautista, op. cit.*, p. 254-255 et 258-259.
47. *Ibid.*, p. 238-239.
48. *Ibid.*, p. 288-289.
49. *Ibid.*, p. 262-263.
50. *Ibid.*, p. 258-259.
51. *Ibid.*, p. 250-251.
52. *Ibid.*, p. 248-249.
53. Pour une étude complète de cette figure remarquable, voir Townsend, Camilla, « Mutual Appraisals : The Shifting Paradigms of the English, Spanish and Powhatans in Tsenacomoco, 1560-1622 », in *Early Modern Virginia : Reconsidering the Old Dominion*, dir. Bradburn, Douglas, et Coombs, John C. (Charlottesville, University of Virginia Press, 2011), p. 57-89.
54. La lettre du dominicain est conservée à l'Archivo General de Indias, RG Mexico, vol. 280, février 1563 ; le texte se trouve dans Townsend, Camilla, dir., *American Indian History : A Documentary Reader* (Londres, Wiley-Blackwell, 2009), p. 31-33.
55. Cette discussion apparaît dans la lettre (in Townsend, *American Indian History*) ; Fray Pedro de Feria rapporte parfois les propos de Paquiquineo, sans que l'on puisse, évidemment, entendre directement la voix de celui-ci.
56. Pour une étude exhaustive de cette mission, voir Gradie, Charlotte, « Spanish Jesuits in Virginia : The Mission That Failed », *Virginia Magazine of History and Biography* 96 (1988), p. 131-156.
57. *Cartas de Valderrama, op. cit.*, p. 187.
58. *Annales de Juan Bautista, op. cit.*, p. 148-149.
59. Voir Ruiz Medrano, Ethelia, « Fighting Destiny : Nahua Nobles and Friars in the Sixteenth-Century Revolt of the Encomenderos against the King », in *Negotiation within Domination : New Spain's Indian Pueblos Confront the Spanish State*, dir. Ruiz Medrano, Ethelia, et Kellogg, Susan (Boulder, University Press of Colorado, 2010).
60. *Annales de Juan Bautista, op. cit.*, p. 318-319.
61. *Códice Osuna, op. cit.*, p. 77-78.
62. Ces phénomènes sont mentionnés dans les *Annales de Juan Bautista* et sont abordés dans Townsend, Camilla, *Annals of Native America, op. cit.*, chap. 2.
63. Chimalpahin dit explicitement ce que les historiens peuvent constater : que la famille royale a cessé de régner. Cependant, ce qu'il dit à propos de la fin de la lignée royale est à prendre avec des pincettes, dans le sens où certains des futurs dirigeants étaient liés à celle-ci par le biais du réseau de

mariages. Voir Castañeda de Paz, « Historia de una casa real », art. cité. Néanmoins, ils étaient issus d'autres altepetls.

64. Ce texte est connu sous le nom d'*Annales de Juan Bautista*. Pour en savoir plus sur l'alternance des points de vue propre aux Annales, voir Townsend, Camilla, « Glimpsing Native American Historiography : The Cellular Principle in Sixteenth-Century Nahuatl Annals », *Ethnohistory* 56 (2009), p. 625-650.

8. Les petits-enfants

1. Les événements (et les détails) de ce paragraphe sont tous issus des travaux de Chimalpahin. Chimalpahin Quauhtlehuanitzin, don Domingo de San Antón Muñón, *Annals of His Time*, *op. cit.*, p. 224-225. Pour une étude plus complète de sa vie que celle qui se trouve dans ce chapitre, voir Townsend, Camilla, *Annals of Native America*, *op. cit.*, chap. 4. Sur ce que ses écrits révèlent de la politique indigène, voir Schroeder, Susan, *Chimalpahin and the Kingdoms of Chalco*, *op. cit.*

2. Chimalpahin ne dit pas : « J'étais là. » Mais je suppose qu'il était présent parce qu'il déclare : « Nous, les Indiens [*timacehualtin*], avons aidé. » Ailleurs dans le livre, il utilise parfois l'expression *timacehualtin* pour parler des Indiens en général (« Nous, les Indiens, devons payer une taxe », par exemple), mais jamais pour parler d'un groupe dont il ne faisait pas partie. Dans ce cas, il dit *in macehualtin* (« les Indiens »). Je pense donc qu'il était présent ; les détails qu'il mentionne en témoignent, car seul un témoin oculaire y aurait eu accès. Concernant ma décision de traduire *macehualtin* par « Indiens » plutôt que « roturiers » ou « gens du commun », voir Townsend, Camilla, « Don Juan Buenaventura Zapata y Mendoza and the Notion of a Nahua Identity », in *The Conquest All Over Again*, *op. cit.* Là, je ne discute que des considérations de Zapata à cet égard, mais j'ai depuis constaté que *macehualtin* sert à exprimer l'idée de « peuple indigène » dans de nombreux textes nahuatl.

3. Cette histoire est relatée dans le chapitre 3. Quecholcohuatzin fut plus tard appelé « don Jerónimo », le « don » indiquant qu'il était d'une famille noble. Chimalpahin nous dit qu'il était originaire du sous-altepetl d'Iztlacozauhcan d'Amaquemecan, tandis que ses grands-parents venaient quant à eux du sous-altepetl de Tzacualtitlan Tenanco. Il indique par ailleurs que les familles nobles d'Amaquemecan se sont toutes mariées entre elles, de sorte qu'elles étaient toutes plus ou moins apparentées.

4. Il cite une étude sur les différents continents tirée de Martínez, Enrico, *El Reportorio de los tiempos* (Mexico, 1606).

5. Eltis, David, et Richardson, David, *Voyages : The Trans-Atlantic Slave Trade Database*, http://www.slavevoyages.org. Pour une étude montrant combien nous avons été longtemps aveugles à cette réalité, voir Gates, Henry, *Black in Latin America* (New York, New York University Press, 2011), p. 59-60.

6. Bowser, Frederick, «Africans in Spanish American Colonial Society», in *The Cambridge History of Latin America*, éd. Bethell, Leslie, vol. 2 (New York, Cambridge University Press, 1984) ; Palmer, Colin, *Slaves of the White God : Blacks in Mexico, 1570-1650* (Cambridge, Harvard University Press, 1976) ; Bennett, Herman, *Africans in Colonial Mexico : Absolutism, Christianity, and Afro-Creole Consciousness, 1570-1640* (Bloomington, Indiana University Press, 2003). La contribution la plus récente est Sierra Silva, Pablo, *Urban Slavery in Colonial Mexico : Puebla de los Angeles, 1531-1706* (New York, Cambridge University Press, 2018).

7. «Census de la población del Virreinato de Nueva España en el siglo XVI [1570]», *Boletín del Centro de Estudios americanistas de Sevilla de Indias* (février/mars 1919), p. 44-62. 8 000, c'est le nombre d'hommes ; il y avait plus de femmes espagnoles que de femmes africaines.

8. Rapport de Pedro de Vega concernant la population de Mexico City, Puebla et d'autres villes, 1595, cité dans Díaz, María Elena, «The Black Blood of New Spain : Limpieza de Sangre, Racial Violence, and Gendered Power in Early Colonial Mexico», *William and Mary Quarterly* 61, n° 3 (2003), p. 503. Ces chiffres de population sont discutables, car les recensements ne répondaient pas à nos normes modernes. Certains historiens ont pu affirmer que la population noire était beaucoup plus importante, mais ce n'est pas le consensus.

9. Chimalpahin, *Annals of His Time*, *op. cit.*, p. 26-27. De nombreuses annales mentionnent l'horrible épidémie qui a débuté en 1576, en particulier les *Annales de Tecamachalco*. D'après celles-ci, les missionnaires craignaient qu'aucun indigène n'en réchappe.

10. Le «census de la población» de 1570 (voir n. 437) fait état d'environ 60 000 indigènes. Dans les années 1560, des décomptes des tributaires vont dans ce sens, avec environ 22 000 chefs de famille payant un tribut. Normalement, à cette époque, le multiplicateur pour avoir le total devrait être supérieur à trois, mais dans un contexte où beaucoup d'enfants indigènes mouraient de maladies, c'est probablement juste. Au début des années 1600, on comptait environ 8 000 tributaires (voir Gibson, Charles, *The Aztecs Under Spanish Rule* [Stanford, Stanford University Press, 1964], p. 142, 379 et 462). En utilisant le même multiplicateur, nous obtenons un chiffre de l'ordre de 24 000 indigènes au début des années 1600. Même si nous rejetons

le multiplicateur hypothétique, le décompte du nombre de tributaires nous indique que la population avait diminué de près de deux tiers.

11. Von Germeten, Nicole, *Black Blood Brothers : Confaternities and Social Mobility for Afro-Mexicans* (Gainesville, University Press of Florida, 2006).

12. Dans *Africans in Colonial Mexico, op. cit.*, Bennett analyse la manière dont les personnes d'origine africaine à Mexico ont pu s'autonomiser, notamment en tirant le meilleur parti des relations entre les autorités de l'État et l'Église.

13. Sur les relations entre Africains et Indiens dans la ville voisine de Cholula, voir Castillo Palma, Norma Angelica, et Kellogg, Susan, « Conflict and Cohabitation between Afro-Mexicans and Nahuas in Central Mexico », in *Beyond Black and Red : African-Native Relations in Colonial Latin America*, dir. Restall, Matthew (Albuquerque, University of New Mexico Press, 2005) ; voir aussi Restall, Matthew, *The Black Middle : Africans, Mayas, and Spaniards in Colonial Yucatan* (Stanford, Stanford University Press, 2009). La mise en réseau et les interactions avec d'autres groupes sont des éléments majeurs de la description de Sierra Silva, Pablo Miguel, *Urban Slavery, op. cit.*

14. Díaz, María Elena, « The Black Blood of New Spain », art. cité, comprend une analyse des dossiers de l'enquête. Pour en savoir plus sur les cérémonies de « couronnement » dans le Nouveau Monde, influencées par les traditions politiques africaines actuelles, voir Rucker, Walter, *Gold Coast Diasporas : Identity, Culture, and Power* (Bloomington, University of Indiana Press, 2015).

15. Díaz, María Elena, « The Black Blood of New Spain », art. cité. Carrión, Antonio, *Historia de la ciudad de Puebla de los Angeles* (Puebla, José Cajica, 1970 [1897]), 2:20-24. Sur les communautés marronnes, voir Price, Richard, *Maroon Societies : Rebel Slave Communities in the Americas* (Baltimore, Johns-Hopkins University Press, 1979).

16. *Ibid.*, p. 507-508. Voir aussi Von Germeten, Nicole, *Black Blood Brothers, op. cit.*, p. 77-78.

17. Chimalpahin décrit l'abcès, ainsi que les efforts entrepris pour le drainer, en vain. Le peuple s'en prit aux médecins espagnols, jugés incapables, voir Chimalpahin, *Annals of His Time, op. cit.*, p. 200-201.

18. Le rapport anonyme soumis par l'un des membres de l'Audiencia apparaît dans son intégralité dans Querol y Roso, Luis, « Negros y mulatos de Nueva España », *Anales de la Universidad de Valencia* 12, n° 9 (1931-1932) : p. 141-153. Il mentionne un rapport fait par une femme noire selon lequel un homme noir aurait tenté d'utiliser la sorcellerie contre elle. Ce type d'accusation était courant et aurait normalement dû être renvoyé à l'office de l'Inquisition. Voir Lewis, Laura, *Power, Witchcraft and Caste in Colonial Mexico* (Durham, NC, Duke University Press, 2003).

19. Chimalpahin, *Annals of His Time*, *op. cit.*, p. 212-213. Chimalpahin fait référence à « Nuestra Señora de Huitzillan », Huitzillan étant le nom d'un lieu près duquel se trouvait l'hôpital Nuestra Señora de la Misericordia (dans le cimetière duquel seraient enterrés les Noirs exécutés). Des sources espagnoles mettent en cause cet établissement, dont les membres de la confrérie avaient été impliqués dans la protestation contre la mort de la femme esclave. Voir Von Germeten, Nicole, *Black Blood Brothers*, *op. cit.*, p. 77. Sur Huitzillan, voir Mundy, Barbara, *The Death of Aztec Tenochtitlan*, *op. cit.*

20. Chimalpahin, *Annals of His Time*, *op. cit.*, p. 214-215.

21. *Ibid.*, p. 216-217.

22. *Ibid.*, p. 218-219.

23. *Ibid.*, p. 218-219.

24. Vicente Riva Palacio affirme avoir lu quelque chose à ce propos. Son récit révèle l'influence de Chimalpahin. Voir Riva Palacio, Vicente, *El Libro Rojo, 1520-1867* (Mexico, Díaz de León, 1870).

25. Querol y Roso, Luis, « Negros y mulatos de Nueva España », art. cité. Dans une lettre adressée au cabildo de Puebla, les autorités de la ville ont mentionné l'élément de sorcellerie. Voir Díaz, María Elena, « The Black Blood of New Spain », art. cité.

26. Chimalpahin, *Annals of His Time*, *op. cit.*, p. 218-223. Dans « The Black Blood of New Spain », *op. cit.*, Díaz analyse avec brio ces discours dans un contexte où emerge en Europe la notion de pureté raciale. Cependant, on ne sait pas dans quelle mesure les ragots indigènes, tels que rapportés par Chimalpahin, provenaient à l'origine d'Espagnols. Ce qui est certain, c'est que les propos tenus par les indigènes sur la période précoloniale sont plus fiables que ceux tenus ultérieurement.

27. Les historiens qui se sont appuyés sur des sources espagnoles ont naturellement été plus que disposés à croire que la population noire avait vraiment comploté pour renverser les Espagnols. Je m'en réfère pour ma part à Chimalpahin, dont le témoignage est certainement plus proche de la réalité. Et ce, d'autant qu'il était plus proche de la population noire – il semble avoir fréquenté des Afro-Mexicains. Quoi qu'il en soit, les sources espagnoles étant fondées sur des déclarations de marchands d'esclaves portugais qui prétendaient parler un angolais courant, nous pouvons les écarter. Par ailleurs, dans *Urban Slavery*, *op. cit.*, Sierra Silva souligne que les dirigeants des *cofradías* (confréries) noires, dans la mesure où ils étaient intégrés aux structures de pouvoir et étaient en contact avec les élites de la ville, n'avaient aucun intérêt à organiser une insurrection, comme on les en accusait.

28. Chimalpahin, *Annals of His Time*, *op. cit.*, p. 224-225.

29. *Ibid.*, p. 222-223.

30. *Ibid.*, p. 224-225.

31. Cette donnée, comme la plupart de ce que nous savons sur Chimalpahin, provient de ses propres écrits. Voir Chimalpahin, *Las Ocho Relaciones*, *op. cit.*, 1, p. 249.

32. Information que l'on peut déduire de leur âge au moment de leur décès en 1606 ; Chimalpahin, *Annals of His Time*, *op. cit.*, p. 90-91. Sur son arbre généalogique et sa signification, voir Schroeder, Susan, *Chimalpahin and the Kingdoms of Chalco*, *op. cit.*

33. Voir n. 3 de ce chapitre, ainsi que n. 1, chap. 3.

34. Presque tous les écrits de Chimalpahin prennent la forme du *xiuhpohualli*.

35. Chimalpahin, *Annals of His Time*, *op. cit.*, p. 166-167.

36. Les annales de Chimalpahin sont écrites à la troisième personne. S'il y consigne des éléments de l'histoire de Mexico antérieurs à son arrivée, il se montre en témoin historique à partir de 1590, alors âgé de onze ans. Il a également écrit plus tard qu'il y avait vécu « *desde muy niño* » (« depuis la prime enfance »), ce qu'il n'aurait pas dit s'il avait eu plus de douze ans.

37. Chimalpahin, *Annals of His Time*, *op. cit.*, p. 38-39.

38. Pour l'histoire de l'église San Antonio Abad, voir Martínez Baracs, Rodrigo, « El Diario de Chimalpahin », *Estudios de cultura náhuatl* 38 (2007), p. 288-289. Rien à voir avec l'ordre de San Antonio Abad, qui dirigeait des hôpitaux en Europe.

39. Chimalpahin, *Annals of His Time*, *op. cit.*, p. 60-61.

40. *The Florentine Codex*, *op. cit.*, 6, p. 35-36.

41. Zapata y Mendoza, Don Juan Buenaventura, *Historia cronológica de la Noble Ciudad de Tlaxcala*, *op. cit.*, p. 180-183. Ces événements sont également mentionnés dans les *Annales de Tlaxcala*. Pour une étude complète, voir Jeffres, Travis, « "In Case I Die Where I Am Selected to Be Sent" : Coercion and the Tlaxcalan Resettlement of 1591 », *Ethnohistory* 66 (2019), p. 95-116.

42. Chimalpahin, *Annals of His Time*, *op. cit.*, p. 36-37.

43. *Ibid.*, p. 62-63.

44. *Ibid.*, p. 64-65.

45. *Ibid.*, p. 70-71. Sur le mot « macehualtin » voir n. 2 de ce chapitre.

46. Pour en savoir plus, voir Seijas, Tatiana, *Asian Slaves in Colonial Mexico* (New York, Cambridge University Press, 2014). Sur l'hospice San Jacinto, fondé en 1601, voir Seijas, p. 125-126.

47. Saint Augustin, *Confessions*, éd. Pine-Coffin, R. S. (New York, Penguin, 1961), p. 34. Pour une étude des références de Chimalpahin à Adam et

Ève et de l'utilisation qu'il a faite de saint Augustin dans son propre travail, voir Townsend, Camilla, *Annals of Native America*, *op. cit.*, chap. 4.

48. Les historiens peuvent retracer les types de biens que les gens aimaient collectionner grâce à l'étude des testaments. Voir Lockhart, James, *The Nahuas After the Conquest* (Stanford, Stanford University Press, 1992).

49. Les historiens de l'art ont étudié l'influence des soies et porcelaines asiatiques sur l'art mexicain. Pierce, Donna, et Otuska, Ronald, dir., *Asia and Spanish America : Transpacific Artistic and Cultural Heritage, 1500-1850* (Denver, Denver Art Museum, 2009). Voir aussi López, Carmen Yuste, *El comercio de la Nueva España con Filipinas, 1590-1795* (Mexico, Instituto Nacional de Antropología e Historia, 1984).

50. Chimalpahin l'appelle souvent par ce nom. Voir *Annals of His Time*, *op. cit.*, p. 298-301.

51. *Ibid.*, p. 66-67.

52. L'étude la plus exhaustive sur la figure de Pedro Dionisio se trouve dans Castañeda de la Paz, María, « Historia de una casa real : origen y ocaso del linaje gobernante en México Tenochtitlan », *Nuevo Mundo Mundos Nuevos* (2011), p. 8-10.

53. Huanitzin était revenu du Honduras et vivait avec sa femme en 1526. En supposant qu'ils aient eu tout de suite des enfants, l'aînée, une fille, a dû naître vers 1527, et le garçon le plus âgé, don Cristóbal, vers 1528. Cette hypothèse semble plausible, car celui-ci a été élu gobernador au milieu des années 1550, ce qui n'aurait probablement pas pu se produire s'il avait eu moins d'une trentaine d'années. Cinq autres enfants sont nés au cours des années 1530, avant la mort de leur père en 1541. Tezozomoc était l'avant-dernier. Voir Anderson, Arthur J. O., et Schroeder, Susan, dir., *Codex Chimalpahin*, *op. cit.*, 1, p. 173.

54. Chimalpahin, *Annals of His Time*, *op. cit.*, p. 66-67.

55. *Ibid.*, p. 58-59. Il dit littéralement que don Antonio « n'entendait pas ce qui était dit », ce qui suggère qu'il était incapable de comprendre (c'est ainsi que Lockhart *et al.* l'ont également lu). Chimalpahin mentionne plus tard la mort de Valeriano en 1605. Pour en savoir plus sur cette figure très intéressante, voir Castañeda de la Paz, « Historia de una casa real », et Tavárez, Davíd, « Nahua Intellectuals, Franciscan Scholars, and the Devotio Moderna in Colonial Mexico », *Americas* 70, n° 2 (2013), p. 203-210. Sur le mariage d'Isabel et Valeriano, voir *Codex Chimalpahin*, *op. cit.*, 1, p. 173.

56. Chimalpahin, *Annals of His Time*, *op. cit.*, p. 90-91.

57. *Ibid.*, p. 100-101.

58. Pour connaître l'histoire complète de ce remarquable projet de plusieurs décennies, voir Candiani, Vera, *Dreaming of Dry Land : Environmental*

Transformation in Colonial Mexico City (Stanford, Stanford University Press, 2014). Candiani insiste sur le fait que, pour des raisons éonomiques, les dirigeants de la ville ont soumis la main-d'œuvre indigène au travail forcé.

59. Chimalpahin, *Annals of His Time*, *op. cit.*, p. 110-11. Chimalpahin utilise un seul verbe (*mococoya*), couramment employé pour désigner à la fois la maladie et la blessure.

60. Louise Burkhart inclut un catalogue des sources doctrinales nahuatl en annexe de *The Slippery Earth : Nahua-Christian Moral Dialogue in the Sixteenth Century* (Tucson, University of Arizona Press, 1989).

61. C'est Juan Bautista Viseo qui a largement contribué à cet essor livresque (voir le n° 63 pour un exemple). Il existe une littérature foisonnante sur ces missionnaires et, plus récemment, sur les Nahuas chrétiens qui ont travaillé avec eux. Le lecteur peut commencer par lire les premiers chapitres de *Slippery Earth* de Burkhart. Plus récemment, Tavárez, Davíd, « Nahua Intellectuals », art. cité, est un excellent travail, dont les notes de bas de page donnent un panorama exhaustif des différentes contributions existant sur le sujet.

62. Nous savons qu'il les a lus, car il les cite explicitement.

63. Préface à Viseo, Juan Bautista, *Sermonario en lengua Mexicana* (Mexico, Casa de Diego López Dávalos, 1606). Un exemplaire de cet ouvrage est, comme la plupart des premières éditions mexicaines, conservé à la New York Public Library.

64. Pour une étude textuelle démontrant comment les historiens ont déterminé la date à laquelle il a commencé son magnum opus (maintenant appelé *Las Ocho Relaciones*), voir Townsend, Camilla, *Annals of Native America*, *op. cit.*, chap. 4.

65. « Huitième relation », in *Las Ocho Relaciones*, 2, p. 305-309. Pour un tableau complet de toutes les sources mentionnées par Chimalpahin, voir Schroeder, Susan, *Chimalpahin and the Kingdoms of Chalco*, *op. cit.*, p. 18-19.

66. *Las Ocho Relaciones*, *op. cit.*, 2, p. 317. J'ai un petit mais très important désaccord avec Rafael Tena sur sa traduction. S'il comprend que les nobles ont fait une copie de performances écrites, je suis pour ma part certaine qu'ils ont en fait présenté d'anciennes performances (*quicenquixtique y huehuetlahtolli*), qui ont ensuite été transcrites. C'est important, car cela signifie que Chimalpahin lisait la transcription d'une riche performance verbale.

67. *Las Ocho Relaciones*, *op. cit.*, 2, p. 309.

68. Chimalpahin a inclus de longues déclarations de Tezozomoc dans ses écrits, dont une datée de 1609. En fait, c'est seulement grâce à Chimalpahin que les déclarations de Tezozomoc ont survécu. En théorie, rien n'atteste

qu'ils se soient réellement rencontrés (et que les écrits n'aient pas été simplement remis à Chimalpahin sur ordre de Tezozomoc). Mais c'est fort probable, au vu de l'importance de l'affaire.

69. Tezozomoc ne cesse de préciser l'authenticité de ses propos. Il est fort possible qu'outre ses écrits, il ait lu aussi des récits pictographiques à Chimalpahin (ou à quelqu'un d'autre).

70. « Huitième relation », in *Las Ocho Relaciones, op. cit.*, 2, p. 273.

71. Tezozomoc in *Codex Chimalpahin, op. cit.*, 1, p. 60-61.

72. « Huitième relation », in *Las Ocho Relaciones, op. cit.*, 2, p. 295.

73. *Las Ocho Relaciones, op. cit.*, 2, p. 360-361.

74. Tavárez, David, « Reclaiming the Conquest », in *Chimalpahin's Conquest*, dir. Schroeder, Susan, Cruz, Anne J., Roa-de-la-Carrera, Cristián, et Tavárez, David (Stanford, Stanford University Press, 2010), p. 29-30.

75. « Première relation », in *Las Ocho Relaciones, op. cit.*, 1, p. 29.

76. « Deuxième relation », in *Las Ocho Relaciones, op. cit.*, 1, p. 65 ; et « Quatrième relation », 1, p. 307.

77. Chimalpahin, *Annals of His Time, op. cit.*, p. 194-195. L'histoire est longue et est traitée (par morceaux) jusqu'à la page 201.

78. *Ibid.*, p. 196-97. Il écrit : *« Macama ytalhuillo. »*

79. *Ibid.*, p. 222-223.

80. Voir *Apocalypse*, 20:13, traduction d'Émile Osty, Seuil, 1973, p. 2587. Je tiens ici à remercier Robert Taber pour sa contribution. Sans lui, je n'aurais pas perçu l'allusion biblique.

81. Voir Nesvig, Martin, « The "Indian Question" and the Case of Tlatelolco », in *Local Religion in Colonial Mexico*, dir. Nesvig, Martin (Albuquerque, University of New Mexico Press, 2006).

82. Le scénario semble avoir disparu, mais la représentation a été résumée par un membre du public. Ciudad Real, Antonio de, *Tratado curioso y docto de las grandezas de la Nueva España* (Mexico, Universidad Nacional Autónoma de México, 1976 [1584]).

83. « Septième relation », in *Las Ocho Relaciones*, 2, p. 230-231.

84. Voir Guijo, Gregorio Martín del, *Diario*, 2 vol. (Mexico, Editorial Porrúa, 1952).

85. Pour une analyse de ces émeutes, voir Cañeque, Alejandro, *The King's Living Image : The Culture and Politics of Vice-regal Power in Colonial Mexico* (New York, Routledge, 2004).

86. *Annals of Tlaxcala* in Townsend, Camilla, dir., *Here in This Year : Seventeenth Century Nahuatl Annals of the Tlaxcala-Puebla Valley* (Stanford, Stanford University Press, 2010), p. 176-177.

87. Lockhart, James, Schroeder, Susan, et Namala, Doris, introduction aux *Annals of His Time*, *op. cit.*, p. 12. Selon les éditeurs, il est très peu probable que Chimalpahin ait écrit davantage; et ce, pour plusieurs raisons : (1) en 1615, il ralentissait déjà le rythme; (2) le propos se termine au milieu d'une page, et non de la façon dont il se terminerait si les pages suivantes avaient été perdues, car il ne gaspillait jamais de papier; et (3) Sigüenza y Góngora, qui a reçu ses papiers, a écrit dans une note qu'il cherchait la fin, en vain.

88. Alva Ixtlilxochitl, Fernando de, *Obras*, *op. cit.*, 1, p. 523. O'Gorman, ayant trouvé cette préface à différents endroits selon les versions de l'œuvre d'Ixtlilxochitl, la place avant la « Sumaria relación de la historia general », antérieure. Cependant, Amber Brian l'a trouvée au début du dernier ouvrage d'Ixtlilxochitl, *The Historia Chichimeca*, dans ses manuscrits autographes. Voir Brian, Amber, « Don Fernando de Alva Ixtlilxochitl's Narratives of the Conquest of Mexico », in *The Conquest All Over Again*, *op. cit.* ; et Brian, Amber, « The Original Alva Ixtlilxochitl Manuscripts at Cambridge University », *Colonial Latin American Review* 23, n° 1 (2014), p. 84-101.

89. Brian, Amber, *Alva Ixtlilxochitl's Native Archive and the Circulation of Knowledge in Colonial Mexico* (Nashville, Vanderbilt University Press, 2016). Pour un résumé détaillé de la vie d'Ixtlilxochitl basé sur des documents historiques, voir Townsend, Camilla, « The Evolution of Ixtlilxochitl's Scholarly Life », *Colonial Latin American Review* 23, n° 1 (2014), p. 1-17. Ce dernier article est tiré d'un numéro spécial consacré à Ixtlilxochitl.

90. Townsend, Camilla, *Annals of Native America*, *op. cit.*, p. 154-155.

91. Brading, David, *The First America : The Spanish Monarchy, Creole Patriots, and the Liberal States, 1492-1867* (Cambridge, Cambridge University Press, 1991). Pour une étude fascinante sur la façon dont les élites indigènes – y compris Chimalpahin et Ixtlilxochitl – ont été impliquées dans la production des fantasmes créoles sur les peuples indigènes, voir Villella, Peter, *Indigenous Elites and Creole Identity in Colonial Mexico, 1500-1800* (Cambridge, Cambridge University Press, 2016). Sur l'obsession que suscitaient, parmi les élites du XVIIIe siècle, les traditions médicinales des Indiens, voir Thurner, Lance, « Lizards and the Idea of Mexico », *Nursing Clio*, 12 avril 2018 ; https://nursingclio. org/2018/04/12/lizards-and-the-idea-of-mexico.

Épilogue

1. Sur la survivance des xiuhpohualli à Tlaxcala, voir Townsend, Camilla, « Don Juan Buenaventura Zapata y Mendoza and the Notion of a Nahua

Identity», in *The Conquest All Over Again*, *op. cit.* Sur ce que l'on appelle les titres primordiaux ou *títulos*, produits par les Nahuas après la conquête, voir les travaux de Stephanie Wood, notamment «Don Diego García de Mendoza Moctezuma : A Techialoyan Mastermind ?», *Estudios de cultura náhuatl* 19 (1989), p. 245-268, et *Transcending Conquest : Nahua Views of Spanish Colonial Mexico* (Norman, University of Oklahoma Press, 2003) ; ainsi que l'œuvre de Robert Haskett, dont *Visions of Paradise : Primordial Titles and Mesoamerican History in Cuernavaca* (Norman, University of Oklahoma Press, 2005).

2. Une excellente introduction aux modèles socio-économiques de la période coloniale est l'ouvrage classique de Lockhart, James, et Schwartz, Stuart, *Early Latin America* (New York, Cambridge University Press, 1983).

3. Chacun de ces sujets a été traité par nombre de travaux. Comme porte d'entrée, je recommande les ouvrages récents suivants : Sierra Silva, Pablo, *Urban Slavery in Colonial Mexico : Puebla de los Angeles, 1531-1706* (New York, Cambridge University Press, 2018) et Nelson Criales, Jessica, «"Women of Our Nation" : Gender and Christian Indian Communities in the United States and Mexico, 1724-1850», *Early American Studies* 17, n° 4 (2019).

4. Il existe une littérature abondante sur Sor Juana et l'histoire de la Vierge de Guadalupe. Pour commencer, voir Townsend, Camilla, «Sor Juana's Nahuatl», *Le Verger* 8 (Paris, 2015), p. 1-12 ; et Poole, Stafford, *The Guadalupan Controversies in Mexico* (Stanford, Stanford University Press, 2006).

5. On trouvera un aperçu de la période dans E. Bradford Burns, *The Poverty of Progress : Latin America in the Nineteenth Century* (Berkeley, University of California Press, 1980).

6. Pour une étude complète du mouvement moderne chez les locuteurs du nahuatl, voir McDonough, Kelly, *The Learned Ones : Nahua Intellectuals in Postconquest Mexico* (Tucson, University of Arizona Press, 2014). Le dictionnaire nahuatl-nahuatl est celui de Sullivan, John, de la Cruz Cruz, Eduardo, de la Cruz de la Cruz, Abelardo, *et al.*, Tlahtolxitlauhcayotl (Chicontepec, Veracruz, IDIEZ, 2016). Lors de la conférence du Northeastern Group of Nahuatl Studies de 2012 à l'université de Yale, les universitaires et écrivains nahuatl Victoriano de la Cruz Cruz et Refugio Nava ont discuté la question du Sixième Soleil. D'autres écrivains du monde entier ont été profondément influencés par le travail sur le nahuatl, comme Duncan Tonatiuh, qui publie en anglais des histoires pour enfants basées sur des thèmes et des motifs nahuatl.

Annexe

1. La plupart des archéologues étudient des sites magnifiques. Dans le territoire nahua du Mexique, le plus grand d'entre eux est le Templo Mayor aztèque de l'actuelle ville de Mexico, où une fouille a été faite entre 1978 et 1982 à l'initiative d'Eduardo Matos Moctezuma. Celui-ci a beaucoup publié. Pour une introduction en anglais, voir *Life and Death in the Templo Mayor* (Boulder, University Press of Colorado, 1995). D'autres archéologues consacrent leur temps à l'étude de la vie des gens ordinaires dans des lieux moins grandioses; leur travail est également très éclairant. Voir Smith, Michael E., *The Aztecs* (Londres, Blackwell, 1996).

2. Je trouve que la meilleure édition anglaise de ce qui nous reste du journal de bord de Colomb (une copie préparée par Bartolomé de las Casas) est Dunn, Oliver, éd., *The Diario of Christopher Columbus's First Voyage to America* (Norman, University of Oklahoma Press, 1989). Le seul texte datant des années de la conquête du Mexique qui nous soit parvenu est un ensemble de lettres au roi écrites par Hernán Cortés. Voir Cortés, Hernán, *Letters from Mexico, op. cit.* Par la suite, d'autres Européens ont consigé leur expérience de la conquête, le plus célèbre étant Bernal Díaz de Castillo. Voir Díaz, Bernal, *The Conquest of New Spain, op. cit.* Peu de temps après la conquête, les missionnaires ont eux aussi couché par écrit leurs témoignages, notamment le frère dominicain Diego Duran, *The History of the Indies of New Spain, op. cit.*

3. Voir Coe, Michael, *Breaking the Maya Code* (New York, Thames & Hudson, 1992). Il s'agit notamment d'un universitaire du nom de David Stuart.

4. Phrase qui ouvre une biographie relativement longue, gravée à Piedras Negras, Guatemala. Voir la traduction de Linda Schele dans Coe, *Breaking the Maya Code, op. cit.*, p. 266-267.

5. La plus grande spécialiste des histoires picturales est Elizabeth Hill Boone. Voir son ouvrage majeur, *Stories in Red and Black : Pictorial Histories of the Aztecs and Mixtecs* (Austin, University of Texas Press, 2000) et *Cycles of Time and Meaning in the Mexican Books of Fate* (Austin, University of Texas Press, 2007). Aujourd'hui, de nombreux jeunes historiens de l'art s'inscrivent dans son sillage, parmi lesquels Diel, Lori Boornazian, *The Tira de Tepechpan : Negotiating Place Under Aztec and Spanish Rule* (Austin, University of Texas Press, 2008) et *The Codex Mexicanus : A Guide to Life in Late Sixeenth-Century New Spain* (Austin, University of Texas Press, 2018).

6. Ces sous-titres de chapitre proviennent du *Florentine Codex*, aussi étudié qu'apprécié.

7. Les ouvrages classiques comprennent (pour les Mayas) Schele, Linda, et Freidel, David, *A Forest of Kings : The Untold Story of the Ancient Maya* (New York, William Morrow, 1990) et (pour les Aztèques) López Austin, Alfredo, *Hombre-Dios : Religión y política en el mundo náhuatl* (Mexico, Universidad Nacional Autónoma de México, 1973), traduit par Russ Davidson avec Guilhem Olivier sous le titre *The Myth of Quetzalcoatl : Religion, Rulership, and History in the Nahua World* (Boulder, University Press of Colorado, 2015) ; Clendinnen, Inga, *Aztecs : An Interpretation* (New York, Cambridge University Press, 1991) ; Carrasco, Davíd, *City of Sacrifice : The Aztec Empire and the Role of Violence in Civilization* (Boston, Beacon Press, 1999). Frances Berdan a combiné sa profonde connaissance de l'archéologie avec des sources d'influence espagnole pour écrire ce qui est la meilleure synthèse, *Aztec Archaeology and Ethnohistory* (New York, Cambridge University Press, 2014).

8. Au Mexique, Angel María Garibay a longtemps étudié la langue nahuatl, et un de ses élèves, Miguel León-Portilla, a publié des extraits de sources choisies sous le titre de *Visión de los Vencidos* (Mexico, Universidad Nacional Autónoma de México, 1959), qui sera traduit en anglais par Lysander Kemp sous le titre *The Broken Spears : The Aztec Account of the Conquest of Mexico* (Boston, Beacon Press, 1962) et en beaucoup d'autres langues. Entre-temps, un historien américain de premier plan, Charles Gibson, était de plus en plus convaincu de l'importance des sources nahuatl, comme il l'a indiqué dans *The Aztecs Under Spanish Rule, op. cit.* Arthur Anderson et lui ont traduit en anglais le *Florentine Codex*, en travaillant directement à partir du nahuatl et non sur des gloses espagnoles. Voir la bibliographie annotée.

9. Louise Burkhart a créé un champ d'étude avec son livre, *The Slippery Earth : Nahua Christian Moral Dialogue in Sixteenth-Century Mexico* (Tucson, University of Arizona Press, 1989). Pour une belle contribution récente d'un de ses étudiants, voir Leeming, Ben, « Micropoetics : The Poetry of Hypertrophic Words in Early Colonial Nahuatl », *Colonial Latin American Review* 24 (2015), p. 168-189.

10. James Lockhart a également créé un champ d'étude avec son grand ouvrage, *The Nahuas After the Conquest, op. cit.* Les contributions de ses étudiants apparaissent tout au long de ce livre. L'un d'entre eux a repris le poste de Lockhart à l'UCLA et a poussé sa méthodologie plus loin, avec une étude sur les Mixtèques. Voir Terraciano, Kevin, *The Mixtecs of Colonial Oaxaca : Ñudzahui History, Sixteenth through Eighteenth Centuries* (Stanford, Stanford University Press, 2001).

11. L'œuvre la plus importante a sans doute été celle du linguiste français Launey, Michel, « The Features of Omnipredicativity in Classical Nahuatl », *STUF : Journal of Linguistic Typology and Universals* 57 (Berlin, 2002), p. 1-13.

12. Parmi ceux qui ont fait avancer la recherche sur les annales, citons Federico Navarrete Linares, qui a comparé les mythes d'origine nahua ; Luis Reyes García, qui a travaillé avec des annales de la vallée de Puebla-Tlaxcala ; Susan Schroeder, qui a travaillé avec les textes de Chimalpahin ; et Rafael Tena, dont les traductions ont été extrêmement précieuses.

13. Walter Mignolo a fait valoir que les textes restants n'étaient que des bribes de textes figés, qui ne rendaient pas justice à la tradition orale, autrefois vivante et dynamique, et que c'était une forme d'impérialisme que de les étudier. Miguel León-Portilla a riposté. Voir son « Have We Really Translated the Mesoamerican "Ancient Word" ? », in *On the Translation of Native American Literatures*, dir. Swann, Brian (Washington, Smithsonian Institution Press, 1992). Pour connaître l'ensemble des arguments de Mignolo, voir son *Darker Side of the Renaissance : Literacy, Territoriality, and Colonization* (Ann Arbor, University of Michigan Press, 1995).

14. Lowenthal, David, *The Past is a Foreign Country* (New York, Cambridge University Press, 1985).

15. Une étude approfondie, menée par un psychologue, de la corde raide sur laquelle doivent marcher les historiens et les professeurs d'histoire, et des difficultés inhérentes à leur tâche, est Wineburg, Sam, *Historical Thinking and Other Unnatural Acts : Charting the Future of Teaching the Past* (Philadelphie, Temple University Press, 2001).

16. Voir Anderson, Greg, « Retrieving the Lost Worlds of the Past : The Case for an Ontological Turn », *American Historical Review* 120 (2015), p. 787-810. Cet article remet en question l'utilisation de termes tels que « démocratie » et « tyrannie », qui sont omniprésents dans nos études des temps anciens. L'auteur montre à quel point les peuples de l'époque pensaient différemment leur régime politique et leur dévouement à leurs dieux.

17. Pour une étude illustrant ce moment dans le débat, voir Marcus, Joyce, *Mesoamerican Writing Systems : Propaganda, Myth, and History in Four Ancient Civilizations* (Princeton, Princeton University Press, 1992).

18. James Lockhart était de cette école de pensée, tout comme moi. Un volume récent portant sur la question de ce que nous pouvons et ne pouvons pas apprendre des sources à notre disposition est Lee, Jongsoo, et Brokaw, Galen, dir., *Texcoco : Prehispanic and Colonial Perspectives* (Boulder, University Press of Colorado, 2014).

19. Par exemple, certains chercheurs ont beaucoup glosé la notion de *yolia*, qu'ils ont comprise comme l'équivalent de l'âme. Cependant, des études approfondies ont montré que cette interprétation était le fait des Espagnols. Voir Olko, Justyna, et Madajczak, Julia, « An Animating Principle in Confrontation with Christianity? », art. cité, p. 1-14.

20. Il s'agit notamment des *Annales de Tlatelolco*, des *Annales de Cuauhtitlan*, du début du *Codex Aubin*, des annales écrites par Tezozomoc et Chimalpahin, des *Dialogues de Bancroft* et de la première section de l'œuvre de don Juan Zapata. Je m'inspire aussi de temps à autre de don Fernando de Alva Ixtlilxochitl, même si ses écrits sont empreints d'influences espagnoles. De même, le *Florentine Codex* est un mélange de témoignages authentiques et de déclarations faites pour plaire aux Espagnols. Tantôt je tiens le *Codex* pour une source véritablement indigène, tantôt non. Pour en savoir plus sur ce sujet, voir les entrées pertinentes dans la bibliographie annotée.

Remerciements

Comme les Aztèques le savaient bien, nul n'accomplit jamais rien tout seul. Si j'ai pu écrire ce livre, je le dois certainement aux centaines de personnes que j'ai cotoyées sur mon chemin – celles qui m'ont élevée et aimée, celles qui ont contribué à ma formation ou ont étudié avec moi, celles qui ont été mes collègues de travail ou qui m'ont transmis leurs connaissances sur les temps reculés de l'Amérique dite latine. La liste est si longue et les influences si variées qu'à cette seule pensée j'en ressens l'ampleur. Sachez, chacun d'entre vous, que j'éprouve à votre égard la gratitude qui vous revient et que, comme les Aztèques, j'espère payer ma dette envers l'univers par la façon dont je vis ma vie et par les espoirs que je porte au nom des peuples de l'avenir.

Deux groupes de personnes m'ont été d'une aide si précieuse dans ce projet que je dois les nommer individuellement. Il s'agit d'abord des érudits nahuatl dont les travaux ont permis la réalisation du présent ouvrage. J'ai dédié le dernier livre que j'ai publié à deux grands intellectuels récemment décédés, James Lockhart et Luis Reyes García, dont les traductions de textes nahuatl ont constitué la base d'une grande partie de mon propre travail. Dans ces pages, j'avais également exprimé ma reconnaissance envers les défuntes Inga Clendinnen et Sabine MacCormack. Il m'est dès lors apparu que je ne devais pas attendre que les gens s'en aillent dans l'autre monde pour exprimer ce que je leur dois. Je remercie vivement Michel Launey et Rafael Tena, deux hommes modestes qui, par leurs travaux sur le nahuatl, ont réalisé des contributions époustouflantes. Vous me rappelez Nanahuatzin, même si, je l'espère, vous ne l'avez pas vécu comme un sacrifice.

L'autre groupe comprend les intellectuels mexicains – enseignants, professeurs, chercheurs, écrivains, éditeurs et réalisateurs – qui, au cours des dernières années, ont fait bon accueil à mes réflexions et m'ont communiqué les leurs, enrichissant ainsi ce livre de façon considérable. Je remercie humblement (par ordre alphabétique) Sergio Casas Candarabe, Alberto Cortés Calderón, Margarita Flores, René García Castro, Lidia Gómez García, Edith González Cruz, María Teresa Jarquín Ortega, Marco Antonio Landavazo, Manuel Lucero, Hector de Mauleón Rodríguez, Erika Pani, Ethelia Ruiz Medrano, Marcelo Uribe et Ernesto Velázquez Briseño. La façon singulière dont vous mariez fierté de votre héritage, ouverture aux autres et perspicacité intellectuelle m'a inspirée plus que je ne peux le dire.

Je ne dois pas me laisser aller à des élans poétiques, au risque d'omettre de mentionner les questions de subsistance quotidienne ; les Aztèques n'auraient certainement jamais été aussi légers. Il y a des années, la Société philosophique américaine m'a accordé une bourse qui me permit de me rendre à la Bibliothèque nationale de France et de voir l'œuvre de don Juan Buenaventura Zapata y Mendoza. J'ai attrapé le virus et me suis lancée depuis à la poursuite des annales nahuatl. Plus récemment, une bourse de la John Simon Guggenheim Memorial Foundation et un congé sabbatique de l'université Rutgers m'ont permis de consacrer mes recherches au genre dans son ensemble. Grâce à une bourse de Public Scholar de la National Endowment for the Humanities, j'ai pu passer une année d'enseignement et d'écriture, jour après jour. Cette recherche n'aurait pas été possible sans les années de travail minutieux accompli par le personnel des institutions qui sauvegardent les annales et autres textes importants. Un certain nombre d'entre elles m'ont accueillie au fil des ans : la bibliothèque et les archives de l'Instituto Nacional de Antropología e Historia à Mexico, la Bibliothèque nationale de France, la British Library, la bibliothèque de l'université d'Uppsala en Suède, la New York Public Library et la bibliothèque de l'American Museum of Natural History.

Je remercie ma famille d'être là. Ma sœur, Cynthia, et ma belle-sœur, Patricia, sont les plus courageuses des femmes. Vos enfants et petits-enfants parleront de vous avec amour et admiration. Mon compagnon, John, et mes deux fils, Loren et Cian, m'ont remplie de fierté par leur façon de relever les défis de la vie. Depuis des années maintenant, vous avez dû tous les trois me partager avec beaucoup d'autres – étudiants, parents âgés, enfants placés dans notre famille et figures historiques qui vivent dans mon esprit – mais c'est vous que je porte au plus profond de mon cœur, toujours.

Bibliographie

Adorno, Rolena, *Colonial Latin American Literature : A Very Short Introduction*, New York, Oxford University Press, 2011.

– , dir., *From Oral to Written Expression : Native Andean Chronicles of the Early Colonial Period*, Syracuse, Maxwell School of Citizenship and Public Affairs, 1982.

Alchon, Suzanne, *A Pest in the Land : New World Epidemics in Global Perspective*, Albuquerque, University of New Mexico Press, 2003.

Altman, Ida, *The War for Mexico's West : Indians and Spaniards in New Galicia, 1524-1550*, Albuquerque, University of New Mexico Press, 2010.

Alva, Jorge Klor de, « La historicidad de los coloquios de Sahagún », *Estudios de cultura náhuatl* 15 (1982), p. 147-184.

Anderson, Greg, « Retrieving the Lost Worlds of the Past : The Case for an Ontological Turn », *American Historical Review* 120 (2015), p. 787-810.

Andrews, Richard, *Introduction to Classical Nahuatl* (1975), Norman, University of Oklahoma Press, 2003.

Ardren, Traci, dir., *Ancient Maya Women*, Lanham, Rowman & Littlefeld, 2002.

Arroyo, Salvador, « The Discovery of the Caja de Agua of Tlatelolco : Mural Painting from the Dawn of New Spain », *Colonial Latin American Review* 22 (2013), p. 19-38.

Augustin, *Confessions*, R. S. Pine-Coffin, éd., New York, Penguin Books, 1961 ; Augustin, *Confessions* (I-III), introduction et commentaire par Jean-Claude Fraisse, Paris, PUF, 1968.

Barlow, Robert, « Anales de Tula, Hidalgo, 1361-1521 », *Tlalocan* 3 (1949), p. 2-13.

Bennett, Herman, *Africans in Colonial Mexico : Absolutism, Christianity, and Afro-Creole Consciousness, 1570-1640*, Bloomington, Indiana University Press, 2003.

Benton, Bradley, *The Lords of Tetzcoco : The Transformation of Indigenous Rule in Postconquest Central Mexico*, New York, Cambridge University Press, 2017.

Berdan, Frances, *Aztec Archaeology and Ethnohistory*, New York, Cambridge University Press, 2014.

– , « Economic Alternatives under Imperial Rule : The Eastern Aztec Empire », in *Economies and Polities of the Aztec Realm*, dir. Hodge, Mary G., et Smith, Michael E. ; Albany, State University of New York Press, 1994.

Bierhorst, John, dir., *Ballads of the Lords of New Spain*, Austin, University of Texas Press, 2009.

– , éd., *Cantares Mexicanos*, Stanford, Stanford University Press, 1985.

– , dir., *History and Mythology of the Aztecs : The Codex Chimalpopoca*, Tucson, University of Arizona Press, 1992.

Bleichmar, Daniela, « History in Pictures : Translating the Codex Mendoza », *Art History* 38 (2015), p. 682-701.

– , « Painting the Aztec Past in Early Colonial Mexico : Translation and Knowledge Production in the Codex Mendoza », *Renaissance Quarterly* 72, n° 4 (automne 2019).

Blitz, John, « Adoption of the Bow in Prehistoric North America », *North American Archaeologist* 9 (1988), p. 123-145.

Boone, Elizabeth Hill, *Cycles of Time and Meaning in the Mexican Books of Fate*, Austin, University of Texas Press, 2007.

– , *Stories in Red and Black : Pictorial Histories of the Aztecs and Mixtecs*, Austin, University of Texas Press, 2000.

– , et Urton, Gary, dir., *Their Way of Writing : Scripts, Signs and Pictographies in Pre-Columbian America*, Washington, Dumbarton Oaks, 2011.

– , Burkhart, Louise, et Tavárez, David, dir., *Painted Words : Nahuatl Catholicism, Politics, and Memory in the Atzacualco Pictorial Catechism*, Washington, Dumbarton Oaks, 2017.

Borucki, Alex, Eltis, David, et Wheat, David, « Atlantic History and the Slave Trade to Spanish America », *American Historical Review* 120 (2015), p. 433-461.

Bowser, Frederick, « Africans in Spanish American Colonial Society », in *The Cambridge History of Latin America*, vol. 2, dir. Bethell, Leslie ; New York, Cambridge University Press, 1984.

Brading, David, *The First America : The Spanish Monarchy, Creole Patriots, and the Liberal State, 1492-1867*, New York, Cambridge University Press, 1991.

Braswell, Geofrey, *The Maya and Teotihuacan : Reinterpreting Early Classic Interaction*, Austin, University of Texas Press, 2003.

Brewster, Paul G., « The Foundation Sacrifice Motif in Legend, Folksong, Game and Dance », *Zeitschrift für Ethnologie* 96 (1971), p. 71-89.

Brian, Amber, *Alva Ixtlilxochitl's Native Archive and the Circulation of Knowledge in Colonial Mexico*, Nashville, Vanderbilt University Press, 2016.

– , « Don Fernando de Alva Ixtlilxochitl's Narratives of the Conquest of Mexico », in *The Conquest All Over Again*, dir. Schroeder, Susan ; Brighton, Sussex Academic Press, 2010.

– , « The Original Alva Ixtlilxochitl Manuscripts at Cambridge University », *Colonial Latin American Review* 23 (2014), p. 84-101.

– , Benton, Bradley, et García Loaza, Pablo, dir., *The Native Conquistador : Alva Ixtlilxochitl's Account of the Conquest of New Spain*, College Park, Pennsylvania State University Press, 2015.

Brokaw, Galen, et Lee, Jongsoo, dir., *Fernando de Alva Ixtlilxochitl and His Legacy*, Tucson, University of Arizona Press, 2016.

Brooks, Francis, « Moteuczoma Xocoyotl, Hernán Cortés, and Bernal Díaz del Castillo : The Construction of an Arrest », *Hispanic American Historical Review* 75 (1995), p. 149-183.

Bruhns, Karen Olsen, et Stothert, Karen, *Women in Ancient America*, Norman, University of Oklahoma Press, 1999.

Brumfiel, Elizabeth, « Weaving and Cooking : Women's Production in Aztec Mexico », in *Engendering Archaeology : Women and Prehistory*, dir. Gero, J. M., et Conkey, M. W., New York, Cambridge University Press, 1991.

Burkhart, Louise, *Before Guadalupe : The Virgin Mary in Early Colonial Nahuatl Literature*, Albany, Institute for Mesoamerican Studies, 2001.

– , « Mexica Women on the Home Front : Housework and Religion in Aztec Mexico », in *Indian Women of Early Mexico*, dir. Shroeder,

Susan, Wood, Stephanie, et Haskett, Robert, Norman, University of Oklahoma Press, 1997.
– , *The Slippery Earth : Nahua-Christian Moral Dialogue in Sixteenth Century Mexico*, Tucson, University of Arizona Press, 1989.
Burns, E. Bradford, *The Poverty of Progress : Latin America in the Nineteenth Century*, Los Angeles, University of California Press, 1980.
Candiani, Vera, *Dreaming of Dry Land : Environmental Transformation in Colonial Mexico City*, Stanford, Stanford University Press, 2014.
Cañeque, Alejandro, *The King's Living Image : The Culture and Politics of Vice-regal Power in Colonial Mexico*, New York, Routledge, 2004.
Carillo Castro, Alejandro, *The Dragon and the Unicorn*, Mexico, 2014 (1996).
Carmack, Robert, dir., *The Legacy of Mesoamerica : History and Culture of a Native American Civilization*, Albany, Institute for Mesoamerican Studies, 1996.
Carochi, Horacio, S.J., *Grammar of the Mexican Language*, dir. Lockhart, James, Stanford, Stanford University Press, 2001 [1645].
Carrasco, David, *City of Sacrifice : The Aztec Empire and the Role of Violence in Civilization*, Boston, Beacon Press, 1999.
– , et Sessions, Scott, dir., *Cave, City, and Eagle's Nest : An Interpretive Journey through the Mapa de Cuauhtinchan No. 2*, Albuquerque, University of New Mexico Press, 2007.
– , Jones, Lindsay, et Sessions, Scott, dir., *Mesoamerica's Classic Heritage : From Teotihuacan to the Aztecs*, Boulder, University of Colorado Press, 2000.
Carrasco, Pedro, « Royal Marriages in Ancient Mexico », in *Explorations in Ethnohistory : The Indians of Central Mexico in the Sixteenth Century*, dir. Harvey, H. R., et Premm, H., Albuquerque, University of New Mexico Press, 1984.
– , *The Tenochca Empire of Ancient Mexico : The Triple Alliance of Tenochtitlan, Tetzcoco, and Tlacopan*, Norman, University of Oklahoma Press, 1999.
Carrión, Antonio, *Historia de la Ciudad de Puebla de Los Angeles*, Puebla, Mexico, José Cajica, 1970 [1897].
Castañeda de Paz, María, « Historia de una casa real : Origen y ocaso del linaje gobernante en México-Tenochtitlan », *Nuevo Mundo, Mundos Nuevos* (2011), p. 1-20.

Castillo Palma, Norma Angelica, et Kellogg, Susan, « Conflict and Cohabitation between Afro-Mexicans and Nahuas in Central Mexico », in *Beyond Black and Red : African-Native Relations in Colonial Latin America*, dir. Restall, Matthew ; Albuquerque, University of New Mexico Press, 2005.

Celestino Solis, Eustaquio, et Reyes García, Luis, éd., *Anales de Tecamachalco, 1398-1590*, Mexico, Centro de Investigaciones y Estudios Superiores en Antropología Social, 1992.

Chang Rodríguez, Raquel, *La apropriación del signo : tres cronistas indígenas del Perú*, Tempe, Arizona State University Press, 1988.

Chapman, Anne, « Port of Trade Enclaves in Aztec and Maya Civilizations », in *Trade and Market in the Early Empires*, dir. Polyani, Karl, Arensberg, Conrad, et Pearson, Harry, Glencoe, IL, Free Press, 1957.

Chávez Baldera, Ximena, « Sacrifice at the Templo Mayor of Tenochtitlan and Its Role in Regard to Warfare », in *Embattled Bodies, Embattled Places : War in PreColumbian Mesoamerica and the Andes*, dir. Scherer, Andrew, et Verano, John, Washington, Dumbarton Oaks, 2014.

Chávez Orozco, Luis, éd., *Códice Osuna accompañado de 158 páginas inéditas encontradas en el Archivo General de la Nación*, Mexico, Instituto Indigenista Interamericano, 1947.

Chimalpahin Quauhtlehuanitzin, don Domingo de San Antón, Annals of His Time, éds. Lockhart, James, Schroeder, Susan, et Namala, Doris, Stanford, Stanford University Press, 2006.

Chimalpahin Quauhtlehuanitzin, don Domingo de San Antón, Chimalpahin's Conquest, éds. Schroeder, Susan, Cruz, Anna J., Roa-de-la-Carrera, Cristián, et Tavárez, David, Stanford, Stanford University Press, 2010.

Chimalpahin Quauhtlehuanitzin, don Domingo de San Antón, *Codex Chimalpahin*, éd. Anderson, Arthur J. O., et Schroeder, Susan, 2 vol., Norman, University of Oklahoma Press, 1997.

Chimalpahin Quauhtlehuanitzin, don Domingo de San Antón, *Las Ocho Relaciones y el Memorial de Colhuacan*, éd. Tena, Rafael, 2 vol., Mexico, Conaculta, 1998.

Chipman, Donald, « Isabel Moctezuma », in *Struggle and Survival in Colonial Latin America*, dir. Sweet, David, et Nash, Gary ; Los Angeles, University of California Press, 1981.

– , *Moctezuma's Children : Aztec Royalty under Spanish Rule*, Austin, University of Texas Press, 2005.
Ciudad Real, Antonio de, *Tratado curioso y docto de la grandeza de la Nueva España*, Mexico, Universidad Nacional Autónoma de México, 1976 (1584).
Clendinnen, Inga, *Aztecs : An Interpretation*, New York, Cambridge University Press, 1991.
– , « "Fierce and Unnatural Cruelty" : Cortés and the Conquest of Mexico », *Representations* 33 (1991), p. 65-100.
Cline, S. L., dir., *The Book of Tributes : Early Sixteenth-Century Nahuatl Censuses from Morelos*, Los Angeles, UCLA Latin American Center Publications, 1993.
Coe, Michael, *Breaking the Maya Code*, New York, Thames & Hudson, 1992.
Colmenares, David, « How the Aztecs Got a Pantheon : The Creation of Ancient Religion in New Spain », thèse de doctorat, département d'espagnol, Columbia University, 2019.
Colston, Stephen, « "No Longer Will There Be a Mexico" : Omens, Prophecies and the Conquest of the Aztec Empire », *American Indian Quarterly* 5 (1985), p. 239-258.
Cope, R. Douglas, *The Limits of Racial Domination : Plebeian Society in Colonial Mexico City, 1660-1720*, Madison, University of Wisconsin Press, 1994.
Cortés, Hernán, *Letters from Mexico*, éd. Pagden, Anthony, New Haven, Yale University Press, 1986; traduit en français par Désiré Charnay sous le titre *Lettres de Fernand Cortès à Charles-Quint sur la découverte et la conquête du Mexique,* préface d'Ernest-Théodore Hamy, Paris, Librairie Hachette et Cie, 1896.
Crapo, Richley, et Glass-Coffin, Bonnie, éd., *Anónimo Mexicano*, Logan, Utah State University Press, 2005.
Criales, Jessica Nelson, « "Women of Our Nation" : Gender and Christian Indian Communities in the United States and Mexico, 1725-1850 », *Early American Studies* 17, n° 4 (automne 2019).
Cuevas, Mariano, éd., *Cartas y otros documentos de Hernán Cortés*, Séville, F. Díaz, 1915.
Curcio-Nagy, Linda, *The Great Festivals of Colonial Mexico City*, Albuquerque, University of New Mexico Press, 2004.

Daniels, Peter, et Bright, William, dir., *The World's Writing Systems*, New York, Oxford University Press, 1996.

De la Torre Villar, Ernesto, et Navarra de Anda, Ramiro, éd., *Testimonios Históricos Guadalupanos*, Mexico, Fondo de Cultura Económica, 1982.

Diamond, Jared, *Guns, Germs, and Steel*, New York, Norton, 1997 ; traduit en français par Emmanuel Dauzat sous le titre *De l'inégalité parmi les races*, Paris, Gallimard, 2000.

Díaz, Bernal, *The Conquest of New Spain*, éd. Cohen, J. M., New York, Penguin Books, 1963.

– , *Historia verdadera de la conquista de la Nueva España*, Mexico, Porrúa, 1960. Traduction en français de D. Jourdanet sous le titre *Histoire véridique de la conquête de la Nouvelle-Espagne*, précédée d'une préface nouvelle et suivie d'une étude sur les sacrifices humains et l'anthropophagie chez les Aztèques, 2e éd. corrigée, Paris, BNF, 1877.

Díaz, María Elena, « The Black Blood of New Spain : Limpieza de Sangre, Racial Violence, and Gendered Power in Early Colonial Mexico », *William & Mary Quarterly* 61 (2003), p. 479-520.

Díaz Balsera, Viviana, *The Pyramid under the Cross : Franciscan Discourses of Evangelization and the Nahua Christian Subject in Sixteenth-Century Mexico*, Tucson, University of Arizona Press, 2005.

Dibble, Charles, dir., *Historia de la Nación Mexicana*, Madrid, Porrúa, 1963.

Diehl, Richard, *The Olmecs : America's First Civilization*, New York, Thames & Hudson, 2004.

Diel, Lori Boornazian, *The Codex Mexicanus : A Guide to Life in Late Sixteenth-Century New Spain*, Austin, University of Texas Press, 2018.

– , *The Tira de Tepechpan : Negotiating Place Under Aztec and Spanish Rule*, Austin, University of Texas Press, 2008.

Don, Patricia Lopes, *Bonfires of Culture : Franciscans, Indigenous Leaders, and Inquisition in Early Mexico, 1524-1540*, Norman, University of Oklahoma Press, 2010.

Dunn, Oliver, éd., *The Diario of Christopher Columbus's First Voyage to America*, Norman, University of Oklahoma Press, 1989.

Durán, fray Diego, *The History of the Indies of New Spain*, éd. Heyden, Doris ; Norman, University of Oklahoma Press, 1994 (1964).

Durston, Alan, et Mannheim, Bruce, dir., *Indigenous Languages, Politics, and Authority in Latin America : Historical and Ethnographic Perspectives*, Notre Dame, University of Notre Dame Press, 2018.

Edmonson, Munro, *The Book of the Year : Middle American Calendrical Systems*, Salt Lake City, University of Utah Press, 1988.

Elliott, John, *« Introductory Essay » to Hernando Cortés, Letters from Mexico*, éd. Pagden, Anthony ; New Haven, Yale University Press, 1986.

Eltis, David, et Tullos, Allen, *Voyages : The Trans-Atlantic Slave Trade Database*, http:// www.slavevoyages.org.

Escalante Gonzalbo, Pablo, « El Patrocinio del arte indocristiano en el siglo XVI. La iniciativa de las autoridades indígenas en Tlaxcala y Cuauhtinchan », in *Patrocinio, colección y circulación de las artes*, dir. Curiel, Gustavo ; Mexico, UNAM, 1997.

Evans, Susan Toby, *Ancient Mexico and Central America*, New York, Thames & Hudson, 2013 (2004).

Farris, Nancy, *Tongues of Fire : Language and Evangelization in Colonial Mexico*, New York, Oxford University Press, 2018.

Fenn, Elizabeth, *Pox Americana : The Great Smallpox Epidemic of 1775-82*, New York, Hill & Wang, 2001.

Fernández Armesto, Felipe, « Aztec Auguries and Memories of the Conquest of Mexico », *Renaissance Studies* 6 (1992), p. 287-305.

Foster, Michael, et Gorenstein, Shirley, dir., *Greater Mesoamerica : The Archaeology of West and Northwest Mexico*, Salt Lake City, University of Utah Press, 2000.

Fuentes, Patricia de, dir., *The Conquistadors : First Person Accounts of the Conquest of Mexico*, Norman, University of Oklahoma Press, 1993.

García Castro, René, *Indios, territorio y poder en la provincia Matlatzinca : La negociación del espacio politico de los pueblos otomianos, siglos XV-XVII*, Toluca, Colejio Mexiquense, 1999.

García Icazbalceta, Joaquín, dir., *Nueva colección de documentos para la historia de México*, Liechtenstein, Kraus Reprints, 1971 (1886).

García Loaeza, Pablo, « Deeds to be Praised for All Time : Alva Ixtlilxochitl's Historia de la nación chichimeca and Geofrey of Monmouth's History of the Kings of Britain », *Colonial Latin American Review* 23 (2014), p. 53-69.

Gates, Henry Lewis, *Black in Latin America*, New York, New York University Press, 2011.

Gero, J. M., et Conkey, M. W., dir., *Engendering Archaeology : Women and Prehistory*, New York, Cambridge University Press, 1991.

Gibson, Charles, *The Aztecs Under Spanish Rule*, Stanford, Stanford University Press, 1964.

– , *Tlaxcala in the Sixteenth Century*, New Haven, Yale University Press, 1952.

Gillespie, Susan, *Aztec Kings : The Construction of Rulership in Mexica History*, Tucson, University of Arizona Press, 1989.

Gómara, Francisco López de, *Cortés : The Life of the Conqueror by His Secretary*, dir. Simpson, Leslie Byrd ; Los Angeles, University of California Press, 1965.

Gómez García, Lidia, *Los anales nahuas de la ciudad de Puebla de los Angeles, siglos XVI y XVII*, Puebla, Mexico, Ayuntamiento de Puebla, 2018.

– , Salazar Exaire, Celia, et Stefanón, María Elena, éd., *Anales del Barrio de San Juan del Rio*, Puebla, Benemérita Universidad Autónoma de Puebla, 2000.

Gonzalbo Aizpuru, Pilar, *Historia de la educación en la época colonial : El mundo indígena*, Mexico, El Colegio de México, 1990.

Gradie, Charlotte, « Spanish Jesuits in Virginia : The Mission that Failed », *Virginia Magazine of History and Biography* 96 (1988), p. 131-156.

Graulich, Michel, *Moctezuma : Apogeo y Caída del Imperio Azteca*, Mexico, Ediciones Era, 2014 (1994).

Gruzinski, Serge, *Conquest of Mexico : The Incorporation of Indian Societies into the Western World, 16th-18th Centuries*, Londres, Blackwell, 1995.

Guijo, Gregorio Martín del, *Diario*, 2 vol., Mexico, Porrúa, 1952.

Haskett, Robert, *Indigenous Rulers : An Ethnohistory of Town Government in Colonial Cuernavaca*, Albuquerque, University of New Mexico Press, 1991.

– , *Visions of Paradise : Primordial Titles and Mesoamerican History in Cuernavaca*, Norman, University of Oklahoma Press, 2005.

Hassig, Ross, « The Maid of the Myth : La Malinche and the History of Mexico », *Indiana Journal of Hispanic Literatures* 12 (1998), p. 101-133.

– , *Polygamy and the Rise and Demise of the Aztec Empire*, Albuquerque, University of New Mexico Press, 2016.

– , *Time, History and Belief in Aztec and Colonial Mexico*, Austin, University of Texas Press, 2001.

Heitman, Carrie, et Plog, Stephen, *Chaco Revisited : New Research on the Prehistory of Chaco Canyon*, New Mexico, Tucson, University of Arizona Press, 2015.

Hernández Sánchez-Barba, Mario, dir., *Hernando Cortés : cartas y documentos*, Mexico, Porrúa, 1963.

Herren, Ricardo, *Doña Marina, la Malinche*, Mexico, Planeta, 1992.

Himmerich y Valencia, Robert, *The Encomenderos of New Spain*, Austin, University of Texas Press, 1991.

Hodge, Mary G., et Smith, Michael E., dir., *Economies and Polities of the Aztec Realm*, Albany, State University of New York Press, 1994.

Horn, Rebecca, *Postconquest Coyoacan : Nahua-Spanish Relations in Central Mexico, 1519-1650*, Stanford, Stanford University Press, 1997.

Houston, Stephen, Baines, John, et Cooper, Jerrold, « Last Writing : Script Obsolescence in Egypt, Mesopotamia and Mesoamerica », *Comparative Studies in Society and History* 45 (2003), p. 430-479.

Hutton, Ronald, *Blood and Mistletoe : The History of the Druids in Britain*, New Haven, Yale University Press, 2009.

Ixtlilxochitl, Fernando de Alva, *Obras Completas*, 2 vol., éd. O'Gorman, Edmundo ; Mexico, Universidad Nacional Autónoma de México, 1975-1577.

Jeffres, Travis, « "In Case I Die Where I Am Selected To Be Sent" : Coercion and the Tlaxcalan Resettlement of 1591 », *Ethnohistory* 66 (2019), p. 95-116.

Justeson, John, et Kaufman, Terrence, « A Decipherment of Epi-Olmec Hieroglyphic Writing », *Science* 259 (1993), p. 1703-1711.

Kalyuta, Anastasia, « El arte de acomodarse a dos mundos : la vida de don Pedro de Moctezuma Tlacahuepantli segun los documentos del Archivo General de la Nación (México) y el Archivo General de Indias (Sevilla) », *Revista Española de Antropología Americana* 41 (2010), p. 471-500.

Kartunnen, Frances, *An Analytical Dictionary of Nahuatl*, Norman, University of Oklahoma Press, 1992 (1983).

Kartunnen, Frances, « Rethinking Malinche », in *Indian Women of Early Mexico*, dir. Schroeder, Susan, Wood, Stephanie, et Haskett, Robert ; Norman, University of Oklahoma Press, 1997.

– , et Lockhart, James, dir., *The Art of Nahuatl Speech : The Bancroft Dialogues*, Los Angeles, UCLA Latin American Center Publications, 1987.

Kaufmann, Leisa, *The Legacy of Rulership in Fernando de Alva Ixtlilxochitl's Historia de la nación chichimeca*, Albuquerque, University of New Mexico Press, 2019.

Kaufman, Terrence, « Native Languages of Mesoamerica », in *Atlas of the World's Languages*, New York, Routledge, 1994.

Keen, Benjamin, *The Aztec Image in Western Thought*, New Brunswick, Rutgers University Press, 1971.

Kellogg, Susan, « The Women's Room : Some Aspects of Gender Relations in Tenochtitlan in the Late Pre-Hispanic Period », *Ethnohistory* 42 (1995), p. 563-576.

Kicza, John, et Horn, Rebecca, *Resilient Cultures : America's Native Peoples Confront European Colonization, 1500-1800*, Boston, Pearson, 2013.

Kirchof, Paul, Odena Güemes, Lina, et Reyes García, Luis, éd., *Historia Tolteca Chichimeca*, Mexico, Instituto Nacional de Antropología e Historia, 1976.

Kranz, Travis, « The Tlaxcalan Conquest Pictorials », thèse de doctorat, UCLA, département d'histoire de l'art, 2001.

Lanyon, Anna, *Malinche's Conquest*, St Leonards, Australie, Allen & Unwin, 1999.

– , *The New World of Martín Cortés*, New York, DaCapo, 2003.

Launey, Michel, « The Features of Omnipredicativity in Classical Nahuatl », *STUF : Journal of Linguistic Typology and Universals* 57 (Berlin, 2002), p. 1-13.

– , *An Introduction to Classical Nahuatl*, New York, Cambridge University Press, 2011 (1979).

Lee, Jongsoo, *The Allure of Nezahualcoyotl : Pre-Hispanic History, Religion, and Nahua Poetics*, Albuquerque, University of New Mexico Press, 2008.

– , « The Aztec Triple Alliance : A Colonial Transformation of the Prehispanic Political and Tributary System », in *Texcoco :*

Prehispanic and Colonial Perspectives, dir. Lee, Jongsoo, et Brokaw, Galen, Boulder, University of Colorado Press, 2014.

– , et Brokaw, Galen, dir., *Texcoco : Prehispanic and Colonial Perspectives*, Boulder, University of Colorado Press, 2014.

Leeming, Ben, « Micropoetics : The Poetry of Hypertrophic Words in Early Colonial Nahuatl », *Colonial Latin American Review* 24 (2025), p. 168-189.

Lehmann, Walter, et Kutscher, Gerdt, dir., *Geschichte der Aztekan : Codex Aubin und verwandte Documente*, Berlin, Gebr. Mann, 1981.

Leibsohn, Dana, *Script and Glyph : Pre-Hispanic History, Colonial Bookmaking, and the Historia Tolteca Chichimeca*, Washington, Dumbarton Oaks, 2009.

Lekson, Stephen, dir., *The Archaeology of Chaco Canyon : An Eleventh-Century Pueblo Regional Center*, Santa Fe, School of American Research, 2006.

León-Portilla, Miguel, *Bernardino de Sahagún : First Anthropologist*, Norman, University of Oklahoma Press, 2002.

– , *The Broken Spears*, Boston, Beacon Press, 1962 (1959).

– , éd., *Cantares Mexicanos*, 3 vol., Mexico, Universidad Nacional Autónoma de México, 2011.

– , éd., *Coloquios y doctrina cristiana*, Mexico, Universidad Nacional Autónoma de México, 1986.

– , *Fifteen Poets of the Aztec World*, Norman, University of Oklahoma Press, 1992.

– , « Have We Really Translated the Mesoamerican Ancient Word ? », in *On the Translation of Native American Literatures*, dir. Swann, Brian, Washington, Smithsonian Institution Press, 1992.

– , et Shorris, Earl, dir., in *The Language of Kings : An Anthology of Mesoamerican Literature*, New York, Norton, 2001.

Lewis, Laura, *Power, Witchcraft and Caste in Colonial Mexico*, Durham, NC, Duke University Press, 2003.

Lockhart, James, *The Nahuas After the Conquest*, Stanford, Stanford University Press, 1992.

– , *Nahuas and Spaniards : Postconquest Central Mexican History and Philology*, Stanford, Stanford University Press, 1991.

– , *Nahuatl as Written*, Stanford, Stanford University Press, 2001.

– , « Some Nahua Concepts in Postconquest Guise », *History of European Ideas* 6 (1985), p. 465-482.
– , dir., *We People Here : Nahuatl Accounts of the Conquest of Mexico*, Los Angeles, University of California Press, 1993.
– , et Schwartz, Stuart, *Early Latin America*, New York, Cambridge University Press, 1983.
López Austin, Alfredo, *The Myth of Quetzalcoatl : Religion, Rulership, and History in the Nahua World*, traduit de l'espagnol par Davidson, Russ, avec Guilhem, Olivier, *Hombre-Dios : Religión y política en el mundo náhuatl*, Boulder, University Press of Colorado, 2015 (1973).
– , « The Research Method of Fray Bernardino de Sahagún », in *Sixteenth-Century Mexico : The Work of Sahagún*, dir. Edmonson, Munro ; Albuquerque, University of New Mexico Press, 1974.
López Luján, Leonardo, *The Offerings of the Templo Mayor of Tenochtitlan*, Boulder, University Press of Colorado, 1994.
López de Meneses, Amada, « Tecuichpotzin, hija de Moctezuma », in *Estudios cortesanos : recopilados con motive del IV centenario de la muerte de Hernán Cortés*, Madrid, Consejo Superior de Investigaciones Científicas, 1948.
López Rayón, Ignacio, éd., *Proceso de residencia instruido contra Pedro de Alvarado y Nuño de Guzman*, Mexico, Valdes y Redondas, 1847.
Lowenthal, David, *The Past Is a Foreign Country*, New York, Cambridge University Press, 1995.
Madajczak, Julia, « Nahuatl Kinship Terminology as Refected in Colonial Written Sources from Central Mexico : A System of Classification », thèse de doctorat, université de Varsovie, Pologne, 2014.
Malanga, Tara, « "Earth Is No One's Home" : Nahuatl Perceptions of Illness, Death, and Dying in the Early Colonial Period, 1520-1650 », thèse de doctorat, Rutgers University, département d'histoire, 2019.
Marcus, Joyce, *Mesoamerican Writing Systems, Propaganda, Myth, and History in Four Ancient Civilizations*, Princeton, Princeton University Press, 1992.
Martínez, Enrico, *El Reportorio de los tiempos e historia natural de Nueva España*, Mexico, Novum, 1991 (1606).
Martínez, José Luis, éd., *Documentos Cortesianos*, Mexico, Fondo de la Cultura Económica, 1990.

Martínez Baracs, Andrea, *Un Gobierno de indios : Tlaxcala, 1519-1750*, Mexico, Centro de Investigaciones y Estudios Superiores en Antropología Social, 2008.

Martínez Baracs, Rodrigo, *Convivencia y utopia : El gobierno indio y español de la « ciudad de Mechuacan », 1521-1580*, Mexico, Científica, 2017 (2005).

– , « De Tepeaquilla a Tepeaca, 1528-1555 », *Andes* 17 (2006).

– , « El Diario de Chimalpahin », *Estudios de cultura náhuatl* 38 (2007).

Martínez Martínez, María del Carmen, *Martín Cortés : pasos recuperados (1532-1562)*, León, Universidad de León, 2018.

Matos Moctezuma, Eduardo, *Life and Death in the Templo Mayor*, Boulder, University Press of Colorado, 1995.

McDonough, Kelly, *The Learned Ones : Nahua Intellectuals in Postconquest Mexico*, Tucson, University of Arizona Press, 2014.

Medina Lima, Constantino, éd., *Libro de los guardianes y gobernadores de Cuauhtinchan*, Mexico, Centro de Investigaciones y Estudios Superiores en Antropología Social, 1995.

Megged, Amos, *Social Memory in Ancient and Colonial Mesoamerica*, New York, Cambridge University Press, 2010.

Mendoza, Celso, « Scribal Culture, Indigenous Modes and Nahuatl-Language Sources, 16th through 18th Centuries », in *Oxford Research Encyclopedia of Latin American History*, dir. Beezley, William, New York, Oxford University Press, 2020.

Mengin, Ernst, éd., *Unos annales de la nación Mexicana*, Copenhague, Einar Munksgaard, 1945.

Metzer, David, *First Peoples in a New World : Colonizing Ice Age America*, Los Angeles, University of California Press, 2009.

Mignolo, Walter, *The Darker Side of the Renaissance : Literacy, Territoriality and Colonization*, Ann Arbor, University of Michigan Press, 1995.

Miller, Mary, et Taube, Karl, *An Illustrated Dictionary of the Gods and Symbols of Ancient Mexico and the Maya*, Londres, Thames & Hudson, 1993.

Mills, Kenneth, Taylor, William B., et Lauderdale Graham, Sandra, dir., *Colonial Latin America : A Documentary History*, Wilmington, DE, Scholarly Resources, 2002.

Molina, fray Alonso, *Vocabulario en Lengua Castellana y Mexicana y Mexicana y Castellana*, Mexico, Porrúa, 1992.

Monmouth, Geofrey of, *History of the Kings of Britain*, éd. Thorpe, Lewis ; Londres, Folio Society, 1969.

Motolinía, fray Toribio de Benavente, *Historia de los Indios de la Nueva España*, Madrid, Alianza, 1988 (1555).

Mundy, Barbara, *The Death of Tenochtitlan, the Life of Mexico City*, Austin, University of Texas Press, 2015.

Nava Nava, *Refugio, Malintzin Itlahtol*, Varsovie, Faculty of Liberal Arts, 2013.

Navarrete Linares, Federico, éd., *Historia de la venida de los mexicanos y otros pueblos*, Mexico, Instituto Nacional de Antropología e Historia, 1991.

– , *Los orígenes de los pueblos indígenas del valle de México : Los altepetl y sus historias*, Mexico, Universidad Autónoma de México, 2015.

Nelson, Ben, « Mesoamerican Objects and Symbols in Chaco Canyon Contexts », in *The Archaeology of Chaco Canyon : An Eleventh-Century Pueblo Regional Center*, dir. Lekson, Stephen ; Santa Fe, School of American Research, 2006.

Nesvig, Martin, « The "Indian Question" and the Case of Tlatelolco », in *Local Religion in Colonial Mexico*, dir. Nesvig, Martin, Albuquerque, University of New Mexico Press, 2006.

– , *Promiscuous Power : An Unorthodox History of New Spain*, Austin, University of Texas Press, 2018.

– , « Spanish Men, Indigenous Language, and Informal Interpreters in Postcontact Mexico », *Ethnohistory* 19 (2012), p. 739-764.

Offner, Jerome, « Ixtlilxochitl's Ethnographic Encounter : Understanding the Codex Xolotl and Its Dependent Alphabetic Texts », in *Fernando de Alva Ixtlilxochitl and His Legacy*, dir. Brokaw, Galen, et Lee, Jongsoo ; Tucson, University of Arizona Press, 2016.

– , *Law and Politics in Aztec Texcoco*, New York, Cambridge University Press, 1983.

O'Gorman, Edmundo, *Destierro de Sombras : Luz en el orígen de la imagen y culta de Nuestra Señora de Guadalupe*, Mexico, Universidad Nacional Autónoma de México, 1986.

Olivier, Guilhem, *Mockeries and Metamorphoses of an Aztec God : Tezcatlipoca, « Lord of the Smoking Mirror »*, Boulder, University Press of Colorado, 2003.

Olko, Justyna, *Insignia of Rank in the Nahua World : From the Fifeenth to the Seventeenth Century*, Boulder, University Press of Colorado, 2014.

– , et Brylak, Agnieska, « Defending Local Autonomy and Facing Cultural Trauma : A Nahua Order Against Idolatry, Tlaxcala 1543 », *Hispanic American Historical Review* 94 (2018), p. 573-604.

– , et Madajczak, Julia, « An Animating Principle in Confrontation with Christianity ? De(Re)constructing the Nahua "Soul" », *Ancient Mesoamerica* 30 (2019), p. 1-14.

Orozco y Berra, Manuel, éd., *Noticia histórica de la conjuración del Marqués del Valle, 1565-1568*, Mexico, R. Rafael, 1853.

Otte, Enrique, « Nueve Cartas de Diego de Ordás », *Historia Mexicana* 14, n° 1 (1964), p. 102-130, et 14, n° 2 (1964), p. 321-338.

Oudijk, Michel, et Matthew, Laura, dir., *Indian Conquistadors : Indigenous Allies in the Conquest of Mesoamerica*, Norman, University of Oklahoma Press, 2007.

Oudijk, Michel, et Restall, Matthew, « Mesoamerican Conquistadors in the Sixteenth Century », in *Indian Conquistadors : Indigenous Allies in the Conquest of Mesoamerica*, dir. Oudijk, Michel, et Matthew, Laura, Norman, University of Oklahoma Press, 2007.

Pacheco, Joaquín, éd., *Colección de documentos inéditos relativos al descubrimiento, conquista y colonización de las posesiones españolas en América y Oceania*, 42 vol., Madrid, Manuel Bernaldos de Quirós, 1864-1884.

Palmer, Colin, *Slaves of the White God : Blacks in Mexico, 1570-1650*, Cambridge, Harvard University Press, 1976.

Paso y Troncoso, Francisco del, éd., *Historia de las Cosas de Nueva España : Códices matritenses*, 3 vol., Madrid, Hauser y Menet, 1906-1907.

Pasztory, Esther, *Teotihuacan : An Experiment in Living*, Norman, University of Oklahoma Press, 1997.

Pennock, Caroline Dodds, *Bonds of Blood : Gender, Lifestyle and Sacrifice in Aztec Culture*, Londres, Palgrave Macmillan, 2008.

Pérez Rocha, Emma, et Tena, Rafael, dir., *La nobleza indígena del centro de México después de la conquista*, Mexico, Instituto Nacional de Antropología e Historia, 2000.

Pierce, Donna, et Otuska, Ronald, dir., *Asia and Spanish America : Transpacific Artistic and Cultural Heritage, 1500-1850*, Denver, Denver Art Museum, 2009.

Pillsbury, Joanne, Sarro, Patricia, Doyle, James, et Wiersema, Juliet, *Design for Eternity : Architectural Models fom the Ancient Americas*, New York, Metropolitan Museum of Art, 2015.

Pillsbury, Joanne, Potts, Timothy, et Richter, Kim, dir., *Golden Kingdoms : Luxury Arts in the Ancient Americas*, Los Angeles, Getty Publications, 2017.

Pizzigoni, Caterina, *The Life Within : Local Indigenous Society in Mexico's Toluca Valley*, Stanford, Stanford University Press, 2012.

– , *Testaments of Toluca*, Los Angeles, UCLA Latin American Center Publications, Stanford, Stanford University Press, 2007.

– , et Townsend, Camilla, dir., « Indian Life After the Conquest : The De la Cruz Family Papers of Colonial Mexico », manuscrit non publié.

Pollack, John H., « Native American Words, Early American Texts », thèse de doctorat, département d'anglais, University of Pennsylvania, 2014.

Polyani, Karl, Arensberg, Conrad, et Pearson, Harry, dir., *Trade and Market in the Early Empires*, Glencoe, IL, Free Press, 1957.

Pomar, Juan, « Relación de Tetzcoco », in *Relaciones de Nueva España*, éd. Vázquez, Germán, *Historia* 16, Madrid, 1991.

Poole, Stafford, *The Guadalupan Controversies in Mexico*, Stanford, Stanford University Press, 2006.

Prem, Hanns, *The Ancient Americas : A Brief History and Guide to Research*, Salt Lake City, University of Utah Press, 1997 (1989).

Price, Richard, *Alabi's World*, Baltimore, Johns Hopkins University Press, 1991.

– , *Maroon Societies : Rebel Slave Communities in the Americas*, Baltimore, Johns Hopkins University Press, 1979.

Querol y Roso, Luis, « Negros y mulatos de Nueva España », *Anales de la Universidad de Valencia* 12 (1931-1932), p. 141-153.

Quiñones Keber, Eloise, éd., *Codex Telleriano-Remensis*, Austin, University of Texas Press, 1995.

Restall, Matthew, *The Black Middle : Africans, Mayas, and Spaniards in Colonial Yucatan*, Stanford, Stanford University Press, 2009.
– , *Seven Myths of the Spanish Conquest*, New York, Oxford University Press, 2003.
– , *When Montezuma Met Cortés : The True Story of the Meeting that Changed History*, New York, HarperCollins, 2018.
– , et Solari, Amanda, *2012 and the End of the World : The Western Roots of the Maya Apocalypse*, Lanham, Rowman & Littlefeld, 2011.
Reyes García, Luis, éd., *¿ Como the confundes ? ¿ Acaso no somos conquistados ? Los anales de Juan Bautista*, Mexico, Centro de Investigaciones y Estudios Superiores en Antropología Social, 2001.
– , *Cuauhtinchan del Siglo XII a XVI*, Wiesbaden, Franz Steiner, 1977.
– , éd., *Documentos sobre tierras y señorios en Cuauhtinchan*, Mexico, Instituto Nacional de Antropología e Historia, 1978.
Riedler, Renée, « Materials and Technique of the Feather Shield Preserved in Vienna », in *Images Take Flight : Feather Art in Mexico and Europe, 1400-1700*, dir. Russo, Alessandra, Wolf, Gerhard, et Fane, Diana, Florence, Kunsthistorisches Institut in Florenz, 2015.
Robertson, Donald, *Mexican Manuscript Painting of the Early Colonial Period : The Metropolitan Schools*, New Haven, Yale University Press, 1959.
Ricard, Robert, *The Spiritual Conquest of Mexico*, Los Angeles, University of California Press, 1966 (1933).
Riva Palacio, Vicente, *El Libro Rojo, 1520-1567*, Mexico, Díaz de León, 1870.
Ross, Kurt, *Codex Mendoza : Aztec Manuscript*, Fribourg, Miller Graphics, 1978.
Rucker, Walter, *Gold Coast Diasporas : Identity, Culture, and Power*, Bloomington, University of Indiana Press, 2015.
Ruiz Medrano, Ethelia, « Fighting Destiny : Nahua Nobles and Friars in the Sixteenth Century Revolt of the Encomenderos against the King », in *Negotiation within Domination : New Spain's Indian Pueblos Confront the Spanish State*, dir. Ruiz Medrano, Ethelia, et Kellogg, Susan ; Boulder, University Press of Colorado, 2010.
Ruiz Medrano, Ethelia, *Mexico's Indigenous Communities : Their Lands and Histories, 1500-2010*, Boulder, University Press of Colorado, 2010.

– , et Kellogg, Susan, dir., *Negotiation within Domination : New Spain's Indian Pueblos Confront the Spanish State*, Boulder, University Press of Colorado, 2010.

Russo, Alessandra, Wolf, Gerhard, et Fane, Diana, dir., *Images Take Flight : Feather Art in Mexico and Europe, 1400-1700*, Florence, Kunsthistorisches Institut in Florenz, 2015.

Sahagún, fray Bernardino de, éd., *The Florentine Codex : General History of the Things of New Spain*, éd. Anderson, Arthur J. O., et Dibble, Charles, Santa Fe et Salt Lake City, School of American Research and University of Utah, 1950-1982.

Salomon, Frank, et Urioste, Jorge, dir., *The Huarochirí Manuscript : A Testament of Ancient and Colonial Andean Religion*, Austin, University of Texas Press, 1991.

Sampeck, Kathryn, « Pipil Writing : An Archaeology of Prototypes and a Political Economy of Literacy », *Ethnohistory* 62 (2015), p. 469-494.

Sanders, William, Parsons, Jeffrey, et Santley, Robert, *The Basin of Mexico : Ecological Processes in the Evolution of a Civilization*, New York, Academic Press, 1979.

Sarabia Viejo, María Justina, *Don Luis de Velasco, Virrey de Nueva España*, Séville, Escuela de Estudios Hispano-Americanos, 1978.

Schele, Linda, et Freidel, David, *A Forest of Kings : The Untold Story of the Ancient Maya*, New York, William Morrow, 1990.

Scherer, Andrew, et Verano, John, dir., *Embattled Bodies, Embattled Places : War in Pre-Columbian Mesoamerica and the Andes*, Washington, Dumbarton Oaks, 2014.

Schmandt-Besserat, Denise, *How Writing Came About*, Austin, University of Texas Press, 1996.

– , *When Writing Met Art : From Symbol to Story*, Austin, University of Texas Press, 2007.

Scholes, France, et Roys, Ralph, *The Maya Chontal Indians of Acalan-Tixchel : A Contribution to the History and Ethnography of the Yucatan Peninsula*, Norman, University of Oklahoma Press, 1968 (1948).

Scholes, France, et Adams, Eleanor, éd., *Cartas de Valderrama*, Mexico, Porrúa, 1961.

– , éd., *Sobre el modo de tributar los indios de Nueva España a Su Majestad, 1561-64*, Mexico, Porrúa, 1958.

Schroeder, Susan, *Chimalpahin and the Kingdoms of Chalco*, Tucson, University of Arizona Press, 1991.

– , « The First American Valentine : Nahua Courtship and Other Aspects of Family Structuring in Mesoamerica », *Journal of Family History* 23 (1998), p. 341-354.

– , *Tlacaelel Remembered : Mastermind of the Aztec Empire*, Norman, University of Oklahoma Press, 2016.

– , « The Truth about the Crónica Mexicayotl », *Colonial Latin American Review* 20 (2011), p. 233-247.

– , Wood, Stephanie, et Haskett, Robert, dir., *Indian Women of Early Mexico*, Norman, University of Oklahoma Press, 1997.

Schwaller, John, « Broken Spears or Broken Bones ? The Evolution of the Most Famous Line in Nahuatl », *Americas* 16 (2009), p. 241-252.

Seijas, Tatiana, *Asian Slaves in Colonial Mexico*, New York, Cambridge University Press, 2014.

Sierra Silva, Pablo, *Urban Slavery in Colonial Mexico : Puebla de los Angeles, 1531-1706*, New York, Cambridge University Press, 2018.

Sigal, Pete, « The Cuiloni, the Patlache and the Abominable Sin : Homosexualities in Early Colonial Nahua Society », *Hispanic American Historical Review* 85 (2005), p. 555-594.

– , « Queer Nahuatl : Sahagún's Faggots and Sodomites, Lesbians and Hermaphrodites », *Ethnohistory* 54 (2007), p. 9-34.

Siméon, Rémi, *Dictionnaire de la langue nahuatl*, Paris, Imprimerie nationale, 1885.

Simpson, Leslie Byrd, *Many Mexicos*, Berkeley, University of California Press, 1963 (1941).

Skopyk, Bradley, « Undercurrents of Conquest : The Shifting Terrain of Agriculture in Colonial Tlaxcala », thèse de doctorat, York University, département d'histoire, 2010.

Smith, Michael, *The Aztecs*, Londres, Blackwell, 1996.

– , *At Home with the Aztecs : An Archaeologist Uncovers Their Daily Life*, New York, Routledge, 2016.

Sousa, Lisa, *The Woman Who Turned into a Jaguar, and Other Narratives of Native Women in Archives of Colonial Mexico*, Stanford, Stanford University Press, 2017.

Spence, Michael, « From Tzintzuntzan to Paquime : Peers or Peripheries in Greater Mesoamerica ? », in *Greater Mesoamerica : The Archaeology of West and Northwest Mexico*, dir. Foster, Michael, et Gorenstein, Shirley ; Salt Lake City, University of Utah Press, 2000.

Suárez de la Peralta, Juan, *Tratado del descubrimiento de las Indias y su conquista*, éd. Perissinotto, Giorgio ; Madrid, Alianza, 1990.

Sullivan, John, de la Cruz Cruz, Eduardo, de la Cruz de la Cruz, Abelardo, de la Cruz de la Cruz, Delfina, de la Cruz Cruz, Victoriano, Cruz de la Cruz, Sabina, Cruz Morales, Ofelia, Cruz de la Cruz, Catalina, de la Cruz Cruz, Manuel, *Tlahtolxitlauhcayotl*, Chicontepec, Veracruz, IDIEZ, 2016.

Sullivan, Thelma, éd., *The Primeros Memoriales*, Norman, University of Oklahoma Press, 1997.

Szoblik, Katarzyna, *Entre los papeles de ocelote entono mi canto, yo Quetzalpetlatzin : El lugar de la mujer dentro de la oralidad nahua, Mexico*, Centro de Estudios de Antropología de la Mujer, 2016.

Tavárez, David, *The Invisible War : Indigenous Devotions, Discipline, and Dissent in Colonial Mexico*, Stanford, Stanford University Press, 2011.

– , « Nahua Intellectuals, Franciscan Scholars, and the Devotio Moderno in Colonial Mexico », *Americas* 70 (2013), p. 203-210.

Tedlock, Dennis, *2000 Years of Mayan Literature*, Los Angeles, University of California Press, 2010.

Tena, Rafael, éd., *Anales de Cuauhtitlan*, Mexico, Cien de México, 2011.

– , éd., *Anales de Tlatelolco*, Mexico, Conaculta, 2004.

– , *La religión Mexica*, Mexico, Instituto Nacional de Antropología e Historia, 1993.

– , éd., *Tres crónicas mexicanas : Textos recopilados por Domingo Chimalpahin*, Mexico, Conaculta, 2012.

Terraciano, Kevin, *The Mixtecs of Colonial Oaxaca : Ñudzahui History, Sixteenth through Eighteenth Centuries*, Stanford, Stanford University Press, 2011.

– , « Three Texts in One : Book XII of the Florentine Codex », *Ethnohistory* 57 (2010), p. 51-72.

Thomas, Hugh, *Conquest : Montezuma, Cortés and the Fall of Old Mexico*, New York, Simon & Schuster, 1993.

Thurner, Lance, « Lizards and the Idea of Mexico », Nursing Clio, 12 avril 2018, https://nursingclio.org.

Todorov, Tzvetan, *The Conquest of America : The Question of the Other*, New York, Harper, 1984.

Tomlinson, Gary, *The Singing of the New World : Indigenous Voice in the Era of European Contact*, New York, Cambridge University Press, 2007.

Tortorici, Zeb, « "Heran Todos Putos" : Sodomitical Subcultures and Disordered Desire in Early Colonial Mexico », *Ethnohistory* 54 (2007), p. 35-67.

– , *Sins Against Nature : Sex and Archives in Colonial New Spain*, Durham, NC, Duke University Press, 2018.

Townsend, Camilla, dir., *American Indian History : A Documentary Reader*, Londres, Wiley-Blackwell, 2009.

– , *Annals of Native America : How the Nahuas of Colonial Mexico Kept Their History Alive*, New York, Oxford University Press, 2016.

– , « Burying the White Gods : New Perspectives on the Conquest of Mexico », *American Historical Review* 108 (2003), p. 659-687.

– , « Don Juan Buenaventura Zapata y Mendoza and the Notion of a Nahua Identity », in *The Conquest All Over Again*, dir. Schroeder, Susan, Brighton, Sussex Academic Press, 2010.

– , « The Evolution of Alva Ixtlilxochitl's Scholarly Life », *Colonial Latin American Review* 23 (2014), p. 1-17.

– , « Glimpsing Native American Historiography : The Cellular Principle in Sixteenth-Century Nahuatl Annals », *Ethnohistory* 56 (2009), p. 625-650.

– , dir., *Here in This Year : Seventeenth-Century Nahuatl Annals of the Tlaxcala-Puebla Valley*, Stanford, Stanford University Press, 2010.

– , *Malintzin's Choices : An Indian Woman in the Conquest of Mexico*, Albuquerque, University of New Mexico Press, 2006.

– , « Mutual Appraisals : The Shifting Paradigms of the English, Spanish and Powhatans in Tsenacomoco, 1560-1622 », in *Early Modern Virginia : Reconsidering the Old Dominion*, dir. Bradburn, Douglas, et Coombs, John C., Charlottesville, University of Virginia Press, 2011.

– , *Pocahontas and the Powhatan Dilemma*, New York, Hill & Wang, 2004.

– , « Polygyny and the Divided Altepetl : The Tetzcocan Key to Preconquest Nahuatl Politics », in *Texcoco : Prehispanic and Colonial Perspectives*, dir. Lee, Jongsoo, et Brokaw, Galen, Boulder, University Press of Colorado, 2014.

– , « Slavery in Pre-Columbian America », in *The Cambridge World History of Slavery*, vol. 2, dir. Perry, Craig, Eltis, David, *et al.*, New York, Cambridge University Press, à paraître 2020.

– , « Sor Juana's Nahuatl », *Le Verger* 8 (2015), p. 1-12.

– , « "What in the World Have You Done to Me, My Lover?" : Sex, Servitude, and Politics among the Pre-Conquest Nahuas as Seen in the Cantares Mexicanos », *Americas* 62 (2006), p. 349-389.

Townsend, Richard, *State and Cosmos in the Art of Tenochtitlan*, Washington, Dumbarton Oaks, 1979.

Ulloa, Modesto, *La hacienda real de Castilla en el reinado de Felipe II*, Madrid, Seminario Cisneros, 1986.

Urton, Gary, *Inka History in Knots : Reading Khipus as Primary Sources*, Austin, University of Texas Press, 2017.

Vail, Gabrielle, et Stone, Andrea, « Representations of Women in Postclassic and Colonial Maya Literature and Art », In *Ancient Maya Women*, dir. Ardren, Traci, Lanham, Rowman & Littlefeld, 2002.

Valton, Emilio, éd., *El Primer Libro de alfabetización en América*, Mexico, Robcdo, 1949 (1569).

Van Deusen, Nancy, *Global Indios : The Indigenous Struggle for Justice in Sixteenth Century Spain*, Durham, Duke University Press, 2015.

Velázquez, Primo Feliciano, éd., *Códice Chimalpopoca : Anales de Cuauhtitlan y Leyenda de los soles*, Mexico, Imprenta Universitaria, 1945.

Veyne, Paul, *Les Grecs ont-ils cru à leurs mythes ? Essai sur l'imagination constituante*, Paris, Seuil, « Des travaux », 1983 ; rééd. Points, « Histoire », 1992.

Villella, Peter, *Indigenous Elites and Creole Identity in Colonial Mexico, 1500-1800*, New York, Cambridge University Press, 2016.

Viseo, fray Juan Bautista, *Sermonario en lengua Mexicana*, Mexico, Casa de Diego López Dávalos, 1606.

Von Germeten, Nicole, *Black Blood Brothers : Confraternities and Social Mobility for Afro-Mexicans*, Gainesville, University Press of Florida, 2006.

Wade, Lizzie, « Feeding the Gods : Hundreds of Skulls Testify to the Monumental Scale of Human Sacrifice in the Aztec Capital », *Science* 360 (2018), p. 1288-1292.

Wake, Eleanor, *Framing the Sacred : The Indian Churches of Colonial Mexico*, Norman, University of Oklahoma Press, 2010.

Watson, Kelly, *Insatiable Appetites : Imperial Encounters with Cannibals in the North Atlantic World*, New York, New York University Press, 2015.

West, Robert, et Augelli, John, *Middle America : Its Land and Peoples*, New Jersey, Prentice-Hall, 1989 (1966).

Whittaker, Gordon, « The Principles of Nahuatl Writing », *Göttinger Beiträge zur Sprachwissenschaft* 16 (2009), p. 47-81.

Wineburg, Sam, *Historical Thinking and Other Unnatural Acts : Charting the Future of Teaching the Past*, Philadelphie, Temple University Press, 2001.

Wood, Stephanie, « Don Diego García de Mendoza Moctezuma : A Techialoyan Mastermind ? », *Estudios de Cultura Náhuatl* 19 (1989), p. 245-268.

– , « Nahuatl Terms Relating to Conquest », papier présenté à la conférence de l'American Historical Association, New York City, janvier 2015.

– , « Nahua Women Writing and Speaking », papier présenté au Northeastern Nahuatl Studies Group, Yale University, mai 2016.

– , *Transcending Conquest : Nahua View of Spanish Colonial Mexico*, Norman, University of Oklahoma Press, 2003.

Yannakakis, Yanna, « How Did They Talk to One Another ? Language Use and Communication in Multilingual New Spain », *Ethnohistory* 59 (2012), p. 667-675.

Yuste López, Carmen, *El comercio de la Nueva España con Filipinas, 1590-1795*, Mexico, Instituto Nacional de Antropología e Historia, 1984.

Zapata y Mendoza, don Juan Buenaventura, *Historia cronológica de la noble ciudad de Tlaxcala*, éd. Reyes García, Luis, et Martínez Baracs, Andrea, Tlaxcala, Universidad Autónoma de Tlaxcala, 1995.

Bibliographie annotée des annales nahuatl

Note : Tous les principaux textes en langue nahuatl dont le contenu s'apparente à des annales sont recensés ici, ainsi que quelques textes anciens en langue espagnole, qui commentent parfaitement les sources pictographiques s'apparentant à des annales. La langue est le nahuatl, sauf indication spécifique qu'il s'agit de l'espagnol. Les entrées sont classées par auteur si l'auteur est une personne connue, sinon par le premier mot important du titre. (Ignorer les articles ainsi que les mots d'ouverture typiques de ces textes – « histoire » ou « *historia* », « livre » ou « *libro* », « annales » ou « *anales* », et « codex » ou « *códice* ».) On trouvera plus d'informations sur tous ces textes et sur les raisons pour lesquelles ils sont attribués ici à tel ou tel auteur (dans de nombreux cas sur la base de recherches inédites) dans Townsend, Camilla, *Annals of Native America : How the Nahuas of Colonial Mexico Kept Their History Alive* (New York, Oxford University Press, 2016).

Anónimo mexicano

Cette histoire en langue nahuatl non signée du début du XVIIIe siècle décrit des vagues de migrants nahuas arrivant au Mexique central. Elle est écrite en chapitres de style européen et n'utilise pas le format propre aux annales nahuatl. Toutefois, elle tire ses informations de plusieurs sources nahuatl, dont les annales de don Juan Buenaventura Zapata y Mendoza. Malgré son titre, des recherches ont récemment démontré qu'il s'agit probablement d'une œuvre de don Manuel de los Santos Salazar, un homme issu d'une famille indigène noble de Tlaxcala, qui a fait des études et est devenu prêtre. Elle est conservée à la Bibliothèque nationale de France à Paris sous la cote Mexicain 254.

Une édition a été publiée sous la direction de Crapo, Richley, et Glass-Coffin, Bonnie, *Anónimo Mexicano* (Logan, Utah State University Press, 2005).

Codex Aubin

Nommé d'après un collectionneur français, ce texte devrait plutôt s'intituler *Annales des Mexicas*. Un indigène résidant dans le quartier de San Juan Moyotlan à Mexico rédigea dans les années 1560 et 1570 un livre mêlant texte et images. Nous savons peu de choses de l'auteur, mais selon toute vraisemblance, il était artisan plâtrier, portait un nom de famille espagnol (López) et avait été formé par les franciscains (ou peut-être par quelqu'un que ces derniers avaient formé). Il ne semble pas avoir évolué dans les cercles nobles des écrivains des *Annales de Juan Bautista*. Il commence par l'histoire ancienne des Mexicas, avant de décrire celle de son temps.

L'original est conservé au British Museum, dont les conservateurs ont mis en ligne des photographies des pages magnifiquement colorées. On trouve un fac-similé imprimé et une transcription dans Lehmann, Walter, et Kutscher, Gerdt, *Geschichte der Aztekan : Codex Aubin und verwandte Documente* (Berlin, Gebr. Mann, 1981). Il existe des traductions espagnoles, mais il en faudrait une plus récente, ainsi qu'une traduction complète en anglais. La meilleure disponible à ce stade est probablement celle de Dibble, Charles, éd., *Historia de la Nación Mexicana* (Madrid, Porrúa, 1963).

Dialogues de Bancroft

Dans les années 1570, un habitant très instruit de Texcoco transcrivit des discours officiels prononcés à différentes occasions : lors de la prise de fonction d'un nouveau chef, du mariage d'un noble, lorsque des petits-enfants venaient rendre visite à leur grand-mère. Le texte a certainement été écrit pour le compte d'un « franciscain philologue en poste à Texcoco », pour reprendre les termes de James Lockhart. Plus tard, il s'est retrouvé entre les mains du célèbre jésuite Horacio Carochi ; la copie que nous avons est probablement la sienne. On pourrait soutenir à bon droit que ce texte n'a pas sa place parmi des annales, mais je ne suis pas d'accord. Et ce, pour deux raisons : d'une part, l'un des orateurs, une femme âgée, raconte des événements historiques dont elle se souvient comme si elle participait à un dialogue lors d'une performance de xiuhpohualli ; d'autre part, il contient un certain nombre de discours cérémoniels pareils à ceux que l'on trouve dans les annales (comme la mise en place d'un chef ou son mariage).

Le manuscrit est conservé à la bibliothèque Bancroft de l'université de Californie, à Berkeley. Pour une édition hors pair, voir Karttunen, Frances, et Lockhart, James (éd.), *The Art of Nahuatl Speech : The Bancroft Dialogues* (Los Angeles, UCLA Latin American Center, 1987). Lockhart a par la suite apporté des modifications à sa traduction, qui sont disponibles sous forme électronique.

Cantares Mexicanos

Dans les années 1560, Bernardino de Sahagún encouragea les Nahuas à coucher par écrit les paroles de certaines de leurs chansons, non pas parce qu'il en appréciait le contenu – au contraire, c'était pour lui une hérésie païenne –, mais pour les étudier et les utiliser afin d'affaiblir l'ancienne religion. Cependant, il peinait à les traduire (et nous encore), si bien qu'il dut abandonner son projet. Dans sa « Septième relation », Chimalpahin explique que, dans le monde d'avant la conquête, les chansons étaient recyclées au fil des ans ; on reprenait de vieilles rengaines en changeant seulement les noms, pourvu qu'il y ait un rapport avec l'actualité. Comme les chansons font parfois référence à *Dios* ou à la Vierge Marie, et que leur transcription a été inspirée par un franciscain, on a pu dire, à tort, qu'elles manifestaient une profonde influence chrétienne. Or rien ne saurait être plus éloigné de la vérité. Il n'existe aucun autre texte nahuatl qui présente une telle variété de formes anciennes, tant au niveau grammatical que stylistique. Bien que ces chants ne soient pas des annales, ils partagent avec celles-ci des points communs : ils ont été interprétés lors des mêmes occasions et traitent de thèmes comparables – comme l'ascension et la chute de certains dirigeants, la fierté des populations envers leur altepetl et leur inquiétude quant à l'avenir.

Il existe deux manuscrits, l'un connu sous le nom de *Cantares Mexicanos*, conservé à la Biblioteca Nacional de Mexico, et l'autre, appelé *Romances de los Señores*, dans la collection Nettie Lee Benson de l'université du Texas à Austin. John Bierhorst a publié d'excellentes transcriptions de ces deux ouvrages, ainsi que des traductions en anglais partiellement utilisables. Voir Bierhorst, John, éd., *Cantares Mexicanos : Songs of the Aztecs* (Stanford, Stanford University Press, 1985) ; et *Ballads of the Lords of New Spain ; The Codex Romances de los Señores de la Nueva España* (Austin, University of Texas Press, 2009). Malheureusement, Bierhorst, qui était convaincu que ces chansons relevaient de la même tradition que les chants fantômes du Midwest américain, ajusta ses traductions en conséquence chaque fois qu'il en ressentait le besoin. Miguel León-Portilla a également publié des transcriptions complètes, ainsi que des traductions en espagnol. Voir León-Portilla, Miguel, éd., *Cantares Mexicanos*, 3 vol. (Mexico, UNAM, 2011). Dans le sillage de Angel María Garibay, un érudit du milieu du XXe siècle, il pense que les cantares étaient divisés en courtes lignes, comme la poésie occidentale, et qu'ils sont l'œuvre d'auteurs, d'individus. Peter Sorenson prépare actuellement une nouvelle traduction des principaux chants et une étude complète du genre.

Cristóbal de Castillo

Nous savons très peu de choses sur cet auteur d'histoires nahuatl du XVIe siècle. Dans ses textes ordonnés en chapitres, il médite sur les errements religieux de ses ancêtres. On peut en conclure qu'il a été éduqué par des missionnaires. Pourtant, nombre de passages reflètent les anciennes traditions nahuatl ; ainsi utilise-t-il le dialogue pour exprimer des divergences politiques. À un moment donné, il laisse entendre que son peuple est originaire de Texcoco, mais la plupart de ses textes concernent les Mexicas. En bref, bien que Castillo signe de son nom et dise qu'il termine son travail de vieil homme en juillet 1599, il ne révèle presque rien de son passé. Seules des copies de son œuvre, sous forme de fragments, nous sont parvenues ; elles sont conservées à la

Bibliothèque nationale de France, à Paris, sous la cote Mexicain 263 et autres. Une excellente étude, transcription et traduction en espagnol, se trouve dans Navarrete Linares, Federico, *Historia de la venida de los mexicanos y otros pueblos* (Mexico, INAH, 1991).

Don Domingo de San Antonio Muñón Chimalpahin Quauhtlehuanitzin

L'historien indigène qui se fit appeler « Chimalpahin » (en référence à un de ses ancêtres) était connu à son époque sous le nom de don Domingo de San Antón. Issu d'une famille noble d'Amaquemecan, un sous-altepetl de Chalco, il s'installa à Mexico dans les années 1590, où il fut intendant de l'église de San António Abad. Pendant son temps libre, il faisait des recherches et rédigea plusieurs livres d'histoire :

1. Le *Diario* ou les *Annales de son temps* : un compte rendu année par année des événements qui se sont déroulés à Mexico entre les années 1570 et 1615.
2. Les *Huit relations*, un ensemble de textes détaillés qui pourraient tout aussi bien s'intituler *Annales variées du Chalco et de la vallée centrale*.
3. *Codex Chimalpahin*, un volume relié contenant divers ouvrages, qu'il a écrits ou recopiés ; ils furent ensuite conservés par la famille d'Ixtlilxochitl.
4. Traduction intégrale et annotée en nahuatl d'une biographie d'Hernán Cortés écrite par son secrétaire.

Tragiquement, au cours du siècle qui suivit sa mort, les papiers de Chimalpahin ont été dispersés. La plus grande partie du *Diario* (ou plus exactement des *Annales de son temps*) se trouve aujourd'hui à la Bibliothèque nationale de France (BNF), à Paris, sous la cote Mexicain 220, mais les premières pages sont à l'Instituto Nacional de Antropología e Historia (INAH), à Mexico, sous la cote Colección Antigua 256B. Les *Huit relations* se trouvent également à la BNF sous la cote Mexicain 74. Les écrits contenus dans le *Codex Chimalpahin* ont refait surface dans les années 1980 à la British and Foreign Bible

Society Library de l'université de Cambridge ; en 2014, Cambridge a vendu le volume à l'INAH, où ils sont à juste titre considérés comme un trésor national. Rafael Tena fit d'excellentes traductions en espagnol : voir ses éditions de *Las Ocho Relaciones y el memorial de Colhuacan*, volumes 1 et 2 (Mexico, Conaculta, 1998) ; *El Diario de Chimalpahin* (Mexico, Conaculta, 2001) ; et *Tres crónicas mexicanas : Textos recopilados por Domingo Chimalpahin* (Mexico, Conaculta, 2012). Susan Schroeder a dirigé les traductions en anglais de deux des principaux ouvrages ; voir Lockhart, James, Schroeder, Susan, et Namala, Doris, éd., *Annals of His Time : Don Domingo de San Antón Muñón Chimalpahin Quauhtlehuanitzin* (Stanford, Stanford University Press, 2006) et Anderson, Arthur J. O., et Schroeder, Susan, éd., *Codex Chimalpahin*, vol. 1 et 2 (Norman, University of Oklahoma Press, 1997). Il n'existe actuellement aucune traduction anglaise des *Huit relations*. Le seul exemplaire restant de la traduction de la biographie de Cortés par Chimalpahin se trouve à la Newberry Library de Chicago. Une excellente édition est celle de Schroeder, Susan, Cruz, Anne J., Roa-de-la-Carrera, Cristián, et Tavárez, David, éd., Chimalpahin's Conquest : *A Nahua Historian's Rewriting of Francisco López de Gómara's La conquista de México* (Stanford, Stanford University Press, 2010).

Codex Chimalpopoca

Voir *Annales de Cuauhtitlan*.

Faustino Galicia Chimalpopoca

Voir « J. F. Ramírez ».

Annales de Cuauhtinchan

Voir *Historia Tolteca Chichimeca*.

Annales de Cuauhtitlan

Les références textuelles qui se trouvent dans les *Annales de Cuauhtitlan* indiquent que l'œuvre a été composée dans les années 1560 et 1570 par un habitant de Cuauhtitlan (juste au nord de Mexico) qui connaissait intimement les projets de Bernardino de Sahagún. Cette personne a bel et bien existé : il s'agit de Pedro de San Buenaventura, un ancien élève de Sahagún qui s'installa à Cuauhtitlan et continua à correspondre avec lui. Il est probablement l'auteur des annales. Ce récit extraordinairement détaillé tisse l'histoire des peuples de toute la vallée centrale, en se concentrant particulièrement sur Cuauhtitlan et Tenochtitlan.

Une copie des *Annales de Cuauhtitlan* était précédemment conservée à l'Instituto Nacional de Antropología e Historia à Mexico. Il y avait avec un autre texte en langue nahuatl, une histoire originale connue aujourd'hui sous le nom de « Légende des soleils », ainsi qu'une déclaration en espagnol intitulée « Breve Relación de los dioses y ritos de la gentilidad » (« Brève relation des dieux et des rites des gentils »). L'écriture et certains éléments stylistiques indiquent que les documents sont des copies datant du XVIIe siècle. À l'intérieur de l'ensemble figurait une généalogie de l'écrivain don Fernando de Alva Ixtlilxochitl, ce qui suggère que le volume a probablement été en possession de sa famille à un moment donné. Une note datée de 1849 a classé l'ensemble des quatre-vingt-quatre pages comme le « Códice Chimalpopoca » (Codex Chimalpopoca), nom qui est resté dans certains cercles. Au début des années 1940, le savant mexicain Primo Feliciano Velázquez prit des photos de chaque page et publia ensuite une édition en fac-similé : *Códice Chimalpopoca : Anales de Cuauhtitlan y Leyenda de los soles* (Mexico, Imprenta Universitaria, 1945). En 1949, les originaux ont été perdus. Tous les travaux ultérieurs se sont donc appuyés sur le fac-similé. Il existe une édition récente en anglais (Bierhorst, John, éd., *History and Mythology of the Aztecs : The Codex Chimalpopoca* [Tucson, University of Arizona Press, 1992]) et une autre en espagnol (Tena, Rafael, éd., *Anales de Cuauhtitlan* [Mexico, Cien de México, 2011]).

Codex de Florence

C'est de loin la plus célèbre source en langue nahuatl du XVIe siècle. L'ouvrage consiste en une encyclopédie de douze livres, le tout se présentant comme une somme sur la culture aztèque. Si l'on voulait connaître les autochtones, c'était pour mieux les convertir au christianisme. Le frère provincial franciscain Francisco de Toral (voir *Annales de Tecamachalco*) demanda au frère Bernardino de Sahagún de s'atteler à la tâche dans les années 1550. Pour ce faire, il s'adjoignit un certain nombre d'aides indigènes, dont un jeune homme de Cuauhtitlan, Pedro de San Buenaventura (voir *Annales de Cuauhtitlan*). Sahagún et les membres de son entourage travaillèrent sur le codex pendant les trois décennies suivantes : collecte d'informations, organisation, édition, mise en colonnes des documents pour inclure des traductions ou des gloses, ajout d'illustrations. Après le concile de Trente (1545-1563), le projet, considéré comme dangereux, fut interrompu ; il fut remis à la Couronne sans être publié. Certains éléments ressortissent au genre des annales ; et la seconde moitié du livre 12, portant sur l'expérience de la conquête par les Espagnols, est un compte rendu mois par mois dans le format xiuhpohualli.

Ces derniers temps, les universitaires ont eu d'âpres débats concernant le *Codex de Florence* – pour déterminer s'il peut être tenu comme une source ou non. D'une part, il est dans une certaine mesure le produit d'un imaginaire européen. D'autre part, il contient de nombreux commentaires de Nahuas évoquant leurs « jours anciens » – quarante ans plus tôt. Parfois, le texte comprend des propos inventés de toutes pièces pour répondre aux attentes des Espagnols. (« Les démons assoiffés de sang ont-ils réclamé trop de sacrifices humains ? – Oui, en effet, ils l'ont fait. – Vos médecins se sont-ils livrés à des pratiques épouvantables et superstitieuses ? – Oui, en effet, ils l'ont fait. ») Mais d'autres passages relatent des faits authentiques. Utilisé judicieusement avec l'appui de sources proprement nahuas, le *Codex de Florence* est d'une valeur inestimable. Il n'est devenu problématique que parce que de nombreux universitaires se sont appuyés presque entièrement sur lui pour certains sujets.

Le texte original se trouve à la Biblioteca Medicea Laurenziana de Florence (d'où le nom actuel de l'ouvrage). Des fac-similés ont été publiés, mais ils sont devenus obsolètes en 2012 lorsque le texte a été placé dans la Bibliothèque numérique mondiale. Le texte n'a pas été traduit en espagnol, parce qu'on a présupposé que, comme Sahagún a inclus des gloses en espagnol, ce n'était pas la peine. C'est regrettable, car celles-ci ne sont pas toujours justes, si bien qu'elles ont pu induire des chercheurs en erreur. James Lockhart l'a bien montré en comparant les traductions anglaises du nahuatl et de l'espagnol du livre 12 dans son ouvrage *We People Here : Nahuatl Accounts of the Conquest of Mexico* (Berkeley, University of California Press, 1993). Une traduction complète du nahuatl en anglais se trouve dans Bernardino de Sahagún, *General History of the Things of New Spain : The Florentine Codex*, volumes 1-12, sous la direction d'Anderson, Arthur J. O., et Dibble, Charles (Salt Lake City, University of Utah Press, 1950-1982). Anderson et Dibble introduisent un registre « élevé », en utilisant *thee* et *thou* dans leur traduction, termes qui n'existent pas en nahuatl, mais leur travail n'en reste pas moins excellent. Nombre des notes antérieures recueillies par Sahagún et ses assistants sont encore dans les bibliothèques de la Real Academia et du Real Palacio, toutes deux à Madrid. Un fac-similé partiel – qui est lui-même rare – de ces sources se trouve dans l'édition de del Paso y Troncoso, Francisco, éd., *Historia de las Cosas de Nueva España : Códices matritenses*, 3 volumes (Madrid, Hauser y Menet, 1906-1907). Une partie des préparatifs, comprenant la totalité des images mais non des écrits, a été publiée dans Sullivan, Thelma, *et al.*, éd., *The Primeros Memoriales* (Norman, University of Oklahoma Press, 1997).

Libro de los Guardianes

Le titre complet de cet ouvrage est *Libro de los guardianes y gobernadores de Cuauhtinchan*. À la fin du XIXe siècle, ce texte a été découvert aux archives municipales de Cuauhtinchan dans une ancienne reliure en cuir brut. Après avoir appartenu à un propriétaire privé, il a été donné à l'Instituto de Investigaciones Jurídicas de l'Universidad Nacional Autónoma de México, à Mexico, où il est conservé encore aujourd'hui. Il s'agit d'un ensemble d'annales dont la rédaction a été commencée dans la seconde moitié du XVIe siècle par des personnes connues des auteurs de l'*Historia Tolteca Chichimeca*, puis poursuivie par une série d'autres (avec des écritures différentes) – principalement en nahuatl mais parfois en espagnol, jusqu'aux années 1630. Une transcription et une traduction en espagnol se trouvent dans Medina Lima, Constantino, éd., *Libro de los guardianes y gobernadores de Cuauhtinchan (1519-1640)*, (Mexico, CIESAS, 1995).

Don Fernando de Alva Ixtlilxochitl

Né vers 1580 d'un père espagnol et d'une mère noble de Texcoco, le jeune don Fernando était bilingue (espagnol et nahuatl). Il reçut une bonne éducation et, à l'âge adulte, se donna pour mission d'écrire en espagnol (à l'intention d'un public espagnol) des récits exhaustifs sur l'histoire de Texcoco. Certains universitaires l'ont pris au mot et l'ont considéré comme un indigène, d'autres comme un Espagnol et donc un imposteur; mais la réalité est plus complexe : fier de son héritage indigène, il collecta toutes les sources picturales et linguistiques indigènes qu'il pouvait. (Pour une étude détaillée de ce que l'on sait de sa vie, voir Townsend, Camilla, « The Evolution of Alva Ixtlilxochitl's Scholarly Life », *Colonial Latin American Review* 23, n° 1 [2014], p. 1-17). Récemment, les chercheurs se sont mis à l'appeler « Alva », comme s'il s'agissait de son patronyme, alors qu'il s'agissait en fait d'un prénom – ajouté bien après sa naissance en l'honneur d'un parrain ou d'une marraine. Le nom de famille de son père était Paraleda. Comme il se faisait appeler Ixtlilxochitl, nous devrions respecter sa volonté, tout comme nous respectons le choix du nom de Chimalpahin.

Les écrits d'Ixtlilxochitl, à l'instar du *Codex de Florence*, sont très utiles tant qu'ils sont abordés avec prudence. Quand il dit, par exemple, qu'un roi qui avait des dizaines d'épouses est mort en laissant un seul héritier possible, il est certain qu'il retouche la réalité; il tente de passer sous silence la polygynie que pratiquaient ses ancêtres. En revanche, lorsqu'il fait référence à telle guerre dans un langage particulièrement évocateur, nous n'avons aucune raison de douter de ce qu'il dit. Sans doute s'appuie-t-il sur une source authentique, écrite ou orale. Ixtlilxochitl a également laissé à la postérité la plus impressionnante histoire picturale nahua existante, le *Codex Xolotl*. Dans ce texte, il utilise les glyphes à l'ancienne avec une créativité formidable pour raconter des événements qu'il connaissait (ou pensait connaître). Sur le « Projet Xolotl », voir Offner, Jerome, « Ixtlilxochitl's Ethnographic Encounter : Understanding the Codex Xolotl and Is Dependent Alphabetic Texts », dans *Fernando de Alva Ixtlilxochitl and His Legacy*, édité par Brokaw, Galen, et Lee, Jongsoo (Tucson, University of Arizona Press, 2016).

Pendant des siècles, on ne savait pas où se trouvaient les manuscrits originaux d'Ixtlilxochitl ; les chercheurs ne travaillaient qu'avec des copies issues de diverses bibliothèques. Puis, dans les années 1980, les originaux ont refait surface en Angleterre, accompagnés de quelques écrits de Chimalpahin (voir « Chimalpahin »). Ils ont été depuis rapatriés au Mexique, à l'Instituto Nacional de Antropología e Historia. Notons qu'une édition antérieure basée sur les exemplaires connus s'est révélée plutôt fiable ; elle ne comporte que quelques erreurs et continue d'être largement utilisée par les chercheurs : Don Fernando de Alva Ixtlilxochitl, *Obras Históricas*, 2 volumes, édité par O'Gorman, Edmundo (Mexico City, UNAM, 1975-1977). La traduction anglaise de l'un des récits les plus remarquables d'Ixtlilxochitl a été faite par Brian, Amber, Benton, Bradley, et García Loaza, Pablo, éd., *The Native Conquistador : Alva Ixtlilxochitl's Account of the Conquest of New Spain* (University Park, Penn State University Press, 2015).

Annales de Juan Bautista

Ce texte extraordinaire permet, fait rare, d'appréhender la pensée mexicaine au plus proche. Dans les années 1560, les indigènes de la ville de Mexico luttaient contre une nouvelle taxe, qui devait être imposée à chacun d'entre eux et les réduire à la condition de peuple conquis. Conformément à la tradition des performances, les auteurs font entendre, les uns après les autres, les propos d'habitants de différents quartiers de San Juan Moyotlan (la zone de Mexico où dominait autrefois la famille royale). La langue est riche et évocatrice, pas du tout laconique. Les écrivains étaient des scribes et artisans qui travaillaient pour les missionnaires, mais ils n'avaient manifestement pas l'intention de leur montrer ce document. Ils l'avaient écrit pour leurs descendants, afin que ceux-ci les pardonnent de n'avoir pas pu se défendre contre le changement de loi. « Juan Bautista » est un terme impropre ; il s'agit du nom du propriétaire d'un carnet de perception des impôts, lequel a été utilisé pour copier cet ensemble d'annales.

L'original se trouve dans les archives de la Biblioteca Lorenzo Boturini de la basilique de Guadalupe à Mexico. Une édition en fac-similé avec une traduction espagnole se trouve dans Reyes García, Luis, éd., *¿ Cómo the confundes ? ¿ Acaso no somos conquistados ? Anales de Juan Bautista* (Mexico, CIESAS, 2001). Celso Mendoza prépare une traduction anglaise intégrale et une étude complète de ce remarquable ouvrage.

Légende des Soleils

Il s'agit plutôt d'une histoire des origines décrivant les périodes des Cinq Soleils ; mais elle se termine par une section en forme d'annales sur les rois mexicas. Ce texte d'importance est souvent cité. Cependant, il a peut-être été écrit à une date plus tardive qu'on ne le pense ; son style est souvent tronqué, comme si l'auteur avait une connaissance de seconde main des performances orales antérieures. Des versions plus riches de sections du récit se trouvent dans le *Codex de Florence*. Sur ses pérégrinations, voir *Annales de Cuauhtitlan*.

Codex Mendoza

Dans les années 1540 ou 1550, un membre de l'Audiencia de la Nouvelle-Espagne demanda aux indigènes de la ville de créer une sorte d'encyclopédie visuelle de leur vie passée, qui serait annotée en espagnol et ensuite envoyée à la Couronne. Le *Codex Mendoza* en est le résultat. On suppose traditionnellement que le vice-roi (qui était Antonio de Mendoza jusqu'en 1549) est à l'initiative de ce projet, mais rien ne le prouve. La deuxième des trois sections dépeint, à travers des glyphes du style d'avant la conquête, le tribut que le roi mexica recevait de chaque région conquise ; la troisième section se présente comme une sorte de guide anthropologique des différentes catégories de personnes sous cette période, plus proche des écrits européens qu'indigènes. La première section, en revanche, est bien un ensemble d'annales. Une chronologie répétitive court le long de la marge gauche. À chaque roi mexica correspond l'année où il est arrivé au pouvoir, et il y a ensuite une représentation glyphique de chaque altepetl conquis sous son règne. Cette section nous apprend beaucoup sur le système pictural jadis utilisé. De temps en temps, parmi la liste des villes vaincues, un événement est évoqué : Moquihuixtli tombant de la pyramide de Tlatelolco, ou une armée de pirogues s'approchant des quatre altepetls de Chalco. L'original est conservé à la Bibliothèque bodléienne d'Oxford, qui a rendu ce magnifique texte accessible en ligne. Daniela Bleichmar prépare une étude complète du document.

Annales de Puebla

Dans les années 1670 et 1680, un artisan indigène du nom de don Miguel de los Santos écrivit les annales nahuatl les plus passionnantes qui nous soient parvenues. Originaire de la ville de Puebla de los Angeles, il avait une connaissance intime de la haute culture nahuatl telle qu'elle se perpétuait à Tlaxcala (voir *Annales de Tlaxcala*) et de la culture baroque espagnole alors en vogue dans sa ville. Son texte est le reflet de ces deux mondes.

Après la mort de don Miguel, probablement lors de l'épidémie qui a ravagé le Mexique en 1692, des parents ou proches amis décidèrent de recopier son œuvre. Deux originaux ont résisté à l'injure du temps, ainsi que quatre copies du XIXe siècle (voir « Ramírez »). L'une d'elles se trouve à l'Instituto Nacional de Antropología e Historia sous la cote GO 184 (elle a été déplacée aux Archives nationales), l'autre dans les archives du Venerable Cabildo de la cathédrale de Puebla, tome 6 de la Colección de Papeles Varios. La première a été transcrite et traduite en anglais dans Townsend, Camilla, éd., *Here in This Year : Seventeenth-Century Nahuatl Annals of the Tlaxcala-Puebla Valley* (Stanford, Stanford University Press, 2009) ; la seconde est reproduite en fac-similé dans Gómez García, Lidia, Salazar Exaire, Celia, et Stefanón López, María Elena, éd., *Anales del Barrio de San Juan del Río* (Puebla, Benemérita Universidad Autónoma de Puebla, 2000). Le premier texte se distingue par sa longueur et sa richesse, le second par ses éléments visuels.

José Fernando Ramírez

Directeur du Museo Nacional de Antropolgía e Historia au XIXe siècle, il collectionnait des annales qui avaient été copiées par Faustino Galicia Chimalpopoca, un érudit indigène. Il les rassembla dans un volume massif qu'il intitula *Anales Antiguos de México y Sus Contornos*, qui se trouve dans la bibliothèque de l'Instituto Nacional de Antropología e Historia. Comme les annales sont des copies du XIXe siècle (et parfois des copies de copies), certaines sont truffées d'erreurs ou d'incohérences. Cependant, la plupart forment un ensemble complet et authentique. Plusieurs ont été imprimées dans des publications mexicaines, mais ces versions sont encore plus éloignées des originaux.

Annales de Tecamachalco

Ces annales ont été écrites par don Mateo Sánchez, un noble de Tecamachalco, près de Cholula (à l'est du bassin central), avant d'être reprises par des parents plus jeunes. Don Mateo naquit quelques années après la conquête et fut éduqué par les franciscains ; il avait un lien étroit avec Francisco Toral. Comme les annales couvrent de nombreuses années à travers le point de vue d'un seul homme, elles offrent un aperçu unique sur des sujets tels que l'expérience de la perte comme au cours des épidémies du XVIe siècle.

Le texte original est conservé par la Nettie Lee Benson Collection de l'université du Texas à Austin. Un fac-similé et une traduction en espagnol sont disponibles dans Solís, Eustaquio Celestino, et Reyes García, Luis, éd., *Anales de Tecamachalco, 1398-1590* (Mexico, CIESAS, 1992). Une traduction anglaise des passages clés se trouve dans Townsend, Camilla, *Annals of Native America, op. cit.*, p. 99-105.

Codex Telleriano-Remensis

Dans les années qui ont suivi la conquête, des écrivains et artistes mexicas ont produit des chronologies glyphiques accompagnées de brefs commentaires écrits en nahuatl ou en espagnol, parfois de leur propre initiative et parfois à la demande des Espagnols. Ces œuvres (par exemple le *Codex Azcatitlan*, le *Codex Mexicanus*, le *Codex en Cruz*) ont été beaucoup étudiées par les historiens de l'art. Le *Telleriano-Remensis*, parce qu'il est le plus complet, est le seul exemple que j'inclus dans cette bibliographie. Il a été achevé vers 1560, juste avant le cataclysme politique qui a secoué le monde mexica. (Voir *Annales de Juan Bautista.*) Après deux sections calendaires, cet ouvrage contient une importante section d'annales (vingt-trois folios, recto et verso). Les images sont absolument fascinantes. Cependant, les commentaires sont en espagnol, ce qui indique que l'ouvrage a été conçu pour un mécène espagnol ; et les explications se révèlent lacunaires, rien de comparable à l'histoire complexe que l'on trouve dans les annales nahuatl. Néanmoins, comme le texte écrit est simple et en espagnol, et les illustrations riches, le *Telleriano-Remensis* constitue une bonne entrée en matière pour les débutants. Il rappelle les chronologies peintes que les conteurs utilisaient jadis comme moyen mnémotechnique pour leurs performances. L'original se trouve à la Bibliothèque nationale de France, à Paris, sous la cote Mexicain 385. Un fac-similé complet avec commentaires est dans Quiñones Keber, Eloise, *Codex Telleriano-Remensis : Ritual, Divination, and History in a Pictorial Aztec Manuscript* (Austin, University of Texas Press, 1995).

Récits de Texcoco de la conquête

Parmi les sources recueillies par Chimalpahin, on trouve des déclarations d'une valeur inestimable remontant au milieu du XVIe siècle et rédigées par des gens de Texcoco. Elles comprennent des comptes rendus détaillés des événements qui se sont déroulés pendant la période de la conquête espagnole, avec toutes les complexités auxquelles était confronté l'altepetl, ainsi qu'une lettre d'un noble déshérité, don Juan de San Antonio. Un ensemble d'annales a été écrit par un noble de Texcoco nommé don Gabriel de Ayala, mais il habitait Mexico, et son travail se concentre en fait sur les Tenochcas. Voir *Codex Chimalpahin* sous la rubrique « Chimalpahin ».

Don Hernando Alvarado Tezozomoc

Tezozomoc était un descendant de la famille royale mexica. Il était le fils de don Diego Huanitzin, qui fut élu premier gouverneur indigène de Mexico après la conquête ; par sa mère, il était un petit-fils de Moctezuma. Il a écrit (ou peut-être dicté) des généalogies détaillées de la famille royale mexica, qu'il a ensuite confiées aux bons soins de Chimalpahin pour son travail. Après la mort de celui-ci et la dispersion de ses papiers, la section où Tezozomoc raconte les événements à la première personne a été copiée sous le nom de *Crónica Mexicayotl* (le titre est un étrange mélange d'espagnol et de nahuatl) ; en 1949, Adrián León publia une édition bien connue de l'œuvre, qui renforça l'idée que Tezozomoc en était l'auteur. Plus tard, dans les années 1980, la version originale du même texte, intégrée à d'autres écrits de Chimalpahin, fut retrouvée en Angleterre. Aujourd'hui, un débat divise les universitaires sur la question de savoir à quel homme il faut attribuer la paternité de l'œuvre. Il est clair que Tezozomoc a écrit ou raconté un témoignage, mais nous ne pouvons pas déterminer quelle est son influence dans l'ensemble de l'œuvre. Par ailleurs, il est inutile de retirer de l'œuvre de Chimalpahin telle ou telle chronique initialement rédigée par quelqu'un d'autre, puisque c'était ainsi qu'il procédait, conformément à l'ancienne tradition nahua. Voir Schroeder, Susan, « The Truth About the Crónica Mexicayotl », *Colonial Latin American Review* 20 (2011), p. 233-247. Pour les lieux de publication du texte, voir *Codex Chimalpahin* sous « Chimalpahin ».

Annales de Tlatelolco

Il s'agit probablement du premier ensemble d'annales nahuatl consignées en alphabet romain. Il a parfois été daté de 1528, car cette année figure sur une copie qui nous est parvenue (dans une autre écriture plus tardive) ; mais c'est une erreur du copiste : en 1528 les missionnaires n'avaient pas encore appris tous les rudiments de la langue nahuatl ni commencé leur enseignement. De nombreux indices tendent à montrer qu'il a été écrit dans les années 1540 par des étudiants de l'école franciscaine de Tlatelolco, ou éventuellement d'autres habitants de la ville. Il se distingue par un style très traditionnel, tout en révélant une connaissance approfondie des concepts et objets espagnols (le terme espagnol « espada » est utilisé pour désigner une épée, par exemple).

Il en existe deux exemplaires, qui sont à la Bibliothèque nationale de France à Paris, catalogués sous la cote Mexicain 22 et Mexicain 22bis. Mexicain 22 est écrit sur du papier indigène – le seul ensemble d'annales pour lequel ce soit le cas. Mexicain 22bis est une copie qui, d'après l'écriture, date du XVIIe siècle. Elle comporte des ajouts qui ne se trouvent pas dans l'ouvrage plus ancien. Une édition en fac-similé des deux versions : Mengin, Ernst, *Unos annales [sic] de la nación Mexicana* (Copenhague, Einar Munksgaard, 1945). Pour une édition espagnole récente, voir Tena, Rafael, *Anales de Tlatelolco* (Mexico City, Conaculta, 2004). James Lockhart a transcrit et traduit en anglais la section sur la conquête espagnole dans Lockhart, éd., *We People Here : Nahuatl Accounts of the Conquest of Mexico* (Berkeley, University of California Press, 1993). Dans son introduction à cet ouvrage, Lockhart s'interroge sur la datation du manuscrit le plus ancien.

Annales de Tlaxcala

La région autour de Tlaxcala, à l'est de la vallée centrale, s'enorgueillissait de nourrir en son sein une communauté particulièrement dynamique de savants indigènes qui ont maintenu la tradition des annales tout au long des XVIe et XVIIe siècles. Don Juan Buenaventura Zapata y Mendoza (voir « Zapata ») est le seul écrivain à avoir signé son œuvre, mais de nombreux autres hommes (et peut-être même quelques femmes) échangeaient des annales entre eux, qu'ils recopiaient, voire poursuivaient. Il existe vingt-trois textes connus dans la région, dont huit à Tlaxcala même. Ceux-ci ont en commun une grande partie de leurs entrées jusqu'en 1538, ce qui laisse penser qu'ils ont été écrits par un même auteur, peu après la conquête. Outre le texte de Zapata, il existe six œuvres qui ont été copiées au XIXe siècle (voir « Ramírez ») et une autre qui se trouve sous sa forme originale dans les archives de l'Instituto Nacional de Antropología e Historia, Colección Antigua 872. Cette dernière a été transcrite et traduite en anglais dans

Townsend, Camilla, *Here in This Year : Seventeenth-Century Nahuatl Annals of the Tlaxcala-Puebla Valley* (Stanford, Stanford University Press, 2009).

Historia Tolteca Chichimeca

Ce texte riche et magnifique contient des écrits de différents types, dont une histoire des origines de la ville et un registre de ses frontières, mais il s'agit surtout d'un ensemble d'annales de Cuauhtinchan (un altepetl à l'est du bassin central) couvrant plus de quatre cents ans. Le projet a été mis en œuvre dans les années 1550 par un noble local, don Alonso de Castañeda (son nom indigène était Chimalpopoca), dont un fils (ou un autre jeune parent) fréquentait l'école des franciscains à Tlatelolco. C'est après un procès dans les années 1540 auprès d'un tribunal espagnol qu'il s'est rendu compte, semble-t-il, à quel point il était indispensable de conserver la mémoire de son peuple à l'aide d'un système de transcription phonétique. Il a également inclus dans ce texte des œuvres d'art extraordinaires, en grande partie (mais pas exclusivement) dans un style indigène.

L'original est conservé à la Bibliothèque nationale de France, à Paris, sous les cotes Mexicains 46-50, 51-53 et 54-58. Un fac-similé et une traduction espagnole se trouvent dans Kirchof, Paul, Odena Güemes, Lina, et Reyes García, Luis, éd., *Historia Tolteca Chichimeca* (Mexico, INAH, 1976). Leibsohn, Dana, *Script and Glyph : Pre-Hispanic History, Colonial Bookmaking and the Historia Tolteca Chichimeca* (Washington, Dumbarton Oaks, 2009) constitue une excellente étude de l'ouvrage du point de vue d'une historienne de l'art.

Annales de Tula

Ce texte obéit à une chronologie traditionnelle allant de 1361 à 1521. Des glyphes et illustrations de style occidental apparaissent parfois au-dessus et en dessous de la ligne, accompagnées d'un texte en nahuatl expliquant ce qui s'est passé cette année-là. En fait, cet ensemble d'annales documente les liens entre la famille régnante de Tula et Itzcoatl (de Tenochtitlan) et Nezahualcoyotl (de Texcoco), qui se sont entendus pour prendre le pouvoir au début du XVe siècle. Tant les images que le texte indiquent l'influence des franciscains. Le document se trouve dans les archives de l'Instituto Nacional de Antropología e Historia. Une transcription et une traduction espagnole, ainsi que des images choisies, se trouvent dans Barlow, Robert, « Anales de Tula, Hidalgo, 1361-1521 », *Tlalocan* 3, n° 1 (1949) p. 2-13.

Codex Xolotl

Voir « Don Fernando de Alva Ixtlilxochitl ».

Don Juan Buenaventura Zapata y Mendoza

Né dans une famille noble de Tlaxcala au début du XVIIe siècle, Zapata commença à rédiger un ensemble détaillé d'annales dans les années 1650. Il fait débuter son texte dans la période ancienne, en utilisant diverses sources en langue nahuatl que des parents lui ont mises à disposition ; puis étend sa réflexion à son époque, en s'appuyant sur son travail au sein du cabildo indigène. Probablement parce qu'il y avait relativement peu d'Espagnols installés à Tlaxcala, certains aspects de la haute culture traditionnelle nahuatl, notamment la connaissance des xiuhpohualli, semblent avoir perduré dans cette région plus longtemps qu'ailleurs. Après la mort de Zapata, son œuvre fut remise à un jeune ami de la famille, don Manuel do los Santos Salazar, un prêtre indigène. Il y ajouta certains éléments, dont un frontispice portant le titre « Chronología de la Muy Insigne Noble y Leal Ciudad de Tlaxcala ».

Le livre de deux cents pages de Zapata est conservé à la Bibliothèque nationale de France, à Paris, sous la cote Mexicain 212. Une transcription et une traduction espagnole ont été publiées sous le titre *Historia cronológica de la noble ciudad de Tlaxcala*, sous la direction de Luis Reyes García et Andrea Martínez Baracs (Tlaxcala, Universidad Autónoma de Tlaxcala, 1995). Un extrait, centré sur une période de deux ans (1675-1676), a été traduit en anglais dans Townsend, Camilla, *Annals of Native America, op. cit.*, p. 175-180.

Glossaire

La plupart de ces termes sont d'origine nahuatl (N) ou espagnole (E).

Acolhua (N) : groupe ethnique de langue nahuatl occupant aux XIVe et XVe siècles le territoire situé à l'est du grand lac du bassin central du Mexique. Le groupe comprenait plusieurs altepetls distincts, dont certains sont bien connus, comme Texcoco et une ville sur le site de Teotihuacan.

Altepetl (N) : terme désignant tout État, sans considération de sa taille, mais le plus souvent utilisé pour désigner un État ethnique local. Une approximation proche serait notre notion de « cité-État ».

Cabildo (E) : tout conseil municipal organisé dans le style espagnol. Utilisé pour désigner le conseil indigène local qui régit les affaires internes de sa communauté.

Calli (N) : littéralement, une maison ou une maisonnée. Souvent une métaphore pour désigner un corps politique plus important. Aussi l'un des quatre signes porteurs d'année, dans le système calendaire par rotation.

Calpolli (N) : littéralement, « grande maison ». Un élément constitutif clé d'un altepetl. On pourrait penser à une paroisse à la fois politique et religieuse.

Chalchihuitl (N) : pierre précieuse verte, terme souvent traduit en anglais par « jade ». Les Nahuas l'appréciaient énormément, et elle servait donc de métaphore pour désigner ce qui était chéri.

Chichimèque (N) : littéralement « lignée du chien ». Utilisé en nahuatl pour désigner les peuples « sauvages » ou nomades, non agriculteurs, qui vivaient principalement de la chasse. Les Mexicas étaient fiers de leur héritage chichimèque.

Chinampa (N) : parcelle artificiellement élevée en eau peu profonde pour l'agriculture intensive.

Cihuacoatl (du nahuatl **cihua** ou **cihuatl**) : littéralement « femme serpent », le titre de l'aide la plus importante du roi mexica.

Culhua (N) : groupe ethnique qui habitait le centre du bassin central du Mexique au XIVe siècle.

Doctrina (E) : ce mot espagnol qui désigne l'endoctrinement chrétien renvoie à une paroisse indigène dirigée par des frères.

Don/doña (E) : titre honorifique espagnol qui s'emploie devant un prénom, comme « sir » ou « lady » en anglais. Appliqué par les Nahuas au début de la période coloniale uniquement à la noblesse titrée d'Espagne et à leur propre noblesse locale la plus élevée.

Encomienda (E) : octroi du droit d'imposer le travail forcé à un altepetl indigène et de l'assujettir à un tribut en vertu des dispositions existantes du système (après la conquête). Dans tous les cas, sauf quelques rares exceptions, ces droits ont été accordés aux Espagnols.

Fray (E) : titre donné à un frère, ou « fraile » en espagnol.

Frères déchaux : ordre mendiant dont les membres se déplacent pieds nus ou avec de simples sandales, symbole de leur vœu de pauvreté.

Gobernador (E) : gouverneur et chef du cabildo indigène. Au début, la position fut dévolue aux tlatoanis ; plus tard, on organisa des élections pour le choisir entre tous les nobles. Parfois appelé « juge » ou « juge-gouverneur ».

Guerre fleurie : une forme de sport d'avant la conquête consistant en de fausses batailles, qui entraînaient parfois la mort.

Macehualli (pl. **macehualtin**) (N) : roturier ou individu du commun, indigène. Terme parfois utilisé par les indigènes pour se désigner comme un groupe par opposition aux Espagnols.

Marquis (de l'espagnol **marqués**) : seigneur d'une région frontalière. Plusieurs vice-rois portaient ce titre ; mais lorsque les Nahuas l'utilisaient sans préciser de nom, il désignait soit Hernán Cortés, soit son fils légitime.

Mestizo (E) : personne d'ascendance mixte espagnole et indigène.

Mexica (N) : le groupe ethnique qui dominait le Mexique central au moment de l'arrivée des Espagnols. Aujourd'hui, on les appelle le plus souvent « Aztèques ».

Nahua (N) : individu qui parle la langue nahuatl. Les Mexicas ainsi que des dizaines d'autres groupes au Mexique étaient nahuas.

Nahuatl (N) : la langue politiquement dominante qui était devenue une lingua franca dans le centre du Mexique au moment de l'arrivée des Espagnols.

Nouvelle-Espagne : la grande juridiction coloniale qui avait pour centre la ville de Mexico et comprenait une grande partie du Mexique actuel.

Otomí : un groupe ethnique dont les membres étaient dispersés dans divers endroits du Mexique central. Perçus comme des « barbares » par les Nahuas, ils avaient probablement un droit antérieur sur ces terres.

Pilli (pl. **pipiltin**) (N) : noble indigène.

Pinome : locuteurs de la langue pinotl, ou popoluca, vivant à l'est de la vallée centrale. Perçus comme « inférieurs » par les Nahuas, ils avaient un droit antérieur sur ces terres.

Pulque (E) : boisson alcoolisée fabriquée à partir de la sève fermentée de l'agave.

Quauhpilli (N) : littéralement « seigneur aigle ». Le quauhpilli était noble en vertu de ses actes ou de son mérite plutôt que par sa naissance. Il s'agissait parfois de roturiers/gens du commun promus après un succès sur le champ de bataille, ou parfois de nobles en provenance d'autres altepetls.

Tacuba : terme utilisé en espagnol pour désigner l'altepetl tépanèque de Tlacopan.

Tecpan (N) : littéralement, « l'endroit où se trouve le seigneur ». À l'origine, le palais d'un seigneur local. Après la conquête, le terme faisait référence à une maison communautaire où le cabildo indigène tenait audience.

Tenochtitlan (N) : à l'origine, un petit village établi par les Mexicas sur une île du lac Texcoco, et finalement devenu la capitale d'un grand État. Après la conquête, site de la fondation de Mexico. Les habitants de la ville étaient appelés les Tenochcas.

Tepanèque (N) : groupe ethnique de langue nahuatl qui habitait le territoire à l'ouest du grand lac dans le bassin central du Mexique. Le groupe comprenait plusieurs altepetls distincts, dont certains, comme Azcapotzalco et Tlacopan, sont bien connus.

Tlatoani (N) : littéralement, « celui qui parle » et, implicitement, celui qui parle au nom d'un groupe. Le mot désigne le souverain dynastique d'un altepetl, traduit dans ce livre par « roi ». Ce titre était parfois appliqué à une haute autorité espagnole, comme le vice-roi.

Tlaxcala (N) : grand altepetl limitrophe de la vallée centrale qui n'a pas été conquis par les Mexicas et leurs alliés. Les Tlaxcaltèques furent parmi les tout premiers à s'allier aux Espagnols.

Tochtli (N) : littéralement, « lapin ». Souvent utilisé comme une métaphore pour désigner la mauvaise fortune. Désigne aussi l'un des quatre signes porteurs d'année, dans le système calendaire par rotation.

Tula (de l'anglais dérivé du nahuatl **tollan**) : littéralement, en langue vernaculaire, « lieu des roseaux » en anglais. C'est une ville réelle au centre du Mexique, mais, dans les histoires anciennes, le terme est souvent utilisé pour faire référence à une communauté utopique du passé lointain.

Totonaque : groupe ethnique vivant près de l'actuelle Veracruz.

Triple Alliance : fait référence à l'alliance du XVe siècle entre les familles dirigeantes de Tenochtitlan, Texcoco et Tlacopan. Il n'y avait en fait aucune alliance ou ligue politique officielle, mais l'entente était réelle.

-tzin (N) : suffixe nahuatl le plus souvent employé à titre honorifique, mais qui ne fait parfois qu'exprimer l'affection pour une personne aimée ou un objet de statut modeste.

Visitador (E) : inspecteur. La Couronne espagnole en dépêchait régulièrement aux autorités locales des Amériques dans un système de contrôles et de contrepoids.

Xiuhpohualli (N) : littéralement, « compte d'année » ou « compte annuel ». Genre traditionnel utilisé par les Nahuas pour raconter oralement leur histoire ; souvent transcrit sous forme de textes écrits après la conquête.

Index

Table

Retrouvez toute l'actualité des éditions Albin Michel
sur notre site albin-michel.fr
et suivez-nous sur les réseaux sociaux !
Instagram : editionsalbinmichel
Facebook : Éditions Albin Michel
Twitter : AlbinMichel

Composition : IGS-CP
Impression : Black Print en décembre 2023
Éditions Albin Michel
22, rue Huyghens, 75014 Paris
www.albin-michel.fr

ISBN : 978-2-226-46029-5
N° d'édition : 24413/01 – N° d'impression :
Dépôt légal : janvier 2024
Imprimé en Espagne